小学教育学基础

主 编 张永明 曾 碧

北京大学出版社
PEKING UNIVERSITY PRESS

图书在版编目 (CIP) 数据

小学教育学基础 / 张永明，曾碧主编. —北京：北京大学出版社，2013.5
ISBN 978-7-301-22530-1

Ⅰ. ①小… Ⅱ. ①张… ②曾… Ⅲ. ①小学教育 – 中国 – 高等学校 – 教材 Ⅳ. ① G62

中国版本图书馆 CIP 数据核字 (2013) 第 097378 号

书　　　名	小学教育学基础 XIAOXUE JIAOYUXUE JICHU
著作责任者	张永明　曾　碧　主编
责 任 编 辑	于　娜
标 准 书 号	ISBN 978-7-301-22530-1
出 版 发 行	北京大学出版社
地　　　址	北京市海淀区成府路 205 号　100871
网　　　址	http://www.pup.cn　　新浪微博：@ 北京大学出版社
微信公众号	通识书苑（微信号：sartspku）　科学元典（微信号：kexueyuandian）
电 子 邮 箱	编辑部 jyzx@pup.cn　　　　　　总编室 zpup@pup.cn
电　　　话	邮购部 010-62752015　发行部 010-62750672　编辑部 010-62767857
印 刷 者	北京鑫海金澳胶印有限公司
经 销 者	新华书店
	730 毫米 ×980 毫米　16 开本　19.5 印张　350 千字 2013 年 5 月第 1 版　2024 年 12 月第 8 次印刷
定　　　价	59.00 元

未经许可，不得以任何方式复制或抄袭本书之部分或全部内容。
版权所有，侵权必究
举报电话：010-62752024　电子邮箱：fd@pup.cn
图书如有印装质量问题，请与出版部联系，电话：010-62756370

前　言

教材建设是教学改革的核心内容,在高等师范院校的教师教育专业开设教育学课程,是提高未来教师自身的教育素质,进而适应教师专业化发展需要的根本措施之一。但在教育学课程实施过程中,我们发现教学效果并不理想。其主要原因是:教材内容枯燥,脱离学生实际和教育发展的需要,尤其是缺乏适合本校办学层次和培养目标的教育学教材等。因此,开发适合本校办学层次和培养目标的教育学教材,是高职院校教师教育专业教育学课程与教学改革的当务之急。

鉴于此,我们依据《教师教育课程标准》中关于小学教育专业教育课程设置的要求,结合我校初等教育专业培养目标,认真研究高等师范院校教师教育专业教育学教材的使用现状,深刻分析了现有小学教育专业教育学教材的特点与不足,在充分汲取现有一些优秀小学教育学教材营养的基础上,研究编写适合高职院校初等教育专业的教育学教材——《小学教育学基础》。本教材体系新颖、结构合理,内容充分反映时代特点及国内同类教材的优点,将科学性、实用性和可读性有机结合,有助于提高小学教育学的教学质量。

本教材的主要特点是将理论和实践有效地结合起来,以培养学生从事小学教育必备的专业素养为目的,帮助学生形成正确的教育观、教师观、学生观、课程观、教学观、评价观等。每章由"教育写真"导入,每节引用案例,便于学生思考与讨论,为学生提供自由表达、质疑、探究、讨论问题的机会,让学生通过个人、小组、集体等多种活动形式,把自己所学知识应用于解决实际问题。

参加本书讨论和编写的有张永明、李刊文、曾碧、马骊、宋彩琴、王莉萍、李莉环、牛桂红、周恩成、张建东等老师。具体编写分工如下:前言张永明执笔,绪论张永明执笔,第一章张永明执笔,第二章曾碧执笔,第三章王莉萍执笔,第四章张永明执笔,第五章牛桂红执笔,第六章马骊执笔,第七章曾碧执笔,第八章宋彩琴执笔,第九章李莉环执笔。全书由张永明负责统稿。

本书编写得到司跃宁、张建辉、许邦兴、蒲向明、李刊文、何安乐、汪鸿等专家的指导与支持,天水师范学院教育学院李刊文教授审阅了全稿。本书在编写过程中参阅和引用了大量其他研究人员的成果。在此,我们一并表示深深的谢意。

本书只是编写初等教育专业《教育学》教材的一种尝试,由于编写者认识水平的局限和专业理论水平的限制,这种尝试一定存在诸多缺漏与遗憾,我们恳请同行提出宝贵的意见。

编写组

2013 年 4 月 10 日

目 录

绪论 ··· 1
  第一节　教育学的研究对象与地位 ·· 3
  第二节　教育学的发展历程与趋势 ·· 6
  第三节　小学教育的地位、性质与任务 ······································ 10
  第四节　从事教师职业的人为什么要学习教育学 ···························· 14

第一章　小学教育的产生与发展 ·· 23
  第一节　小学教育的产生 ··· 24
  第二节　小学教育的发展 ··· 30
  第三节　理想的教育 ··· 38

第二章　小学教育的目标与特征 ·· 48
  第一节　教育目的的含义与价值取向 ·· 49
  第二节　小学教育目标的含义及功能 ·· 61
  第三节　小学教育的文化特性 ·· 65
  第四节　小学教育的社会特性 ·· 71

第三章　小学教师与学生 ··· 76
  第一节　认识小学生 ··· 78
  第二节　尊重小学生 ··· 83
  第三节　发展小学生 ··· 90
  第四节　小学教师的角色定位 ·· 97
  第五节　小学教师的特质要求 ·· 100
  第六节　小学教师的专业成长 ·· 107

第四章　小学课程与教育内容 … 112
第一节　课程的内涵与价值取向 … 113
第二节　我国小学课程的设计 … 124
第三节　我国小学课程内容 … 128
第四节　小学课程改革的发展趋势 … 133

第五章　小学课堂与教学 … 146
第一节　小学课堂 … 147
第二节　小学教学的意义与任务 … 168
第三节　有效小学课堂教学 … 175

第六章　小学教育环境与活动 … 183
第一节　小学教育环境概述 … 184
第二节　小学校园文化 … 193
第三节　小学教育活动概述 … 199
第四节　小学教育活动组织 … 204

第七章　小学生卫生与健康 … 215
第一节　小学生的健康教育 … 216
第二节　小学生的解剖生理卫生与健康 … 220
第三节　小学生的认知卫生与健康 … 229
第四节　小学生的情绪卫生与健康 … 238
第五节　小学生的交往卫生与健康 … 242

第八章　小学教育评价 … 246
第一节　小学教育评价概述 … 248
第二节　小学教育评价体系 … 256
第三节　小学教育评价的发展性取向 … 269

第九章　小学教育法规 … 278
第一节　小学教育法规概述 … 279
第二节　小学教育法规的内容 … 282
第三节　依法治教、治校与执教 … 288

内容提要

绪论在回答了教育学是什么的基础上,论述了教育学的研究对象,教育学的地位,教育学的发展历程与趋势,小学教育的地位、性质与任务,最后讨论了从事教师职业的人为什么要学习教育学的问题。

学习目标

1. 识记"教育学"、"教育问题"等概念,辨析"常识问题与未决问题"、"表象问题与实质问题"、"'大'问题与'小'问题"的区别。
2. 认识教育学的地位,教育学的发展历程与趋势。
3. 认识小学教育的地位、性质与任务。
4. 访问一些小学教师,了解从事教师职业的人为什么要学习教育学。

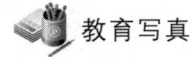 教育写真

基础教育不应该"迷茫"

创建卫生城市了,学校也承担着一定的任务,按说各部门都是有责任的,可现实的情况是学校在举债搞环境硬件达标,师生突击背诵健康知识,这里所讲决无对创建卫生城市有不满之处,只是以此作为类比。这是当前教育现状之一。

学生书包依然沉重,课程设置见增不见减,课本种类齐全,课程真正发挥效益的水平不高。"地方课是个筐,根据需要往里装",每周的地方课程包含了国防教育、环境教育、健康教育等内容,无长远计划,目的性不强,效果可想而知。此教育现状之二。

作为基础教育,知识、能力的目标达成度,没有合适的评价,行政管理部门为了检测教学质量只好采用调研测试的办法,于是新的应试教育产生,学校评价教师也

只有把测试成绩作为考核教师的一个重要依据,为了考好,迫于竞争、就业压力,教师只有把这种压力传递给学生,你调研什么我就搞什么。于是学生负担加重,笔者以自身小学经历与当前小学生课业负担相比,相差何止一两倍,这还不包括家长为学生选择的所谓特长培训班。此教育现状之三。

在素质教育的大旗下,为发展学生素质,教育部门与其他单位协作,征文、比赛、活动层出不穷,当然参与的学生都是有此类特长的,于是他们疲于应付,教师虽东挡西杀,仍不免手忙脚乱。教师本身也没有闲着,除了日常教育教学工作,要不停地参加各类教育征文评比、培训活动、学历进修学习。不参加行不行,不行!这些可都是与职称、上岗有密切关系的,即使花钱也得在所不惜,除非你愿意与自己的饭碗开玩笑。此教育现状之四。

小学升初中已取消考试,但为孩子选择优质学校仍是家长们的期望,于是暑期将近,各类实验学校、民办学校招生广告铺天而来,其实招生也无可厚非,没有学生怎么办校,问题在于他们需要的是成绩好的学生,否则,学校名声怎么打得响?名里暗里的招生考试就此席卷各类小学、初中,而各被招学校的工作任务中多了一项——被名校录取了多少名学生,这也是树立本校形象的一个机会,不愿意干也得干,于是培尖训练开始。此教育现状之五。

……

以上种种并非全是不合理的现象,有些还是必需的,当然大多数是无奈的,一旦被扩大到一定程度,学生应该学习的课程知识、技能,应该培养的兴趣,应该养成的习惯,应该陶冶的思想情操必然被压缩到很小的空间,而它们原本应该是基础教育的本质功能所在,是我们教育者应该全身心投入的方向啊!落入这种怪圈,教育者究竟该走向哪里呢?

今天的师范生,是未来的教育者,今天的教育学学习将服务于师范生未来的教育教学工作,为师范生形成教育思想、教育智慧、专业精神、专业人格奠定基础,为师范生形成科学的教育观、教师观、学生观、课程观、教学观、质量观、研究观、管理观提供帮助,打造未来教师的教育素养。

第一节 教育学的研究对象与地位

一、教育学的研究对象

教育学是以教育问题为研究对象,是认识教育现象、揭示教育规律、指导教育实践的一门科学。通过研究教育问题来认识教育现象、揭示教育规律,进而指导我们的教育工作。

教育问题,是指反映到人们大脑中的、需要探明和解决的教育实际矛盾和理论疑难。教育问题来源于教育理论和教育实践。概括起来,教育问题可以划分为"常识问题与未决问题"、"表象问题与实质问题"、"'大'问题与'小'问题"。①

(一)常识问题和未决问题

根据研究价值的有无,教育问题可以分为常识问题和未决问题。人们在教育实践中遇到的各种各样的实际矛盾和理论疑难,有一些是前人或他人已经探明和解决了的,而另外一些则是前人或他人没有探明和解决或没有完全探明和解决的。前者不需要进行研究,只要查阅有关文献资料就能明了,不具有研究价值,这样的问题是常识问题;后者则不仅需要查阅有关文献资料,而且需要进行专门的研究才能探明和解决,具有研究价值,这样的问题就是未决问题。

未决问题,一般表现为两种类型:一是老问题新含义,即前人或他人已经提出并解决过的问题,但是在不同的社会条件下总是有崭新的含义不明了,需要研究解决,这是教育的永恒问题,如"教育是什么?""教育什么?""怎样进行教育?""怎样组织教育?""怎样进行教育评价?"等等。二是新问题新含义,即在特殊时代条件下,人们遇到的特殊教育问题,具有时代性,这是教育的时代问题,如"教育有没有阶级性?""教育怎样信息化?"等等。

(二)表象问题和实质问题

根据问题探讨的深度不同,教育问题分为表象问题和实质问题。表象问题就是人们对教育活动表面特征及其外在关系中存在的矛盾和疑难的反映,是教育中

---

① 黄甫全.关于教育研究中的问题意识[J].华南师范大学学报:社会科学版,2003(4).

个别的、特殊的和具体的问题,如"城乡结合部小学生厌学状况是怎样形成的?""校长应具备什么素质?""城乡小学教师素养有何差异?""语文课堂教学中小学生注意力的影响因素有哪些?"等等。

实质问题是人们对教育内在特性及其内部关系中存在的矛盾和疑难的反映,是教育中普遍的、一般的和抽象的问题,如"交往理论观照下的课堂教学结构是什么?""现代条件下教师的角色及其关系是什么?""现代教学环境设计的基本原理是什么?"等等。

从表象问题到实质问题,既是人们认识发展的普遍方式,也是深化教育研究的基本要求。发现、提出和解决表象问题是必要的,但是仅仅停留在表象问题的层面,则是不够的,尤其对于教育理论工作者来说,必须在表象问题的基础上,通过专门学习,提高理论素养,开动脑筋,采取适当方法,深入挖掘,发现、提出和解决实质问题。

(三)"大"问题和"小"问题

根据问题涉及的范围宽窄,教育问题又可以分为"大"问题和"小"问题。

"大"问题,也就是包含了中观和微观问题的宏观问题,它是在一定时空里,涉及教育全部或主要方面的各种因素的矛盾和疑难,如"国际基础教育课程改革的趋势是什么?""当代中国基础教育改革的状况如何?""制约教育公平实施的因素及对策有哪些?""怎样进行教育评价?""怎样设计有效的教学?""教育美学是什么?""怎样建构教育艺术?"等等。

而"小"问题就是微观问题,它是在深入而具有普遍性的层面上,聚焦于教育某方面的一两个因素的实质或关系的矛盾和疑难,如"怎样认识学生的主体性?""怎样建构民主的师生关系?""有效实施综合实践课程的关键是什么?""怎样进行学生学业评价?""综合课程真的比分科课程好吗?"等等。

二、教育学的地位

 资料贴吧

> 在所有一切有益于人类的事业中,首要一件,即教育人的事业。
> ——[法]卢梭

教育学在师范教育课程体系中占有重要的位置,是基础学科和必修学科之一。对于师范生来说,掌握教育基本理论和培养从事教育实践的能力,将为成为一名合格的人民教师奠定基础。因为一名合格的教师不但要学好专业,成为合格的"经师",而且要学会育人,加强师德修养,成为合格的"人师"。教育学课程的教学在这方面担负着重要的任务。在师范学校中,教育学科的开设,虽然就其内容来说,往往见仁见智,但就其地位来说,却是没有任何疑义的。从开始设师范学校一直到今天,教育学始终是师范学校的一门主要学科。

　　在我国近代,教育学作为一门课程开设,是与师范学校的设立同时进行的。1904年(光绪二十九年)1月13日,清政府颁布了《奏定学堂章程》。其中的《奏定初级师范学堂章程》就明确规定了有关教育学科开设的要求:

　　"先讲教育史。当讲明中国外国教育之源流,及中国教育家之绪论,外国著名纯正教育家之传记,使识其取义立法之要略。但外国历代教育家立说亦颇不同,如有持论偏谬易滋流弊者,万万不可涉及。

　　次讲教育原理。当讲明心理学之大要,及中国现在教育之宗旨,及德育智育之要义,并讲辨学(日本名论理学)及教授法之大要。

　　次讲教育法令及学校管理法,当据现定之教育法令规则,讲学校建置、编制、管理、卫生、筹集经费等事,宜兼讲关系地方治理之大要。

　　次则实事授业。当使该师范生于附属小学堂练习教育幼童之法则。盖初级师范学堂,在解说小学教育之理法不可过驰高远,以实能应用为主。其在附属小学堂实事授业,则以次使师范学生教授幼童;而师范各科教员及附属小学堂之堂长与教员,务须会同督率师范生,监视其授业,品评其当否,且时自教授之,以示模范。"

　　在其所附的课表中,对教育学科的开设,在五年中作了具体规定:第一年,教育史;第二年,教育原理;第三年,教授法;第四年,教育法令,学校管理,实事授业;第五年,同第四学年。

　　综上所述,该章程有以下内容值得肯定。

　　第一,对教育学科的开设,在五年中作了具体的规定,其中包括教育原理、教育史、教授法、教育管理以及实事授业(即教育实习)等。教育学科的学习比较全面,并贯彻了理论与实践相结合的原则。

　　第二,在"教育原理"一科中,包括了心理学和论理学(即逻辑学)等方面的内容,其中对教育之宗旨及德育、智育的学习尤为重视。

　　第三,对教育法令和学校管理的规定,也颇为详尽,同时提出要兼讲有关地方治理之大要。

第四,在教育实习的问题中,其规定也颇为详细,要求能结合实际、"以实能应用为主";对实习法、指导实习的教师以及实习学校的教员和校领导等都提出了具体要求,以加强实习的指导。

这一章程虽然是以日本为蓝本的,但在当时来说,有这样的具体规定,实属难得,直到今天仍不失其参考价值。

第二节 教育学的发展历程与趋势

一、教育学的发展历程

在教育尚处于萌芽和经验阶段,作为总结教育经验、具有一定理论体系的教育学是不可能出现的,教育学还没有成为独立学科。古代的教育思想常常是同哲学、政治、伦理、宗教等思想混杂在一起的,如中国古代的《论语》和西方古代的《理想国》等,虽然这些著作包含不少有关教育的论述,但都不能称为教育专著。世界上最早的教育专著,应算中国的《学记》(一般认为成书于先秦);西方最早的教育专著当推古罗马昆体良(约35—约95)的《雄辩术原理》,但它们尚不具备比较完整的教育学体系。

孔子(前551—前479)是我国春秋末期思想家、教育家,儒家学派创始人。在中国教育史上第一个创办大规模私学,相传培养弟子达3000人,身通六艺者72人。他还整理、编订了《诗》、《书》、《礼》、《易》和《春秋》等文化典籍,并以其为教材教育弟子。其言论在他去世后,由他的弟子和再传弟子整理而成《论语》一书(其中也记载了孔子部分弟子的言行),为儒家经典之一,是研究孔子思想的重要资料。该书对孔子有教无类的思想主张,因材施教、循循善诱、不耻下问、身体力行、学思结合、温故知新的教学方法,学而不厌、诲人不倦的教学态度等,都有重要体现。

英国学者培根(1561—1626)于1623年发表了《论科学的价值与发展》一文,在对科学的分类中,首次把教育学列为一门独立学科。这时已经是资本主义发展的初期,科学分类已有了相当的发展。随着资本主义经济的发展和科学的进步,教育事业和教育科学也得到长足的发展,一批教育专著相继问世。就其大者而言,捷克教育家夸美纽斯(1592—1670)在1632年写成的《大教学论》被认为是最早的具有比较完整体系的教育学著作。德国哲学家康德(1724—1804)于1776年在哥尼斯堡大学首次讲授教育学,使教育学作为一门课程在大学里开设。德国教育家赫尔巴特(1776—1841)又把伦理学和心理学引入教育学,于1806年发表了著名的《普通教育学》,该书被认为是第一部现代意义上的教育学著作。他在伦理学基础上建立起教育目的论,在心理学基础上建立起教育方法论,形成了"传统教育"思想和教学模式。这个以班级授课制为基础,在教师的主导下系统地传授知识,即是以教师、书本和课堂为中心的"三中心"的教学模式,对近代世界各国的教育理论和实践有着比较深远的影响。

 资料贴吧

> 夸美纽斯(1592—1670),捷克教育家。年轻时被选为捷克兄弟会牧师,并主持兄弟会学校。在捷克人民反抗德意志天主教会统治的"三十年战争"(1618—1648)爆发后的第十年,他被迫流亡国外,继续从事教育活动和社会活动。他尖锐抨击中世纪学校教育,主张"把一切事物教给一切人"。他首创了班级授课制,提出统一学校制度,普及初等教育,扩大学科门类和内容,强调从事物本身获取知识。他从教育要"遵循自然"的前提出发,论证了教学的直观性、系统性、自觉性和巩固性等原则,还编写了各种教科书。主要著作除《大教学论》外,还有《母育学校》、《世界图解》、《语言和科学入门》和《泛智学校》等。

19世纪末,"新教育运动"出现,对"传统教育"脱离实际和忽视儿童等缺点给予抨击。以美国教育家杜威(1859—1952)为代表的实用主义教育流派,发表了《学校与社会》等著作,强调"教育即生活"、"社会即学校"、"从做中学"等教育和教学原则,提出了以儿童为中心的"活动教学",形成了"现代教育"思想和教学模式。"传统教育"与"现代教育"之争,是世界近代教育史上具有代表性的两种教育思想流派和教学模式的论争,对教育理论和教育实际的发展都有不可忽视的作用。

19世纪中叶,马克思主义诞生。马克思、恩格斯、列宁等马克思主义经典作家对教育问题进行了比较系统的论述,为教育学的发展提供了重要的原理和科学的方法论基础。20世纪以来,苏联和我国的教育学家根据并运用马克思主义基本原理(包括教育原理)对现代教育的若干问题进行研究,出现了杨贤江的《新教育大纲》(1930)、凯洛夫主编的《教育学》(1939年第一版,1947年修订,1948年再版,1956年第三版)、加里宁的《论共产主义教育和教学》(1945)等很有影响的著作。马克思主义教育原理成为社会主义国家教育学学科建设的指导思想。

20世纪末以来,现代科学在发展,教育在发展,教育学也出现一些新的面貌。教育学出现了许多新的特征:① 教育学研究的问题领域急剧扩大;② 教育学研究基础和研究模式的多样化;③ 教育学发生了细密的分化,形成了初步的教育学科体系;④ 教育学研究与教育实践改革的关系日益密切;⑤ 教育学加强了对自身的反思,形成了教育学的元理论。

新世纪的教育学必将走向"大教育学"。21世纪教育的发展与改革,呼唤大教育学;知识经济的运行和发展,呼唤大教育学;知识经济时代的社会进步和人的发展,呼唤大教育学。教育科学,由于研究对象已经是从经济生产活动的边缘走向中心的大教育,既是新兴产业又是崇高事业的大教育,由于教育与经济社会发展和人的自身发展的关联度日益提高,必将冲破传统教育部门专业学科的束缚,向以教育部门为主的社会各个部门共同参与的综合性大学科演进,因而教育科学研究必须有相当大的转变与发展。

综上所述,教育学发展过程中存在着"源"与"流"的关系问题。教育学发展的"源"根源于教育实践。教育实践不仅是教育理论的源泉,而且是检验教育理论正确与否的标准。但当某一教育理论形成以后,就成为影响以后教育思想发展的"流",成为现成的思想体系,反过来指导教育实践的发展。任何教育实践总是要在一定的教育理论的指导下来进行的;经过实践,最后对原有的教育理论作补充、修改或者突破,以至否定原有的教育理论,而提出新的思想体系。教育学就是在这样的实践和理论相互作用、不断反复而螺旋式上升和发展着。也可以说,教育学是在教育实践和教育理论的这种互动过程中不断向前发展的。

教育学发展到今天,逐步形成一个庞大的学科群,小学教育学就是这个庞大的学科群的一个分支。

二、我国当代教育学发展的趋势

我国当代教育学发展的总趋势是多样化。

从教育学学科的层次来看,有各级各类的教育学,从学前教育学到高等教育学,从普通教育学到职业教育学,门类相当齐全。

从边缘或交叉学科的性质来看,有教育哲学、教育社会学、教育经济学、教育法学、教育美学,以及教育技术学、教育统计学、教育卫生学、教育生态学等等。

从教育学自身理论体系来看,有教育原理、教学论、课程论、德育原理、教育管理学等等。

教育学的上述发展,一方面反映了当代社会和科技发展向教育提出的要求,以及现代科技手段的应用对教育理论和教育实践所起的巨大推进作用;另一方面,也反映了对人的发展研究的深入,以及教育学与其他学科关系的发展日益密切。

我国自清末"废科举,兴学校"之后,从日本引进西方"传统教育"思想和教学模式,当时的译著和自著,基本上都属于"传统教育"的范畴。从20世纪20年代前后开始,美国对中国的影响加强。经过留美学生的宣传和五四新文化运动时期杜威等来华讲学,实用主义教育思想在中国大为传播,对中国教育的影响很大。但在教育实践中还是"传统教育"的教学模式被广泛地应用。中华人民共和国成立后,这套教学模式在全面学习苏联教育的基础上又得到了某些强化和发展。因此,改革"传统教育"的思想和模式,实事求是地肯定其积极因素,批判其消极因素,就是我国当代教育学学科发展和教育改革面临的一项重要任务。

 资料贴吧

> 陶行知(1891—1946),我国近代著名教育家、社会活动家。曾留学美国,师从杜威、孟禄等。历任南京高等师范学校教授、东南大学教授、教务主任、教育科主任、中华教育改进社主任干事、生活教育社理事长、中国民主同盟教育委员会主任委员等职务,先后创办南京晓庄师范学校、重庆育才学校和社会大学等学校。在对待外国教育和传统教育问题上,他认为:"去与取,只问适不适,不问新与旧。""外国的经验,如有适用的,采取它;如有不适用的,就回避他。本国以前的经验,如有适用的,就保存它;如不适用,就除掉它。"他毕生倡导和推行生活教育,提出"生活即教育"、"社会即学校"、"教学做合一"等重要主张,被毛泽东称为"伟大的人民教育家"。有《陶行知全集》、《陶行知教育论著选》等传世。

20世纪80年代以来,在改革开放方针指导下,广大教育学工作者解放思想,实事求是,在教育理论和实践方面进行了大胆探索,取得了丰硕的成果,如对教育本质、教育与生产力的关系等教育基本问题进行了重新研究和讨论;教育专著和论文大量出版和发表,仅以教育学为名的著作和教材,就编写出几百种之多,教育论文更是不计其数;教育教学实验方兴未艾,如重视学生智力和能力发展的实验,集中识字实验,主体教育实验,自学辅导实验等;课外校外活动积极开展,学校的整体改革大力推进;农村教育改革更呈现出燎原之势。所有这些,都为建设中国特色的社会主义教育体系和教育学学科建设作出了重要贡献。我国当代教育学的发展出现了前所未有的大好形势。

第三节 小学教育的地位、性质与任务

小学教育通常是指一个国家学制中第一个阶段的教育,也称初等教育,教育对象一般为 6～12 岁的儿童。小学教育是基础教育,是对全体公民实施的基本的普通文化知识的教育,是培养公民基本素质的教育。

小学教育的重要性,一是决定于小学教育在整个教育中的基础地位,二是决定于小学教育在儿童发展中的启蒙作用。本节从这两个方面分别加以说明。

一、小学教育的基础地位

邓小平同志指出:"现在小学一年级的娃娃,经过十几年的学校教育,将成为开创二十一世纪大业的生力军。中央提出要以极大的努力抓教育,并且从中小学抓起,这是有战略眼光的一着。如果现在不向全党提出这样的任务,就会误大事,就要负历史的责任。"

小学教育是整个教育事业的基础,要提高整个教育事业的质量,必须从小学教育做起。小学教育的基础地位具体表现如下。

(一) 小学教育在实施义务教育中的基础地位

1986 年颁布的《中华人民共和国义务教育法》规定,国家实行九年义务教育。义务教育是国家用法律形式予以规定,要求适龄儿童必须接受,国家、社会、学校、家庭必须保证的,强制、免费和普通的国民基础教育。义务教育是面向全体公民的教育,是面向未来的事业。义务教育的普及程度、质量优劣,直接关系到我国经济和社会发展所需的亿万劳动者的素质和各级各类人才的质量,关系到社会全面进步的程度和我国的国际声誉及形象。小学教育是九年义务教育的第一阶段,在实施义务教育中负有直接的重大责任。小学教育的健康发展将有利于从根本上杜绝新文盲的产生,直至最终消灭文盲,从而保证接受教育成为每一个人的权利和义务目标的实现。

(二) 小学教育在整个教育体系中的基础地位

一个国家的学校教育体系大都分为若干阶段。我国的学校教育体系,一般包

括初等教育—中等教育—高等教育三大阶段。其中初等教育(小学教育)和中等教育(中学教育)都属于普通基础教育,其连贯性很强,但每个阶段又有其独立的性质和任务。"九层之台,始于垒土。"小学教育是各级各类教育的基础。从个人来讲,完好的小学教育,为其身心健康发展奠定了基础,同时为其接受中等教育提供了条件。从一个国家来看,只有小学教育普及和提高了,中等教育、高等教育才能逐级普及和提高。从这个意义上讲,小学教育具有为高一级学校打基础、为培养各级各类人才打基础的性质。

准确定位小学教育的"基础性"地位,是小学教育与教育体系内其他教育阶段相区别的最重要的特性。以往主要强调它是整个教育制度的基础,强调培养目标上的"双基",即基础知识、基本技能。实际上小学教育在整个国民教育体系和个人的终身发展中具有基础性的地位,当前国际教育界称基础教育为"初始教育",国际21世纪教育委员会的观点认为,良好的初始教育是开始终身学习的关键。在终身教育理念下,小学教育是以提高国民素质为目标而进行的非定向、非专门的教育,具有它自己独立的、不依附于其他类型和层次教育的价值。小学教育的"基础性"应该包括:道德品质发展的基础、智慧品质发展的基础、个性品质发展的基础、身体发展的基础。对小学教育"基础性"的重新定位表明,小学教育是终身教育的奠基阶段,它要为人的全面而和谐发展打好基础。小学教育的成功与否,直接关系到国民素质的整体发展水平,影响到国家的前途与命运。[1] 总之,小学教育为提高国民素质奠定基础,为培养各级各类人才奠定基础,为儿童一生的发展奠定基础。

二、小学教育的性质

小学教育是一项规模宏大的教育奠基工程,除具有一般教育的性质外,还有它自身独具的特性。

(一)全民性

小学教育的全民性,从广义上说,是指小学教育必须面向全体人民。这样,才能从根本上彻底扫除文盲,从整体上提高全民族的文化素质;从狭义上讲,是指小学教育必须面向全体适龄儿童。

---

[1] 高宝英.创新小学教师教育发展模式 坚持走教育可持续发展道路[N].人民日报海外版,2010-12-25(06).

小学教育的全民性是世界各国教育改革的共同趋势,几乎所有国家的教育都在努力创造条件,确保每个人接受初等教育的权利。1989 年 11 月,联合国教科文组织第 25 届大会确定"争取全民基础教育"计划,要求最大限度地扫除文盲和普及初等教育。1990 年 3 月,在泰国召开了世界全民教育大会,会议主题是"使人人都有享受教育的机会",会议通过的《世界全民教育宣言——满足基本学习需要》反复强调,使人人享有受教育权利,向所有的人提供接受教育的机会。

在社会主义新时期,我国的小学教育是全民教育,这是社会主义现代化建设,提高整个中华民族的素质,使全国各民族的所有儿童都接受社会主义教育的需要。为了保证这一全民性质,国家特别对女童的教育、贫困地区和少数民族地区儿童的教育给予特别的关心,采取了特殊政策;对于残疾儿童的教育也给予了特殊的关注,专门加以保障。

(二) 义务性

小学教育面向全体适龄儿童,任何未成年的公民,不论其种族、民族、性别、肤色、语言、社会经济地位的差异(智能及身体状况不允许的例外),只要达到一定的年龄(6~7 岁),都必须接受小学教育。因此,小学教育在整个教育中具有义务教育的性质,对于每个公民来说,教育机会是均等的,是应当享有的权利。《中华人民共和国义务教育法》规定:"国家实行九年义务教育制度。义务教育是国家统一实施的所有适龄儿童、少年必须接受的教育,是国家必须予以保障的公益性事业。"

义务教育是国家用法律形式规定的对适龄儿童和青少年实施一定年限的普及的、强迫的、免费的学校教育。这里的"义务"一词包括:① 国家有设立学校以使人民享受教育的义务;② 父母或监护人有使学龄的子女或被监护者就学的义务;③ 全社会有排除适龄儿童和青少年入学受教育的种种不良影响和障碍的义务。因此,义务教育要求国家、家庭、社会必须给予保障。对受教育者来讲,既是应享受的权利,又是应尽的义务。

小学教育是义务教育,根据《中华人民共和国义务教育法》的规定,它又是强制的和免费的:国家"实施义务教育,不收学费、杂费"。"适龄儿童、少年的父母或者其他法定监护人应当依法保证其按时入学接受并完成义务教育。"

(三) 全面性

小学教育是向儿童实施德育、智育、体育、美育等全面发展的教育。小学教育既不是就业定向的职业技术教育,也不是培养高层次专门人才的专业教育。它是面对全体儿童实施普通的基础知识和基本技能的教育。在此基础上发展他们的能力,培养他们高尚的思想道德品质和提高他们的身体心理素质,使他们具备国民应有的一些基本素质,为他们进一步深造创造条件。小学教育是培养各级各类人才的前提。小学教育是向全体儿童进行的最基本的知识、技能教育,帮助他们学会如何做人,奠定学习、生活和进一步发展的基础。从某种程度上讲,全面性是专业性的预备。只有保证小学教育的质量,才能确保高一级学校的教育质量。儿童接受小学教育的年龄阶段,是人生历程的巨大变化时期,是人的智力、能力和良好习惯形成的最佳时期,小学教育的每一个方面都不可偏废。

(四) 综合性

小学教育的综合性,是基于小学生思维发展的特点提出来的。首先,小学生,尤其是低年级儿童,他们的思维尚未细致分化,对事物的认识大多是整体的、综合的认识。心理学研究表明,小学生的思维发展,处于具体形象思维到抽象思维的过渡阶段,他们对事物的认识,较大程度上有赖于该事物的外部特征,诸如形状、大小、色彩等,儿童往往从直觉、整体上把握他(她)们所看到的事物。反过来讲,将事物整体地、综合地呈现有利于儿童发挥自身思维的特点,就能更好地帮助其认识事物。其次,儿童的有效认知具有生活化的特点。生活化的认识对象,比如食物、交通工具、家居用品、生活规则等,儿童更能迅速有效地理解、掌握,而这些"生活世界的背景知识是一个综合的整体……(它)是一个非课题性的、奠基性的、直观的人的生命存在的综合世界"[①]。换言之,将教育内容融入儿童的生活场景,作为生活整体的有机部分让儿童直觉,就能提高他们认识的有效性。因此,小学教育的综合性是由小学生认知发展的特点所决定的。

三、小学教育促进儿童发展的特殊任务

(一) 小学教育的总任务

小学教育是基础教育,既是各级各类学校教育的基础,也是个体身心健康发展的基础。所以,小学教育的根本任务就是打基础,学好小学开设的各门基础学科,掌握读、写、算等基本能力;全面推进素质教育,为小学生的全面发展奠定基础,为全民族文化素质的提高奠定基础。

---

① 王智秋.小学教育专业人才培养模式的研究与探索[J].教育研究,2007(5).

（二）小学教育的具体任务

根据童年期儿童身心发展的水平和特点，引导小学生进行系统的学习，但不应过度疲劳和过度紧张。教师应该培养小学生养成立、行、读书、写字的正确姿势。

培养小学生有目的、有顺序地进行观察，引导小学生从知觉事物表面特征发展到知觉事物的本质特征。不断向小学生提出要求并及时提示，发展小学生的有意注意。在教学中要帮助小学生学会分析、综合、抽象和概括，发展小学生的逻辑思维能力。培养小学生的自我意识和自我评价能力。

使小学生了解学习的重大意义和价值，培养小学生对学习的兴趣，形成良好的学习习惯，促使小学生认真学习、积极思考。

培养小学生初步的分辨是非的能力，逐步发展小学生对道德的理解能力，培养小学生初步的自我评价和自我教育能力。

第四节 从事教师职业的人为什么要学习教育学

教育学是从事教师职业的一门必修课程。一个教师要使自己的教学充满神奇和诱惑，要能征服学生，仅有精通的专业学科知识是不够的，"学者未必是良师"，所以，作为师范生，必须接受作为教师职业的特质性教育与训练。今天的师范生就是明天的人民教师，今天的教育学学习将服务于师范生未来的教育教学工作，为师范生形成教育思想、教育智慧、专业精神、专业人格奠定基础，为师范生形成科学的教育观、教师观、学生观、课程观、教学观、质量观、研究观、管理观提供帮助，打造未来教师的教育素养。

一、教育学有助于师范生形成教育思想

柏拉图曾说过，奴隶之所以是奴隶，乃是因为他的行为并不代表自己的思想而是代表别人的思想。教师应该是教育的主人，而不是奴隶。教师的教育行为应该代表教师自己的教育思想。教育思想是教师的第一素养，它决定着教师知不知道"教"——教的方向。教育思想成就教师的伟大，没有教育思想，教师就成了一台教育机器。人的全部的尊严就在于思想，没有教育思想，就没有教育尊严可言，教师

唯有形成自己的教育思想才能拥有教育乃至人生的尊严。马克思说得好:"能给人以尊严的只有这样的职业,在从事这种职业时我们不是作为奴隶般的工具,而是在自己的领域内独立地进行创造。"①

(一) 教育认识

教育思想的第一个层次是教育认识,认识解决知与不知的问题。认识就其本身而言,有感性认识(经验)和理性认识(理论)之分。看到一些教育现象,如很多人都知道:以牺牲学生的健全发展为代价去追求一个考试分数的教育要不得(感性认识);知道一些教育方面的名词、了解一些教育方面的概念、背诵一些教育的原则等等(理性认识),无论是感性认识,还是理性认识,均属教育认识的水平层次——教育思想的第一层次。但是,相对于感性认识而言,理性认识代表了人们对事物认识的更深刻、更系统的一种水平(感性认识是一种直观的、经验型的、零碎的认识),理论因此也就成了指导人们从必然中获得自由的一种有力的工具。为此,以教师为职业的人,一定要努力学习教育理论,增进自己对教育的理性认识。学习教育理论时要注意以下几点:① 系统性和先进性。学习理论首先要注意理论本身的系统性和先进性,既要坚决反对实用主义态度和断章取义的做法,又要坚决反对把过时的理论当"圣经"来念,用过时的理论来指导已经发展了的实践。因此,我们要认真系统地学习有关先进的教育理论。② 针对性和实践性。学习理论的目的是提高认识,指导实践,我们学习教育理论一定要注意与实践相结合,并致力于改革实践。只有注重针对性和实践性,我们才会尝到学习理论的甜头,从而越学越想学。③ 自觉性与批判性。我们要有向学之心,要有学习的自觉性。同时还得要坚持批判性,要努力通过批判性的思考吸收理论的养分,并与自己的体验、学识结合起来,从而提出自己独到的见解。只有这样,理论才能转化为自己的思想。

(二) 教育观念

教育思想的第二个层次是教育观念,观念解决行为问题。观念是在认识的基础上形成的一种看法(或一种见解),观念在本质上也是一种认识,但它是一种带有态度倾向性的认识,即这种认识带有情感色彩,或者说,教师在心理上支持、赞赏这种认识,因此,观念实际上已转化为教师自己内置的心理品质。这也就是为什么观

---

① 马克思.青年在选择职业时的考虑[M]//马克思恩格斯论教育(下卷).北京:人民教育出版社,1986:315.

念具有支配行为的功能的原因。

观念有经验型观念和理论型观念两种。当前心理学和教育学界把经验型观念称为教师的"内隐理论",它类似某种教育理论又不具备科学理论的基本规范,但却在支配着教师的日常生活和日常教学。

内隐理论具有以下几个特性:

（1）内隐理论隐藏在教师内心深处,不张扬也不外显。其潜意识地支配着教师作出了一系列的决策,完成了一系列的教学任务,而本人却根本没有意识到。

（2）内隐理论是粗糙的、零碎的,不明确也不构成系统。因而总是片面地或偏激地认定教育的某一方面的意义,却轻视完整地构建自己的教育观念。

（3）内隐理论是不确定的、易变的、可动摇的,它常使教学呈现不稳定性的冲动。因为教师对自己的内隐理论还没有达到"信仰"的程度,并且是在不知不觉状态中使用它,一旦被人点醒,他又可能在态度上愿意放弃原来的内隐理论,但并不意味着真正丢弃。

（4）内隐理论是教师的个人化理论,既无法向他人明确表达,也无法与他人分享。这种理论无论多么进步,也只能是封闭的,不可能争取到合法性资格。同时,孤独的理论、孤独的教学将自然导致教师孤独地生活。

（5）内隐理论是教师个人在自己的生活和教学情境中形成的某种特定文化假设和教学观念假设,具有很大的情境性,往往不具有普遍意义,不一定适合为另一人另一情境的教育提供解释和指导。

（6）内隐理论并非直接接受教育理论的启示,而更多的是源于教师的生活经验、教学经验的自我诠释,只是教师个体的某种行动理论、生活理论或实践理论。它需要以科学的"假设—检验"程序使之合理化提升,但只有经过本人的行动,才可能真实地改变。

研究表明,教师的内隐理论可以随时随地以无意识的方式影响着教师的教学思维和对课堂教学事件的处理方式。若教师的内隐理论是进步的,对学生的思维发展是积极的,这种内隐理论尚有存在的价值和理由,但也需要发展它;如果教师的内隐理论原本落后,阻碍了学生的思维发展,那么,要发展学生的思维,就要先设法使教师改变自己的内隐理论。

那么,如何改变和发展教师的内隐理论? 这个过程就其实质而言,是内隐理论外化和教育理论内化的过程,其主要途径是反思。按照布迪厄的说法,反思是自我反思,它要求把自己看做既是反思的对象,又是反思的承担者。教师反思过程实际上是使教师在整个教育教学活动中充分地体现双重角色:既是引导者又是评论者,既是教育者又是受教育者。过去的教师处在被研究者地位,现在教师要成为研究者,把自己作为研究的对象,研究自己的教育观念和实践,反思自己的教育实践,反思自己的教育观念、教育行为以及教育效果,以便对自己的教育观念进行及时的调整。总之,只有教师自己才能改变自己,只有教师意识到自己的内隐理论并经过反思才可能使之得到调整,在自我批判中才有可能获得挑战和改造。内隐理论研究承认教师经过不断反思自己的教学完全可以形成先进的教学观念和个人化教育哲学。

所有的教育理论研究至多只能为教师提出一些建议。而所有的建议只有等教师以研究的心态与研究者发生共鸣,才有可能接受并作个人化的理解和重构。所以,除了教师自己,没有人能改变教师的内隐理论。改变教师的思维就是教师使自己的思维永远处于不断反思和自我挑战的过程中。具体思路为:既可由教师自己反思,也可借助同行或专家的评价推进自己反思。而理想的方式是在借助同行或专家建议后,教师逐步成为独立的反思性教学者和反思性思维者。唯其如此,才能有效地改变和发展教师的内隐理论,从而形成先进的基于科学理论之上的教育观念和教育哲学。

(三) 教育理念

教育思想的最高境界是教育理念,理念解决价值取向问题。教育理念也称为教育理想、教育信念、教育信仰、教育信条等。可以说,教育理念是一种理想化、信仰化了的教育观念。正如没有包含情感的内心体验,认识是很难转化为观念的,没有经历理想化、信仰化的过程,观念也是不可能转化为理念的。教育理念有三个特点:一是对某种观念极度信服和尊重,并以之作为人生行动的准则;二是带有情绪情感色彩,按理念去行动会产生肯定而积极的情感,否则就产生否定而消极的情感;三是带有"习惯"性,自然地按照自己的理念去行动。心理学研究表明,信念一旦产生就很难改变,除非受到有意的强烈的挑战。

教育理念是教师的一种高层次的社会性需要。教育理念是教师人生观价值观的体现。教育理念的形成取决于教师的人生追求和价值取向,教师的人生追求目标越高远,价值取向越趋于社会,他就越有可能形成教育理念。目光短浅、自私自利的人绝不可能有教育理念。从职业的角度来说,教师一定要坚信"教育是大事业","教育是大人生",这样,才能把教育作为自己的人生归宿和价值取向。教育理念是一种教育追求。这种追求意味着教师即使看不到自己取得的成果,仍将孜孜不倦地、义无反顾地奋斗,它赋予教师教学工作的方向性、原则性和坚韧性。而没有理想、没有追求的教师必然是无所事事、半途而废。教师教育理念在实际工作中的一个突出表现就是多年来一直被教育心理学家关注的教师教育效能感,它包括个人教育效能感和一般教育效能感两方面。所谓个人教育效能感是指教师对自己是否有能力完成教育任务、教好学生的信念,例如"我一定能教好学生",这显然是教师的个人教育信念。一般教育效能感反映的是教师对教与学的关系,对教育在学生发展中的作用等问题的一般看法和判断,那种"教育一定会促进学生成长"、"没有教育不好的学生,只有不会教育的老师"的观念就是一般教育效能感的较典型的例子。

教师一定要确立自己的教育理念,教育理念是教师的主心骨。教师心中一定要有一个教育的乌托邦,这样不管遇到什么阻力,碰到什么困难,他都会勇往直前地朝着自己的理想、信仰奋斗不息,这是教师人生价值和人生幸福的源泉!

二、教育学有助于师范生提升教育智慧

教师的教育教学行为就其表现形式而言,是由思想决定的;就其表现内容而言,是由素质决定的。从这个意义上可以说,教师拥有什么,他才能够给学生什么。教师只拥有知识、技能,他就只能传授学生知识,训练学生技能;教师拥有智力、能力,他才能够发展学生智力,培养学生能力;教师心中有爱,他才能传递人间温情,让学生心中充满爱。唯有智慧才能启迪智慧。据此,教师可以分为"教书匠"(知识、技能型的教师)、"能师"(智能型的教师)、"名师"(智慧型的教师)。"教书匠"就知识论知识,就技能论技能;"能师"才会在传授知识和训练技能的过程中发展智力、培养能力;而"名师"还会在这个过程中经常迸出智慧的火花启迪学生,开启学生悟性,增长学生智慧,培养健全而充分发展的学生。

教师应该拥有教育智慧。尽管我们无法给教育智慧下个确切的定义,但我们可以肯定地说,从认知层面讲,智慧要比智力能力更高、更虚灵、更富有弹力,从这个角度可以说,教育智慧是教育能力和教育艺术的合金,教育能力与教育艺术的和谐统一、相辅相成才构成教育智慧。这正是教育智慧的生命力和活力之所在。教育智慧赋予教育教学工作永恒的魅力。教育学的学习有助于未来教师领会教育智慧,并提高自身的教育智慧。

三、教育学有助于师范生塑造专业精神

精神相对于物质而言,物质乃精神之基础,但精神具有相对独立性和巨大能动

作用。精神既来源于物质,又超越于物质,超越是精神的本质要义。就人的需要层次而言,物质需要在底层,精神需要在高层。精神需要是核心和灵魂。精神是一种深刻而稳定的动力特征,其核心是表现个人主体能动性的独立人格。毛泽东说得好:人是要有一点精神的。从事"太阳底下最光辉职业"的教师尤其需要一点精神。现在,全世界都在进行一种教育改革,叫做教师专业化。何谓教师专业化?教师作为专业技术人员,一方面要求必须具备一定的专业含量和技术含量[专业含量就是指教师的教育教学活动应与家长不同,与普通人不同,与其他专业技术人员不同,应该有以本专业理论(教育理论)为支撑的、其他专业不能替代的、育人功效显著的教师专业特征。技术含量则是指教师的教育教学活动应该具有可供参考的、可操作性较强的、实效性明显的基本程序、方法、手段以及组织形式等]。另一方面要求必须具有与其专业技术相关的"精神"——就教师而言,就是"教育专业精神"。教育学既有助于师范生掌握一定的专业技术,增加专业含量,又有助于塑造未来教师职业的专业精神。现代的教师应具备这样三种专业精神:敬业精神、人文精神、科学精神。其中敬业精神是核心,人文精神和科学精神是相辅相成的两翼。

未来教师必须具备教育专业精神。

敬业精神是一种职业观或职业态度。教师怎样看待自己所从事的职业,对自己所从事的职业抱什么样的态度,这不仅仅是一个职业观的问题,也是一个人生观的问题。我们依境界高低把教师的职业观分成三个层次:谋生型教师、良心型教师和事业型教师。

人文精神的核心是对人的关切,尤其是对普通人、平民、小人物的命运和心灵的关切,也是对人的发展和完善,人性的优美和丰富的关切。

科学精神是探索真理的活动。教育是传播真理的活动,现代教育要求在传播真理的同时发现真理。教育也需要科学精神,教育的发展呼唤着科学精神。

四、教育学有助于师范生形成专业人格

俄国大教育家乌申斯基指出,教师的人格对年轻的心灵来说,是任何东西都不能代替的。教育者的人格是教育事业的一切。"只有人格才能够影响到人格的发展和规定,只有人格才能养成性格。"奥地利教育哲学家布贝尔也说过"教师只能以他的整个人,以他的全部自发性才足以对学生的整个人起着真实的影响。因为在培养品格时,你无需一个道德方面的天才,但你却需要一个完全生气勃勃的人,而

且能与自己的同伴坦率交谈的人。"①这里都明确提到教师的人格问题。教师应具备与其专业要求相当的人格,我们称其为专业人格。

教育心理学研究表明,教师作为榜样对学生的影响极其巨大。从幼小儿童到大学生都有模仿教师行为的倾向。教师的人格之光对学生心灵的烛照深刻且久远,甚至可能影响学生的一生。可以说,优秀的教师是学生人生道路上的楷模和导师。正像苏霍姆林斯基在《给教师的建议》中所写的那样:"你不仅是自己学科的教员,而且是学生的教育者,生活的指导者和道德的引路人。"专业人格是比专业智能更重要的心理素质。教师的专业人格包括良好的人性(性格)和高尚的品德(品格)。

教育学对教育工作的用途和价值,低年级的师范生往往不容易认识到,但经过教育实习的同学,在总结经验时往往不无遗憾地说:"后悔当初没有好好学习教育学。"因此,师范生应珍惜在校期间学习教育学的机会,系统地掌握教育学的基本知识,为未来的教育实践打下坚实的基础。

五、教育学有助于师范生适应课程改革的要求

下面,是对一位中学校长进行访谈的内容摘录。

案例

校长的危机感②

新课程遇到的最大问题是什么?我认为是师资问题。

从任课教师的角度看,我感觉到新课程带来许多的变化。比如,课时少了,但是内容反而加了。有很多新知识,特别是跟科技、时代发展密切相结合的新知识,进入了课程内容。如果按照常规的教学方法教下去,就无法完成教学任务。

从年轻教师那里反馈来这样的信息:我们能够帮助学生学习知识和课程内容,却不知道怎样让学生去掌握;我们能让课堂气氛活跃起来,但一活跃就乱,而一统起来就失去生机。老教师则反映教材变得太多,教学内容更新太快,学生不太好沟通,不少家长还担心孩子的学习成绩。对于教师的在职进修,学校一直是鼓励的。其实我本人就是在职进修的一个实例……人家说我是一个学

---

① 华东师范大学教育系,杭州大学教育系编译.现代西方资产阶级教育思想流派论著选[M].北京:人民教育出版社,1990:305.

② 钟启泉,崔永漷.新课程的理念与创新[M].北京:高等教育出版社,2003:244.

习型的读书校长。我从这里面确实尝到了很多甜头。越学习越觉得自己的知识不够，还需要不断学习。不学习就要被淘汰掉了。新课程的理念是很新的，我深有体会。为了适应新课程的需要，我们学校非常鼓励教师在职进修。这里面有很多的因素：第一，教师本人的素质要提高，需要抓住机会不断学习。第二，这也是学校发展的需要。学校发展到更高的层次，教师需要更高的学历。

在课改中，我和学校的教师们都有一种很大的危机感。因为，我们最担心的是用昨天的知识去教今天的学生，而他们是面向未来的。所以就怕落后了，耽误了孩子的发展。在这段时间里，我也一直在思考：教育应该是一切都为了学生的发展。我们最怕影响学生的发展。我们的一个举止、一句话语，很可能会影响学生的一生。我们是不经意的，学生却受到了影响。面对这种情况，我们就要不断学习，不断探究，否则教师就落伍，学校就跟不上时代发展的要求，培养的学生就没有扎实的知识基础，那就误人子弟。所以我们也就是基于这种认识，有一种责任感和使命感去学习，特别是新课程的新的理念，我们是不断在教师中渗透……教师的学习要由学校强制变为本人的自觉行为。

从该校长的这些话中，我们可以了解到在素质教育背景下，实施新课程对教师带来的影响，也可以感受到广大教师对新课程的些许困惑以及新课程对教师专业发展的期待。显然，新课程挑战了教师的教学传统，期待教师角色的相应转变，同时也提出了教师专业发展的要求。

新课程提出的全新理念对广大中小学教师带来了诸多的挑战。譬如：

在新课程中，大家将看到教育理念的变化有：不再过分注重知识的传授，学生获得知识与技能的过程同时成为学会学习、学会思考、体验创造和形成正确价值观的过程；不再过分强调学科本位，不再偏重书本知识，加强了课程内容与学生生活以及现代社会发展的联系，关注学生的学习兴趣和经验，注重学生终身学习必备的基础知识和技能；改变了过于强调接受学习、死记硬背、机械训练的现象，倡导学生主动参与、乐于探究、勤于动手，培养学生搜集和处理信息的能力、获取新知识的能力、分析和解决问题的能力以及交流、合作的能力；改变了过分强化评价的甄别与选拔的功能和评价内容、方式单一的现状，学生评价的体系，不再是分出等级的"筛子"，而是激发不断进取的"泵"。

在新课程条件下，大家将看到教师教学方式的变化：教师在教学过程中，不再是从头讲到尾，不再是追求唯一的标准答案，而应与学生积极互动、共同发展，注重

学生的独立性和自主性,引导学生质疑、调查、探究,在实践中学习。教师的教学方式,重要的是要创设丰富的教学情境,信任学生的学习能力,营造一个轻松、宽容的课堂气氛;教学活动具有创造性,可以结合课堂具体情境和学生的兴趣即兴发挥;知识的学习不必遵循固定不变的程序,应该根据学生的需要因势利导;学生的学习是一个主动建构的过程,不必将知识作为"绝对的客观真理"强加给学生。

课程改革后,教师在面临新的教学观念、教学策略、教材的挑战的同时,教学情境也发生新的变化。教学情境的变化,主要是因为新的课程因素的增加和教学环境的改变。这样,常规教学活动的框架将被打破,常规教学活动的方式也将发生改变,新的教学工作方式将随之建立。与此同时,学生的学习方式、师生间的交往方式也发生了变化。新的教学情境将促发学校教学活动的重组,也将激发教师研究新问题的热情。

在参与新课程的过程中,教师需要提高自身的课程意识,这样才能加深对课程概念的认识并转变课程观念;教师需要提高课程实施的能力,这样才能适应课程的综合化和课程向学生的经验和体验回归的趋势;教师需要积极参与新课程,这样才能提高新课程的适应性、真正实现新课程的理想;教师需要提高教育理论水平、教育科研能力、信息技术应用能力等,这样才能不断"充电"、不断提升自身专业素养。为了成功实施新课程,教师必须在教学行为上作出调整,转变自身角色,从单纯的知识传授者转变为学生学习的促进者、课程的开发者和教学的研究者。

我们所学习的教育学,就是为学生毕业以后走上工作岗位,能够在全面推进实施素质教育的时代,胜任新课程的教学提供理论、观念、方法等方面的准备的。

【实践活动】

1. 举例说明教育问题的类型,并提出一个教育问题进行教育调查。
2. 采访优秀教师,分析教育理论知识在其成长过程中的作用。

【读书指导】

1. 全国十二所重点师范大学联合编写.教育学基础[M].北京:教育科学出版社,2003.
2. 黄甫全,曾文婕.小学教育学[M].北京:高等教育出版社,2011.
3. 陈桂生.教育学的建构[M].长沙:湖南教育出版社,1998.
4. 余文森.新课程背景下的公共教育学教程[M].北京:高等教育出版社,2004.

第一章 小学教育的产生与发展

内容提要

本章主要论述了小学教育的发展历程,在简要回顾了小学教育产生、发展的基础上,概括出了生活形态和学校形态小学教育的特征;着重论述了近代中西方小学教育发展与变革的一些新特点;反思了中国学校化小学教育存在的问题;最后讨论了理想小学教育的目标及其在实践上的追求。

学习目标

1. 识记生活形态小学教育的特征。
2. 识记学校形态小学教育产生的条件与特点。
3. 了解近代小学教育发展的历史。
4. 反思学校化小学教育存在的问题。
5. 讨论理想小学教育的前景。

教育写真

狼孩的故事

从小被狼攫取并由狼抚育起来的人类幼童被称为"狼孩",世界上已知由狼哺育的幼童有十多个,其中最著名的是印度发现的两个。狼孩和其他被野兽抚育的幼童又统称为野孩。

1920年,在印度加尔各答附近的一个山村里,人们在打死大狼后,于狼窝里发现了两个由狼抚育过的女孩,其中大的年约七八岁,被取名为卡玛拉;小的约2岁,被取名为阿玛拉。后来她们被送到一个孤儿院去抚养。阿玛拉于第二年死去,卡

玛拉一直活到1929年。孤儿院的主持人J.E.辛格在他所写的《狼孩和野人》一书中,详细记载了这两个狼孩重新被教化为人的经过。

狼孩刚被发现时,生活习性与狼一样:用四肢行走;白天睡觉,晚上出来活动,怕火、光和水;只知道饿了找吃的,吃饱了就睡;不吃素食而要吃肉(不用手拿,放在地上用牙齿撕开吃);不会讲话,每到午夜后像狼似的引颈长嚎。卡玛拉经过7年的教育,才掌握45个词,勉强学几句话,开始朝人的生活习性迈进。她死时估计已有16岁左右,但其智力只相当于三四岁的孩子。

如果狼孩在出生时不属于先天缺陷,这一事例则说明:人类的知识与才能不是天赋的,直立行走和言语也并非天生的本能。所有这些都是后天社会实践和劳动的产物。从出生到上小学以前这个年龄阶段,对人的身心发展极为重要。因为在这个阶段,人脑的发育有不同的年龄特点,言语的发展可能有一个关键期(发音系统逐渐形成比较稳定的神经通路,以后要重新改变,非常困难)。错过这个关键期,会给人的心理发展带来无法挽回的损失。因此长期脱离人类社会环境的幼童,就不会产生人所具有的脑的功能,也不可能产生与语言相联系的抽象思维和人的意识。成人如果由于某种原因长期离开人类社会后又重新返回时,则不会出现上述情况。这就从正反两个方面证明了人类社会环境对婴幼儿身心发展所起的决定性作用。

小学教育的产生,虽然是社会生产发展推动的结果,但是却与原始教育直接联系在一起。学校的产生,是教育走向专门化的标志,也是小学教育得以正式出现的契机。伴随着小学学校的产生,小学教育登上了人类教育的历史舞台,并占据了重要的位置。

第一节　小学教育的产生

有了人,就有了人类教育,人类最初的教育与生活是交织在一起的,不可能划分出具体的教育阶段,也就没有专门的小学教育。但是,当时存在着教育萌芽阶段的一些教育活动,我们把这些原始人以生活为主要教育内容的教育称之为"生活形

态"的小学教育。① 到了原始社会末期和奴隶社会初期,开始出现了学校的雏形,随着学校的形成,开始出现了"学校形态"的小学教育。

一、生活形态的小学教育

原始社会生活形态的小学教育,其基本特点是"生活化",教育是在生活中进行的,是融于生活之中的。这种形态的教育没有与人类的生活和生产实践相区分,也没有划分成不同的层次,对此,涂尔干(E. Durkheim)曾做过描述:"原始生活是简单的。""通过直接的和个人的经验,儿童轻而易举就学会了他需要知道的东西。生活就是他的导师。"②因此,"生活化"是这个阶段教育的基本表征。

(一)教育内容的生活化

人类早期的原始生活包括两个重要方面:一是满足生理需要的衣、食、住等外在的生产活动;二是为了威慑、抚慰、控制和躲避灵魂世界的敌人以满足精神需求的礼拜和原始宗教活动。与之相应,最初的人类教育就存在于这两个过程之中:一是为了满足生产生活实践需要的教育,使每个社会成员都学会如何制作必要的工具和按照明确规定的方式做好每件事情,从而取得所期望的结果;二是为了熟悉礼拜步骤和宗教仪式的教育,使每个社会成员都通过礼拜或宗教尽力抚慰灵魂世界、培养伦理行为准则与善良勇敢之心。

这两个过程都蕴涵着针对儿童的基本生活技能训练和原始的社会规范教育。基本的技能训练是为了使儿童适应生产劳动、日常生活、宗教活动等方面的实践要求,形成符合规范的实践行为技能。原始的社会规范教育则通过与技能训练紧密结合在一起,力图使年轻人获得对自然界和社会生活的解释,对物质世界和非物质世界关系的说明,从而有效地应对环境的挑战。这两个方面实际涉及三个层面的教育内容,亦即关于人与人、人与自然、人与神灵之间关系的知识与经验。在西方,主要以人与自然关系的知识与经验为主;在中国,则主要是以人与人之间关系的知识与经验为主。

(二)教育形式的生活化

对于早期的人类教育来说无论是基本的技能训练或者是原始的社会规范教育,间接地作为生活基础的知识或者课程都没有组织起来,当然也就没有相应的学

---

① 黄甫全,曾文婕.小学教育学[M].北京:高等教育出版社,2011:7.
② [法]涂尔干.道德教育[M].陈光金,等译.上海:上海人民出版社,2006:138.

校制度。由于早期人类很少有个体意识,群体习惯与习俗所造就的群体幸福才是人们追求的目标,所以就教育组织形式来讲,精心设计和经营的教育结构是不需要的。作为基本社会机构的氏族或者家庭也就成为早期的教育场所。生活化的教育形式,使得儿童的"教育过程从这里开始而且教育过程最一般的各阶段的最终职责也必须寄托于此"①。人们获取生活必需品的过程以及宗教仪式、礼拜或巫术活动的过程也就是教育过程,在这一过程中,儿童是在家庭和族群各种活动的观察和参与中习得基本的技能和必要的观念。生活化的教育成为人类关于儿童与年轻人教育的最初形式。教育史表明没有充分的证据显示那时出现了明确的教育层次的划分,因此,也就没有形成小学教育这一特定的教育阶段。但这不妨碍我们清晰地看到,现代意义上的小学教育中的某些活动,与原始社会早期关于儿童的教育在形式上有着相似的地方,只是后者完全是与生活相融合的。这说明小学教育注定是在原始的生活化的教育中萌芽而生的。当然这是一个漫长的历史孕育时期,要到人类历史上出现学校这一专门机构才开始得以催生。

二、学校形态的小学教育

随着人类进化脚步的加快,社会生产能力的提升,社会生活经验的丰富以及文字的出现,经过精心设计的类似现代所称谓的学校的专门教育机构出现了。与此同时小学教育或者类似性质的制度化的教育阶段开始出现,并得到逐步发展。学校化的小学教育也就意味着小学教育开始超越朦胧一统的原始生活化形态,开始成为人类有意识规划的、有制度保障的、由专门人员在学校这样的专门场所展开的特定形态和阶段。

(一) 学校形态的小学教育产生的条件

学校的产生,虽然是社会生产发展的结果,是教育走向专门化的标志,也是学校形态的小学教育得以正式出现的契机。在原始社会末期,随着社会生产的发展,学校形态的小学教育建立的条件基本形成,并在人类教育的历史舞台占据了重要的位置。

1. 专门教育者的出现

在原始社会的后期,随着人类自我意识的突显,理论教育开始逐渐超越技术和技能训练而成为教育的中心。关于灵魂的知识和现实生产生活实践的知识发生了

---

① 孟禄.教育史课本[G]//夏之莲.外国教育发展史料选粹(上).北京:北京师范大学出版社,1999:9.

分裂,满足心灵世界需要的知识得到强化和积累,并形成固定的规范进而显示出专门化的特征。关于神秘世界、自然界、宗教教义、灵魂净化以及通过特殊仪式或典礼来沟通人类与神秘世界或者祖先的联系等的知识与经验,都呈现出专门化的趋势。随着专门化程度的加强,这些知识被一个专门的阶级或阶层所掌握。在大部分的氏族中这个专门的垄断阶级成为教育的主体,他们或是巫师或是部落首领,他们需要将这些知识变成普通的真理体系,并在现实生活中进行具体应用。同时现实社会生产力的提高和社会经济生活的发展,为部落提供了剩余产品,从而为这些教育者提供了物质生活的基础,使他们能有专门时间从事教育活动。于是特定的教育者产生了。专门教育者的出现为专门化的学校教育提供了必要条件。

2. 专门知识的初步形成

专门教育者的出现是以知识专门化为前提的。无论是与人们生产生活紧密联系在一起的知识,如生产工具的制作、武器的制作和作战技能的训练等知识,还是关于人类伦理道德行为规范和灵魂领域的知识,如部落制度的制定与执行、中国的孝道和礼乐、西方的教义等,对于普通大众而言这些知识的传递和积累只需要明确"做什么"和"如何做"就可以了。但是对专业人员的训练则需要进一步追问"为什么要这样做"的问题。对于自然和礼仪意义的探究以及对伦理行为规范和宗教教义做出进一步的解释"引起了第一个真正的教育过程和第一批特殊的教育机构的产生"①。也就在这种解释之中精心的探究引起了知识的发展和知识的分化。于是最早的宇宙论、哲学、数学、物理、生理、医学卫生等知识进一步发展起来。

3. 文字的出现

当然这些知识的发展和积累需要借助于一定的工具和某种恒久的形式来完成。文字的发明恰恰满足了这种需要。文字作为一种有效的工具,它突破了时间与空间的限制,既便于知识的记录与积累,又便于知识的传递与传播。文字的产生,一方面使得人们有可能在经验积累的基础上精心编制出教义和文献,从而为正式的教育提供基础和手段;另一方面,文字的出现以及文献的编制,又进一步强化了知识的专门化趋势,既然需要教育者运用文字传递经验,当然也就需要进行专门的文字教学。因此也就要求有掌握文字从事教育工作的专门人员和专门的施教场所。

专门教育者的出现,知识与经验的丰富和分化,以及文字的产生导致了学校的萌芽和产生。

---

① 孟禄.教育史课本[G]//夏之莲.外国教育发展史料选粹(上).北京:北京师范大学出版社,1999:9.

(二) 学校形态的小学教育的产生

1. 中国古代小学教育的产生与发展

在我国,从发现的文献表明,早在夏、商、周时期就开始有了学校。早期在五帝时代,"五帝名大学曰成均"(《礼记·文王世子》),"大司乐掌成均之法,以治建国之学政,而合国之子弟焉"(《周礼·春官宗伯》)。而"有虞氏养国老于上庠,养庶老于下庠"(《礼记·王制》)。在氏族公社对年轻一代的教育任务通常由具有丰富经验的长者来承担,所以"庠"这种机构"兼有两个方面的重要活动即养老与教育。"①成均、庠是古代中国早期学校的雏形。随后,夏商周"设庠、序、学、校以教之。庠者,养也,校者,教也,序者,射也。夏曰校,殷曰序,周曰庠,学则三代共之,皆所以明人伦也。"(《孟子·滕文公上》)学校化的教育在此时基本成型。

自春秋之后"官学衰废"而"私学兴起",从而出现"文化下移"的"天子失官,学在四夷"(《左传·昭公十七年》)的局面。"官学衰废"与"私学兴起"是在特定历史条件下依靠自由办学、自由就学、自由讲学、自由竞争来发展教育事业以满足人们的教育需求。私学勃兴,以孔子的办学规模和影响最大,孔子的教育实践与教育思想奠定了中国小学教育整个"艺术化"阶段的基础。自此之后虽然各朝各代都有自己的教育政策与制度,但是小学教育都分布在官学和私学两个系统之中。这两个系统的小学最终通过"举孝廉"、"科举"等选士制度,特别是隋唐以来的科举制度而联系起来,直到20世纪初期科举制度被废除。

2. 国外小学教育的产生与发展

在国外,早在古希腊时期,就产生了西方教育史一般所称的超越了生活化教育形态的新教育,即"人类历史上第一次出现了学校"②。两河流域早期的苏美尔人,为了训练寺庙的书吏学习文字与符号,设立了专门教学的"泥板书舍"(tablet house),在此,教师称为"专家",助手称为"大兄长",学生称为"校子"③。在尼罗河流域,古埃及设立了宫廷学校(court school)、寺庙学校(temple school)、书吏学校(department school)、文士学校(scribe school)等分别承担不同的教育职能,对不同的对象实施教育。在印度河流域婆罗门建立了传授《吠陀经》的"古儒学校"。古希伯来在犹太会堂外建立房舍从事专门的教学工作,并发展为初级学校。斯巴达建立了国家教育训练机构,对所有公民进行教育。而雅典则出现了私立的文法学

---

① 孙培青. 中国教育史[M]. 上海:华东师范大学出版社,2000:10,12.
② [英]博伊德,等. 西方教育史[M]. 任宝祥,吴元训,译. 北京:人民教育出版社,1985:1-2,13.
③ 吴式颖. 外国教育史教程[M]. 北京:人民教育出版社,1999:10.

校、弦琴学校以及体操学校。经过希腊文明的孕育,形成了在学习计划和教学方法等方面都与现代学校相似的人们所公认成型的最初的欧洲学校。

在欧洲的中世纪,教会教育取得了绝对的主导地位。修道院、主教学校和堂区学校都对低年龄儿童实行教育,让他们学习圣经与七艺,进行简单的读写算和最简单的世俗知识的教学。在世俗教育方面,占据主导地位的骑士教育的整个过程都是通过家庭教育来完成的。

以上类似现代学校的专门机构,如上面提到的校、序、庠都类似今天的小学,我们把这看做是小学教育的出现。古代小学教育的出现及其发展是学校形态小学教育的表征。

3. 早期小学教育的特点

中西方早期的学校形态的小学教育,在"目的"、"内容"、"方法"和"权利"等方面具有一些共同特点。[①]

(1)教育目的的象征性。学生接受教育的主要目的不是为了获得实用知识,而是为了塑造和谐的身心,养成完美的品德和行为规范,成为社会的楷模。在孔子那里,基本的教育目的是为了培养能志道、弘道和行道的德士与君子,教育就是为了宣传自己的政治主张和促进儿童品行的成长。在苏格拉底(Socrates,前469—前399)那里,教育是为了帮助学生寻找人类的善与勇敢的品质。对柏拉图(Plato,约前427—前347)来说,教育是为了追求永恒的理念。在中世纪,培养侍奉上帝的仆人,则是教育最大的目标。

(2)教育内容的系统性。在教育内容上,中西方小学教育都主要以精心编排与组织的典籍为主,体现较强的系统性。在我国,孔子的私学里,儿童学习的是《诗》、《书》、《礼》、《乐》、《易》和《春秋》,内容涉及礼、乐、射、御、书、数,核心是文、行、忠、信。后来,随着大一统专制帝国的形成,以及科举考试制度的确立,四书、五经成为基本教材,核心思想是仁、义、礼、智、信。在西方,则形成以"七艺"为核心的教育内容,即以文法、修辞、辩证法(逻辑学)构成的"三艺"和以音乐、算术、几何、天文学构成的"四艺",外加体操。

(3)教育方法的刻板性。教育方法强调学生对经典的识记和背诵,并以死记硬背和机械模仿为主,与机械记忆联系在一起的必然是专制的教育教学形式。教育过程充斥着管制、灌输、体罚等手段,以便保证教师的威严与经典的至高无上的地位。

---

① 黄甫全,曾文婕. 小学教育学[M]. 北京:高等教育出版社,2011:7.

(4) 教育权利的等级性。由于统治阶级掌握教育的统治权,在教育权利方面形成了严格的等级制度。在教育者方面,由于统治阶级的政治思想、伦理道德以及宗教思想成为唯一的真理,教师并不是一个特定的专业人员,他们要么由国家官吏兼任,要么由宗教神职人员兼任。在受教育者方面,也存在着鲜明的等级性。不同的社会阶级和社会阶层具有入读不同学校的教育权利。贵族与平民、主人与仆人具有不可逾越的鸿沟。而且,许多社会底层人民的子弟没有进入小学学习的机会。

第二节　小学教育的发展

一、西方小学教育的发展

近代小学教育的发展是与资本主义的兴起和发展相联系的。13—15世纪的文艺复兴运动为近代小学教育的发展奠定了思想理论基础,17—18世纪开始的资产阶级革命、工业革命又为近代小学教育的发展确立了政治经济基础。由于资产阶级统治地位的确立,导致社会政治、经济、文化和科学发生巨大变化,而这些变化又直接或间接地引起各国在教育制度、学校体制、教学内容和教学方法上的变革,与之相适应,小学教育也出现了革命性的变革,出现了一些新的特点。①

(一) 教育权利国家化

近代小学教育的一个重要特征就是举办权的公立化。随着资产阶级世俗国家政府的确立,小学教育的举办权也就从教会的手中逐渐转移到世俗政府手中。小学教育举办权的转移,蕴涵着国民公共教育制度和体系的确立。教育作为一项公共事业,教育制度作为一项公共制度,强化了国家对教育的干预,小学教育公立化成为近代小学教育发展的重要趋势。如在1833年,英国的国会就通过了教育补助金法案,决定每年从国库中拨款两万英镑作为对初等学校的补助金,这是英国教育从只作为宗教活动或民间活动向教育国家化发展的转折点,也是英国建立国民教育制度和国家直接管理教育的开始。1899年,英国又建立由议会直属的"教育

---

① 黄甫全,曾文捷.小学教育学[M].北京:高等教育出版社,2011:7.

署",把对初等教育和中等教育的领导权集中起来,从而完成英国教育领导体制的国家化。18—19世纪,世界上主要的资本主义国家都陆续地实现了教育的国家化和世俗化,教育开始脱离对于宗教的依附,并融入整个社会生活之中,为现代教育的发展奠定了一个坚实的基础。

(二) 教育运行法制化

小学教育事业作为一项公共事业,主要是通过教育法制化来强力推进的。从16世纪开始,德国各公国就先后颁布关于国家办学和普及义务教育的法令,如1559年威丁堡法令决定国家在每个村庄设立初等学校,强制家长送子女入学;魏玛公国1619年法令要求开列6~12岁男女儿童名单以保证适龄儿童入学;普鲁士国王威廉一世1713年接连颁布教育法令详细规定了政府设立学校、强迫义务教育、学校课程、办学经费等方面的具体要求和步骤;威廉二世1763年颁布《普通学校规章》规定了义务教育的年龄(5~13、14岁)及其相应的制度和措施。法国在大革命时期提出了人人享有平等的受教育机会和权利,强调普及教育的重要性,并由国家举办"国民教育之家";复辟王朝在1816年颁布法令要求每一市镇必须采取措施使本镇儿童接受初等教育;七月王朝的《基佐法案》为初等教育的发展提供了法律保障,对法国初等教育的发展起了显著的积极影响;巴黎公社教育委员会在实现普及免费义务教育上做出了积极努力;第三共和国于1882年两次颁布《费里法案》,不仅确立了国民教育义务、免费和世俗化三原则,而且将这些原则的贯彻实施具体化。英国1883年在宪章运动的压力下颁布了《工厂法》,规定9~13岁的童工每天应在工作时间接受两小时的义务教育;1870年《初等教育法》(《福斯特法》)规定了国家实行强迫义务教育的具体措施,标志着英国初等教育制度的形成,随后又相继通过了义务教育和免费教育的法案。在美国,1825年联邦政府颁布了第一部义务教育法,随后各州相继颁布义务教育法令,强迫接受初等教育和实现免费教育。日本在1872年的《学制令》规定了义务教育制度。

(三) 教育对象普及化

随着资本主义政治经济文化的发展,小学教育对象迅速扩大到所有适龄儿童,而不分出生等级和男女性别。普及教育成为近代各国小学教育发展的重要特征,它极大地满足了各个民族国家经济政治和社会发展的需要,同时也确立了受教育机会和权利平等的基本原则。通过教育公立化和法制化,特别是国家法律的强大力量有利地推进了小学义务教育的普及;而小学义务教育的普及,对西方国家的经济与社会的全面快速发展又起到了不可或缺的促进作用。

(四) 教育内容世俗化

在西方,早期学校化的小学教育或初等教育,多是由教会以慈善的形式为普通大众提供的。对于贵族而言,其初等教育更多在家庭中完成。这样,小学教育的内容最主要的就是宗教观念和行为规范,即便有少数简单的读写算训练,也往往贯穿于宗教教育之中。但是随着各国世俗政权的确立,近代科学知识的积累与资本主义经济的发展,宗教教育内容已经完全不能满足小学教育的需要,小学教育的功用性目的逐渐占据了主导地位。于是各国政府利用国家强制力量,纷纷颁布法令,将举办初等教育的权力收归世俗政府,宗教与政党不得干预。与之相适应,基本的读写算能力的训练与基本的科学和世俗知识,开始超越宗教知识的地位,成为小学教育的重要内容。

(五) 课程设置学科化

传统的小学教育课程是一种艺术化的课程,但是随着近代小学教育的展开,小学课程设置出现了学科化的趋势。学科化的小学教育课程发轫于15世纪,并一直持续到今天,以赫尔巴特(J. F. Herbart,1776—1841)"教材"课程为典型代表。学校里使用的不再是原著,而是经过专门编写的教材课本,先是夸美纽斯(J. A. Comenius,1592—1670)的"百科全书"教材,继而是分科编写的教科书。内容包含了人文学科和自然学科以及数学、神学等所有学科的基础和精华部分,采取了大规模的班级授课制和以教授及背诵为主的教学方法。那时取得的课程成就为:第一,编写出了教材,它是教育家们甄别、选择和重组文化知识的产物,为解决知识量的无限增长与学习时间的有限之间的矛盾探寻出了新方法。第二,形成了以"分科"为形式和以历史、文学加神学为中心的课程整合结构,为了实现科目之间的有机联系,便以历史、文学和神学三科为中心来安排和组织其他科目,使学科课程在分科的形式下各科内容能有机地联系在一起。[①] 教育目的是培养大量的社会工业化所需要的劳动力,教育对象首次从上层里的少数人扩大到全社会的多数少年儿童;教育家们走出了美好的人文教育理想,注意到了大量贫困家庭的儿童走出学校后需要具有生存发展的需要和首先得满足物质和身体需要的客观现实,旗帜鲜明地宣扬功利主义的人生观、教育观和课程观;人们更重视的是课程中自然科学知识的功利价值、训练价值和教育价值。

---

① 钟启泉.现代课程论[M].上海:上海教育出版社,1989:85—87.

二、我国小学教育的发展

在中国,具有近代意义的小学教育是在19世纪末从西方引进的。直到洋人用枪炮打破了国门,国人方才醒悟,落后的教育成了国家科技、经济、军事甚至政治落后的主要原因。于是大批仁人志士致力于引进西方学校教育制度及其课程形态,促使传统的教育形态突然出现断裂,西方小学形态被引入了我国。教育史研究表明,中国近代小学形态是从19世纪末期开始构建的,至今已有百余年的历史。其间伴随着社会巨变,在构建和发展具有近代意义的小学教育过程中,有三次比较大的变革。[①]

(一)变革旧学制,创立近代小学

甲午战争失败后,全社会强烈要求变革强国,废八股、变科举和兴学校成为时代潮流,经过反复的斗争,1904年清朝政府颁布实施了《奏定学堂章程》,建立起了近代小学教育形态。其间,盛宣怀于光绪23年(1897年)创办南洋公学,建立了具有小学性质的外院,成为中国近代公立小学的开端。该小学堂分4个班,每班40人,课程设有国文、算学、英文、舆地、史学、体操六科,由南洋公学师范院学生轮流教学。此后无锡俞复等设立三等学堂(1897年),而天津的蒙养东塾、北京的八旗奉直小学堂都开办于1900年。1898年6月,御史张承缨奏请设立中小学堂,使当地人民子弟和外省寓京官吏子弟皆可入学,这可以算为地方小学教育普及运动的发端。同年,清朝政府下谕令各省府州县设学堂,将各地书院、义学、社学一律改为中西兼学的学堂,其中州县书院改为小学堂,中小学堂应读书借由官立书局编印发行。1902年,在管学大臣张百熙的主持下,颁布了《钦定学堂章程》(即壬寅学制),其中初等教育包括蒙学堂4年、寻常小学堂3年、高等小学堂3年。儿童从6岁开始入蒙学堂,"培养儿童便有浅近之知识,并调护其身体"。蒙学堂和寻常小学堂被规划为义务教育性质,"无论何色人等皆应受此七年教育"。此学制并没有实施,很快就被1904年1月13日颁布的由张百熙、荣庆、张之洞主持重新拟订的《奏定学堂章程》(即癸卯学制)所取代。在癸卯学制中,初等教育包括蒙养院4年(3~7岁),初等小学堂5年(7~12岁),高等小学堂4年(12~16岁)。蒙养院相当于幼儿与学前教育。高等小学堂相当于今天的初级中学,"以培养国民之善性、扩充国民之知识、强壮国民之身体为宗旨"。初等小学堂则被规划为强迫教育,儿童到7

---

① 黄甫全,曾文捷.小学教育学[M].北京:高等教育出版社,2011:7.

岁理应一律入学,"使邑无不学之户,家无不学之童","以启其人生应知识,立其明伦理爱国家之根基,并调护儿童身体,令其发育为宗旨"。

(二) 改造普通教育及其课程体系,初建小学教育体系

在辛亥革命胜利推翻封建统治后,南京临时政府于1912年颁发了改造封建教育的法令《普通教育暂行办法》,教育部颁布了《普通教育暂行课程之标准》,建立了民国学制系统的结构框架(壬子学制)。1913年又颁布了系列法令规章,使壬子学制得以充实和具体化,形成一个全面的学制系统,称为壬子癸丑学制。这一学制涉及小学教育的文件有《小学校令》以及《小学校及课程表》,规定初等教育分为初等小学和高等小学共7年,其中初等小学为义务教育,入学年龄为6周岁,高等小学为3年。"小学教育以留意儿童身心之发育,培养国民道德之基础,并授以生活所必需知识技能为宗旨。"这一小学教育体系,显示出两大特点:一是女子与男子享有平等的受教育权利,儿童不分男女都应该接受义务教育,而且在小学阶段实行男女同校;二是缩短了学制,初等小学和高等小学都不同程度减少了年限,有利于在中国普及小学教育。尽管后来这一体系由于中国时局而不断变更,但是这次小学教育改革的核心思想得以保持。1922年在新的历史条件下,民国政府依据各地的教育实验和教育改革的实践,在民主与科学精神的指导之下,特别是在美国实用主义教育思想的影响下,公布学校系统改革方案,即所谓新学制。1922年的新学制体系根据儿童身心发展规律划分教育阶段,参照美国实行"六三三"学制。它进一步缩短了小学教育的年限,改7年为6年,分两级,初级小学4年为义务教育,高级小学为2年。同时幼稚园也纳入初等教育阶段,使幼儿教育与小学教育得以衔接。1922年的新学制是一种历史的进步,是中国教育发展历史上的一个里程碑,它的影响一直持续到1949年。

(三) 建立中华人民共和国的小学教育体系

中华人民共和国成立后,在学习苏联、继承老解放区经验和改造旧教育的过程中制定颁发了新的中小学课程与教学计划。1949年《全国人民政治协商会议共同纲领》规定,国家"有计划、有步骤地实行普及教育"。1963年在吸取建国15年教育发展经验教训的基础上,制定颁发了新的中小学课程,成为改革开放前比较具有代表性的小学教学计划。1978年之后,政府大力推动小学教育的普及与提高。1980年中共中央、国务院《关于普及小学教育若干问题的决定》提出,80年代在全国基本实现普及小学教育历史任务。1986年全国人民代表大会又制定了《中华人民共和国义务教育法》,明确规定实施九年义务教育。小学作为义务教育的重要组成部分正式纳入了法制轨道,极大地促进了小学教育的发展与提高。

"文化大革命"结束后,在恢复高等学校招生考试的背景下,从 1978 年开始逐步修订颁发了数种小学教学计划,其中 1984 年颁发《全日制六年制城市小学教学计划(草案)》和《全日制六年制农村小学教学计划(草案)》。它们基本上是对 1963 年颁发实施的《全日制中小学教学计划(草案)》的恢复。1985 年启动了新时期第一轮中小学课程改革,先开展义务教育阶段课程整体改革研究,随后又开展了高中课程整体改革研究。在研究的基础上,国家教委 1992 年颁发了《九年义务教育全日制小学、初级中学课程计划(试行)》及配套的《二十四个学科教学大纲(试用)》。1994 年,在每周工作 44 小时的新工时制条件下,又进行了调整,形成了两套最新的方案。新的课程计划规定,小学开设语文、数学、社会、思想品德、自然、体育、音乐、美术、劳动以及晨会和活动类课程。

中国小学教育发展的百年历程所表现出来的特点与世界小学教育发展是基本一致的,基础性、普及性、义务性、公立化和法制化以及课程设置学科化的进程都在不断发展。只不过开始时间推迟到了 20 世纪初,小学教育发展受到了国内外政治形势的影响和制约。所以就普及性与义务性来讲,真正开始迈出强有力步伐是在中华人民共和国成立之后,而以国家强制力保障推行则是在改革开放之后。中国小学教育的发展经历"抄袭日本"、"仿照美国"、"全盘苏化"以及"本土化"的曲折过程。在这一过程中,虽然教育目的、教学内容等都不断地发生变化,但是,就"教学什么"和"怎么教学"的核心问题来看,课程存在形态依然是西方的学科化课程。

三、中国学校化小学教育的反思

从生活化的小学教育到学校化的小学教育,是人类教育发展不可逾越的历史阶段,是教育走向专门化的第一个标志,蕴涵着人类教育的基本价值理念。学校的出现,开始了人类真正有意识地设计与塑造个体的历史,并以一种持续的一体化课程发展和教学实施加以保障。学校产生之前的氏族公社与部落时代,人们所接受的教育是一种生活化教育,没有一个固定的教育场所,也没有一套系统的课程计划。学生根据自己的兴趣和无意识的模仿,在生产劳动实践与公共交往过程中进行的学习。内容与内容之间,课程与课程之间毫无任何联系,自然也就谈不上整体人格的塑造。但是学校出现以后,这种状况得以改变。学生多到学校里,进入了一个经过精心设计的学习环境中,通过严格挑选的内容加以训练,从而达到预定目的;课程与课程之间、教师与教师之间相互衔接,从而产生教育合力。这正是今天小学教育的基本价值取向和结构特征。

但是,我们应该清醒地认识到,"近现代形态的学校教育制度及与其适应的教育理论是怀抱着一个充满热情却不切实际的空想降生于斯世的,这个空想就是:'人人应该享受到一种周全的教育,并且应该在学校里面享受到。'"由此,我们不禁要问:学校化的小学教育是"一种周全的教育"吗?学校化条件下的小学能够实现夸美纽斯提出的人人都"能在学校里面"受到"周全"的教育这一理想吗?这是我们应该思考的问题。下面就从学校教育的特征入手对这些问题进行分析。

(一)划一性

教育的学校化在于统一性,即按规范和标准办学,并依据这些规范和标准进行"科学管理",以保证教育活动"有序、高效"地进行。而当这种"有序和高效"在"整齐划一"运行的同时,却限制了人的自由发展(包括教师的自由发展和学生的自由发展两方面)。因为,学校化教育的根本性特征,在于它有规范性和系统性,在其规范性和系统性的制度下,都具有比较浓厚的强制色彩。迪尔凯姆(E. Durkhejm)对在这种强制(或约束)状态下教育进行了描述:"我们看一下目前的事实及其从古至今的发展,就会发现,一切教育都是通过不断努力,教导儿童学会那些并非随着儿童的成长就能自发掌握的观察、感觉和行事方式。婴儿出生以后,我们就强迫他们定时饮食、睡眠,以后又强迫他(们)卫生、安静和(听话的)习惯,稍长再强迫他(们)学会尊重别人、遵从习俗和礼仪,最后强迫他(们)学会劳动,等等。如果说随着时间的推移,这种约束感觉不到了,那是因为这种约束逐渐变成了习惯和内在倾向。这种习惯和倾向可使约束不再起作用,但它们之所以能代替约束,则是因为它们是由约束产生的……上述事实之所以特别具有教育意义(这里是指社会的强制力之所以特别表现在教育方面——引者注),是因为教育的目的正是为了培养作为社会存在的人。这样,我们就能从教育中大致看出这个社会存在在历史上是怎样形成的。儿童每时每刻受到的压力,正是欲以自己的形象陶冶儿童的社会环境的压力,而父母和教师只不过是这个形象的代表和媒体。"

当教师作为社会形象的"代表和媒体"的时候,他直接体现的就是教育活动以外的社会的意志了。这样一来,"教师与学生之间就不仅难以相互融合从而影响到产生共同的人际关系,而且,易于形成一种以支配—服从为普遍特征的人际关系……即使教师本人努力谋求师生关系平等,也很难根本改变这一事实"。所以,在学校化的教育中,我们看不到受教育者在"说话",也听不到他们真实的声音。只有教师和学校凭借自己在教育教学活动中的独断权力(其实,这种"独断"只是社会的"独断",教师和学校只是他们的代表而已)来实施教育教学,而无须考虑学生的需要和

困惑。因此,在这样的状态下,学校教育不仅没有达到"解放"人的目的,反而又束缚了人的自由发展,所以,这是一种不民主的教育体系。

 案例

减负咋就成了"差班"——一位优秀教师的困惑①

据中国教育报报道,辽宁省沈阳市一名优秀小学教师,只因按规定减轻学生课业负担,放手培养学生的创新能力,却使班级的综合成绩下滑到年级组倒数第二,全年级共有6名数学成绩没到90分的学生,该班占了5名,成为"差班"之一。面对这样一种情况,在寒假前的家长会上,这位优秀教师哭着向各学生家长鞠躬道歉,"我这学期如果像别的班那样下课时间也要求学生学习,布置的作业让学生做到晚上11点,也许大家今天的心情就不会这样沉重"。在教室的黑板上,这位老师痛下决心留下已经一年未留的作业:每天至少阅读一篇课文,并标出生字词;每天做50道口算题;每天读两篇课外文章;每天至少背一首古诗……

这是一位优秀的数学教师,2001年由她组织的"我给鸡蛋当妈妈"活动课,被共青团辽宁省委评为"优秀创新奖",2001年的"区劳模"的光荣称号也戴在了她的头上,她的数学课还多次在市区获奖。她就是不明白:为什么减负,就减成了"差班"?而她最后为什么又作出那样一个决定呢?

(二)封闭性

从生活化小学到学校化小学的过程,就是小学正规化教育的过程,即小学教育系统的完备。时至今日,就产生了"教育中最没人怀疑的教条是有关学校的说法,即教育等于学校"②。教育与学习只与学校相联系,教育与学习只存在于学校之中,它们与日常生活无关。这样一来,小学教育就和日常生活相隔离,从而使儿童的生活被分成了两个世界,在一个世界中,儿童脱离现实学习;而在另一个世界里,他通过某种违背教育规律的活动来获得自我满足。这是学校化教育的封闭性所导致的弊端之一。

学校化教育的封闭性导致了学校系统具有一种选择性,即"学校担负着一种筛子的任务,从小学各年级开始,一直进行到以后各个教育阶段……虽然许多人被选上,但其他所有的人都被排斥在外了。而且这种标准不断地把这些限制规定的越

---

① 范春生,谭晓刚.减负咋就成了"差班"——一位优秀教师的困惑[N].中国教育报,2002-01-24(1).
② 联合国教科文组织国际教育发展委员会.学会生存——教育世界的今天和明天[M].华东师范大学比较教育研究所,译.北京:教育科学出版社,1996:112.

来越严了"①。因此,学校化教育的这种内在规则就决定了在教育的过程中,必然是胜者少,败者多。从童年开始,学生就被分为将来的第一等、第二等、第三等公民。这样一来,很多学生甚至在青少年时代就因为失败而否定自己,失去追求自我价值和更充实的生活的内在冲动。

从现实看,当前不少学校都在津津乐道于军事化或准军事化的学生管理。统一的着装,统一的出操时间和熄灯时间,统一的上课坐立姿势,统一的举手样子,统一的宿舍物品摆放,有的连牙刷放在洗漱杯里的角度都有精确的计算和规定……因此,在高喊教育需要人文精神的同时,另一个词——"封闭式"(有的还是"全封闭"),却也十分流行:扣留外校学生的来信,禁止与同学随便来往,不准看"闲书",等等。

现代教育绝不是现代企业的流水线,它需要的恰恰是一种古典艺人的精神。用怀特海的话说,叫做:现代作品按精确的尺寸设计制作,而古代的作品则随工匠的风格而变化。他说,古代的学园中,人们渴望传授的是智慧,而今天,我们卑微的目的就是教授各种科目;从古人向往追求神圣的智慧降低到现代人获得各个科目的书本知识,这标志着教育失去了本真。现代教育需要的不是零散的无序的海一样的知识,而是个性的灵动,需要的是能将知识加以联系并溶入生命活力的智慧。智慧从哪里来?途径只有一条——生活,五彩缤纷的生活,而不是封闭的呆板的划一的军事化的集体演练——这种集体演练不应该成为花季雨季的生活,它是吞噬智慧萌芽和青春灵性的地狱。当知识与生活之间的联系开始在学生面前闪现,当学生的个性在生活中找到了对应,生命的慧灯才算真正点亮。

第三节 理想的教育

小学教育,在整个人生的教育阶段发挥着奠基石的重要作用。万丈高楼必须以坚固的地基为基础,小学教育正是起到了这样的作用。儿童是祖国的未来,祖国未来接班人的素质高低决定着国家的前途与民族的命运,因此,儿童,尤其是小学儿童能否接受到良好的教育,不仅关乎着每一个学生能否成为创造幸福生活的人,

---

① 联合国教科文组织国际教育发展委员会.学会生存——教育世界的今天和明天[M].华东师范大学比较教育研究所,译.北京:教育科学出版社,1996:87.

而且,关乎着中华民族的命运。为了迎接未来的挑战,为祖国培养高素质的公民打基础,小学教育必须重新确定新的目标,追求理想的教育。

一、何谓"理想的教育"

我们所说的"理想的教育",通常是指"良好的教育"。只有受过良好的教育,才能使我们秉有渊博的学识、清明的才智、通达的情性、宽广的胸怀和高贵的教养。

什么是良好的教育?也许我们很难给它一个周全的描述。但我们可以非常肯定地说:如果一个人从来没有感受过人性光辉的沐浴,从来没有走进一个丰富而美好的精神世界;如果从来没有读到一本令他激动不已、百读不厌的读物,从来没有苦苦地思索过某一个问题;如果从来没有一个令他乐此不疲、废寝忘食的活动领域,从来没有一次刻骨铭心的经历和体验;如果从来没有对自然界的多样与和谐产生过深深的敬畏,从来没有对人类创造的灿烂文化发出过由衷的赞叹……

那么,他就没有受到过真正的、良好的教育。[①]

二、理想的教育在实践上的追求

追求优质教育,是社会发展的客观趋势。优质教育的核心在于为教育主体终身的、健康的、持续的发展奠定坚实的基础。这种理想可以从四个方面去理解和描绘:一是理想的学校;二是理想的校长;三是理想的教师;四是理想的学生。

1. 理想的学校

学校是传递真、善、美的地方,是播撒爱之种子的地方;学校是学习得以真正发生的地方。

当前的学校教育制度迫使孩子被动地听,没有教给他们积极倾听的方法。学生因而只获得一种被动的、等级式的听话能力。他们只听教师的,没有学会相互倾听,以宽容的精神进行讨论。这种学习比制度机构里传授的知识重要得多,可现在的公民教育却只限于教授后者。

学校应该是学生成长的乐园,而不是禁锢学生的囚室;学校应为学生提供成长的环境。每个学生都有自己的优势智力领域,有自己的学习类型和方法,学校里不存在差生,全体学生都是具有自己的智力特点、学习类型和发展方向的可造就人才。学生的问题不再是聪明与否的问题,而是在哪些方面聪明和怎样聪明的问题。

---

① 余文森.新课程背景下的公共教育学教程[M].北京:高等教育出版社,2004:24.

学校成为"学习型学校",就是基于学生的生命成长,让学校成为学生健康成长的乐园。

2. 理想的校长

理想的校长应该是学校总体规划的设计者;理想的校长应该是办学理念的追随者。

一个理想的校长应当以人格作背景,具有感召性的人格魅力和精神素质;应当成为思想家,具有理性的头脑和深刻的思想;应当是个文化人,具有过人的才情和深厚的学养;应当是个艺术家,具有塑造美的想象力和创造力。

校长是一所学校的核心,不断地引导师生员工向着既定目标前进。但传统的观点是把校长看做金字塔顶部的权威,位于塔顶的校长既要确定组织的目标,又要监控这些目标的实现,还要对组织行为的结果负责。

3. 理想的教师

在理想的教育境界里,教师被赋予了无比崇高的比喻:似"春蚕",像"蜡烛",像严格的父亲,像慈祥的母亲。理想的教师应该喜教、爱教、乐教、会教。作为一位教育工作者,教师的全部智慧和教育艺术,他的教育理想和教育价值,应体现在对理想境界的追求上。

教师是生活中的人,教育的职业性质决定教师必须具备"传道、授业、解惑"的专业素养。在学校这个学习共同体中,教师的教学,就是为每一个学生的发展奠定人格成长与学力发展的基础。

4. 理想的学生

理想的学生最首要的是具有健全的心灵。心灵健全的人,才能领略人生的美。理想的学生应该热爱生活,对学校、对教师、对同学及学校工作应持有一种积极的态度;理想的学生在个人、知识及社会发展三方面能均衡发展;理想的学生应该能够规划自己的学习和生活。学生的主要职责在于学习,理想的学生应该学会学习,特别是合作学习。学生的学习,就是在合作文化的环境中,通过人人参与、平等对话、真诚沟通、彼此信赖来形成学习方式的变革,发展合作精神,激发道德勇气,共享经验知识,实现自我超越。

三、理想的教育对于实践的超越

理想的教育究竟是什么?概括而言,理想的教育必须具备的基本特征在于:生活性、发展性和生命性。①

---

① 余文森.新课程背景下的公共教育学教程[M].北京:高等教育出版社,2004:26-27.

1. 关注生活:教育的现实关怀

教育的现实关怀在于回归生活世界,培养在生活世界中会生存的人。

"生活世界"是直观的、具体的、现实的和历史的,因而也是丰富的,它给人以感性的生存基础。人们在"生活世界"中进行着生动的、充满"人格主义态度"的交往,因而也是目的、意义和价值的源泉。在生活世界中,人通过对现实世界的直接感知获得关于这个世界的知识,这种直接的知识逐步典型化,就形成了生活世界的观念,这些观念经概念化和体系化,产生科学理论。

强调回归生活,是因为在现代人(尤其是学生)的生长家园中,"生活世界"被严重地剥离了,"科学世界"成了人唯一的生长家园。学校教育重返生活世界,找回失落的主体意识,确立一种新的教育生态观,是当代教育发展的一个重要理念,它关系到教育的成败与人类自身的命运。科学世界是我们进修理性的"营地",是我们建在异乡的家园;生活世界才是我们故乡的家园,我们最根本意义上的"家",我们生命的根。

远离自然、远离社会、远离生活的教育,自然也就远离教育的本来轨道。

2. 关注发展:教育的未来关怀

教育的对象是人,因此教育应立足于人的立场,构建有利于人的发展的教育。

教育可持续发展的基本目标就是要培养学生可持续发展的精神整体,使之具有高尚的道德品质、科学的实践经验、丰富的文化修养,成为一个可持续发展的人,为可持续发展的社会所接纳,并能够参与到可持续发展的社会实践中去。这就要求教育必须从学生可持续发展的角度组织教学内容、改革教学方法。

具体而言:一是在教学观念上,真正确立起以学生为主体的意识。要充分发挥学生的主观能动性,要充分挖掘学生的内在潜力,要充分尊重学生的情感因素,要充分认识学生间存在着差异性,真正将学生培养成具有主动选择、能动适应客观世界的能力以及具有积极创新精神的人。二是将培养学生具有全面、和谐发展的素质作为教学目标,要达到传授知识与发展智能的协调、达到认知因素和非认知因素发展的协调、达到身体与心理发展的协调。三是在教学内容上,着眼于课程的综合化。综合化的学科内容应反映现代科学技术发展的最新成就,反映社会变化和社会问题,并保持科技、人文和社会学科内衍的合理分配。四是在教学过程上,要着力于奠定学生终身发展的基础。教师应充分调动学生学习的内驱力,使学生变"被动学"为"主动学",变"学会"为"会学",变"模式化"为"个性化"。

3. 关注生命:教育的终极关怀

人只有一次生命,生命的重要性在于它的不可重复性。人有了生命并不意着一定有生命的质量。人的生命意义在于提升其生命的质量。人类发展史已经表明,生命质量的提升与优质教育成正比。优质教育是对每一个生命个体充满终极关爱的教育,是"目中有人"的教育。

教育,不仅要使我们的教育对象认识生活的意义,而且要学会如何设计生活,使自己的生活更有意义;不仅要使我们的教育对象理解生命的价值,而且要学会如何珍惜生命,使自己的生命更有价值。

理想的教育关注人的生命质量;理想的教育立足人的真实的生存状态;理想的教育实现人的真实的生命成长。

理想的教育呼唤着一种富有生命活力的、健康的个体的出现。这是时代发展的需要,更是每个人生命深处的呼唤与需要。

日本学者池田大作认为,现代教育陷入了功利主义,这是可悲的事情。这种风气带来了两个弊病,一是学问成了政治和经济的工具,失掉了本身应有的主动性,因而也失去了尊严性;另一个是认为唯有实利的知识和技术才有价值,所以作这种学问的人都成了知识的奴隶,由此产生的结果是人类尊严的丧失。

从这种意义上说,理想的教育应该是:

所有的学生都有教育机会;

所有的教师都有教育热忱;

所有的设施都有教育内涵;

所有的活动都有教育意义。

 资料贴吧

爱生学校

20世纪90年代后期联合国儿童基金会(UNICEF)等国际组织与东亚一些国家开展了基础教育合作项目,项目的名称是"面向爱生的学习环境(Towards Child-Friendly Learning Environments)",项目取得了比较好的成效。国际教育界对此予以了充分的关注,并于2000年8月在泰国举办了专题国际研讨会。当时,我国教育部也派人参与研讨。由此,"爱生学校"的概念和思想引入国内,并把最初强调学校是"儿童友好的环境"(child friendly environment)逐步变成了"儿童友好的学校"(childfriendly school),简称为"爱生学校"。

一、爱生学校的由来

在 2001—2005 年 UNICEF 与我国教育部合作开展基础教育项目的过程中,"爱生学校"成为了"贫困地区基础教育和早期关爱"项目的一个方面,并已在内蒙古、重庆和广西三地启动"爱生学校"试点,试图以教师队伍建设为抓手来开展爱生学校的建设。实践表明,这些试点学校通过参与项目活动和学校自主探究,都在一定程度上改变了学校原有的面貌,取得了一些成果。

二、目前的发展状况

为了促进中国普及初等教育,基于以往的合作,UNICEF 与我国教育部在 2006—2010 年间合作开展的一项教育项目是"爱生学校和学习者质量"。项目总目标是,开发出全面提高义务教育质量的方法,实施性别敏感、儿童为中心和参与方法为主的学校策略,促进形成有助于儿童全面发展的方法,提高学生素质、学校管理、教师素质、教师支持体系和远程学习。

这个合作项目的开展,不仅基于 UNICEF 一直倡导和努力推进实施的《儿童权利公约》,同时也结合我国巩固义务教育发展和优先关注不利地区和不利人群等实践需求,体现了深化实施素质教育的总要求。爱生学校建设成为了本周期项目合作的主题内容。

本合作项目在 2006—2007 年间,通过专家研讨、实践调查、国际会议等多种形式,已经开发出了"中国爱生学校标准",旨在使认识和建设爱生学校有可以参考的依据。这个标准包括了四个维度,在每个维度下再细化出各自的领域,进而罗列出对应的指标。这四个维度分别是:全纳与平等;有效的教与学;安全、健康与保护;参与与和谐。当前,爱生学校项目正围绕以上四个维度,在西部 10 个项目省 20 个项目县的部分学校中,有组织地开展实验和试点。

三、有效的教与学是实现爱生学校思想的重要领域

1. 把握有效的教与学的理论要求

由于"爱生学校"是一个引进的新术语,很多教育人员并不了解其完整的含义。正确理解爱生学校和推进爱生学校实践,并不是一件容易的事情。

从爱生学校的产生和发展看,人们起初关注的是,学校中的教育思想和教育理念,即关注每个儿童接受教育的机会,倡导平等的、有性别敏感的公平教育,实行不排斥任何儿童的教育,即全纳教育。同时,要营造一个安全、健康和友好的学习环境,为儿童提供保护。在学校教育中,需要关心学生,需要教师与学生建立一个良好的师生关系。所以,自 UNICEF 在 1998 年起把"爱生学校"

术语引入中国,并开展了一些试点活动以后,参与的项目人员,包括教育行政人员、校长、教师以及一些研究人员,往往把"爱生学校"简单地理解成是一种思想、一种理念。

爱生学校旨在实现以学生为中心和实现儿童权利,它首先表现为一种现代的教育思想和教育理念,与当前我国提出的以人为本的科学发展观也是一致的。不过,如果我们只是将爱生学校的理解停留在思想或者理念层面,则对于建设爱生学校显然是不利的。

2. 有效的教与学是实现爱生学校思想的载体

纵观当前我国基础教育的发展,随着九年义务教育普及程度的不断提高,基础教育课程改革的逐步深化,追求优质的教育质量,成为基础教育发展的主旋律。这种对优质教育的追求,不仅表现在经济发达的城市和东部地区,同时也体现在农村和西部地区。实现教育的均衡发展,不仅包括了数量的整体要求,也包括了质量内涵的共同发展

中国爱生学校标准(试行)

一、中国爱生学校愿景

根据联合国《儿童权利公约》和中国的教育方针,中国爱生学校旨在在学校层面创建以学生发展为中心、以保障儿童教育权利为本的教育质量模式,中国爱生学校要确保学校吸纳全体学龄儿童,并在教育教学过程中平等对待所有学生;要确保学校为学生提供安全、健康、有保障的学习环境,并不断改进;要通过渗透生活技能教育的适切课程和有效的教学,促进学生获得有用的知识、技能与态度,提高教学质量;要确保师生、家庭、地方的民主参与学校管理,使学校成为一个和谐的学习社区。

中国爱生学校终极目标是全体学生的全面发展和个人潜能的充分展现,使每个学生都能自信而成功地学习和成长。中国爱生学校的学生要学会学习,好学,会学,学好;中国爱生学校的学生要学会做事,能应用所学解决问题,养成生活技能;中国爱生学校的学生要学会做人,尊敬师长、尊重他人,品德良好,身心健康;中国学生学校的学生要学会共处,能与同学合作学习,乐于助人,富有团队精神。总之,中国爱生学校的学生要在德、智、体、美、劳诸方面都得到发展。

二、中国爱生学校框架

维度一:全纳与平等

"全纳与平等"是体现爱生学校精神的核心标准。"全纳"是指学校积极动员并帮助每个适龄儿童,特别是处境不利儿童入学并从学校教育中受益;"平等"是指关注男女儿童平等的入学机会和发展,营造无歧视的、尊重学生多样性和差异的学校环境。

在现阶段,本维度应该关注以下几个主要方面:

学校应积极主动为所有适龄儿童提供入学机会和创造平等就学条件,并且要特别关注女童、残疾、贫困以及流动和留守儿童在入学过程中所面对的特殊困难。

无论学生背景和能力如何,都能够在教育教学中得到平等对待,以获得未来发展中所需要的基本的知识、态度与技能。

尊重和理解学生基本文化、语言、家庭、经验等方面的多样性,建立包容、友善、平等、尊重的校园文化。

学校提供无性别歧视的教育教学环境,为女孩和男孩平等走向社会做好准备。

该维度由三个领域组成,分别是:(1)儿童平等入学机会的保障;(2)尊重学生的差异性和多样性;(3)性别平等的教育教学环境。

维度二:有效的教与学

"有效的教与学"是爱生学校的中心工作。"有效的教与学"指教师作为学习的引导者,运用自己的专业知识和技能,激发学生的学习动机,帮助学生取得最佳学习效果,并促进学生主动、全面、有差异的发展教学活动。

在现阶段,本维度应该关注以下几个主要方面:

通过掌握以学生为中心的教学方法,充分利用课程资源,设计有效的教学策略,组织学生积极参与课堂学习。

通过专业化的教师,实施和试验渗透生活技能教育的课程。

形成开放、互动、"研训一体"的教学支持系统。

该维度由四个领域组成,分别是:(1)教师爱岗敬业、关爱学生、专业化水平不断提高;(2)实施或实验渗透生活技能教育的课程;(3)实施以学生为中心的有效教学过程;(4)建立开放、互动、"研训一体"的教学支持系统。

维度三:安全、健康与保护

"安全、健康与保护"是学校一切工作的基础。从儿童的视角出发,在尊重儿童的前提下采取积极的预防措施,保护学生的安全,促进儿童的身体发展和心

理健康,使儿童感受到无论是身体方面,还是心理和情感方面学校都是一个可以获得支持和帮助的场所。

在现阶段,本维度应该关注以下几个主要方面:

学校要通过基本硬件设施的配置,应急避险管理制度的制定与落实,使学校成为儿童认为是安全、卫生的场所。

学校要开展全面、有效的安全与健康教育,帮助学生培养安全和健康意识,掌握基本的自救自护的知识和技能,最终形成安全、卫生的行为习惯和健康生活方式。

学校应该为学生提供基本的食品卫生安全、传染病防控和健康体检等卫生服务,为学生开展心理咨询活动,促进学生的身心健康发展。

学校应该重视增强学生体质健康,并且为此提供相应的体育锻炼场地与设施、师资和时间保障,因地制宜地开展符合儿童身心发展的体育活动。

该维度由四个领域组成,分别是:(1) 营造安全、卫生的物理环境和友善的心理氛围;(2) 开展技能为基础的安全教育;(3) 采取促进学生健康成长的策略;(4) 组织有质量的体育活动。

维度四:参与与和谐

"参与与和谐"明确了爱生学校的管理方向。它是指:在学校管理中从学生视角出发,通过学校与家庭、社区的合作,促进学生在校内外学习、生活中的参与,在校内外形成"相互尊重、理解和支持"的人际关系与积极氛围,保证学生权利的实现,共同为学生营造一个快乐、轻松、和谐的学习、生活环境。

具体而言,"参与与和谐"在学校管理中主要体现在以下几个方面:

校长能够从学生的视角出发,为学生的成长提供健康和愉快的人文环境和制度环境。

校长具有民主意识,促使学生、教师、社区成员,尤其是学生参与到学校管理中来。

学校内外的相关群体具有"相互尊重、理解和支持"的意识与能力,学校与家庭、社区之间形成相互支持的互动关系,共同开展教育活动,形成全员育人的氛围。

本维度由四个领域组成,分别是:(1) 创造学生参与的途径与方法;(2) 形成保障师生参与的管理制度与文化;(3) 发展和谐的家、校、社区伙伴关系;(4) 不断提升校长领导力。

【实践活动】

1. 调查一所有悠久历史的小学,了解其变迁的历程,写一个调查报告。

2. 采访一位优秀教师,倾听他(她)对理想教育的看法。

【读书指导】

1. 冯建军.生命化教育与生活[J].教育评论,2003(6).

2. 王鉴.论教育与生活世界的关系[J].华中师范大学学报:人文社会科学版,2006(3).

3. 潘斌.论教育回归生活世界[J].高等教育研究,2006(5).

4. 黄甫全,曾文婕.小学教育学[M].北京:高等教育出版社,2011.

5. 余文森.新课程背景下的公共教育学教程[M].北京:高等教育出版社,2004.

6. [英]赫伯特·斯宾塞.斯宾塞的快乐教育[M].修订版.颜真,译.福州:海峡文艺出版社,2010.

小学教育的目标与特征

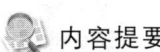 内容提要

在揭示了教育是什么的基础上,论述了小学教育的教育目标以及培养目标,小学教育目标的特点,小学教育的文化特性、社会特性和活动特性,最后讨论了小学教育目标的各种关系与深层内涵。

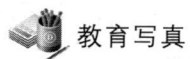 学习目标

1. 识记"教育目的"、"教育目标"等概念,掌握小学教育的文化特性、社会特性和活动特性。
2. 认识教育目标的指导地位,教育目的的发展历程与趋势。
3. 认识小学教育目标的各种属性在学生发展过程中的不同地位与任务。

教育写真

动物学校

动物学校要招生啦!动物园的动物们奔走相告,踊跃报名。泥鳅、松鼠、老鹰……有幸成为首期学员。学校开设了游泳、跳跃、跑步、飞行等课程。

开学第一天的第一堂是游泳课。松鼠、老鹰首先遭遇尴尬,由于他们是"旱鸭子",迟迟不敢下水,遭到了老师的训斥和嘲笑。而泥鳅却在这堂课上出尽了风头,他以舒展自如的泳姿得到了老师的赞赏和同学们的喝彩。但接下来的课程训练却让松鼠、老鹰扬眉吐气,跳跃是松鼠的强项,飞行是老鹰的看家本领,跑步项目对他俩来说更不成问题。但这些训练却让泥鳅吃尽了苦头,尤其是跳跃和飞行,是他的弱势项目。为了提高成绩,他把主要精力放在这两个项目上。一学期过去了,泥鳅

被摔得伤痕累累,苦不堪言,虽然期间他想放弃这两个项目的训练,在游泳这个优势项目上得到进一步的发展,但碍于校方的规定和校长、教练的威严,打消了这个念头。

在期末的成绩汇报课上,泥鳅训练刻苦,跳跃、跑步虽有所长进,但也只得了"C"等,飞行项目最终没有学会。原本的优势项目——游泳,因为长期没有训练,泳技大不如前,由学期初的"A"等降到现在的"B"等。老鹰在飞行项目上以绝对优势得到了"A"等,但在跳跃与跑步项目上只得到了"B"等,游泳不及格。松鼠在飞行项目上得到了"B"等,跑步得"C"等,游泳没有通过,在跳跃项目上破动物界的最高纪录,但也只得到"B"等,因为他是在树顶上起跳,而没有按照学校规定在地上起跳的要求。

从宏观角度来研究人类社会的小学教育现象,一般主要研究两个角度的问题:一个角度是"小学教育是什么",一个角度是"小学教育为什么"。第一个角度的问题的回答在第一章已经做了较为详尽的阐述。第二个角度即"小学教育为什么"的问题实际上就是要明确小学教育的目的。简单地说来,教育目的是所有教育活动都不可缺少的重要因素,小学教育目的是小学教育活动不可缺少的重要因素。因此,对小学教育的目的及目标的相关问题作一深入探讨是有必要的。

第一节 教育目的的含义与价值取向

一、教育目的的概念

教育目的的界定,在不同的教育学著作中各有不同的表述,如有的说教育目的是"培养人的总目标。它规定着把受教育者培养成为什么样人的根本性质问题,是教育实践活动的出发点"①。有的学者认为"所谓教育目的,是指社会对教育所要造就的社会个体的质量规格的总的设想或规定"②。还有的学者认为因为教育有广义与狭义之分,所以教育目的也有广义与狭义之分。广义的教育目的是指"人们

---

① 顾明远.教育大词典:第一卷[M].上海:上海教育出版社,1990:59.
② 王道俊,王汉澜.教育学[M].北京:人民教育出版社,1989:95.

对受教育者的期望,即人们希望受教育者通过教育在身心诸方面发生什么样的变化,或者产生怎样的结果"①。狭义的教育目的是特指"一定社会(国家或地区)为所属各级各类教育人才培养所确立的总体要求"②。综上所述,可以看出,教育目的是一个关于受教育者的培养结果、培养规格或培养要求的广阔内涵,从这个方面考虑,可以认为教育目的是人们根据一定社会发展和受教育者自身发展的需要提出的,对受教育者的培养规格和素质发展要求的预期设想和规定。③

二、教育目的与教育目标、培养目标的关系

教育目标(educational goal)就是指所培养的人才应达到的标准。这个目标可高可低,按需而定(教育目标是培养人的方向和规格)。教育目标是反映教育目的的具体而可观测的变化(或进步)。教育目标亦称培养目标,是对某一级、某一类学校培养人的质量规格的设想或规定。教育目的是对各级各类学校教育培养人的质量规格的总体设计。就教育目标和教育目的都是规定通过教育使受教育者身心发展所要达到的规格要求看,二者没有实质性区别:教育目的是各级各类学校总的教育目标,教育目标是某一类、某一级学校的教育目的。二者都是培养人的一种教育理想、教育期望或设想中的教育结果。但从其适用的范围和层次说,教育目的和教育目标又是有区别的。

首先,教育目的普遍适用于各级各类学校,既适用于各级普通教育,也适用于各级专业(职业)教育,它规定了各级各类学校培养人的共同要求。而教育目标只是反映了教育目的对某一级、某一类学校培养人的特殊要求。教育目的适用于所有学校,教育目标只适用于部分学校。所以二者既有普遍性和特殊性的关系,又有整体性和局部性的关系。

其次,教育目的是对各级各类学校教育目标的总体设计,统摄着所有学校的教育目标,具有高度概括性。教育目标是教育目的在各级各类学校教育中的具体化。因此,教育目的与教育目标之间也有着概括与具体的关系,当然相对于各种具体教育、教学活动要求来说,教育目标也具有概括性。

具有目的性是人的活动与动物活动的本质区别之一。教育也是一种有目的的活动。人在进行教育活动之前,作为教育结果的东西已在人的意识中存在。这正

---

① 袁振国.当代教育学[M].北京:教育科学出版社,1998:69.
② 全国十二所重点师范大学联合编写.教育学基础[M].北京:教育科学出版社,2008:56.
③ 马健生.现代教育制度与思想[M].北京:高等教育出版社,2006:134.

是人的意识能动性的表现,只有人才能通过抽象的教育思维和教育想象,设计教育对象未来的形象,即教育活动所追求的目标。各种教育目标作为一种意识,具有以下特征。

(1) 预见性。人在教育活动之前,已经预见到教育者、受教育者、教育手段之间相互作用所产生的结果,即受教育者身心方面可能发生哪些变化。

(2) 超前性。教育目标作为一种教育理想,发生在现实教育活动之前,教育目标的设计以教育对象发展现状为基础,但又超越其发展现状,是经过努力可以达到的要求。

(3) 理想性。教育目标是对培养人结果的一种设想,是对学生未来形象的一种想象或期望,因而是具有理想性的东西,而不是现实,但它不是空想,而是建立在现实基础上的,可以变为现实的。

(4) 历史性。一定的教育目标反映了不同历史阶段的社会要求,不同的历史时期,有不同的教育目标,没有普遍适用于各个历史时期的教育目标。

(5) 阶级性。教育目标作为一种社会意识形态,在阶级社会里具有阶级性。教育目标由人制定,体现人的主观意志,反映了一定阶级对培养人的要求,体现了一定阶级的利益和意志。

在西方的课程与教学组织和设计中,长期以来占支配地位的主张是把教学目标分为"事实、技能和态度"三个领域。[①] 虽然这种分类现在已经不流行了,但许多新的目标分类理论都是由此发展起来的,其中有的直接渊源于此。在20世纪,许多心理学家和教育学家,都对教育领域中目标分类问题进行了深入研究,提出了自己的主张和观点以及分类体系,形成了关于教学目标的若干理论,各具特色,为我们正确认识、设计、实施或进一步研究教学目标提供了理论依据和基础。其中最有影响的是美国教育家布卢姆(Bloom)提出的教育目标分类学理论。布卢姆等人受到行为主义和认知心理学的影响,将教育目标分为认知、情感和动作技能三个领域。每一领域内,又细分为若干层次,这些层次具有阶梯关系,即较高层次目标包含且源自较低层次目标。每一层次又规定了一般(具体)目标。

布卢姆等人把认知领域的教育目标,从低级到高级共分为识记、领会、运用、分析、综合、评价六个层次。在情感领域,布卢姆和克斯沃尔(Krathwoll)等人于1964年将它依据价值内化的程度分为接受或注意、反应、形成价值观念、组织价值观念

---

① R. M. Gagné. The Conditions of learning and theory of instruction[M]. Chicago:Holt,Rinehart and Winston,1985:46-60.

系统、价值体系个性化五个方面。在动作技能领域,布卢姆本人并没有编写出动作技能领域的目标分类,这个领域出现了好几类分类法,目前尚无公认的最好的分类,公认较好的是辛普森(E.J.Simpson)的分类。他把动作技能领域的教育目标,分为知觉、准备、有指导的反应、机械动作、复杂的外显反应、适应、创作七级。动作技能的各个层次,也均有各自的一般目标,这些目标可以用一些特殊学习结果和行动的动词加以表示。

布卢姆等人提出的教育目标的概念的本质是教学目标。教学目标是指教学活动实施的方向和预期达成的结果,是一切教学活动的出发点和最终归宿,它既与教育目的、培养目标相联系,又不同于教育目的和培养目标。教学目标也称为学习目标,是对学习者通过教学以后将达到何种状态的一种具体的明确的表述。由此可见,教学目标描述的是学生通过学习后获得的知识能力,而不是教师采取的途径或方法。教学活动是实现教育目的最基本的途径,是学校的中心工作,任何时代的任何学校都不能脱离以教学为主的工作原则。

教学目标与教育目的、培养目标之间的关系是具体与抽象的关系,教育目的是最高层次的概念,它是培养各级各类人才的总的规定,各级各类学校的培养目标、教学目标都要依据教育目的制定。培养目标是指不同类型、不同层次的学校培养人的具体要求。教学目标是三者中最低层次的概念,更为具体,微观到每堂课甚至是每个知识内容,教育目的和学校的培养目标是制定教学目标的依据。教育目的、培养目标、教学目标从表面看很相似,实际上它们有各自的内涵,彼此相关,但相互不能取代。目的与目标根本不同,目标可以测量,而目的不能。认清三者之间的关系非常重要。①

 资料贴吧

梶田叡一的教育目标分类

梶田叡一是日本著名的教育家,他认为各国社会文化背景不同,教育传统不同,不能都照搬布卢姆等人提出的欧美式教育目标分类理论。他借鉴布卢姆的理论,提出了具有东方色彩的教育目标分类理论,他的指导思想和研究成果对我国开展教育目标分类理论研究很有启发。他提出学校教育至少要包含三种类型的教育目标:达成目标、提高目标和体验目标。

---

① 福建省教师资格认定考试指导用书编写组.教育学[M].北京:首都师范大学出版社,2011:54.

所谓达成目标,是指通过一系列指导,期待在学习者身上发生明显的变化;要求学生掌握规定的、具体的知识和能力。

所谓提高目标,是要求学生向一定目标提高和发展或期待学生在某一方面有所提高或深化。如逻辑思维能力、鉴赏力、社会性、价值观等综合性的高级目标。

所谓体验目标,是通过学生的某种行为变化,了解学生所产生的某种切身体验。不是以学生表现出某种行为变化为直接目的,而是期待学生自身产生某种特定内容的体验。

这三类目标都包含认知、情感、动作技能领域的一系列目标,并有具体到达的要求。

表 2-1 梶田叡一的三种教育目标类型

目标类型		完成目标	提高目标	体验目标
领域	认知领域	知识、理解等	逻辑思维能力、创造性等	发现等
	情感领域	兴趣、爱好等	态度、价值观等	感触、感动等
	动作技能领域	技能、技术等	熟练等	技术成就等

梶田叡一针对日本学校重视知识记忆和理解,而忽视对学生兴趣爱好的培养,提出了"开、示、悟、入"的教育学观点。"开",意为开阔视野,唤起兴趣,耕耘心田;"示",意为传授知识,让学生掌握要点;"悟",意为学生将已学到的知识进行应用和实践;"入",意为学生用学到的知识进行自我探索、追求,从而形成自己的人生观。

三、教育目的选择确立中的基本价值取向

教育是人类按照主观预设的目的所进行的对象性活动,它的目的不仅是为了体现人类活动的特性,也是人类把握和开展这种社会实践活动的根本所在。虽然这种目的反映的是社会共同的要求,是由一定的物质资料生产方式所产生的社会对于某种利益的需要,但人类在抉择和取舍其目的时往往会表现出一种倾向,即教育目的的价值取向,这种价值取向是属于价值意识范畴的,是人在价值活动中形成的一种特殊的社会意识,是对客观价值关系的主观反映,是一种表现在人的主观上

的一种追求和意志状态。① 关于教育目的的价值取向问题从本质上而言属于教育本体论研究中的子课题,从教育研究而言,对一种存在的本位论的考察,应该既包括对该存在发生的内在原因与依据的考察,还包括对存在的深层本质的考察。因为教育目的不仅是一个哲学范畴,还是一个历史范畴,不同时期的教育目的是存在差异的,从而形成了教育发展史上形形色色的教育目的的价值取向,而这些教育目的的价值取向反过来又会影响教育的发展进程,理性地看待教育目的的价值取向,不仅有助于人们把握教育目的理论发展思路和逻辑,也有助于构建新时期我国的教育目的理论。

教育目的选择确立的价值取向,主要涉及的问题是人本位的价值取向与社会本位的价值取向问题。

(一) 人本位的价值取向

人本位的价值取向,应该考虑人自身的发展和完善的需要,要培养自然人。个人本位论者反对用社会来制约人的发展,如果对个体的发展是好的,则该教育目的是好的,而对社会发展的教育目的不一定是好的。教育目的的人本位的价值取向,即把人的价值看成高于社会的价值,把人作为教育目的的根本所在的思想主张。其特点是:重视人的价值、个性发展及其需要,把人的个性发展及其需要的满足视为教育的价值所在;认为教育目的的根本在于使人的本性、本能得到自然发展,使其需要得到满足;主张根据人的本性发展和自身完善的这种"天然的需要"来选择确立教育目的,按照人的本性和发展的需要来规定教育目的。人本位的价值取向主要反映在自然主义和人文主义的教育思想中,其主要代表人物是法国思想家卢梭、瑞士的裴斯泰洛齐、德国的康德、美国的马斯洛、法国的萨特等。

人本位的价值取向虽然都把人作为选择教育目的的根本依据、把人的价值看得高于社会价值,但在历史发展的过程中,其表现也不尽相同。一是在不同的历史发展时期,各种人本位的价值取向背景和针对性有所不同,古希腊智者派的人本位价值取向基于人是万物的尺度和对人的个性的崇拜,主张教育应以弘扬人性、发展人的个性为根本目的。文艺复兴时期的人本位的价值取向,以人道主义和人性论为基础,反对宗教神学对人的压抑,把摆脱宗教神学束缚、求得人的解放和个体自我意识觉醒,培养独立个人作为教育的根本目的。18—19世纪自然主义(以法国

---

① 袁利平.试论西方教育目的的历史演进与价值取向[J].西华师范大学学报,2007(4):105.

教育家卢梭为代表)人本位的价值取向,基于变革压抑人的自然本性的各种规章制度的要求,倡扬"天赋人权"、"天赋民权"的思想。认为人生来就具有健全的本能,教育目的是由人的本能、本性的需要决定的,教育的根本目的就在于使人的本能和本性得到自由发展;个人价值高于社会价值,评价教育价值应当以其对个人发展所起的作用为标准来衡量。人文主义则以善良意志、理性、自由及人的一切潜在能力的和谐发展为宗旨(以康德和裴斯泰洛齐为代表),认为每个人都具有一些自然所赋予的潜在的力量和才能,这些力量和才能都具有渴求发展的倾向,教育的目的就在于全面和谐地发展人的一切天赋力量与潜能,使人的各项能力得到自然的进步和均衡的发展,认为理想教育所要达到的目的就是使儿童善的本性和理性得到发展,以理性克服情欲,实现自己的自由。20世纪以来的人本主义主要针对西方工业化进程中出现的人的异化问题来阐述人的价值取向,重视维护人的生命价值与尊严,倡扬人的主体精神和各种需要的满足,主张教育以人为本,把培养人的独立自主性、个性的自由发展、满足人的发展的需要等作为教育的根本所在。二是在对待人与社会关系问题上,人本位价值取向虽都视人的价值高于社会价值,但在其态度上,具有对立与非对立之分,具有激进与非激进之分。激进的人本位的价值取向的思想家,从社会与人的对立上来强调人本位的主张。18世纪法国启蒙思想家卢梭是其中最典型的代表。他在阐述"自然教育"思想的代表作《爱弥儿》中鲜明地指出,人的天性善良无邪,把"率性成长"和"归于自然"视为天经地义。自然人就是这种理想的具体化。"自然的状态"在卢梭关于人类不平等和国家的起源学说中固然是指人类的史前时代,但在教育上更侧重指人性中的原始倾向和天生的能力。它与人类的"自然状态"又是紧密联系在一起的:善良的人性存在于纯洁的自然状态之中。只因社会的文明特别是城市的文明才使人性扭曲、罪恶丛生。因此,只有"归于自然"的教育,远离喧嚣城市社会的教育,才有利于保持人的善良天性。因此15岁之前的教育必须在远离城市的农村中进行。卢梭还从儿童所受的多方面的影响来论证教育必须"归于自然"。他说每个人都是由自然的教育、事物的教育、人为的教育三者培养起来的。只有三种教育圆满地结合才能达到预期的目的。但自然的教育人力不能控制,所以无法使自然的教育向事物的和人为的教育靠拢,只能是后两者向自然的教育趋于一致,才能实现三种教育的良好结合。因此教育"归于自然",即以自然的教育为基准,才是良好有效的教育。从这点出发,可以看出,这种人本位的价值取向具有明显的否定社会的倾向。非激进的人本位价值取向思想家则不是从人与社会对立上来强调人本位的主张,他们不否认人的社会性,不否认人的发展是有其社会需要的。如非激进的代表人物裴斯泰洛齐一方面主张发展人

的一切天赋力量和能力,使人得到和谐发展,另一方面他也注意到人的各种能力的发展是"人类的普遍需要"。他认为,教育的目的在于全面、和谐地发展人的一切天赋力量和能力。它要求教育者对于儿童所产生的影响必须跟儿童的本性一致。教师不论在什么情况下都不应当像当时学校那样压抑新一代的自然发展,而应当把这种发展引向正确的道路,把足以阻碍它或使它偏离正确方向的障碍和影响加以消除。他曾形象地描述教育与儿童发展的关系,认为教育应当在巨大而坚固的岩石(本性)上建立起自己的大厦(形成人),只有永远跟这岩石紧密结合,不可动摇地屹立其上,才能达到既定目的。他说:"……发展个人天赋的内在力量,使其经过锻炼,使人能尽其才,能在社会上达到他应有的地位。这就是教育的目的。发展人的内在力量,不得不利用社会与人生相结合的教育方法,从而使其得到人的品德、家庭幸福、工作能力直到实现社会上的需要。"[①]据此,他力图创立各种新的教育方法,运用教育的艺术促进人依照本性发展。因此,可以说教育的主要原则就是要遵循自然,符合人的发展的自然顺序和永恒不变的规律,使其得到锻炼和发展。可见,这种人本位的价值取向,反映出不是把教育的个体目的与社会目的完全对立,只是认为个人价值高于社会价值,社会价值及社会的完善需要通过个人价值及其发展的完善才能实现。

人本位的价值取向把人视为教育目的的根本,它在历史发展中的任何一个变化,都具有不同程度的变革性,或面对社会,或面对教育本身。在人类历史的进程中不乏进步意义,特别是在文艺复兴以后的历史条件下,它高扬人的个性自由解放的旗帜,对于打破宗教神学和封建专制对人的束缚,促进人的解放,使教育回归到人间,起到了重大的历史奠基作用。在人的自由和个性解放,提升人的价值和地位方面具有深远的意义。直到今天,也不失一定的合理之处。

但在变革社会和教育的探讨过程中,这种价值取向不免带有历史唯心主义色彩和过激的观念意识。激进的对立的人本位离开社会来思考人的发展,在提出教育目的的时候,无视人的发展的社会要求和社会需要,甚至把满足人的需要和满足社会的需要对立起来,把教育的个人目的和社会目的看成是不可调和的,这种倾向极易在现实中导致个性、自由和个人主义的绝对化。因此人本位的价值取向在社会发展中带有明显的片面性。

---

① 张焕庭.西方资产阶级教育论著选[M].北京:人民教育出版社,1979:173.

资料贴吧

伊曼努尔·康德(Immanuel Kant,1724—1804),德国哲学家、德国古典哲学的创始人。他被认为是对现代欧洲最具影响力的思想家之一,也是启蒙运动最后一位主要哲学家。康德的"三大批判"构成了他的伟大哲学体系,它们是:"纯粹理性批判"(1781年)、"实践理性批判"(1788年)和"判断力批判"(1790年)。

"纯粹理性批判"要回答的问题是:我们能知道什么?康德的回答是:我们只能知道自然科学让我们认识到的东西,哲学除了能帮助我们澄清使知识成为可能的必要条件,就没有什么更多的用处了,自从柏拉图以来的形而上学问题其实是无解的。

在"纯粹理性批判"中,康德研究了人类感知的形式,即空间和时间。存在于时间和空间里的物质被人类的理解力加工为经验,而康德把人类理解力的形式称为"(绝对)范畴",这些人类理性的形式中包括人们对灵魂、世界和上帝的设想,康德把它们理解为某种制约原则,人们的经验世界就是通过这些原则得以构造。

"纯粹理性批判"研究的是人类如何认识外部世界的问题,而康德1788年发表的"实践理性批判"要回答的问题是伦理学的问题:我们应该怎样做?康德告诉我们说:我们要尽我们的义务。但什么叫"尽义务"?为了回答这一问题,康德提出了著名的"(绝对)范畴律令(Kategorischer Imperativ)":"要这样做,永远使得你的意志的准则能够同时成为普遍制定法律的原则。"康德认为,人在道德上是自主的,人的行为虽然受客观因果的限制,但是人之所以成为人,就在于人有道德上的自由能力,能超越因果,有能力为自己的行为负责。

"判断力批判"要回答的问题是:我们可以抱有什么希望?康德给出的答案是:如果真能做到有道德的话,就必须假设有上帝的存在,假设生命的结束并不是一切的终了。在"判断力批判"中,康德最关心的问题还有人类精神活动的目的、意义和作用方式,包括人的美学鉴赏能力和幻想能力。

(二)社会本位的价值取向

社会本位论的教育目的论主张教育目的应当根据社会的要求来确定,把满足社会需要作为教育的志趣。这种观点认为,个人的发展依赖于社会,受社会制约。人是社会的产物,真正的个人是不存在的,教育的目的就是要使受教育者成为社会需要的人,为此,要通过教育使受教育者掌握社会规范和已有的人类文化遗产。除此之外,教育不再有别的目的。这一观点的鼎盛时期主要是在19世纪到20世纪

初期,代表人物主要有德国的那笃普(P. Natorp,1854—1924)、凯兴斯泰纳(Geog Kerschensteiner,1854—1857),法国的孔德(A. Comte,1798—1857)、涂尔干(E. Durkheim,1858—1917)等。其中,有代表性的是凯兴斯泰纳。

  社会本位的价值取向虽是19—20世纪初一些社会学家的共同特点,但其出发点也有所不同。有的是基于人的社会化、适应社会要求来主张社会本位的价值取向。在这些人看来,教育要造就社会化的人,就应该按照社会需要来培养人。如涂尔干把塑造"社会的我"当做教育目的来看待。他明确指出:"教育在于使年轻一代系统地社会化","其目的在于,使儿童的身体、智力和道德状况都得到某些激励与发展,以适应整个社会在总体上对儿童的要求,并适应儿童将来所处的特定环境的要求"。他认为,"在我们每个人身上,可以说都存在着双重人格,这种双重人格尽管不可分离(除非抽象地加以分开),但确有区别。一种人格仅仅由整个与我们自身、我们个人生活中的事件有关的精神状态所组成,可以把这种人格称为个体我。另一种人格是这样一种思想、情感和习惯的体系,即在我们身上表现的不是我们个人,而是我们作为其中一个组成部分的社群或不同的社群。宗教信仰、道德信仰与习俗、民族传统或职业传统以及各种集体信仰,就是这样的体系。这种体系的总和便是社会我。塑造社会我,这就是教育目的"①。有的是基于社会(国家或民族)稳定或延续的重要性来主张社会本位的价值取向。在这些人看来,注重人本性发展的教育,难以形成人的社会意识,容易导致人的社会观念淡化,甚至使人的本性疏离社会,使人的自由行为与社会冲突,不利于社会的稳定与发展。因此,社会(国家或民族)得以稳定延续及其利益得以实现与维护,教育目的必须以社会为本。德国教育家凯兴斯泰纳认为学校不只是传授知识,而是发展儿童全部的精神生活。学校的工作,不应该让儿童被动地接受,而是要发展儿童自动的活动能力。他主张一切教育的目的就是要培养忠于这个国家的公民。不管其政治、宗教信仰如何,都要从"意志力、判断力、精细性和奋斗性"四个方面陶冶其性格,培养其精神,使他们为国家服务。他还将公民教育与劳作教育相结合,以使每个公民具有为国家服务的技能。那笃普、孔德、涂尔干持与凯兴斯泰纳一样或相近的观点,强调社会本位观。那笃普就坚定地认为:"在教育目的的决定方面,个人不具任何的价值;个人不过是教育的原料;个人不能成为教育的目的。"②"教育的目的只是社会化,因为社会化而使一个民族的整个生活道德化。"在他看来,个人的发展需要依赖于社会,除了社

---

① 张人杰.国外教育社会学基本文选[M].上海:华东师范大学出版社,1989:9.
② 吴俊生.教育哲学大纲[M].北京:商务印书馆,1943:149.

会目的以外,教育再也没有其他的了。涂尔干则指出:"教育对社会而言只是一种手段,只是社会为了在儿童内心形成自身存在所必需的基本条件而采取的手段。"因此,"社会应当在刚产生的利己主义和不适应社会生活的人格中,通过最快的途径,添上能够适应道德生活和社会生活的另一种人格。这就是教育的使命。""塑造社会化,这就是教育的目的。"他认为,追求个体的和谐发展在一定程度上是令人向往的,但却是无法实现的,因为它与人的一生必须献身于某一项特定而有限的任务的行动准则相矛盾。

社会本位的价值取向重视教育的社会价值,强调教育目的从社会出发,满足社会的需要,具有一定的合理性。事实上,人的存在和发展是无法脱离一定社会的,离开社会,人也就无法获得其发展的社会条件。人获得发展的社会条件客观上是需要每个人遵守并维护社会要求来实现的。从这一意义上说,社会本位的价值取向具有不可否认的意义。但它过分强调人对社会的依赖,把教育的社会目的绝对化、唯一化,甚至认为"个人不可能成为教育的目的"。这种极端的主张,完全割裂了人与社会的关系,极易导致教育对人的培养只见社会不见人,单纯把人当做社会工具,而不是把人作为社会主体来培养,造成对人本性发展的严重束缚和压抑。这种情况在集权式国家的历史发展中已屡见不鲜。

(三) 重视个人发展和社会发展的价值取向

马克思主义认为个人价值和社会价值二者都重要,教育的根本价值是既满足个人需要又满足社会需要。马克思吸收了以往任何时代关于人性、人的本质的理论观点,从哲学、经济学和社会学的角度历史地考察了个人发展与社会发展之间的关系,提出了个人发展与社会发展是对立统一的历史过程的观点。

(四) 价值取向中人与社会关系的基本确认

人与社会的关系问题是选择确立教育目的时无法回避的问题。个人本位的价值取向与社会本位的价值取向的论争无非在于人的价值与社会需要孰重孰轻,何者更具有优先性的问题,但问题的本质并非在此。教育的目的——受教育者被期望的理想状态,即人(类)之存在的最佳状态,应以合乎自然规律的事实为标准。人(类)要与万物生灵亲和地共存,要探寻宇宙自然包括人自身之真理,这些我们存在之必要条件与追求,更是价值取向的终极所在。也是无论何种社会结构,无论何时代的人类首要关心的问题,并也应以此作为一切行为之最终目的,教育自然为此目的责无旁贷。由此看来,人本位论之个人价值的实现,无非是对自然真理与艺术的探求,无非是为其他个体的成长与幸福作的主动努力;而社会本位论的目光也无须再停留于要求个体之被动服从之上,变之以从社会责任的角度去努力营造完成人类任务的良好环境。任何把个体与社会隔离开来的讨论都是有局限的,都是对基本概念的曲解,社会仅是人之存在的一种结构,作为其主体的人以及人与人之间的关系,乃是问题的两个层面。事实上,上述简单的观念并非超乎人本位论与社会本位论之外或高于二者,仅仅是对问题讨论的另一种思维方式,是对术语含义的新的界定。

教育目的之价值取向并非直接意义上的价值取向。人本位论者与社会本位论者绝非愚蠢到忽视对方的程度,也绝非目光短浅而未见人类存在的终极任务与追求,而是已经在讨论目的的实现形式。目的的实现与目的本身具有等同的地位并合于一体,正如理论与实践之合为一体一样浅显。但此时我们对教育目的之价值取向或实现所作的讨论之所以有意义,在于我们对之了解得还不够。

基于上述分析,可见人本位的价值取向虽各有一定的道理,但都有其方法上的僵化性和绝对性。其实,一个国家(或社会、民族)教育目的的选择,不只是价值选择确立的简单问题,还包含价值实现的问题。这个问题不仅仅涉及整个国家(或社会、民族)的教育事业的目的的问题,还涉及具体教育实践的问题。因此,我们应该以动态的、层次对等的方式来认识和看待教育目的选择中人与社会的关系问题。

首先,就一个国家(或社会、民族)整体教育目的而言,在价值取向上要把满足人的需要和社会需要结合起来,把重视人的价值和重视社会价值结合起来,把人与社会发展的互动性、互利性结合起来,作为整体教育目的的根本价值取向,既有利于避免一个社会的教育对人的压抑,也有利于避免教育对人的培养脱离社会实际与社会发展的需要。其次,就价值取向的实现过程而言,价值取向的实现过程就是教育的实际运行过程,把满足社会需要与满足人的个体需要结合起来,不能僵化地理解成二者在实践中"平分秋色"或"分量相等",应予以动态的、发展的把握。在价值实践过程中,能够从发展变化的实际情况和现实需要出发,使两种教育价值在不同程度上实现现实中的和谐与统一。也就是说,这两种价值的结合在实现过程中不应是僵化的以个人或者社会的价值作为基点,而是互利互惠的关系。最后,就价值实现的实践着眼点而言,要落在人的发展上。因为,教育无论是满足人的需要还是满足社会的需要,都是要通过人的发展来实现的。这样说,并不是否定教育的社会目的和社会价值。事实上,在社会中,一个人应该怎样发展,不仅仅是人自身的依据,还存在其所在社会的依据,一个人的发展,在很大程度上是根据社会发展变化的规律来确定的。

第二节 小学教育目标的含义及功能

一、小学教育目标的内涵

目标问题是教育的首要问题,也是小学教育的基本问题。小学教育目标体系的确立,既是整个小学教育内容的选择与组织结构的基础,也是小学教育实施和评价的基准,还是小学教育管理活动的依据。因此它是当代小学教育活动过程的首要环节。

在教育领域里,与小学教育目标关系密切的概念很多,如教育目的、培养目标、课程目标、教学目标等,这些术语和概念涉及小学教育目标在不同语义和不同使用场景中的发展与表述,构成了国家发展小学教育所构想的严密的目标体系。具体来说,小学教育目标应该在坚持国家教育总的目的的基础上,实现国家教育目的在小学教育阶段的具体化,即确立小学教育层次的培养目标,以此为基础,制定相应的课程标准,规定小学教育阶段的课程门类、课程目标,以及更为具体的学科教学目标或者课堂教学目标。

通过上一个问题的分析,我们可以看出,小学教育目标作为一个包含性极强的概念,既可以指称具体化了的、在小学教育层次得到体现的国家教育目的,也可以指称小学教育阶段各学年段、各学科领域乃至课堂教学的课程目标、教学目标等,是一个多层级但又体系化的实践性概念。当然为了从理性上对这一概念加以区分,小学教育目标在特定指称上,实际上是小学教育层次关于"培养全面发展的小学生"的培养目标概念及其内容,是国家教育目的在小学教育层次的具体表述,并通过课程目标、教学目标予以具体展现。值得全社会注意的是,小学教育目标特别是小学教育培养目标的提出,不是简单的国家教育目的的演绎,而是在国家教育目的的坚持中,在综合考虑社会、文化要求与儿童发展需要的统一性中,依据儿童独特的身心发展特点促进儿童的特定发展。

资料贴吧

按照国家对义务教育的要求,小学和初中对儿童、少年实施全面的基础教育,使他们在德、智、体、美、劳诸方面生动活泼地主动地得到发展,为提高全民族素质,培养社会主义现代化建设的各级各类人才奠定基础。

> 小学阶段的目标：
>
> 初步具有爱祖国、爱人民、爱劳动、爱科学、爱社会主义的思想感情，初步养成关心他人、关心集体、认真负责、诚实、勤俭、勇敢、正直、合群、活泼向上等良好品德和个性品质，养成讲文明、讲礼貌、守纪律的行为习惯，初步具有自我管理以及分辨是非的能力。
>
> 具有阅读、书写、表达、计算的基本知识和基本技能，了解一些生活、自然和社会常识，初步具有基本的观察、思维、动手操作和自学的能力，养成良好的学习习惯。
>
> 初步养成锻炼身体和讲究卫生的习惯，具有健康的身体。具有较广泛的兴趣和健康的爱美的情趣。
>
> 初步学会生活自理，会使用简单的劳动工具，养成爱劳动的习惯。

二、小学教育目标的三个维度

根据前面章节对教育、教育目的、教育目标的学习，我们可以看出，在实际的教育教学中，人们主要是从"文化维度"、"学生维度"、"教与学维度"对小学教育目标的深层内涵进行理解和把握。

（一）文化维度的小学教育目标

从人与社会的关系来看，任何教育和课程都在处理个体与文化之间的关系，同时教育和课程也作为一种特殊文化而存在，最终就是调节文化的无限性与个体发展条件的相对限性的矛盾，从而使之形成一种平衡状态。因此，文化维度可以成为理解小学教育目标的一个基点。这里所说的文化维度，意味着从文化的积累和传统以及社会现实生活的构成，来理解和规定小学教育目标。在某种意义上，社会现实生活的状况和构成可以作为文化的传统和积累的结果。从文化的维度看，小学教育目标就表现为一个自然人状态的儿童通过小学学习，所应该达到的预期的文化化或者社会化的程度。这种程度的基本衡量指标，就是儿童对文化环境和当代社会生活的适应程度。这种小学教育目标通常以宏观的、全面的视角来概括所要达到的教育期望，但作为特定意义上的"培养何种规格的人"的"小学培养目标"，与中学、大学等层次不同的地方就在于，小学生面对既有的文化，无论从心理上、意识上，还是能力上都是相当薄弱的，具有很大的不确定性。这就使得小学教育目标在文化维度上是从关注小学生的基础性和丰富性、发展性来实现小学生的全面发展。更强调儿童本位的立场，体现出更多的人性关爱和包容。

（二）学生维度的小学教育目标

与文化维度相对应的，还有一个比较重要的视角，就是从学生维度来理解和把握小学教育目标。学生维度的小学教育目标，就是儿童通过小学学习，自身的心理结构和行为方式应该达到的预期效果。这种效果通常表现为学生自身生成的学术能力（IQ）、人格特质（EQ）、创造能力以及可持续发展能力的认知与行为表现，通过一系列指标和维度来落实小学生发展的全面性。这种预期的结果，通常在小学培养目标、小学课程目标、小学教育目标中加以具体表述。

（三）"教与学"进程维度的小学教育目标

除了前面所说的文化维度与学生维度外，我们在理解和把握小学教育目标的时候还可以通过"教与学"进程维度来把握。"教与学"进程维度的小学教育目标是前面二者的具体化，并使之达到可操作性的程度。"教与学"进程维度的小学教育目标，主要包括两个基本的层次：第一，物质形态上的课程方案和课程标准中规定的阶段培养目标及学科培养目标；第二，非常具体的教育教学实践运行中的，反映在教学计划和教案中的年级教学目标、单元教学目标和课时教学目标，这些层面可以使小学生全面发展的目标得以在学校活动中全面展开。

三、小学教育目标的功能

美国学者迈克唐纳（J. B. MacDonald）指出，教育目标的具体功能随目标水平的不同而各异，但却有着共同的一般功能：明确教育进展的方向、选择理想的学习经验、界定教育计划的范围、提示教育计划的要点、突出评价的重要基础。[1] 泰勒（R. W. Tyler）也指出："如果要设计一种教育计划并不断地加以改进，那么就极其需要对所要达到的目标具有某些概念。这些教育目标是选择材料、勾画内容、编制教学程序以及制定测验和考试的准则。教育计划的各个方面，实际上只是达到基本教育目标的手段。"[2]

小学教育目标的功能，是其特殊结构对社会和儿童所产生的作用和影响，最基本的功能是标准功能，主要表现为：首先，是小学课程研制各个环节的基本依据，小学课程内容和教学方法的选择、小学课程与教学组织、小学课程与教学的实施以及小学课程与教学的评价等，都以目标作为基本依据和基本标准；其次，是衡量学生学习成就的基本标准体系，以及测量和评价学生学习是否达到所应该达到的要求

---

[1] 钟启泉.现代课程论[M].上海：上海教育出版社，1989：299.
[2] ［美］泰勒.课程与教学的基本原理[M].施良方，译.北京：人民教育出版社，1994：1.

和水平的依据，从而为进一步的"教—学"活动提供证据；再次，是对教师教学活动、教学表现和工作业绩进行检查和评价的基本标准体系。一般的小学课程与教学实践中，对教师进行评价通常从两个维度进行：一是直接对教师备课、上课以及辅导学生的基本行为表现进行评估；二是通过学生的学业成就的评价间接地确定教师的业绩。但是无论哪一种评价，都应该以教育目标作为基本的和主要的依据。

在小学教育目标的标准功能基础上，衍生出另外两个间接的功能：导向功能和激励功能。所谓导向功能，指的是小学教育目标一旦确定之后，所有的小学教育活动和"教—学"进程都以目标的达成为导向，通过不断的信息反馈，随时矫正教育活动和"教—学"进程中的偏差，以提高其效能。简而言之就是目标引导教育和"教—学"。所谓激励功能，指的是当小学教育目标不断地进入学生动态的"最近发展区"里，可以有效地满足学生的探究欲望和学习需求，从而激发其学习动机。对教师而言，目标的适切性也有相应的激励作用。当一个目标教师根本就无法理解，或者是目标太高，教师根本无法通过自己的活动帮助学生达成，那么这时的教学活动就会失去对教师的吸引力。反之，当教师通过自己的活动能够有效帮助学生不断地达成目标，获得成长，教师也就能够获得成就感，从而激发出教学的热情。

资料贴吧

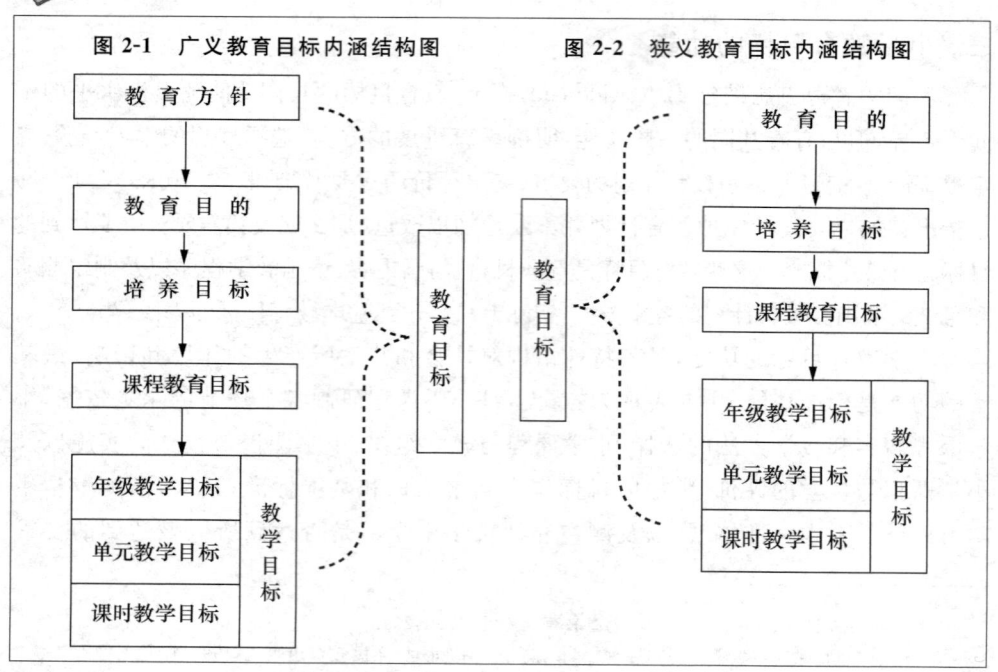

第三节 小学教育的文化特性

小学教育具有文化特性,其表现是作为实践形态的小学生学习生命存在及其优化活动。然而为什么小学生具有学习生命的存在及存在的优化呢？这也就是小学教育为什么会得以出现并得到持续发展的原因。对于这个问题的回答需要回到对小学教育蕴涵的基本矛盾的讨论上来。

小学教育的基本矛盾,其实就是小学教育所面临的基本的对立统一性。这种对立统一性主要通过小学教育基本构成要素之间的关系表现出来。教育所面临的主要矛盾,"表现为主体性的教育要求与表现为可提醒的受教育者的身心发展特点及水平之间的矛盾"[①],由于表现为主体性的教育要求规定了教育的目的,主宰了教育的过程,是教育最活跃最积极的因素,所以就成为矛盾的主要方面。这一主要矛盾又派生出两对次要矛盾:教育影响与教育主体之间的矛盾,教育影响与教育客体之间的矛盾。三大矛盾相互交织构成了教育中的矛盾之网。沿着这样的思路,似乎可以说小学教育所面临的主要矛盾是："表现为主体性的小学教育要求与表现为客体性的小学生的身心发展特点及水平之间的矛盾。"

但是,这种认识,并不能从根本上回答当代小学教育为什么会得以出现并得到持续发展的问题。它仅仅是从教育和小学教育本身的表现而言,没有进一步追问主体性的教育要求从根本上来源于哪里,是什么？因此,这种认识只能是小学教育的主要矛盾而不是根本矛盾。主要和根本是有区别的。而且,这种认识的前提,是把教育要求作为主体,而把小学生作为客体,这种主客二分是与当代小学教育研究的新认识相左的。在文化哲学看来,当代小学教育有一个基本的假定,那就是小学教育是小学生的学习生命存在及其优化活动。于是小学教育的主体是学生而不是教育者。所以,"教育要求与小学生发展水平之间的矛盾",虽说可以在一定程度上,但却不能从根本上揭示和描述小学教育得以出现并得到持续发展的原因。

这样,我们就需要进一步深入探究小学教育的基本矛盾。教育所面临的基本矛盾,也就是教育所要解决的基本问题。教育所要解决的基本问题是什么呢？或

---

① 南京师范大学教育系.教育学[M].北京:人民教育出版社,1984:13.

者教育所面临的基本矛盾是什么呢?"是人的发展和社会发展之间的矛盾,教育之所以必需,之所以会发展,其根本依据,都存在于人的发展和社会发展的矛盾之中。"①而"社会"本身所指,是相对于个人但又由个人所结成的各种社会组织社会关系。通常,在教育和小学教育中,人的发展和社会发展的基本矛盾实际是通过人类所创造的一切物质形态和精神形态的文化与个人成长之间的矛盾表现出来。更进一步地说,构成社会的人与动物的本质区别就在于人是符号的"动物",即人具有文化特性。所以社会在本真意义上也就成为文化的社会,在当代社会中,无论是人所面临的自然世界或者社会世界还是自我都文化化了。所以在这个意义上,在当代社会,人的发展与社会发展之间的矛盾,可以归结为人的发展与文化发展之间的矛盾。于是小学生的学习生命存在及其优化活动所面临的基本矛盾也就可以转化为"小学生的发展与文化发展之间的基本矛盾"。二者之间既是统一的,具有统一性;又是矛盾的,具有矛盾性。

一、小学生的发展与文化发展的一致性

就整个人类来讲,人的发展与文化的发展是统一的。这种统一主要体现在人的发展首先促进和决定了文化的发展,与此同时,又受到文化发展的制约或决定。人既创造了文化又被文化所创造,人既是文化发展历史的产物又是文化发展历史的主体。整个人类发展演化的历史,实际就是人与文化的整合与同一的过程。因此从这个意义上讲,小学生的发展与文化的发展是统一的,具有一致性。但是对于小学生的发展和文化发展的统一性来讲,更多地体现在小学生的发展首先受制于文化发展,然后才是小学生的发展构成了文化发展的一个侧面。这种一致性表现为:

首先,从文化的角度讲,无论文化有何种表现形态,最终都是人的文化。文化只能作用于人,通过人来体现其价值与功能,通过人来促进其自身的发展。离开了人的文化,没有任何价值与意义。这个过程就是文化发展与人的发展的一致性。"每一个人类个体本身的生成,只是因为个体参与了超个体的且为整个群体共有的文化媒介。"②人类学家本列特指出,任何国家要生存,其文化必须具备六个基本机能:(1)有利于社会成员生理活动的维持;(2)为社会增殖新成员;(3)将新成员培养成将来能为社会作出贡献的人;(4)生活必需品的生产及分配;(5)集团内或集团间秩序的维持;(6)明确人生意义,具有生存动机和积极从事生存所

---

① 王道俊,扈中平.教育学原理[M].福州:福建教育出版社,1998:1.
② [德]蓝德曼.哲学人类学[M].彭富春,译.北京:工人出版社,1988:268.

必需的活动。① 这六项文化机能实际上作为一种有生命力的文化所具有的,也是文化得以产生和发展的根本基础。从文化的这六项机能来看,全部都是以人为核心,为人服务的。具有异曲同工之妙的是,美国人类学家马德克也将文化的性质归结为七个方面:(1)文化能够被学习;(2)文化能够被传达;(3)文化有其社会性;(4)文化是理念的;(5)文化能满足欲求;(6)文化具有适应性;(7)文化是统一的。② 这也清楚地说明了文化之为文化,其根本的生命力在于文化能为人所学习、传播和创造,同时能满足人的需要,适应人的生存状况。只有这样,文化才能成其为文化,也只有这样,文化才能被创造和保存。

然而,文化作用于人,是从儿童一出生的时候就开始了。在人的成长过程之中,在儿童的"成人"阶段,即小学教育阶段,文化对于人的作用,文化对于人的意义,主要是通过小学生的实践活动来完成的。当然,小学生的实践活动并不是一种成人世界的生产实践活动,而是小学生的学习实践活动。文化对于小学生的存在和意义就在于小学生通过自己的实践活动,以自己独特的操作方式,将外在于自己的人类文化逐渐内化成为自己能够理解和消化的心理结构,这包括知识的获得、经验的建构和态度与价值的形成,也包括通过各种人类文化化的活动方式促进自己身体的成长并建立起一定的行为规范,从而能够为将来进一步的学习和进行文化的创造提供可靠的基础。文化对于人类的意义,从小学开始了规范的和有效的表现和实现。

必须指出,对于小学生而言,文化的意义并不是直接显现的,需要经过一次身心发展的中介转换。由于小学生的生活经验和身心发展的阶段与水平的局限,文化需要按照小学生身心特点及其发展规律,以及儿童的学习活动规律经过重新结构与组织,以便帮助小学生朝向预期的结果行进。文化也就在这个重新结构和组织的过程中与小学生的成长达成了一致。这恰恰就是小学教育的作为。

另外,更为重要的是,从小学生的发展角度上讲,儿童的成长和发展过程就是一个文化化的过程。儿童从一个生物的实体演变发展成一个社会的实体,其实质就是一个逐渐向"文"而"化"的过程。小学生的学习,最终都是要通过身体的成长、知识的获得、经验的建构、价值与态度的形成、行为规范的建立、学习能力的发展等方面,走向与文化的整合与同一。这个过程就是小学生的发展与文化发展的一致性,这种一致性在本质意义上是个体文化适应的过程。个体文化适应的过程蕴涵着人是文化的人,离开了文化,人也就失去了自己的本质意义。

---

① 冯增俊.教育人类学[M].南京:江苏教育出版社,1988:159.
② 冯增俊.教育人类学[M].南京:江苏教育出版社,1988:160.

在文化适应方面,几乎所有的教育人类学家都认为,文化适应在某种意义上,相当于广义上教育。文化适应几乎包括了使人类远离其他生物的学习经历的一切方面,它始终发生在人类进化过程中,始终处于某种特定习俗实体认可范围内,是人类有意识的和无意识的、正式的和非正式的文化陶冶过程。这个过程具有保存、革新并常常更新人们生活方式的功能,是人类发展与文化进化取得平衡的杠杆。应该说,文化适应的过程是一个人的终生不断发展的过程。终生的发展,一方面意味着人生学习和文化化的连续统一性,另一方面又不否定每个阶段的相对稳定性和各自的任务。个体早期生涯的发展,恰恰是促进个体文化适应的关键性的一环。

在小学阶段,个体对文化的适应主要包括:(1)语言的学习。语言是人类符号系统最重要的构成,是人之为人的一个重要条件,也是儿童个体接受文化传统、实现文化适应的关键。每一种语言都渗透着文化的精髓。一种语言就是一种观察世界和认知世界的方式,一种将延续的、多变化的现象分解为相互独立的、稳定类型的方式。所以语言的学习就成为个体向文而化的重要方面或中介桥梁。对于人类个体发展而言,口头语言的学习在学前阶段就完成了。口头语言具有流动性,非常容易消失和遗忘,不利于有效地利用人类历史上所积累的文化经验,所以人类的向文而化还要借助于书面语言才能有效地完成。书面语言正规学习是从小学教育阶段开始的。通过小学阶段的语言学习,个体基本上克服了接触和学习人类积累的文化经验的障碍。(2)社会角色的获得。个体发展与文化发展的一致性有一个重要的表现就是,个体获得文化所认可的某种社会角色的相应规范,并在此基础上产生一种角色的认同。社会文化角色的认同建立在自我意识的基础上,个体自我意识和人格的成长在小学阶段具有重要的意义。按照新精神分析学家埃里克森的观点,在小学阶段后期和初中阶段,将是他们建立角色认同的关键时期,直接影响到儿童社会角色承担和忠诚品质的形成。(3)行为习惯和社会规范意识的形成。研究表明,任何文化都通过一定的社会行为规范的传递和强化来实现个体成员的社会化。行为习惯的养成和社会规范意识的建立有两条基本的途径:言语说服和行动强化。人类个体发展历程中所接触的第一个具有社会意义的正式规范的场合是在小学阶段。正是从小学的第一天开始,个体就第一次进入一个正式的社会组织中,在外在的强制力作用之下,接触并遵守第一个正式的社会规范,履行各自在某种特定场合中的不同角色的义务。所以小学教育阶段是行为习惯和规范意识的一个比较重要的时期。(4)学习习惯、学习能力与学习策略的奠基。小学阶段一个重要的任务就是为人生的终身学习和终身发展奠基。人的终身学习和终身发展需要具有相应的基础。良好学习习惯的养成、学习能力的发展和有效学习策略的建立都是必不可少的。

二、小学生的发展与文化发展的矛盾性

小学生的发展与文化发展存在着统一性,但同时也存在显著的对立和矛盾现象。也正是因为这种对立和矛盾的存在,才使得小学教育成为可能。可以说,统一是暂时的,而矛盾是永恒的。在矛盾的作用和推动之下,在小学生与文化发展不断走向统一的过程中,小学生得到了发展,小学教育事业得到了进步。小学生的发展与文化发展的对立和矛盾主要表现为:文化发展的无限性和小学生成长和发展的相对有限性之间的矛盾。

对于文化发展而言,无论是从时间或者是从空间上来讲,都具有相对的无限可能性。从时间上看,人类的文化从远古时代人之为人的那个时候就开始了,至少从目前的考古来看,可以推进到几百万年之前。我们今天的人类社会及其文化成就正是从那里开始逐步进化而来。即便从有文字开始起,也有几千年的历史。千百年来,人类祖祖辈辈在这个星球生养栖息,不断进化不断创造,积累了丰富的经验和文化成果。随着时间进程的展开,文化也不断地变迁。作为文化变迁,无论是文化特质和文化模式的变化,①或者是文化内容的增量或减量所引起的结构性变化,②还是一个社会或群体中的大多数成员逐渐放弃旧的行为选择标准体系而接受新的行为选择标准体系,从而达成社会变革和人与人之间关系结构的重新组合。③ 实际都为人类的发展提供了多种可能性,也为小学生的成长和发展提供了多种可能性。而且文化的积累和创新,不是以线性增长的方式进行,而是以几何增长的方式进行。这也为文化的发展变化提供了无限丰富的可能。

从空间的角度看,文化的发展也具有无限丰富的表现形式。在已有的研究中,人们发现,文化本身是多方面的,从人类活动的场域,大致可以概括为三大类:人与自然之间的关系,衣食住行、器具都涵盖在内;人与人之间关系,包括人类社会中的种种关系;人与自我的主观意识,包括人们对上述两类文化的内容上一切表现的主观反映,属于理智和情绪性质。④ 人类学家马林诺夫斯基则把文化具体分为八个方面:经济、教育、政治、法律与秩序、知识、巫术宗教、艺术、娱乐。⑤ 怀特则认为,

---

① R. Linton. The Tree of Culture[M]. New York:Alfred A. Knopf,1955:41.
② 孙本文.社会的文化基础[M].上海:世界书局,1932:100.
③ 司马云杰.文化社会学[M].济南:山东人民出版社,1987:100.
④ F. Seeboas. General Anthropology[M]. New York:D. C. Heath,1938:5.
⑤ [英]马林诺夫斯基.文化论[M].费孝通,译.北京:中国民间出版社,1987:4.

文化是一个组织起来的一体化系统,在这个系统内,又可以分为三个亚系统:(1)技术系统,由物质、机器、物理的化学的仪器以及使用这些仪器的技术构成;(2)社会系统,由人际关系构成;(3)意识形态系统,由思想、信仰和知识构成。这三个亚系统相互贯通。① 当代文化哲学"把文化环境建构在与人自我相关联的新观念上",将文化环境分为三类:"一是人的外在环境,即通常所予以阐述的社会文化生态环境体系;二是个人的内在心智—人格等环境,称做自我环境;三是指人的脑神经系统活动的生理过程和生理机制。"② 进而在文化实体性意义上,文化就分为"心智人格文化"、"生理身体文化"、"物质文化"、"交往文化"、"符号文化"和"活动文化"等类型。上面关于文化空间所蕴涵的表现形态,无论站在什么样的角度,提出什么样的看法,实际上都告诉我们,文化广泛分布在与人密切相关的自然、社会与人类自身当中。只要是与人发生关系的,都被文化化了。今天,人类活动的足迹已经超出了我们所居住的这个星球,而扩展到广阔的宇宙空间中,人类文化的烙印也印刻在相应的轨迹之上。在这个意义上,人类文化的空间具有无限的广延性。

与文化发展无限性相对应,小学生的发展无论是在时间上或者在空间上都具有相对的有限性。从小学生发展的时间维度来看,小学生的学习年限仅仅五六年的时间。即便将这五六年中的所有时间都用于学习,相对于文化的时间延续来讲,也是非常有限的。虽然我们说,小学的学习生活并不是人类个体学习生活的全部,可是立足于现实向着可能性行进,这是人类永恒的追求,人们总想以最小的投入获得最大的收益,学习和教育也不例外,所以我们总是希望在小学教育阶段获得最好的成效。当然这种成效本身在不同境遇之中,相对于不同的对象,有各种不同的表现形式,而且小学教育阶段对这种成效的获得也有自身的特性。

从小学生发展的空间维度来看,小学生无论是外在的行为实践活动空间或者是内在的思维活动空间,由于受制于自身的活动范围与本身的知识经验水平,总是受到极大的限制。我们说一个人的思维是自由的,具有无限的空间和可能,但那是有前提条件的,这个前提条件就是个体必须具备相应的心理结构和经验基础。我们也可以说人的大脑具有无限的潜力空间,但是至少到现在为止,受制于我们现有的认识能力和开发技术,即便是成人,即便是那些优秀科学家和知识最渊博的学者,个体的大脑活动都是极其有限的。它与人类作为一个整体所创造的文化发展的空间广延性相比较起来,这种局限性就表现得十分明显。

---

① [美]怀特.文化科学[M].曹锦清,等译.杭州:浙江人民出版社,1988:349.
② 李燕.文化释义[M].北京:人民出版社,1996:120.

这样,一方面,由于时间上的无限累积性和空间上的无限广延性,使得人类文化发展表现出无限的趋势;另一方面,小学生发展无论是时间上的展开或者空间上的延伸,都具有相对的有限性。二者在追求整合与同一的过程中就呈现出一对尖锐的矛盾。小学教育的这对矛盾实际是人的发展与文化发展永恒矛盾在小学教育中的体现。正是这对矛盾促进了小学教育得以产生、发展与变革,也正是这对矛盾成为我们思考小学教育基本问题的最基本的出发点。所以我们说,小学教育的基本矛盾是小学生发展与文化发展之间的矛盾,小学教育的这个基本矛盾具有永恒性。在这对基本矛盾的推动下,小学教育就派生出许多其他的种种矛盾。比如从发展的方向上,人文的发展方向总是要规定小学生的发展方向,小学生的发展方向也不得不接受这种规定性,但是当代小学教育又在不同程度上趋向于超越这种发展方向,而表现出创新的趋势;在发展水平上,文化发展的总体水平总是制约着小学生的发展水平和发展模式,但是在真正的实践领域之中,小学生的发展又总是或者表现出超越的趋势,或者在不同程度上落后于文化发展的水平;在发展结构上,小学生的发展结构与文化发展所需要结构之间总是存在或多或少的差距;在发展规律上,小学生身心发展的规律与人类文化发展的规律并不总是协调一致的,甚至主要不是协调一致的。小学教育就是为解决这种种矛盾所引起的种种问题,在问题的解决过程中,小学教育发展了,小学生成长了。

第四节 小学教育的社会特性

 案例

小学写真:彝族孩子学谜语[①]

在我国凉山,向彝族孩子讲授具有汉族文化背景的汉语文课,一直是令教师头痛的事。以小学二年级第八课《谜语》的讲解为例,教师们费了许多精力又

---

① 腾星.文化变迁与双语教学——凉山彝族社区教育人类学的田野工作与文本概述[M].北京:教育科学出版社,2001:19.

有多少收获呢?不是事倍功半,就是劳而无功。比如,如何使彝族孩子明白"谜语"这个词,就足以让全体师生都累得精疲力竭。2000年的春天,26岁的汉族教师车金明站在神圣的讲台上,面对42个不懂汉语的八九岁的孩子,先用彝语说了一则祖宗传下来的关于木工工具的谜语:"者乃衣木者,都乃足此都。"学生们都兴奋异常地来猜这"吃时,从肚里吃进去,屙时,从背上屙出"的东西是什么。反应快的孩子举手回答:"世约"(即刨子)。教师及时用彝语讲解这种从描写事物具体特点到猜出具体事物的文体叫"谜语",并引入正文。车金明先让学生在预习的基础上阅读课文,提出生字难字,例如:"bái 白、běi 北、zāi 栽、biàn 辩、bàn 瓣",读准音后再组成词,如"白花、北风、栽花、辩论、花瓣",然后结合句子用彝语讲解意思。学生很快就能猜出谜底是"吾"(即雪)。接着,教师反过来提问:"这则谜语写雪的哪几个特点?"并板书:颜色(白),形状(六个瓣),时间(北风、冬天),发展(千变万化),重量(飘呀飘呀很轻),结果(落下来,太阳一晒就化成水)。终于,师生们在浓厚兴趣的氛围中,愉快地完成了教与学的任务。

上面的案例描述的是关于民族小学语文的双语课堂教学的案例。但在这堂语文教学课中实际上也涉及一个关于小学教育的根本性问题——个体与社会文化的关系问题。从根本上讲,彝族地区小学生所面临的问题实际上也就是所有小学生所面临的问题。小学生接受教育的过程,无疑是一个在特定文化作用之下的社会化过程。在这个过程中,小学生发展与社会存在之间既具有一致性,又存在许多矛盾。正是这样的矛盾推动了小学生的学习与成长。在解决这个矛盾的过程中,人们实际上也就对"小学教育是什么"做出了社会层面的回答。

教育是人的一种生存方式,教育源于生命发展的原始需要。人的生命与动物不同,人具有双重生命,人既有动物的种属生命,又具有人类特有的类生命。不过,即使是种生命,人与动物也有明显的差别,这种差别与类生命一起,孕育了人的潜在发展性和教育的可能性。人类教育具有两大社会功能:一是使新生一代适应现存的生产力,作为生产斗争的工具;二是使新生一代适应现存的生产关系,在阶级社会作为阶级斗争的工具。社会的存在和延续离不开教育。教育在任何社会都要承担传授生产知识、技能和经验的任务,使年轻一代适应现存生产力的需要;同时,也要承担传授社会的思想意识、风俗习惯和行为规范的任务,使年轻一代适应现存生产关系的需要。正是因为教育具有这两大社会职能,所以教育具有永恒性。教育又是一种历史现象,在不同的社会或同一社会不同的历史时期,教育的性质、目的、内容等都各不相同,因此,教育具有历史性。如我国目前的教育在教育思想、教育内容、教育模式等很多方面与解放初期的教育就有很大的不同,这就是教育具有历史性的反映。在阶级社会,教育必须反映统治阶级的利益、愿望和要求,表现出鲜明的阶级性。阶级性是教育的历史性在阶级社会中的必然反映。在阶级社会中,学校教育的控制权属于一定的统治阶级,统治阶级为了使教育为自己的统治服务,必须把自己的利益、愿望、要求反映到教育上。当社会政治经济发生了变化或者新的统治阶级代替了旧的统治阶级,教育也要进行相应的变化。如当社会主义社会取代资本主义社会时,就要求教育也进行改革,以社会主义的教育代替资本主义的教育。同时,教育要受一定社会的政治经济的制约,但是教育作为培养人的社会活动,又具有自己的相对独立性。这种相对独立性具体表现在以下三方面:(1)教育具有自身的继承关系。教育不能脱离社会物质条件而凭空产生。任何一种教育,从其思想、制度、内容、方法等方面来看,尽管受当时的政治经济制度和生产力发展水平的制约,但同时又是从以往教育发展而来的,都与以往教育有着渊源关系,即教育具有自身的继承关系。教育自身的继承关系,也称教育的继承性。正因为教育具有这种继承性,在同样的政治经济制度和生产力发展水平的国家,会有不同特色的教育;不同民族的教育会表现出不同的传统和特点。(2)教育要受其他社会意识形态的影响。教育虽然受政治经济制度与生产力发展水平的制约,但同时又和上层建筑中其他意识形态发生密切的联系,受这些意识形态的影响。意识形态主要表现为政治思想、道德观念、哲学思想、宗教、文学、艺术、法律等。一般说来,意识形态对教育的影响主要表现在两方面:一是表现在教育观点上;二是反映在教育内容上。正是由于教育受意识形态的影响,所以在同一时代,当存在不同的意识形态特别是不同的哲学思想时,也会出现不同的教育观点。如孟子和荀子处于同一时代,孟子是性善论者,荀子是性恶论者,因此,他们的教育观点也有很大的不同,孟子认为教育的作用在于保持人所固有的善性,荀子认为教育的作用在于用人为的力量去纠正人的恶性。由于教育的一个重要功能就是传递社会意识,使年轻一代掌握社会所倡导的社会意识形态,所以在教育内容设置上会选择社会所倡导的社会意识形态。当社会意识形态发生变化时,也会引起教育内容的变化。再者,社会政治经济制度的变化,往往首先影响到其他社会意识形态,然后才引起教育观点和内容的变化。可见,政治经济对教育的影响,常常要以其他意识形态为中间环节来实现,这也是教育具有相对独立性的体现。(3)教育与社会政治经济发展不平衡。教育虽然受一定的政治经济的制约,但是与政治经济的发展是不平衡的。这种不平衡主要表现为两方面:一种情况是教育落后于一定的政治经济发展

水平,即当社会政治经济发生了改变,某些教育思想、内容、方法还能存在相当长的时间,这时教育对新的政治经济起着阻碍作用。如目前我国正在建立和完善社会主义市场经济体制,要求树立与社会主义市场经济体制相适应的教育思想、内容等,可是一些地方还存在着与计划经济体制相适应的一些教育思想、内容等,它们对社会主义市场经济体制的建立和完善起着阻碍作用,必须进行改革。另一种情况是教育超前于一定的政治经济发展水平,这时教育对新的政治经济起着催生作用。即在旧的社会政治经济制度未被推翻前,在一定的条件下也可以产生新的教育思想,对新社会起着催生作用。如在资本主义社会条件下产生了马克思主义的教育思想,马克思主义教育思想的出现使无产阶级把教育领域的斗争看做是推翻资产阶级统治斗争的一个重要组成部分,从而推动无产阶级解放事业的发展。教育具有相对独立性。我们在分析研究教育问题时,不能单就政治经济制度与生产力发展水平来考察,在教育工作中照搬政治上经济上的一些做法或以政治经济取代教育,漠视教育自身的规律,不考虑教育的相对独立性。但是我们也必须明确,教育的独立性只是相对的,不能将教育的独立性绝对化。因为,教育毕竟要受一定社会的政治经济制度和生产力发展水平的制约,离开一定社会政治经济制度和生产力发展水平,把教育的相对独立性夸大到绝对的程度,就会使教育不能发挥它应有的职能。

众所周知,小学教育具有基础性,这种基础性在现在的教育体系中应该是素质教育的基础,而不是升学教育的基础。从人与社会的关系来说,小学教育是终身教育的奠基阶段,它要为小学生一生的发展奠定基础。教育存在着社会的本性。小学教育无疑也具有社会本性。当我们提到小学教育的社会本性的时候,还必须进一步思考这些问题:第一,小学教育的社会本性与社会对儿童的自然影响所具有的文化本性是否有区别?有什么区别?即小学教育是否有明确的目的性?第二,我们说小学教育的文化本性使小学生发生"预期结果"的重新结构化,那反之,是否是使小学生发生"预期结果"的重新结构化的一切文化影响都可以成为小学教育?第三,小学教育的文化本性与整个教育文化本性相比,它是否有自己的特征,如果有,在哪里?是什么?

当我们在教育之前加上"小学"予以限定时,也就把教育的意义限定在狭义的学校教育之中,而很少指称广义的教育了。虽然在学校之外也有类似小学性质的教育存在,但是,在通常意义上,小学意味着双重限定:一是时间限定,二是空间限定。对于小学的时间限定而言,实际上意味着从学习主体出发,考虑儿童身心特征和学习与发展规律,所以就有小学生之说。对于小学的空间限定而言,实际上意味着从学习经验出发,考虑社会与人的关系的无限丰富性,为了使小学生在与环境的复杂互动过程中达到通过社会化而"成人"之目的,就要根据儿童身心发展以及社会本身发展与积累和优化的双重需要,选定或建构一个特定的场域,实现小学生有组织、有目的、有计划、有程序地学习生命存在及其优化活动。正是由于小学的这个双重限定,我们所讨论的小学教育也就限定在小学的学校教育里了。

当我们从小学教育时间和空间两个限定的维度思考小学教育文化特征的时候,也就为回答前面三个问题开辟了一条新路。小学教育的空间限定,突出了其目的性、计划性和组织性,因此,虽然其他社会关系对小学生的自然影响也可能促进小学生成长目标的实现,但是却不能归于小学教育之列。而小学教育的时间限定,则突出了小学教育社会特征与其他社会本性的区别,突出了小学教育无论是在构成要素或者运作历程上所具有的独特性。关于这些独特性,我们在后面的章节中将分别涉及。

【实践活动】

1. 调查小学生理解的小学教育的功能。
2. 采访优秀教师,收集在小学教师理解的小学教育的深层内涵。

【读书指导】

1. 全国十二所重点师范大学联合编写.教育学基础[M].北京:教育科学出版社,2003.
2. 黄甫全,曾文婕.小学教育学[M].北京:高等教育出版社,2011.
3. 石忠仁.教育原理[M].北京:人民教育出版社,2002.
4. 余文森.新课程背景下的公共教育学教程[M].北京:高等教育出版社,2004.
5. 王道俊,王汉澜.教育学[M].北京:人民教育出版社,1999.

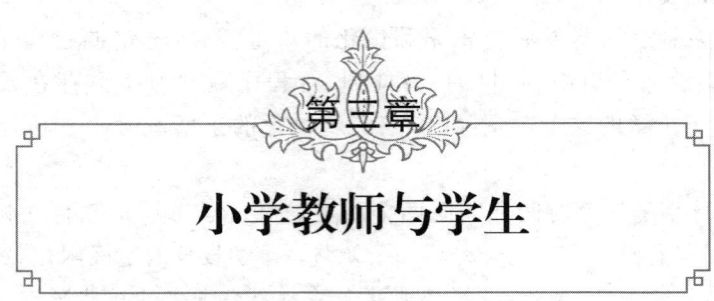

第三章 小学教师与学生

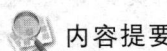
内容提要

本章主要讨论两个方面的问题:一是论述了如何认识小学生,如何尊重小学生,如何发展小学生;二是阐述小学教师的角色定位,小学教师的特质要求,小学教师的专业成长。旨在帮助未来的小学教师确立正确的学生观和教师观。

学习目标

1. 识记小学生身心发展的一般特征。
2. 明确小学生的权利与义务、责任。
3. 了解儿童发展观的历史,掌握科学的儿童发展观。
4. 认识小学教师的角色定位。
5. 明确小学教师的特质要求。
6. 领悟、分析小学教师的专业成长之路。

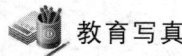
教育写真

教育中的尊重与不尊重

一个国家,儿童强才能强;一个国家,儿童要强,首在思想之解放;一个国家,思想要解放,首在尊重人格人权,特别是尊重学生尤其小学生的人格人权。没有尊重,就没有文明;没有尊重,就只有物,没有人。

文明的本质究竟是什么?见仁见智。文明是尊重,是反歧视,是平等。然而,问题的关键是:尊重究竟如何实现呢?起点也许不是尊重成年人,而是尊重未成年人,特别是尊重小学生。文明,从尊重小学生开始。

小学时期是学生、是人成长的基础时期,只有在这个时期种下了尊重的种子,它才能在日后开出尊重的鲜花,结出尊重的果实。

来自家长的不尊重:溺爱与体罚

从表面上看,溺爱是家长对孩子的充分关怀和爱惜,但其实质是对孩子行为能力、独立权和承受能力的不信任和不认可。现在的中国,多为独子独女,溺爱更甚。对孩子的要求往往无条件答应,孩子就是小皇帝。与中国不同,很多国家的父母大多放手让孩子自己独立做决定,家长只提供意见和参谋,使孩子在早期就认识到权利与责任之间的对等关系及自身的独立性。

溺爱的反面,是暴力的惩罚。前段时间,"狼爸"萧百佑和他的"三天一顿打、孩子进北大",使得"棍棒教育"和"鞭打文化"成为所谓的榜样。然而,能够"棍棒进北大"是难以复制的极端个案。根据国外的大样本调查,体罚会增加儿童的侵犯和反社会行为。鞭打、棍打、手脚打等体罚方式,是运用家长的强权和暴力迫使孩子服从。在这种方式下培养出来的,更多的是为躲避"惩罚"而不断妥协的、没有独立意见的孩子。其教育的本质,是一种"奴性教育"。

来自学校的不尊重:定等分级

除了体罚,对小学生的歧视,更多的是:成绩歧视、家庭背景歧视、长相歧视和性别歧视等。

在"以分数至上"的氛围里面,成绩歧视尤为突出。比如一些学校搞的好生"红校服"、差生"绿领巾"、"测智商"、"以考分排座位"、"以优劣分班"等都是对学生的歧视。教师在对待"学习困难"群体时,常常运用"说教、训斥",以"权威者"和"高位者"的身份俯视和"统治"学生。在承受"等级压迫"的同时,这个群体还承受着同龄同学的压力,并常常产生强烈的挫败感和自卑感,甚至丧失尊严感,进而产生耻辱感。分数只能衡量学生发展的极小部分,以分数代替学生的全部,再以分数作为标准,对学生进行等级的划分,不仅仅是教育的讽刺,更是学生心灵的杀手。

家庭背景歧视在小学中也是常常出现的,尤其对流动人口家庭的孩子来说,情况更严重。2010年的一份报告表明,进城务工就业者的子女接受义务教育现状令人担忧,在就学和入学过程中遇到了明显的不公平问题。75%的流动儿童因为外地人身份受到周围的嘲笑。这样的歧视阻碍了流动儿童的城市适应,加大了社会身份的冲突。家庭背景歧视的另一面,就是学校对父母是局长、总经理的小孩的特别偏爱。

长相歧视,源于人们的正常心理,形貌姣好的学生的确更容易使老师、学校与社会心情愉悦。容貌对心情的影响固然无法忽略,但在学校这一教育场所,要最大限度地降低长相所引发的区别对待。教育者与成年人应着重培养学生的平等意识,要爱每一个孩子,而不是显示出对某些群体的偏好。每一个孩子都是家长的宝贝,每一个孩子都有闪光点,每一个孩子都有独一无二的价值。只有接纳可爱的学生和"美丽厌恶"的学生,才能做到"尊重"。

同样地,性别歧视在小学中也十分明显。虽然性别歧视在目前有所淡化,但有些老师由于受到一些传统因素的影响,还是存在对男生或者女生的过度偏爱。有时,过于偏爱听话的女生,特别是"管家婆"式的女生。

教育是塑造灵魂的工作,教师是人类灵魂的工程师,小学生是人类发展的希望。教师的思想品质、个性修养、道德情操、精神境界,对小学生而言,具有潜移默化的教育作用。因此,教师的言行对学生和社会都会有深远的激励和影响作用。

第一节 认识小学生

小学生是一个特殊的群体,是小学教育领域或机构里的一种身份或角色,他们有着自身独特的特点,在小学中处于中心地位。1986年颁布、2006年修订的《中华人民共和国义务教育法》规定:凡年满六周岁的儿童,应当入学接受并完成义务教育;一些条件不具备的地区,儿童可以推迟到七周岁。我国小学生的年龄通常在6~7岁到11~12岁之间。小学阶段的时间跨度约六年之久,儿童的具体成长过程在不同的年级及年龄阶段具有明显的差异,低年级、中年级、高年级是三个具有相对独立特征的阶段。要正确认识小学生就必须全面把握不同阶段学生的身心发展特征与规律。

一、小学生身体发展的一般特征

小学生的年龄一般为6~7岁至11~12岁。小学生的身体发育,正处于两个生长发育高峰之间的相对平稳阶段。身高平均每年增长4~5厘米,体重平均每年增加2~3千克,胸围平均每年增宽2~3厘米。男孩身高的生长高峰年龄为12岁,年增长为6.6厘米。女孩身高的生长高峰年龄为11岁,年增长为5.9厘米。男孩体重增加的高峰年龄为13岁,年增重为5.5千克。女孩体重增加的高峰年龄为11岁,年增重为4.4千克。从发育时间看,女生不仅发育加速期比男生早1~2年,而且身高生长高峰期和体重增加的高峰期,也比男生提早1~2年。目前,随着人民物质生活水平的提高,男、女生的生长发育期出现提前的趋势。

小学生的骨骼骨化尚未形成。骨骼系统的许多软组织、椎、骨盆区和四肢的骨骼还没有骨化,骨骼组织含水分多,含钙盐成分少,使骨骼硬度小、韧性大,富于弹性,易弯曲变形。小学生的肌肉发育呈现两个特点:第一,大肌肉群的发育比小肌肉早;第二,先是肌肉长度的增加,然后才是肌肉横断面的增大。

伴随着心脏、肺、呼吸肌、胸廓形态发展的同时,小学生的心肺功能也相应增强,血管发展的速度大于心脏的发展速度,血液的循环量加大,新陈代谢加快。但小学生的心脏容积小于成人,脉搏频率远超过成年人,且心脏每搏输出量比成人小,心脏搏动频率大约每分钟80~90次。孩子的呼吸频率随着年龄增长而递减。与此相关的是,孩子的肺活量大小随着年龄增长而显著增加。

小学生的神经系统,特别是大脑结构逐步完善。儿童到了6~7岁时,脑重约1280克,已接近成人脑重的90%,以后增长缓慢,9岁时约1350克,到了12岁约1400克,基本上和成人一致。

随着大脑皮层的发育生长,小学生脑的兴奋过程和抑制过程也逐步趋向平衡,觉醒时间长,睡眠时间缩短。小学生的条件反射比以前更容易形成和巩固且不易泛化,呈现出时间缩短、潜伏期较短和比较容易巩固的特征,进而保证了他们能够更好地接受外界刺激,更好地支配、控制自己的行为,学习更多的内容,并对学习的内容进行精确的辨别。

二、小学生心理发展的一般特征

(一)小学1~2年级学生心理发展的特征

小学生的注意以无意注意为主,既没有预定的目的,也不需要意志努力,往往是只注意新奇有趣、吸引人的事物和学习材料,注意力也易于分散和转移。事物、人物、活动的形状、颜色、声音、形象更容易引起他们的注意。注意的稳定性低,易受新奇刺激的吸引,注意保持的时间短暂,约为20分钟,注意范围比较狭小,不善于分配自己的注意力,不善于根据活动任务把注意力从一件事情主动转移到另一件事情上。观察事物仍与学前儿童相似,表现在观察的目的性不强、持续性不长、概括性不强,容易注意对他们有较强吸引力的事物或是具有明显外部特征的事物。小学生1~2年级阶段视觉感受性增长速度最快,初步掌握左右方位的相对性。

刚入学的儿童擅长具体形象记忆,儿童的有意记忆、有意再现逐渐发展。儿童往往易于掌握具体、可感知事物的概念。小学生虽然已经能够掌握一些简单的概念,并能对其进行初步的判断、推理,但不能自觉地调节,论证自己的思维过程。

小学生的想象力在幼儿的基础上,随着生活经验的不断丰富、知识的增长而增长,能按照教师的要求,进行相应的想象活动,其想象富于模仿性、再现性。

小学儿童的学习兴趣是促使儿童自觉从事学习活动的一种重要的推动力,是一种特殊的学习动机。小学生的求知欲主要表现为提问、探索、摆弄物体。小学生还不善于真正的学习活动,要使他们能把学习当做是一种有目的、有系统的专门活动来对待,关键在于发展小学儿童心理的有意性和自觉性。要向小学生提出明确的学习任务,如指出作业的具体要求是什么、应当记住什么等;教会小学生掌握完成任务的方法,如怎样观察、怎样思考、怎样运用知识去解决问题等。

情绪往往是与个别具体事物相联系的,情绪稳定性较差,情绪容易冲动、较外露,情绪的调控能力较差。通常,在没有形成明确的自我意识和获得一定的自我控制前,依赖外部他控来调节自我情绪。行动缺乏一定动机与目的,往往是按教师、家长的要求去行动。意志的自觉性较差,常需要外力督促检查才能完成任务,低年级的学生往往易受外力和情绪的影响,表现出冲动性的特点。低年级的学生自制力很差,自我评价的批判性和独立自我评价能力较差,他们更容易肯定自己的行为和活动。他们的自我调节是被动自我调节。自我意识处于上升时期,其上升幅度最大,是上升期中的主要发展时期。

道德感逐渐形成,在理解道德概念时,往往与具体行为现象联系。没有出现道德信念,这一阶段的学生道德意志薄弱,坚持性差;道德行为往往是通过不自觉的模仿形成的。

(二)小学 3～4 年级学生心理发展的特征

这一阶段的小学生逐渐能将自己的注意力集中到规定的学习内容上,并保持一段时间,同时,迅速转移注意力的能力逐渐提高。有意注意有了迅速的发展,注意开始根据预定的目的,将注意力集中于相应的事物和学习材料上。注意的稳定性有了明显的提高,注意保持的时间约为 25 分钟,注意范围逐渐扩大,分配自己的注意力的水平提高,逐渐学会根据活动任务将注意力从一件事情主动转移到另一件事情上。

这一阶段的学习过程中第一信号系统仍然起相当大的作用。在观察、了解事物的过程中视觉还占重要的地位。学生辨别左右方位的能力提高,另外,学生观察事物的目的性、持续性、概括性都有了明显的提高。他们比较概括地、灵活地掌握左右概念。在教师的帮助下,逐渐学会进行比较、分析、观察事物的特点并发现各部分的关系及部分与整体的关系,揭示事物的内在联系。

小学生已经能够进行初步的判断、推理,较为自觉地调节,论证自己的思维过程。想象力随着生活经验的不断丰富、知识的增长,能进行相应的想象活动,其想象依然富于模仿性、再现性,想象往往是事物的简单重现,想象逐渐开始注意与现实的联系。

小学生的学习动机仍然与学习兴趣发生紧密联系,其中学习兴趣包括直接兴趣与间接兴趣;而这个阶段小学生的学习兴趣主要以直接兴趣为主,如学生的美感会受事物外部的特征吸引,美的体验会在对事物的具体形象相联系的基础上产生。学习兴趣仍然是学生进行各项学习活动的重要推动力。而且从 3 年级开始学生的学科兴趣开始分化,逐渐出现感兴趣的学科。

小学生的自我意识有了一定的提高。学生逐渐学习真正的学习活动,已经能把学习当做是一种有目的有系统的专门活动对待,渐渐知道怎样观察、怎样思考、怎样运用知识去解决问题等。

小学生的情感在与个别具体事物相联系的基础上,开始与抽象的价值相联系。但学生的情感稳定性较差,情感容易冲动、较外露,情感的调控能力较差,甚至出现自我控制的下降趋势。情感逐渐转化为与社会、集体相联系,学生道德概念的掌握比较准确,学生自制力有了显著的发展,学生不仅可以指出自己的优点,也能指出自己的缺点,并逐渐学会根据一定的原则进行评价。

小学生的行动开始具有一定动机与目的,不仅按教师、家长的要求,而且有自己的行动。外力和情绪对行动仍然具有较大的影响。自我评价的批判性和独立自我评价能力有所提高,但自制力还是比较差。

这一阶段的小学生的道德感不断增强,在理解道德概念时,不仅与具体行为现象联系,而且与社会标准相联系。形成了道德信念的萌芽,道德意志坚持性有所提高,道德行为开始从不自觉的模仿向自觉的坚持发展。出现初步的道德信念,但自觉性和坚定性不够。道德行为向从直接到自觉、从短浅到远大、从不稳定到稳定、从满足个人到满足社会的方向发展。

行为的自我控制能力处于过渡阶段,发展还不稳定,甚至出现行为控制下降趋势。已经开始认识到自己应为自己的行为负责,但他们仍会表现出很大的不随意性,由于小学生的注意分配能力有限,意志控制较差,不能做到进行实践活动的同时又对自己的实践活动进行有意识的调节和控制。

（三）小学 5～6 年级学生心理发展的特征

在这一阶段，部分男生、大部分女生开始进入青春发育期，已经出现明显的第二性征。进入青春期的学生产生特殊的内心体验和性意识的萌芽，渴望了解性知识，探索生命的奥秘。

随着儿童的抽象逻辑思维的逐渐发展和辩证思维的初步发展，他们的自我意识更加深刻。他们不仅摆脱对外部控制的依赖，逐渐发展了内化的行为准则来监督、调节、控制自己的行为，而且开始从对自己的表面行为的认识、评价转向对自己内部品质的更深入的评价。学生不再无条件地服从、信任教师，能自己独立作出判断，表现出一定的自觉性、坚定性的道德信念。

学生的认知越来越丰富，形成自我意识，自我控制能力出现第二个上升期。学生不会随着刺激或情境的改变而很快改变自己的情绪，产生的体验比较稳定持久，情绪自我控制能力迅速上升。但情绪的自我控制能力存在十分显著的性别差异，在整个年龄段，男生均好于女生。学生行为自我控制能力也发展较稳定，但女生由于青春期的到来，行为控制能力略呈下降趋势。到了 6 年级，其他的良好品质如集体主义、义务感、责任感、荣誉感、正直、勤俭、善良等也得到了很大的发展。

在整个小学阶段，学生最初对学习的过程、学习的外部活动更感兴趣，以后逐渐对学习的内容、对需要独立思考的作业更感兴趣。学生的学习兴趣从不分化到逐渐产生对不同学科内容的初步分化性兴趣。学习动机仍然与学习兴趣发生联系，但此时学生的间接兴趣有了明显的发展。学生对有关具体事实和经验的知识较有兴趣过渡到对有关抽象因素关系的知识有兴趣，并且逐渐学会独立、自觉地提出意志行动的动机和目的，到了高年级学生的自觉性有了很大的进步。游戏因素在小学生学习兴趣上的作用逐渐降低。

 资料贴吧

> 梁启超先生曾说过："少年智则国智，少年富则国富，少年强则国强。"显然孩子是家庭的财富，是学校的主人，是祖国的花朵，是社会的未来。作为小学教师更应该从专业角色意识出发认识学生、尊重学生、发展学生，帮助孩子，成就孩子。

第二节 尊重小学生

小学时期既是人生成长的基础时期又是重要时期,因此不管是在学校,还是在家庭,教师和家长都应该做到"以人为本"尊重孩子,尊重他们的独立人格,维护他们的合法权益,平等对待每一个孩子。要做到真正尊重小学生不仅意味着不讽刺、不挖苦、不歧视、不体罚或变相体罚小学生,更重要的是深刻认识小学生的基础上维护小学生的权利与责任。一个人在享受权利的同时,肯定要承担相应的责任,权利和责任是分不开的,小学生也不例外。

一、小学生的权利与义务

(一) 小学生的权利

小学生虽然是未成年人,但是他们还是有着属于自己的权利。教师首先要做的就是要在孩子作为一个小学生时,保障他该拥有的权利——学习权利。关于"学习权利",我国台湾学者李国伟认为学习权利就是学习权,认为"在教育方面学生最基本的意愿便是学习,学习权应视为一个基本的人权"。从法律的角度进行剖析,学习权利,亦称学习自由,是在保障学生依法获得入学资格的前提下,学生在教育活动过程中所享有的进行自由、选择与创造性学习的权利。它包括两个层次:一是受教育权,从教育的外部环境层面保障学生享有入学自由,普遍地使用教育资源;二是学习权,从教育活动的内部环境层面保障学生进行自由与创造性学习的权利。因此,教师与学校管理人员不能仅凭自己的一腔热血来进行教育,必须树立学生是享有学习权利的主体意识,让学生成为日常教学活动中的主体,让学生成为学习上的主动实践者而不是被动的旁观者。

在教育方面,小学生有受教育的权利,并应有足够的休息时间、游戏,当遭受疾病或任何危险时,小学生有权获得父母及其他法定监护人的及时保护。小学生的人身权利受到法律的保护,父母对小学生进行必要的约束应充分尊重小学生的人身权利,教师不能对小学生进行行为和言语上的人身攻击。无论是教师还是家长,都应该尽全力保证小学生享有生存和发展的权利。

小学生享有的权利：

(1) 学生有接受国家规定的义务教育的权利；

(2) 学生有权运用法律来维护自己的合法权益；

(3) 学生有权获得学校提供的在当前情况下好的教育；

(4) 学生有权得到人格的尊严和公平的对待；

(5) 学生有权对个人的隐私保密；

(6) 学生有权通过正常渠道表达自己的意见、建议。

 资料贴吧

> "权利"是公民或法人依法行使的权力或享受的利益（和"义务"相对）。我国小学生学习的权利在《中华人民共和国义务教育法》第十一条有所体现，"凡年满六周岁的儿童，其父母或者其他法定监护人应当送其入学接受并完成义务教育"，规定每个适龄儿童都有学习的权利，相对而言，这项条约也规定了适龄儿童的父母或者其他法定监护人的义务。每一个小学生都享有生存的权利、发展的权利和受到保护的权利。

（二）小学生的义务

小学生本身作为公民就享有公民的权利和义务，同时小学生作为未成年人，受到更多的保护，享有国家给予的特殊资源和一定权利。我们知道权利与义务是统一的，自然小学生在享有权利的同时也应该承担一定的义务，但现实中不少人却只关注小学生享有的权利，而忽视了小学生应尽的义务。

小学生必须履行接受教育的义务：

(1) 参加学校教育教学计划安排的各项活动，使用学校提供的教育教学资源；

(2) 参加社会服务、勤工助学，在校内组织、参加学生团体及文娱体育等活动；

(3) 申请奖学金、助学金及助学贷款；

(4) 在思想品德、学业成绩、身体素质等方面获得公正评价，完成学校规定学业后获得相应的学历证书；

(5) 对学校给予的处分或者处理有异议，向学校或者教育行政部门提出申诉；对学校、教职员工侵犯其人身权、财产权等合法权益，提出申诉或者依法提起诉讼；

(6) 对学校教育、教学、管理和改革等方面的工作提出建议；

(7) 法律、法规规定的其他权利。

小学生在校期间依法履行的义务：
（1）遵守宪法、法律、法规；
（2）遵守学校管理制度；
（3）参加学校教育教学计划规定和统一安排组织的活动，努力学习，完成学校规定的学习和研究任务；
（4）按规定缴纳学费及有关费用，履行获得贷学金及助学金的相应义务；
（5）遵守学生行为规范，尊敬师长，养成良好的思想品德和行为习惯；
（6）法律、法规规定的其他义务。

二、小学生的职责

 资料贴吧

《小学生守则》

一、热爱祖国，热爱人民，热爱中国共产党。好好学习，天天向上。

二、按时上学，不随便缺课。专心听讲，认真完成作业。

三、坚持锻炼身体，积极参加课外活动。

四、讲究卫生，服装整洁，不随地吐痰。

五、热爱劳动，自己能做的事自己做。

六、生活俭朴，爱惜粮食，不挑吃穿，不乱花钱。

七、遵守学校纪律，遵守公共秩序。

八、尊敬师长，团结同学，对人有礼貌，不骂人，不打架。

九、关心集体，爱护公物，拾到东西要交公。

十、诚实勇敢，不说谎话，有错就改。

《小学生日常行为规范(修订版)》[①]
（2004年9月1日起执行）

1. 尊敬国旗、国徽，会唱国歌，升降国旗、奏唱国歌时肃立、脱帽、行注目礼，少先队员行队礼。

2. 尊敬父母，关心父母身体健康，主动为家庭做力所能及的事。听从父母和长辈的教导，外出或回到家要主动打招呼。

---

① 教育部关于发布《中小学生守则》、《小学生日常行为规范（修订）》和《中学生日常行为规范（修订）》的通知。

3. 尊敬老师,见面行礼,主动问好,接受老师的教导,与老师交流。

4. 尊老爱幼,平等待人。同学之间友好相处,互相关心,互相帮助。不欺负弱小,不讥笑、戏弄他人。尊重残疾人。尊重他人的民族习惯。

5. 待人有礼貌,说话文明,讲普通话,会用礼貌用语。不骂人,不打架。到他人房间先敲门,经允许再进入,不随意翻动别人的物品,不打扰别人的工作、学习和休息。

6. 诚实守信,不说谎话,知错就改,不随意拿别人的东西,借东西及时归还,答应别人的事努力做到,做不到时表示歉意。考试不作弊。

7. 虚心学习别人的长处和优点,不嫉妒别人。遇到挫折和失败不灰心,不气馁,遇到困难努力克服。

8. 爱惜粮食和学习、生活用品。节约水电,不比吃穿,不乱花钱。

9. 衣着整洁,经常洗澡,勤剪指甲,勤洗头,早晚刷牙,饭前便后要洗手。自己能做的事自己做,衣物用品摆放整齐,学会收拾房间、洗衣服、洗餐具等家务劳动。

10. 按时上学,不迟到,不早退,不逃学,有病有事要请假,放学后按时回家。参加活动守时,不能参加事先请假。

11. 课前准备好学习用品,上课专心听讲,积极思考,大胆提问,回答问题声音清楚,不随意打断他人发言。课间活动有秩序。

12. 课前预习,课后认真复习,按时完成作业,书写工整,卷面整洁。

13. 坚持锻炼身体,认真做广播体操和眼保健操,坐、立、行、读书、写字姿势正确。积极参加有益的文体活动。

14. 认真做值日,保持教室、校园整洁。保护环境,爱护花草树木、庄稼和有益动物,不随地吐痰,不乱扔果皮纸屑等废弃物。

15. 爱护公物,不在课桌椅、建筑物和文物古迹上涂抹刻画。损坏公物要赔偿。拾到东西归还失主或交公。

16. 积极参加集体活动,认真完成集体交给的任务,少先队员服从队的决议,不做有损集体荣誉的事,集体成员之间相互尊重,学会合作。积极参加学校组织的各种劳动和社会实践活动,多观察,勤动手。

17. 遵守交通法规,过马路走人行横道,不乱穿马路,不在公路、铁路、码头玩耍和追逐打闹。

18. 遵守公共秩序,在公共场所不拥挤,不喧哗,礼让他人。乘公共车、船等主动购票,主动给老幼病残孕让座。不做法律禁止的事。

19. 珍爱生命,注意安全,防火、防溺水、防触电、防盗、防中毒,不做有危险的游戏。

20. 阅读、观看健康有益的图书、报刊、音像和网上信息,收听、收看内容健康的广播电视节目。不吸烟、不喝酒、不赌博,远离毒品,不参加封建迷信活动,不进入网吧等未成年人不宜入内的场所。敢于斗争,遇到坏人坏事主动报告。

 资料贴吧

小学生日常行为规范(三字歌)

升国旗	要敬礼	唱国歌	要肃立	尊长辈	爱幼小	孝父母	遵教导	
会使用	文明语	遇外宾	要知礼	帮残疾	乐助人	不打架	不骂人	
要诚实	不说谎	损公物	要赔偿	捡东西	要上交	借东西	要归还	
不挑吃	不挑穿	惜粮物	节水电	爱整洁	常洗澡	勤刷牙	习惯好	
不旷课	不迟到	对老师	有礼貌	上课时	用品齐	敢发言	多动脑	
做作业	写工整	按时完	卷面净	广播操	要做好	炼身体	争达标	
保视力	做眼操	三个一	要做到	集合时	快静齐	做值日	要积极	
个人事	应自理	家务活	要学习	衣和物	放整齐	学做饭	会洗衣	
过马路	走横道	乘车船	要买票	买东西	按顺序	看影剧	不吵闹	
保古迹	爱益鸟	护庄稼	爱花草	迷信事	要反对	坏书刊	不去瞧	
烟酒赌	不能沾	不玩火	防危险	好与坏	要分清	坏行为	敢斗争	
好习惯	早养成	有教养	益终生					

权利和责任是双向的。为保证每个人享受到应有的权利,每个人必须尽责任。俗话说:"教育须从娃娃抓起。"责任感的培养也必须从小开始,特别是小学阶段,他们正处在世界观、人生观的开始形成时期。"责任"是人对自身和社会的一种义务与职责的清醒认知。简单地说,责任就是应尽的义务,分内应做的事。作为学生,对学习所履行的责任应是努力学习,完成规定的学习任务;遵守学生行为规范,尊敬师长,养成良好的思想品德和行为习惯;遵守所在学校或者其他教育机构的管理制度。此外,学生学习的责任应该包含两方面:一是行动方面,对自己的学习负责,认真完成教师布置的作业、努力学习等;二是心理方面,学生要有对自己学习负责

的一种意识,适时督促自己。

那么,对小学生来说,他们的责任是什么呢?这里有我国颁布的《小学生日常行为规范》作为参考。它体现了国家对小学生日常行为最基本的要求,目的在于加强对小学生的文明礼貌教育和行为训练,以促使他们从小养成良好的行为习惯。为了便于学生记忆还将《小学生日常行为规范》编写成《小学生日常行为规范三字歌图册》。教师可以更好地教育小学生从入学的那一天起就让他们担当起一个小学生的责任,而且教师也可以做到"有规可依,违规必究,执规必严"。

三、如何尊重小学生

 案例

老师挖苦讽刺学生的事例

不知为什么,老师最爱干的事就是讽刺挖苦学生(大部分老师)。我们班老师也不例外,挖苦的语言幽默风趣。常常会引起全班同学的哄堂大笑。

比如有一次,我们班的"四大金刚"(其实就是期中考试排名倒数一、二、三、四名,被数老师呼为四大金刚),被数学老师叫到讲台上做题,三大金刚都已经做好了,唯有一大金刚死活做不出来。最近暴雨连下好几天,数学老师望着窗外下着的雨说道:"你出门都不带伞的。"台下的同学都不明其意,呆呆地望着数学老师。数学老师又补了一句:"脑袋给淋得进水了。"我们这才恍然大悟,哄堂大笑。

还有一次,英语课上有一个同学在捣乱课堂纪律,屡骂不改,无奈的老师只好使出终极杀手锏——让他去班主任老师的办公室。那个同学立即安分了,英语老师洋洋得意的同时还骂了一句:"Not want to face"(不要脸)。教室里顿时传出笑声。

(一) 尊重小学生的天性

尊重小学生,首先是尊重小学生的天性。"天性为师",就是说天性是学生最重要的引导和方向。但从小学到大学,我们往往遵从规训教育——"一种控制人们心智、要求人们必须服从的机制"。在这种教育模式下,在校内,学生整齐划一、事事听命、统一行动;在校外,为了达到一定成绩,不得不参加各种培训班等所谓的"影子教育",使得挖掘、开发儿童天性和兴趣的时间被挤占,进而抹杀了孩子的个性,剥夺了孩子的自由。尊重天性,就是"尊崇身心发展的自然规律",释放他们的自主性能量、增强他们的生存性力量和创造性力量,让孩子能够追寻自身的多样化发展。

案例

赏识小学生

原《中国少年报》副总编、"知心姐姐"卢勤对赏识的积极作用做过大量的研究,她一直鼓励学校、家长与社会要对孩子常说:孩子,你真行!孩子,你真棒!孩子,你能做!孩子,我为你骄傲!无独有偶,奥巴马2010年11月出版了第一本由在位美国总统专门对儿童撰写的书籍,其中文版2011年6月出版,书名就是《赞美你:女儿的一封信》。书中说,奥巴马经常问女儿:"今天我有没有赞美过你?"

(二)尊重小学生的好奇心

2009年,教育进展国际评估组织对包括中国在内的21个国家的儿童调查发现,中国儿童的想象力和创造力排名分列倒数第一和倒数第五,中国的中小学生认为自己有好奇心的仅占4.7%。尊重学生,当务之急是解放、激发儿童的好奇心。国内外学者做了大量研究,结论是:好奇心是学习的主要动机。家长、教师对孩子好奇心和探索的鼓励,不仅是尊重孩子的基本体现,也是促进儿童智力发育的重要手段。美国人的创造能力远高于很多国家的国民,其重要原因就在于,该国教育对"学生的异端思想生成和突破性方法路径"的宽容和鼓励。尊重孩子的好奇心,包括他们的"异端思想",给他们的想象力、创造力以肥沃的土壤,让孩子尽情地表现。

(三)尊重小学生的人格

尊重人格人权,特别是尊重学生尤其是小学生的人格人权。没有尊重,就没有文明;没有尊重,就只有物,没有人。教育不是工厂,学生不是产品。在人格的层面,教师、学生是平等的,都是人,拥有相同的人格权。由于小学生的生理、心理、智力等还没有发育完全,在思想行为上自然会有一些异于成人的地方。因此,师生之间每时每刻都在进行心灵接触,需要自由、民主、平等以及感情的倾注,需要特别耐心的尊重。在尊重人格的基础上,师生需要交朋友、做亲人,师生的情感才能更加真挚,只有情感的真挚,才更能促进师生之间相互尊重。

第三节　发展小学生

一、儿童发展观概述

儿童观是指人们对儿童的看法和态度,即我们怎样看待和认识儿童;儿童发展观则包括儿童发展的概念、儿童人性特点、儿童发展的性质、影响儿童发展的因素和儿童发展的价值等重要内容,是人们对儿童进行培养时有关方法论方面的观点。由于不同时期人们受历史背景和社会文化思想的影响不同,对儿童的看法以及在处理成人与儿童关系上的方法都有所不同,因此对儿童发展观的理解必须结合实际,与时俱进。

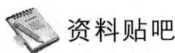　资料贴吧

历史上曾对教育产生过一定影响的儿童发展观主要有以下几种。

(一)遗传决定论

人性,被普遍地看做是人类与其他生物种类相区别的、由人类个体所表现出的类化特征。这种类化特征除了人类共有性之外,在人类内部,每个人在展示这些类化特征时,还同时展示出了个体的特殊性。例如,运用语言的能力是人与动物的区别之一,但就单个人而言,在语言的实际运用中,还存在着表达能力高低的差别、语调语速的差别等。人类思想的繁荣更揭示了人类在其本质特点之一——思维能力展现过程中的个体差异性。那么这种个体间的差异是如何产生的呢?有人认为,人性个体的差异是由个体的遗传素质或人的自然素质中的某些特点所决定的。这种主张被称之为遗传决定论。在这一类思想中,有代表性的观点包括基督教的"原罪说"、柏拉图的人分三等论和中国古代的儿童观。

1. 基督教的"原罪说"

这是西方中世纪教育史上一种典型的儿童观,它视儿童为生而"有罪"的人,赎罪就是人生的目的,教育就是帮助儿童尽快赎罪的手段。"原罪说"扼杀了儿童活泼的天性、灿烂的童年。在中世纪基督教学校中,儿童与成人的差别

被忽视了,学生被要求严格地按学校内刻板的作息方式进行学习,完全没有游戏和自由活动的时间。学生们被迫重复着枯燥的读书、劳动、唱赞美诗等活动,若有违规行为,还要受到体罚。

2. 柏拉图的人分三等论

这种儿童观认为,儿童发展的目标及个性的差别,早已由人性的自然素质所决定了。他认为上帝造人是采用了金、银和铁三种不同的材料。金质者最为高贵,他们的发展目标是治学和管理国家,因而他们需要接受最高等级的教育;而银质者,其发展目标是武士,只需接受初等教育就足够了;铁质者的天资最差,没有什么发展前途,无需接受什么教育。铁质者需要的不是才能的开发,因为他们没有才能的天赋条件,他们只需掌握某种劳动的技能,养成服从的品性就足够了。

3. 中国古代的儿童观

我国古代儿童观是围绕对人性的认识展开的,主要有三种代表性的观点。以孟子为代表的性善论认为,人具有基本道德的萌芽,即善端,包括恻隐、羞恶、辞让、是非之心。儿童的发展就是让这些本来存在的萌芽能够生长。孟子主张注重教育内容对儿童的影响,其目的是引发儿童固有的良知、良能。以荀子为代表的性恶论认为,人对物的欲求是人性,而人性是恶的。荀子这种对人性的看法,导致了他注重教育对儿童的改造和外塑功能。由于上述观点对善恶的肯定与否定过于绝对化,难以解释现实中人的发展差异复杂多样的事实,韩愈等又提出了性三等论。韩愈认为,"学而愈明"为上等,"可导而上下"的为中等,而下等品性的人,只有用刑罚来控制他们的行为。遗传决定论使人们相信,龙生龙,凤生凤,老鼠生来会打洞。这种观点不仅为统治阶级放弃民众教育、实行等级教育制度找到了理论依据,也为个别教育者推卸自己的责任找到了借口。

(二)环境决定论

随着时间的推移,遗传决定论对于儿童发展的解释能力越来越受到人们的怀疑,人们把探索的目光转向了自然生物因素之外的环境。环境决定论认为,真正在儿童的发展中起着绝对影响作用的力量,是儿童生活环境和后天所获得的教育引导。环境决定论虽然否定遗传生物因素在儿童发展中的决定性作用,但仍认为儿童的发展是受某种外在于儿童主观控制的某种因果关系的制约。环境决定论的代表人物是英国教育家洛克和美国心理学家华生。

洛克主张"教育万能",他在《教育漫话》中指出,儿童犹如一块"白板",到他们长大成人后,是好还是坏,有用还是无用,感到幸福还是痛苦,主要是由他们所受的教育决定的。"人类之所以千差万别,就是由于教育之故。"华生说:"给我一打健全的儿童,更给我一个特殊的环境,我可以运用特殊的方法,把他们加以任意改变,或者使他们成为医生、律师、艺术家、大商人或者使他们成为乞丐和盗贼。"在华生的眼中,儿童生活于其中的环境,就像一个模具,儿童个体的发展,完全取决于这个模具的形状。而这一模具的形状,则取决于提供给儿童的、完全可被控制的学习与训练的内容。

环境决定论否定人的生物遗传素质在儿童发展中起决定作用,确信在儿童发展过程中,是其后天的生活经历和环境影响在起决定的作用,因而环境决定论又被称之为养育论。环境决定论的盛行直接导致了传统教育实践具有重视教师权威、书本知识和学校纪律等特点。其目的就是希望通过控制儿童学习活动的环境、内容和方式来达到控制儿童发展的目的。"严师出高徒"、"棍棒底下出孝子"等谚语在我国广为流传,就是环境决定论对人们的教育方式选择潜移默化影响的结果。环境决定论在肯定了儿童发展的可塑性的同时,也将儿童个体在发展过程中的地位牢牢地固定在失去自主性的被塑造地位上。

(三) 辐合论

辐合论,也称之为二因素论。这种儿童发展观肯定先天遗传因素和后天环境两种因素对儿童发展都有重要的影响作用,二者的作用各不相同,不能相互替代。遗传决定论与环境决定论各执一端,相互否定,使得人们在教育实践中难以全面把握对儿童发展具有影响作用的各种因素,对于教育过程中儿童个体发展常常会造成消极影响。20世纪50年代前后,这两种相互对立的儿童发展观,逐渐放弃排斥对方,开始走向相互包容。辐合论认为,心理的发展不是单纯地靠天赋本能的逐渐显现,也不是单纯地对外界影响的接受或反映,而是其内在品质与外在环境合并发展的结果。辐合论对教育实践的影响是明显的,儿童心理学理论被确定为教育者必备的知识,儿童心理发展的规律,也被视为教育活动的重要原则依据;同时,在教育实践中也加强了对教育内容、方法选择方面的控制,加强了对学校教育环境的设计与控制。

无论是遗传决定论、环境决定论,还是辐合论,以及在此基础上形成的多因素论,都没有对这些影响因素如何转化为儿童的发展的机制做出科学的解释,当然也就不能说明作为发展主体的儿童自身在其发展过程中的作用和意义。皮亚杰和杜威的思想,推进了儿童发展观的进步与成熟。皮亚杰的贡献在于明确地揭示了儿童主体协调机制在连接刺激与反应的关键性作用,突出了儿童发展过程中儿童的主体地位和作用。而杜威则在肯定儿童主体重要性的同时,指出了环境条件的特点对于儿童主体发展的意义,提出对环境,尤其是对教育这一特殊的儿童生活环境的改造与控制,使其能适应儿童发展的倾向,满足儿童发展的需求。

二、当代儿童发展观的基本内涵

儿童个体的发展包括生理发展和心理发展两方面,即包括其生理成熟与个性心理品质的形成和变化的复杂过程。儿童个体的发展是指儿童在其成长过程中,伴随着生理的逐渐成熟与社会生活经验增长的相互影响,其心理和生理能力不断提高的变化过程。把握儿童个体发展的概念,需要澄清以下几个问题。

(1) 发展不是简单的变化。"发展"是一个有方向、有价值选择成分的概念,即只有儿童个体身心的发展是沿着由简单到复杂、由初级到高级的序列演变时,我们才将这种变化称之为发展。而其心理方面的变化,则是以社会文化的主流价值及其发展趋势作为儿童社会性行为的发展方向的。

(2) 儿童个体的发展是其生理成熟与生活的社会环境条件相互作用的过程,而不是一个单纯的生理成熟过程,如狼孩。

(3) 教育不等于发展。

正确的儿童发展观应主要包括下述三项基本内容。

(一) 儿童的发展是以个体的生物遗传素质为基础的

个体的生物遗传素质,指的是儿童个体从亲代的遗传基因中得到的,同时具有人类和个体特性的生物机体因素。遗传素质为儿童的发展只提供了一种潜在的可能性。所以,旨在引导儿童发展的教育活动,就必须把尊重儿童发展的规律作为教育实践的重要原则。

(二) 儿童的发展蕴含于儿童主体的活动之中

儿童主体活动,是儿童依据自我调节的能力水平,对与自己有关系,也有意义的内外刺激进行反应的过程。在这一反应过程中,主体原有的发展水平和主体赋予外界刺激的意义,是制约主体活动的关键性因素。把外在刺激与自己原有反应

结构之间建立起联系,是儿童活动的实质。这也是我们提倡教育活动要调动学生的积极性、注重学生的感受和发挥儿童的主体性等原则的原因。

(三) 实现发展是儿童的权利

获得发展是儿童的权利,这种观念在当代已经成为一种世界性的共识。1989年底联合国大会通过的《儿童权利公约》明确提出了儿童"发展的权利"问题和保障措施。1990年9月"世界儿童问题首脑会议"通过了《儿童的生存、保护和发展世界宣言》。承认和尊重儿童的发展权、受教育权,有助于我们理解学生在教育实践中的地位、作用等问题,也有助于我们处理好师生、教学内容与学生发展、教育活动与学生发展等关系。

三、新课程背景下的儿童发展观

社会发展对人才培养提出了新要求,社会对人才的需求由单一的知识型转变为复合能力型,即学会认知、学会做事、学会共同生活和学会生存。为此,我国正在大力发展素质教育。从1999年初,教育部就正式启动了基础教育的第二轮课程改革,不断深化和推进素质教育的核心内容,到目前已经进行了八次课程改革了。

新课程改革体现着新时代人们对儿童新的认识与理解,主张以儿童的可持续发展为本。正是这些新的儿童观使新课程改革充满生机和活力,具有强大的生命力。新课程认为:儿童不是被人塑造和控制、供人驱使和利用的工具,而是有其内在价值的独特存在。每一个儿童既是具有独特性、自主性的存在,又是关系中的存在。学生首先是人,需要走向生活的人;学生是"文化遗产中的人";学生是"生活世界的人"和"关系中的人";学生是"时代中的人";学生是"世界背景中的人"。新课程背景下的儿童观体现在以下几个方面。

(一) 儿童是独立的人

"儿童是独立的人"意味着儿童具有独立的人格和尊严,具有一定的社会性,具有丰富的精神世界,具有相应的权利。儿童具有独立的人格,他不是教育的"白板",更不是"小大人"。儿童观的这一根本性转变是从法国思想家卢梭开始的。他批判了封建社会对儿童的种种偏见和歧视,首先"发现了儿童",认为儿童具有天性,他的思想奠定了现代儿童观的基础。蒙台梭利也倡导人们不应把儿童当做"物",而应当把他当做"人"来对待;不应把他当做由成人或教师左右其个性的奴隶,而应当把他当做活生生的、主动的、独一无二的人来对待。

儿童具有一定的社会性。人是万物之灵,人类的进步是生物进化和文化进化相互作用的结果。人是物性生命和非物性生命的统一体,人虽来自于自然,但人的本性却不是先天的自然规定,而是文化"化"人的产物。正是在这个人成为人的过程中,人获得了与动物不同的双重生命,具有未完成性和创造性。在漫长的历史中人们一直在物化的世界中找寻人的生命本质和人的生存意义。儿童在本质上是人,因此他同样具有自然性和社会性双重生命。

儿童有自己的精神世界。他有自己喜欢的东西,有自己崇拜的偶像,有自己的活动方式,儿童不需要理由地喜欢游戏。福禄培尔热情洋溢地赞美"儿童的游戏是儿童心灵最美好的花朵,是童年时代生活中最快乐的一种现象"。儿童在游戏中可以实现他的梦想,可以自由地想象,可能把自己当做神通广大的人,这个世界比他长大后面临的世界要宽广得多。儿童有自己的处世方式和交友方式,儿童之间有成人不知道的秘密,儿童通过彼此的联系而弥补了他在成人社会中的弱势的地位。

(二) 儿童是发展中的人

"儿童是发展中的人"是指儿童有发展的潜能和发展的需要,儿童成长的过程就是不断发展的过程。人与一般生物在生命意义上的区别正是在于人的未完成性,这种未完成性为人的发展留下了广阔的空间。进化是世界不断发展和进步的动力,人的进化主要是通过在环境中不断地学习那些自然和本能所没有赋予的生存技术而形成的。在人的不断进化和发展过程中,社会分工造成了人的片面发展,为了从现有的生存方式中解放出来,为了具有完整、独立的人格,人就必须终身不断地发展。"人永远不会成为一个人,他的生存是一个无止境的完善过程和学习过程。"[1]

儿童的发展具有自身的规律性,具有年龄特征。早在 18 世纪,卢梭就曾提出儿童不是成人的缩影,"大自然希望儿童在成人之前,就要像儿童的样子。如果我们打乱了这个次序,就会造成一些果实早熟,它们长得既不丰满也不甜美,而且很快就会腐烂:我们将造成一些年纪轻轻的博士和老态龙钟的儿童"[2]。杜威从教育即自然发展的观念出发,提出"儿童中心"的教育,目的就在于把儿童从束缚中解放出来,使其自然发展。心理学的研究也证明儿童的身心发展是有规律的(如皮亚杰对儿童思维发展的研究),教育要适应而不是背离其规律,创造适合的环境促进儿童的发展。

---

[1] 联合国教科文组织国际教育发展委员会.学会生存——教育世界的今天和明天[M].华东师范大学比较教育研究所,译.北京:教育科学出版社,1996:196.

[2] [法]卢梭.爱弥儿[M].李平沤,译.北京:商务印书馆,1999:91.

(三) 儿童是发展的主体

"儿童是发展的主体"是指从哲学视界来考察儿童发展和社会发展关系、儿童自身"主我"和"客我"关系方面时,儿童应具有的地位。首先,儿童是社会发展的主体,这一方面主要是从人与社会发展的关系来思考的。马克思主义唯物史观认为,社会发展的历史是客观规律和主体自觉活动的统一过程,人既是历史的剧作者,又是历史的剧中人。在历史的前进中,人总是将自己微观的、有限的人生追求活动汇合客观的"合力",从而创造着历史。在终极意义上,人是更为根本的因素,人的发展才是目的,人是社会发展的主体。

其次,就儿童自身而言,是主我与客我的统一,是主观意识与客观存在的统一,是自在自我与自为自我的统一。儿童心理发展的根本动力在于社会的要求和人的现有发展水平有限之间的矛盾,即社会与自我客观水平的矛盾,只有当儿童在主观上积极地将自然要求转化为应然要求,才能获得真正的发展,从而达到社会的要求。从这个意义上来说,儿童是自身发展的主体,是认识的主体、实践的主体和创造的主体。

儿童是积极主动地获得发展的。儿童具有主体性。主体性是人之所以为人的独立的、积极的、自由的认识和行为方式。马克思指出:"人们的社会历史始终只是他们个性的发展的历史,人是社会的主体。"①儿童的发展不是成人强加的,也不是与生俱来的,而是在积极地与环境的接触中,利用周围的一切,运用自己的意志发展了自己。儿童的这种积极性、主动性是以潜能的形式存在的,它在主客观相互作用下得以显现和发展。

儿童只有在发展过程中处于主体地位,他才能够积极主动地对外在经验进行选择性、创造性的吸收,并主动纳入认知结构之中。儿童有自己的精神世界,它与成人的世界不同,成人不能把自己看做是儿童的创造者,不能为儿童设计未来。"儿童是成人之父",只有从儿童才能形成成人。"人一旦获得生命,在人最初创造时所发生的事情在所有人身上都会展现出来,成人所有的力量都来自那委托儿童完成使命的潜能"②,不经过儿童的创造,就不存在成人。

新课程改革突出的特点是强调以儿童为主体、以儿童发展为本,尊重儿童的意愿、满足儿童的需要、培养儿童的兴趣,凸显儿童自主、自信的主体精神。这正是一种科学的儿童观、教育观,它以尊重儿童为前提,以多样性的儿童自主参与的活动为方式,以促进儿童全面、富有个性的发展为目的。

---

① 马克思,恩格斯.马克思恩格斯全集[M].第四卷.北京:人民出版社,1984:174.
② [意]蒙台梭利.童年的秘密[M].北京:人民教育出版社,1990:27.

第四节　小学教师的角色定位

小学教育工作如同培植苗木,它关系到儿童终生的事业和幸福,关系到国家的未来和希望。小学教师宛如教育园圃的园丁,用辛勤的双手和汗水,扶助幼苗茁壮成长。国家的未来和希望寄托在今天的孩子们身上,也寄托在今天的小学教师身上。随着新课改的深入开展,新的教育理念及其更高的教育要求把小学教师推上了新的历史舞台。当今的小学教师已不再是过去单纯的所谓"教书匠",而是担当着为社会培养和塑造一批批具有健全人格的创新人才的多重社会角色。

一、学习的启蒙者、促进者

小学是正规学校教育的开端。儿童入学后,学习成为他们的主要活动任务和形式。入学之初,儿童对于"什么是学习"、"为什么要学习"和"如何学习"的问题还处于混沌状态,需要教师的谆谆教诲、耐心的启发诱导和训练强化,直至帮助儿童掌握学习技能,养成良好的学习习惯。小学教师无疑是给儿童全面打基础,扶助他们走上学习之路的启蒙者,这也是小学教师首要的和最突出的角色特点。

在启蒙教育过程中,教师应成为儿童学习的促进者与指导者。教师要根据不同儿童发展的特点和要求,科学设计教学指导方案,并根据自主学习、自我发展的原则引导儿童独立地、创造性地学习。教师要善于培养和激发儿童的学习动机,要不断地提出问题来引起儿童探究的兴趣,利用变式和操作练习等方法帮助儿童加深对知识的理解。另外,教师也要为儿童的探究学习提供支架,在学习的初期,可以通过示范、提示和儿童之间的启发帮助等让儿童从中获取知识;而在往后的学习中,逐渐促使儿童自己进行独立地探索学习,以逐步掌握学习技能并形成良好学习习惯,培养学习能力。

二、积极情感的熏陶者、塑造者

教师不仅应该指导学生进行有效地学习,同时也要重视对他们进行情感教育和思想情操的陶冶。小学阶段是儿童情感发展和变化的关键时期,伴随着学习与交往

的扩大、生活经验的不断丰富,儿童情感的发展出现了新的特点。情感的丰富性、稳定性和可控性随年龄的增加而增强。高级情感如道德感、理智感和美感在学校教育的影响下也进一步发展起来。在这个阶段,教师的态度和情感对儿童心理的发展产生着重要的影响。当教师热情鼓励的时候,儿童更富有创造性。儿童积极情感的产生离不开教师情感的影响和熏陶,教师是儿童情感的熏陶者和塑造者。

根据儿童情感发展的特点,小学教师在情感教育中,尤其要注重儿童情绪调节和控制能力的培养。儿童的情绪较之幼儿期虽有了很大发展,但因其神经系统的兴奋性依旧很强,又缺乏控制力,仍存在着易冲动、暴躁等不良情绪倾向。小学教师应有针对性地对他们进行教育和指导,除了帮助他们不断提高道德认识和道德评价能力,还要给他们传授一些有效控制情绪的方法。如:感到愤怒时,可通过转移注意力或向亲密的人诉说不满和痛苦等方法来调节、释放情绪;感到烦躁时,可通过读书、写日记、倾诉等改变心境;在非常兴奋时,也要学会保持冷静等。

三、心理健康的维护者、辅导者

教师要维护儿童的心理健康,一方面,要注意优化自己的言谈举止,避免对儿童心理的不良刺激。教师在儿童心目中具有重要地位,一句亲切的话语,一个鼓励的眼神,都可能使儿童感到精神振奋,从而燃起自信之火,带来愉悦心情。同样,如果一个教师对儿童冷漠无情,或是一味地指责、挖苦,那就会使儿童情绪消沉,自信之火熄灭。可见,教师的一言一行、一举一动都可能给儿童心灵造成这样或那样、有意或无意的不同影响,成为促进或阻碍儿童心理发展的重要刺激因素。因此,教师要自觉地从维护儿童心理健康的高度,审慎思考和对待师生交往中的一切问题,坚持以正面教育为主,尊重和关爱儿童,不断增强他们的信任感、安全感和勇气,不断去除留在他们心理上的各种阴影和障碍,促使其轻松愉快地学习和生活。同时,教师要以身作则,努力躬行实践"学为人师,行为世范"的职业信条,以自身的模范行为教育影响小学儿童,不断优化教育环境,排除各种不良刺激,以维护儿童的心理健康。

教师要重视和加强对儿童心理发展的教育引导工作。儿童的心理正处于发展和尚未定型的时期,具有可塑性、过渡性、闭锁性、动荡性、易逆反、易受暗示、易激动等特点。由于受知识、阅历、经验教训、实践锻炼的局限,儿童的自我认识、自我调适、自我承受和自我控制等心理能力还不够强,较普遍地存在着学习、生活、人际交往、环境适应、智力开发、个性完善等方面的心理问题,需要教师的引导帮助,才能使其按照正确的方向健康发展。特别是对于那些发展有偏差的儿童，更需要通过教师的帮助，才能及时纠正错误，早日恢复心理健康，产生行为适应，以便更好地发展。

教师要为儿童的心理健康提供科学有效的辅导，首要的是及时地发现和准确诊断儿童的心理问题。可以通过心理测查，包括心理问题的观察、调查和标准化的心理测量等方法进行。但在调查过程中，应严格遵守职业道德，不泄露测查结果和结论，以避免加重儿童的心理负担，影响心理辅导效果。其次要正确理解和掌握心理辅导的特点、原则、方法、步骤及基本要求，并根据不同对象的不同心理问题有针对性地进行心理教育，帮助他们不断克服心理障碍，促进心理健康发展。

四、行为规范的示范者、引导者

儿童学习和掌握社会道德规范，形成道德行为技能和良好的行为习惯的过程，是家庭、学校和社会教育共同作用的过程。其中，学校思想品德教育和教师的示范、引导作用是主要的。它既是儿童身心发展的客观要求，同时也是社会托付给学校和小学教师的重要责任之一。小学教师严格按照"从规范行为习惯做起，培养良好道德品质和文明行为"的要求，扎扎实实地做好示范引导工作，这也是毫无疑义的。儿童对教师有很高的认同率，他们对教师的信任和服从远甚于其父母。他们视自己崇拜的教师为楷模，有意无意地模仿其行为。这些都为小学教师对儿童进行行为规范教育、示范和引导提供了必要的前提和基础。

教师对儿童进行行为规范教育、示范和引导，首先，要坚持知与行相统一的原则，让儿童在明理的基础上，自觉学习和实践道德规范。其次，要促进教育与管理相结合，不断完善思想道德教育与制度管理、自律与他律相互补充和促进的运行机制，综合运用法律、舆论等手段，有效地引导和规范儿童的行为。再次，要加强训练指导。教师要遵循儿童思想道德建设的普遍规律，选择适合儿童身心成长特点和接受能力的教育内容，采取深入浅出、循序渐进、灵活多样的形式和方法，有针对性地对他们进行教育训练。儿童道德素质和行为规范的形成，是一个主体建构过程，不是在整齐划一的模子里锻造出来的。因此，教师要尊重儿童发展的规律性、差异性、多样性和创造性，通过具体指导、训练强化，使其掌握行为技能并形成良好行为习惯。作为引导者，教师要通过精心设计问题情境，引导儿童质疑、探究、发现和总结，使儿童从感悟中提高认识、掌握道德规范和提高执行规范的自觉性。同时，教师要注意教育活动的生成性,使教育方式更符合小学儿童的实际,便于儿童接受,引导儿童主动地学习。再者,教师还应该引导儿童充分利用课堂资源,走向生活,走向社会和自然,在社会大环境里学习和探索。

第五节 小学教师的特质要求

一、小学教师的特质分析

小学教育对孩子的成长十分关键,而小学教师又在学校教育中具有特殊地位。小学教师的教育对象是6～12岁的儿童,他们天真、单纯、求知欲强、善模仿,崇拜教师,对教师有着特殊的感情,希望得到教师的关注。因此,儿童能否受到良好的教育,个人潜能能否得到开发,儿童能否养成良好的学习习惯和生活习惯并具备一定的知识技能都与小学教师有着直接的关系。

下面是深圳市南山区某课题组编制的一组有关理想教师特质的问卷调查结果,见表3-1和表3-2。

表3-1 不同家长心中排在前16位的教师特质对比

	小学家长	初中家长	高中家长
1	善于激励学生	教学方法灵活	教学方法灵活
2	教学方法灵活	对学生一视同仁	善于激励学生
3	普通话标准	善于激励学生	对学生一视同仁
4	良好的心理素质	热爱本职工作	学识渊博
5	对学生一视同仁	教学经验丰富	教学经验丰富
6	热爱本职工作	学识渊博	热爱本职工作
7	善于倾听	善于倾听	良好的心理素质
8	教学经验丰富	良好的心理素质	普通话标准
9	作业适度	作业适度	作业适度
10	态度友善和蔼	普通话标准	善于倾听

表 3-2 中小学生排在前 10 位的教师特质对比

	小学生	初中生	高中生
1	对学生一视同仁	普通话标准	对学生一视同仁
2	热爱本职工作	对学生一视同仁	善于激励学生
3	普通话标准	态度友善和蔼	普通话标准
4	宽容和理解学生	学识渊博	学识渊博
5	教学方法灵活	宽容和理解学生	宽容和理解学生
6	善于激励学生	教学方法灵活	态度友善和蔼
7	态度友善和蔼	善于倾听	教学方法灵活
8	良好的心理素质	作业适度	良好的心理素质
9	善于倾听	有创新精神	教学经验丰富
10	作业适度	良好的心理素质	作业适度

研究得出以下结论：(1)"善于激励学生"和"教学方法灵活"是所有小学、初中和高中家长最认可的理想教师的特质。(2)"普通话标准"、"良好的心理素质"、"对学生一视同仁"、"善于倾听"、"热爱本职工作"、"教学经验丰富"以及"作业适度"等也都是中小学家长共同认可的理想教师的特质。(3)小学、初中和高中家长对心目中理想教师形象的标准也有不完全相同的地方。

由此可见，我们对小学教师有着特殊的要求是必须的。小学教师应该具备这样一些基本特质：(1)先进的教育理念和教育行为；(2)优良的教学能力；(3)良好的职业态度和职业修养；(4)健全的人格及良好的心理素质。除此之外，儿童的身心特点与发展规律也对小学教师提出了必须具备的特质要求。根据小学生的自我意识、思维、自控性差等各种特点，小学教师具有不同于其他教师的专业特征和不同于其他教师的专业服务对象。[①] 这也体现了小学教师应该具备的特质。

(1) 根据小学生的自我意识特点，这就特别要求小学教师具有善待孩子的专业伦理，具有正确的儿童教育观、人才观，能够始终如一地、用多种方法为小学生提供一个鼓励性培养的环境，激励小学生以饱满的学习情绪、浓厚的学习兴趣投入学校教育活动中去，并从中促使小学生的身心健康成长。从而，对小学教师的培养提出了专业伦理、教育专业素养的特殊要求。

(2) 根据小学生的思维特点，对小学教师的培养提出了教学技能技巧方面的更高要求。小学生对教学活动外在表现的兴趣远远大于教学内在内容的兴趣，教师讲课的表情、教学组织形式、教具以及师生关系等都将对教学效果产生很大的影

---

① 林正范,徐丽华.小学教师专业与小学教育专业探析[J].中小学教师培训,2002(10).

响,学生因为喜欢这位教师,就喜欢上这位教师的课;因为喜欢教师某堂课采取的教学形式和手段,就喜欢听这堂课的内容。由此,小学教师必须熟练掌握多媒体技术和教育教学等方面的技能技巧。

(3)根据小学生潜在的多种发展的可能性,对小学教师的培养提出了通识、通才的更高要求。小学教师要求成为通晓人文、自然等多种学科知识以及在音、体、美方面有一定特长的综合性、全能性的人才,成为儿童教育的专家。

(4)根据小学生心理特征的外显性程度较高,对小学教师的培养提出了教育、心理素养方面的更高要求。

(5)根据小学生自控性差的特点,对小学教师的班级活动的组织能力以及对小学生思想、学习、生活和保健等全方位的管理能力要求更高。小学生活泼好动,班级教育活动要求丰富多彩,形式多样。小学教师在组织班级教育活动中,不仅要设计,而且还要求身体力行,会唱、会跳、会画。

二、小学教师专业标准

为促进小学教师专业发展,建设高素质小学教师队伍,根据《中华人民共和国教师法》和《中华人民共和国义务教育法》,2012年2月10日,教育部下发《小学教师专业标准(试行)》。

 资料贴吧

> ### 小学教师专业标准(试行)
>
> 为促进小学教师专业发展,建设高素质小学教师队伍,根据《中华人民共和国教师法》和《中华人民共和国义务教育法》,特制定《小学教师专业标准(试行)》(以下简称《专业标准》)。
>
> 小学教师是履行小学教育教学工作职责的专业人员,需要经过严格的培养与培训,具有良好的职业道德,掌握系统的专业知识和专业技能。《专业标准》是国家对合格小学教师专业素质的基本要求,是小学教师实施教育教学行为的基本规范,是引领小学教师专业发展的基本准则,是小学教师培养、准入、培训、考核等工作的重要依据。
>
> ### 一、基本理念
>
> **(一)师德为先**
>
> 热爱小学教育事业,具有职业理想,践行社会主义核心价值体系,履行教师

职业道德规范,依法执教。关爱小学生,尊重小学生人格,富有爱心、责任心、耐心和细心;为人师表,教书育人,自尊自律,做小学生健康成长的指导者和引路人。

(二) 学生为本

尊重小学生权益,以小学生为主体,充分调动和发挥小学生的主动性;遵循小学生身心发展特点和教育教学规律,提供适合的教育,促进小学生生动活泼学习、健康快乐成长。

(三) 能力为重

把学科知识、教育理论与教育实践有机结合,突出教书育人实践能力;研究小学生,遵循小学生成长规律,提升教育教学专业化水平;坚持实践、反思、再实践、再反思,不断提高专业能力。

(四) 终身学习

学习先进小学教育理论,了解国内外小学教育改革与发展的经验和做法;优化知识结构,提高文化素养;具有终身学习与持续发展的意识和能力,做终身学习的典范。

二、基本内容

维度	领域	基本要求
专业理念与师德	(一) 职业理解与认识	1. 贯彻党和国家教育方针政策,遵守教育法律法规。 2. 理解小学教育工作的意义,热爱小学教育事业,具有职业理想和敬业精神。 3. 认同小学教师的专业性和独特性,注重自身专业发展。 4. 具有良好职业道德修养,为人师表。 5. 具有团队合作精神,积极开展协作与交流。
	(二) 对小学生的态度与行为	6. 关爱小学生,重视小学生身心健康,将保护小学生生命安全放在首位。 7. 尊重小学生独立人格,维护小学生合法权益,平等对待每一位小学生。不讽刺、挖苦、歧视小学生,不体罚或变相体罚小学生。 8. 信任小学生,尊重个体差异,主动了解和满足有益于小学生身心发展的不同需求。 9. 积极创造条件,让小学生拥有快乐的学校生活。

续表

维度	领域	基本要求
	（三）教育教学的态度与行为	10. 树立育人为本、德育为先的理念，将小学生的知识学习、能力发展与品德养成相结合，重视小学生全面发展。 11. 尊重教育规律和小学生身心发展规律，为每一个小学生提供适合的教育。 12. 引导小学生体验学习乐趣，保护小学生的求知欲和好奇心，培养小学生的广泛兴趣、动手能力和探究精神。 13. 引导小学生学会学习，养成良好学习习惯。 14. 尊重和发挥好少先队组织的教育引导作用。
	（四）个人修养与行为	15. 富有爱心、责任心、耐心和细心。 16. 乐观向上、热情开朗、有亲和力。 17. 善于自我调节情绪，保持平和心态。 18. 勤于学习，不断进取。 19. 衣着整洁得体，语言规范健康，举止文明礼貌。
专业知识	（五）小学生发展知识	20. 了解关于小学生生存、发展和保护的有关法律法规及政策规定。 21. 了解不同年龄及有特殊需要的小学生身心发展特点和规律，掌握保护和促进小学生身心健康发展的策略与方法。 22. 了解不同年龄小学生学习的特点，掌握小学生良好行为习惯养成的知识。 23. 了解幼小和小初衔接阶段小学生的心理特点，掌握帮助小学生顺利过渡的方法。 24. 了解对小学生进行青春期和性健康教育的知识和方法。 25. 了解小学生安全防护的知识，掌握针对小学生可能出现的各种侵犯与伤害行为的预防与应对方法。
	（六）学科知识	26. 适应小学综合性教学的要求，了解多学科知识。 27. 掌握所教学科知识体系、基本思想与方法。 28. 了解所教学科与社会实践、少先队活动的联系，了解与其他学科的联系。
	（七）教育教学知识	29. 掌握小学教育教学基本理论。 30. 掌握小学生品行养成的特点和规律。 31. 掌握不同年龄小学生的认知规律和教育心理学的基本原理和方法。 32. 掌握所教学科的课程标准和教学知识。

续表

维度	领域	基本要求
	（八）通识性知识	33. 具有相应的自然科学和人文社会科学知识。 34. 了解中国教育基本情况。 35. 具有相应的艺术欣赏与表现知识。 36. 具有适应教育内容、教学手段和方法现代化的信息技术知识。
专业能力	（九）教育教学设计	37. 合理制订小学生个体与集体的教育教学计划。 38. 合理利用教学资源，科学编写教学方案。 39. 合理设计主题鲜明、丰富多彩的班级和少先队活动。
	（十）组织与实施	40. 建立良好的师生关系，帮助小学生建立良好的同伴关系。 41. 创设适宜的教学情境，根据小学生的反应及时调整教学活动。 42. 调动小学生学习积极性，结合小学生已有的知识和经验激发学习兴趣。 43. 发挥小学生主体性，灵活运用启发式、探究式、讨论式、参与式等教学方式。 44. 发挥好少先队组织生活、集体活动、信息传播等教育功能。 45. 将现代教育技术手段整合应用到教学中。 46. 较好使用口头语言、肢体语言与书面语言，使用普通话教学，规范书写钢笔字、粉笔字、毛笔字。 47. 妥善应对突发事件。 48. 鉴别小学生行为和思想动向，用科学的方法防止和有效矫正不良行为。
	（十一）激励与评价	49. 对小学生日常表现进行观察与判断，发现和赏识每一位小学生的点滴进步。 50. 灵活使用多元评价方式，给予小学生恰当的评价和指导。 51. 引导小学生进行积极的自我评价。 52. 利用评价结果不断改进教育教学工作。
	（十二）沟通与合作	53. 使用符合小学生特点的语言进行教育教学工作。 54. 善于倾听，和蔼可亲，与小学生进行有效沟通。 55. 与同事合作交流，分享经验和资源，共同发展。 56. 与家长进行有效沟通合作，共同促进小学生发展。 57. 协助小学与社区建立合作互助的良好关系。

续表

维度	领域	基本要求
	（十三）反思与发展	58. 主动收集分析相关信息，不断进行反思，改进教育教学工作。 59. 针对教育教学工作中的现实需要与问题，进行探索和研究。 60. 制定专业发展规划，积极参加专业培训，不断提高自身专业素质。

三、实施建议

（一）各级教育行政部门要将《专业标准》作为小学教师队伍建设的基本依据。根据小学教育改革发展的需要，充分发挥《专业标准》引领和导向作用，深化教师教育改革，建立教师教育质量保障体系，不断提高小学教师培养培训质量。制定小学教师准入标准，严把小学教师入口关；制定小学教师聘任（聘用）、考核、退出等管理制度，保障教师合法权益，形成科学有效的小学教师队伍管理和督导机制。

（二）开展小学教师教育的院校要将《专业标准》作为小学教师培养培训的主要依据。重视小学教师职业特点，加强小学教育学科和专业建设。完善小学教师培养培训方案，科学设置教师教育课程，改革教育教学方式；重视小学教师职业道德教育，重视社会实践和教育实习；加强从事小学教师教育的师资队伍建设，建立科学的质量评价制度。

（三）小学要将《专业标准》作为教师管理的重要依据。制订小学教师专业发展规划，注重教师职业理想与职业道德教育，增强教师育人的责任感与使命感；开展校本研修，促进教师专业发展；完善教师岗位职责和考核评价制度，健全小学教师绩效管理机制。

（四）小学教师要将《专业标准》作为自身专业发展的基本依据。制订自我专业发展规划，爱岗敬业，增强专业发展自觉性；大胆开展教育教学实践，不断创新；积极进行自我评价，主动参加教师培训和自主研修，逐步提升专业发展水平。

第六节　小学教师的专业成长

一、教师专业化的内涵

华东师范大学的叶澜教授在其著作《教师角色与教师发展新探》一书的导言中说:"我们坚信,没有教师的生命质量的提升,就很难有高的教育质量;没有教师精神的解放,就很难有学生精神的解放;没有教师的主动发展,就很难有学生的主动发展;没有教师的教育创造,就很难有学生的创造精神。"这一精辟的语言指出了教师专业化发展的价值和意义。教师专业发展在教师成长过程中发挥着重要作用,通常已将它视为传统"师范教育"与"教师在职进修"的整合与延伸。所谓教师专业化,是指教师个人成为教学专业的成员,并且在教学过程中具有越来越成熟的作用这样一个转变过程。它要求教师要在整个专业生涯中,依托专业组织,通过终身专业训练,习得教育专业知识技能,实现专业自主,表现专业道德,逐步提高自身的从教素质,成为一个良好的教育专业工作者,也就是一个人从"普通人"变成"教育者"。这里的专业,不是指教育学的学科专业,而是指一种与学科专业有关的职业。"化"是变化的意思,说明"专业化"是一个动态过程,是一种从普通职业向专业性职业转变的过程。

 资料贴吧

> **教师专业化的内涵**[①]
>
> 教师专业化是指教师职业争取成为专业而持续不断努力的过程。它包括教师个体专业化与教师群体专业化两个方面。
>
> 教师个体专业化是教师职业专业化的基础和源泉,是教师专业化的根本方面。它是指教师在整个专业生涯中,通过终身专业训练,习得教育专业知识技能,实施专业自主,表现专业道德,并逐步提高自身从教素质,成为一个良好的教育专业工作者的专业成长过程,也就是一个人从"普通人"变成"教育者"的专业发展过程。

---

① 余文森.新课程背景下的公共教育学教程[M].北京:高等教育出版社,2004:120.

  教师群体专业化是指教师职业不断成熟、逐渐达到专业标准,并获得相应的专业地位的过程,它既是教师个体专业化的条件与保障,同时也最终代表着教师职业的专业化。教师群体专业化主要包括以下内容:

  (1) 教育知识技能的体系化。即形成一套关于教育教学的专业知识技能体系,作为教师教育的内容和教师从事教育教学工作的依据。由于教育专业是一个双专业的职业,因此,作为教师职业专业化基础的知识技能体系,既包括学科专业知识技能,也包括教育专业知识技能。

  (2) 教师教育的专业化。即建立包括职前与职后教育在内的健全的高水平的专业化的教师教育制度。

  (3) 教师资格的制度化。即建立包括教师的学历制度、执照制度的三位一体的教师资格认证体系。

  (4) 教师活动的团体化。即通过建立社会公认的、教师信赖的教师专业团体,保证教师群体之间的学术交流,扩大教育专业知识与技能在社会中的影响力和权威性,从而更好地提升教师职业的专业地位和社会地位。

  基于以上分析,教师专业化的含义可以归纳如下:

  第一,教师专业既包括学科专业性,也包括教育专业性,国家对教师任职既有规定的学历标准,也有必要的教育知识、教育能力和职业道德的要求;

  第二,国家有教师教育的专门机构、专门教育内容和措施;

  第三,国家有对教师资格和教师教育机构的认定制度和管理制度;

  第四,教师专业发展是一个持续不断的过程,教师专业化也是一个发展的概念,既是一种状态,又是一个不断深化的过程。

二、小学教师专业发展的途径

  教师的专业成长即教师的专业发展,是一名教师从入职到走向成熟的过程,是教师个体从新手逐渐成长为专家型教师的过程。伯林纳(1988)按照教师专业发展的水平将教师划分为:新手(novice)教师、熟练(advanced beginner)教师、胜任(competent)教师、业务精干(proficient)教师和专家(expert)型教师。小学教师的专业成长是一个系统工程,它需要方方面面的配合和支持。小学教师要实现专业成长,特别是要把握好三个重要途径,从而提高小学教师队伍的整体素质。

（一）提高入职标准是小学教师专业成长的基础

面对新课程的挑战,现有的小学教师队伍年龄渐趋老化,出现思想保守、教育教学能力下降、专业学科教师数量不足等问题。为了解决好这些问题,应加快教育改革步伐,适量补充新任教师,严格教师的入职和解职标准,既要保证经过严格选拔被认定合格的人员长期从事教师职业,又要坚持将不合格的人员及时开除出教师队伍,延长教师的培养年限,实现小学教师的终身教育。

（二）加强职后教育是小学教师专业成长的重点

1. 引导树立正确的教育理念

根据新课程标准的要求,小学教师应逐步转变教育理念,成为学生学习的促进者、教育教学的研究者、课程的建设者和开发者,要以人为本,关注学生的发展,让教学成为师生交往、积极互动、共同发展的过程。

2. 优化师德,再铸师魂

加强师德建设,提高小学教师的政策水平和法制意识,树立正确的世界观、人生观和价值观,形成良好的工作作风和心理素质,做到团结协作,敬业爱岗,乐于奉献,关心爱护学生。

3. 积极探索,努力形成富有个性的教学风格

① 通过帮助、引导,实现"以教促学"。教的本质在于引导,引导的内容不仅包括方法和思维,也包括价值和做人,可以表现为一种启迪或激励,要给学生以宽松的学习气氛,要注重培养学生的自律能力,教育学生遵守纪律,与他人友好相处,合作探究。

② 认真反思,不断改进教学方式,提升教育艺术。教学反思被认为是"教师专业发展和自我成长的核心因素",按教学的进程,教学反思分为教学前、教学中、教学后三个阶段。在教学前进行反思,能使教学成为一种自觉的实践;在教学中进行反思,能使教学高质高效地进行;教学后的反思,能使教学经验理论化。

③ 学会尊重、赞赏,及时有效地评价学生。教师必须尊重每一位学生做人的尊严和价值,不伤害学生的自尊心,还要学会赞赏每一位学生,将赞赏、评价贯穿于日常的教育教学活动中,促进学生在原有水平上的发展。

④ 建立民主、和谐的师生关系。良好的师生关系是师生创造性得以充分发挥的催化剂,构建这种新型的师生关系,教师应做到真情地、公平地对待学生,提高教学活动的吸引力,使教学过程充满情趣和活力,努力完善自己的个性,使自己拥有热情、真诚、宽容、负责、幽默等优秀品质,这是优化师生关系的重要保证。

4. 加强合作,以"知识共享"来促进小学教师的专业成长

知识共享,是指教师彼此分享自己的知识,使知识由个体拥有转变为群体拥有的过程。它强调的是教师之间的相互交流、相互学习、相互理解与共同提高。目前学校里提出的共同备课、相互听课评课、共同上好示范课等形式,实际上就是重视教师知识共享以促进教师专业成长的校本培训方式。

5. 加强校本教研,积极参加各类培训

现代教育是创新教育,教师必须在研究和创造中进行教学,教研能力是现代教师必备的基本素质,研究工作是现代教学不可缺少的组成部分。小学教师虽然身处第一线,但他们的工作视野和经验具有一定的局限性,使校本教研难以深入进行。另外,以互联网和多媒体技术为核心的信息技术已成为教学和学习的工具,信息技术的快速普及,使教学手段和学生的学习方式发生了巨大变化,可是部分小学教师的信息技术素养还较低。针对这些情况,教育行政部门和师范院校应积极开展教师培训,小学教师也应积极参加各类培训。通过培训,提高小学教师的专业技能,使校本教研及时得到交流和理论指导,进一步加快信息技术教育与其他课程的整合,提高教学和学习效果。

(三)完善考评制度是小学教师专业成长的动力

学校的日常管理质量直接影响着教师工作的积极性,建立、完善促进教师专业成长的考评制度对教师的观念和行为具有最为直接的导向、激励、控制作用。通过制度化建设,在学校形成一种崇尚学术、崇尚研究的氛围,这是保证教学改革和教师专业化发展的最有力的内在机制。真正促进小学教师专业成长的考评制度,首先,在内容和标准上要体现新课程的精神,反映教师创造性劳动性质和角色转换的要求,以及教学改革的方向,要把教师的教学研究、教改实验、创造性教学、校本课程开发和师生关系引入考评的内容。其次,在考评的组织实施上,要努力使考评过程成为引导教师学会反思、学会自我总结的过程,从而进一步提高认识,更新观念。再次,在考评结果的使用上,要从教师专业成长的全过程来看待每次考评的结果,为教师建立成长档案,帮助教师全面了解自己,明确自己所处的成长阶段和进一步努力的方向。

【实践活动】

1. 分析说明目前学校中存在的师生关系,举例说明如何构建良好的师生关系?针对小学生的身心发展特点,提出一个教育问题进行相关调查。

2. 请你做一个社会实践调查报告,以一名优秀教师为例,分析其专业成长的历程。

【读书指导】

1. [苏]苏霍姆林斯基.给教师的建议[M].修订版.北京:教育科学出版社,1984.

2. 朱智贤.儿童心理学[M].北京:人民教育出版社,2003.

3. [美]比格勒.美国最优秀教师的自白[M].北京:中国青年出版社,2008.

4. 沈德立.小学儿童发展与教育心理学[M].上海:华东师范大学出版社,2003.

5. 陈桂生.教育学的建构[M].长沙:湖南教育出版社,1998.

6. 余文森.新课程背景下的公共教育学教程[M].北京:高等教育出版社,2004.

7. 全国十二所重点师范大学联合编写.教育学基础[M].北京:教育科学出版社,2003.

8. 黄甫全,曾文婕.小学教育学[M].北京:高等教育出版社,2011.

第四章 小学课程与教育内容

 内容提要

本章在介绍了课程的基本内涵及其发展趋势、当代课程的价值取向等课程理论问题的基础上,主要讨论了我国小学课程设计的基本问题,我国小学课程内容选择的基本问题;最后,论述了全球小学课程改革的发展趋势,世界各国小学课程改革的基本特点,以及我国小学新课程改革的目标、理念及特点。

 学习目标

1. 领会课程的基本内涵及其发展趋势、当代课程的价值取向等基本问题。
2. 认识我国小学新课程的性质、设计的原则和要达到的教育目标。
3. 认识我国小学新课程的基本内容与选择内容的原则。
4. 了解全球小学课程改革的发展趋势、世界各国小学课程改革的基本特点,以及我国小学新课程改革的目标、理念及特点。

 教育写真

怎样设计校本课程?

小王是新参加工作的老师,开学第一天,她参加了全校教师大会。在会上,张校长说:"我校不仅是一所历史悠久的学校,也是全市确立的示范小学。为了进一步彰显我校的办学特色,本学期开始,要加大校本课程开发的力度,在原有校本课程的基础上,再开发10门校本课程,希望没有参加校本课程开发的老师积极参加,尽快拿出自己的方案。"听了校长的讲话,小王既兴奋又紧张。兴奋的是,刚走向工作岗位,就可以一展身手;紧张的是,自己在大学里没有好好学习课程与教学论,对课程概念的理解很模糊,对怎样设计校本课程更是没有谱。散会后,小王急忙找有关课程与课程开发的资料,进行学习……

小王老师的经历,说明每个师范生在大学都要比较系统地学习课程与教学的基本原理和方法,走向学校工作岗位才能适应课程与教学工作的要求。

第一节 课程的内涵与价值取向

全面正确地理解和把握课程的内涵及其发展趋势,有助于我们确立崭新的课程意识和科学的课程观;深入领会课程的价值取向,有助于我们正确把握当前小学课程改革的方向,增强小学课程改革的自觉性和自信心。

一、课程的内涵及其发展趋势

课程是含义最复杂、歧义最多的概念之一。因此,要想给课程下个特定的、精确的、统一的定义,并为大家所认可,这几乎是不可能的,实际上也没必要。对我们来说,重要的是要弄清楚每个定义(用法)所指向的内涵,隐含在该定义背后的哲学假设、价值取向,以及对教育实践的意义,从而使我们对课程这个概念有个较深入、较全面的认识,并在这个基础上形成自己独特的看法。

(一)常见的几种不同的课程观

1. 课程是知识

这是一种比较早、影响相当深远的观点,也是比较传统的观点。斯宾塞的"什么知识最有价值"的思想,已经表达了将课程看做知识的倾向。可以说,在世界范围内,近代的课程体系主要是在这种观点影响下建立起来的。这种课程观目前仍然是最具代表性和广泛性的。中小学普遍实行的学科课程及相应的理论,就是这种观点的表现。

这种观点的基本思想是:学校开设的每门课程都是从相应科学中精心选择的,课程体系是以科学逻辑组织的,并且按照学习者的认识水平加以编排;作为知识的课程通常特别强调课程计划(教学计划)、课程标准(教学大纲)、教科书等所谓看得见、摸得到的客观存在物；课程是社会选择和社会意志的体现；课程是既定的、先验的、静态的、外在于学习者的；学习者服从课程，在课程面前是接受者的角色。

从心理基础而言，这样的课程主要关注并依赖学习者的认知品质和过程。

2．课程是经验

这种观点主要是在对于前一观点的批评和反思基础上出现和形成的。人们发现，将课程看做知识，很容易导致"重物轻人"的倾向，即强调课程本身的严密、完整、系统、权威，却忽视了学习者的实际学习体验和学习过程。而且，尽管从课程是知识的认识出发，课程似乎能够设计编排得十分合理，但在事实上却往往并不能保证达到它的预期效果。这样的问题，几乎在各个国家的不同时期都被人们注意到和批评过。于是人们提出，实际上，只有那些真正为学生经历、理解和接受了的东西，才称得上是课程。也就是说，只有当学生与知识发生了相互作用，知识才可能真正转化为课程。于是，许多人在谈到课程时开始使用"经验"这一概念，并且进一步认为课程就是学习者本身获得的某种性质或形态的经验。当课程被认为是经验时，一般特点在于：课程往往是从学习者角度出发和设计的，课程是与学习者个人经验相联系、相结合的，强调学习者作为学习主体的角色。

从心理基础而言，这样的课程跳出了单纯认知的范畴，强调和依赖学习者个性的全面参与及主动性、积极性、选择性、感情、兴趣、态度等。课程不是外在于学习者、凌驾于学习者之上的，学习者的角色是参与者和组织者。

3．课程是活动

这一课程观认为，将课程理解为学科知识，教师容易把握，但也容易导致"见物不见人"的倾向；把课程理解为学习经验，有利于解决"教育中无儿童"的问题，但教师又感到迷惘，不知如何操作。走出这种两难困境的唯一办法是：改变传统的非此即彼——要么是主观学习经验，要么是客观学科教材——的思维方式，将视角转向二者的交合处——活动，从活动的角度看待和解释课程。

这种课程观强调学习者是课程的主体，注意学习者的能动性，强调以学习者的兴趣、需要、能力、经验为中介实施课程，从活动的完整性出发，突出课程的综合性和整体性，反对过于详细的分科，重视学习活动的水平、结构、方式，特别是学习者与课程各因素的关系。

从心理基础而言，这种课程也强调全面性，即除了认知过程之外，学习者的其他心理成分同样是实施课程必须考虑的。

4．课程是进程

这是一种生成性的课程观，把课程界定为活动或进程，意味着课程不再是静止的"跑道"(racecourse),即需要贯彻的课程计划或需要遵循的教学指南,课程成为对个体生活经验的改造和建构,成为自我的"履历情境"(biographic situation),意即成为"在跑道上奔跑"(to run the racecourse)的历程。派纳总结说:"课程不再是一个事物,也不仅是一个过程。它成为一个动词,一种行动,一种社会实践,一种私人的意义,一种公民的希望。课程不只是我们劳作的场所,也是我们劳作的成果,在转变我们的同时也转变自身。"

课程不再只是特定知识的载体,而成为一种师生共同探索新知的过程;课程发展的过程具有开放性和灵活性,不再是完全预定的、不可更改的,课程不再是控制教学行为和学习活动的工具和手段,它有效地弥合了个体与课程之间的断裂,成为师生追求意义和价值、获得解放与自由的过程。课程形态不再是在教育情境之外固定的、物化的、静态的知识文本,而是在教育情境中师生共同创生的一系列"事件",是师生开放的、动态的、生成的生命体验。

 资料贴吧

> "宽着期限,紧着课程";"小立课程,大作工夫"。
>
> ——朱熹

(二) 当代课程内涵的发展趋势

不同的课程观不仅反映了几种课程流派的课程价值取向不同,也反映了课程内涵在不断的发展变化。其实,课程的内涵是一种动态的过程,是生成性的,而不是僵化不变的。我国著名的课程专家施良方在《课程定义辨析》中指出,当前课程的内涵发生了重要变化,呈现如下六个趋势。[①]

1. 从强调学科内容到强调学习者的经验和体验

当人们强调学科而且只强调学科的时候,课程的内涵也就与学科内容等同起来,这样,课程就越来越排斥儿童的直接经验。由此导致的结果是,课程越来越成为社会对儿童施加控制的工具,儿童的权利、儿童的发展在课程中得不到保障。为了切实保障儿童的发展,把儿童的发展置于课程的核心,人们开始越来越关注学习者现实的活生生的经验和体验。这并不意味着排斥源于文化遗产的学科知识,而是在儿童现实经验的基础上整合学科知识,使学科知识成为学习者的发展资源而非控制工具。

---

① 施良方.课程定义辨析[J].教育评论,1994(3).

2. 从强调目标、计划到强调过程本身的价值

只把课程作为教学过程之前和教学情境之外设定的目标、计划或预期结果，必然会导致把教育教学过程本身的非预期性因素排斥到课程之外。当特定的教学情境中教师和学生的主体性得到充分发挥的时候，这种教学的进程必然是富有创造性的，必然存在许多非预期性因素，正是这些创造性的、非预期性的因素拥有无穷的教育价值。因此，人们开始走出预期目标、计划的限制，关注教学进程本身的教育价值，强调"过程课程"。这并不是不要目标、计划，而是把目标、计划整合到教学情境中，使之促进而不是抑制人的创造性的发挥。

3. 从强调教材这一单因素到强调教师、学生、教材、环境四因素的整合

片面强调把课程作为学科内容和目标、计划，必然导致把教材等同于课程、教材控制课程的现象，而强调把课程作为学生的经验，强调教育教学过程本身价值，必然会把课程视为教师、学生、教材、环境四因素间持续交互作用的动态的情境。课程由此变成一种动态的、生长性的"生态系统"和完整文化，这意味着课程观念的重大变革。

4. 从只强调显性课程到强调显性课程与隐性课程并重

在课程论中，显性课程与隐性课程是两个相对应的范畴。所谓"显性课程"（manifest curriculum），是指学校教育中有计划、有组织地实施的课程。这类课程是根据国家或地方教育行政部门颁布的课程纲要、课程规划编制的，是"正式课程"（formal curriculum）或"官方课程"（official curriculum）。所谓"隐性课程"（hidden curriculum），是指学生在学习环境（包括物质环境、社会环境和文化体系）中学习到的非预期性或非计划性的知识、价值观念、规范和态度。这类课程当然是非正式的、非官方的，具有潜在性和隐蔽性。早在20世纪初，杜威及其学生克伯屈（W. H. Kilpatrick）就深刻阐述了伴随显性课程而生的隐性教育（主要是价值、态度）对人的发展的重要意义。晚近的课程理论则又从社会、个体等多维度对隐性课程进行了深入研究。由此得出的结论是，隐性课程是影响人的发展的不可忽视的重要课程，为了谋求隐性课程与显性课程的和谐统一，需要创设宽松、自由、真实、富有创造性的教育环境和教学情境，以尽可能减少隐性课程的负面影响，发挥隐性课程的积极作用。学校中的隐性课程和显性课程共同构成学校的"实际课程"。

5. 从强调"实际课程"到强调"实际课程"与"空无课程"并重

"空无课程"（the null curriculum）是美国著名美学教育家、课程论专家艾斯纳（E. W. Eisner）提出的概念，被作为思考课程问题的一个独特视角。我们在思考课

程问题的时候,经常碰到的一个问题是:为什么学校和社会在课程变革中选择了现有的课程并将之制度化,而排除了其他的课程?那些被学校和社会在课程变革过程中有意或无意排除于学校课程体系之外的课程,艾斯纳称之为"空无课程"。有些"空无课程"是学校和社会出于某种需要而有意识排除的,也有些"空无课程"是由于人们受习惯势力的影响未意识到其价值而导致的。艾斯纳从心智过程和内容领域两方面论述了"空无课程"的重要性。从人的心智过程的角度看,在现有的课程目标中,认知目标受到重视,而情感和动作技能目标被弱化,相应的许多课程成为"空无课程"。即使是认知目标,也往往偏重语文和数理逻辑的重要性。殊不知,侧重于直觉和感知能力方面的课程对认知发展有举足轻重的作用,然而这类课程也成为"空无课程"。从内容领域的角度看,艾斯纳认为,许多对人的发展极为重要的课程在现行课程体系中没有位置,变为"空无课程"。就同一个内容领域而言,艾斯纳又分析道,许多重要的内容被有意无意地排除出该学科之外,变为"空无课程"。因此,在课程变革中,不仅应思考现行的"实际课程"的合理性,还应思考学校教育中的"空无课程"及其成因,以增强课程变革的目的性、合理性。

6. 从只强调学校课程到强调学校课程与校外课程的整合

随着信息社会的到来,社会变迁速度空前加快,学校、家庭、社区越来越趋向于融合,趋向于一体化。在这种背景下,课程变革再也不能固守学校课程的疆域,而应谋求学校课程与校外课程的和谐、互补、整合。其实,当把课程理解为教师、学生、教材、环境四因素的整合的时候,这里所谓的环境就远不止学校环境,还包括广阔的富有教育意义的校外社会环境和自然环境,蕴含着学校课程和校外课程的整合。

课程内涵的上述变化,既意味着课程意识的深层变革,也在某种意义上预示着课程变革实践的发展方向。

 资料贴吧

> 使学校适合儿童,而不是使儿童适合学校。
> ——[英]尼尔

二、全球课程改革背景下的课程价值取向

课程实践在本质上是一种价值创造活动,因而必须遵循一定的价值原则。任何课程建构如果不优先考虑价值取向问题,如果没有哲学价值论的引领,都将陷入盲目和混乱,从而以失败而告终。

课程的价值是作为主体的社会和学生与作为客体的课程之间的需要关系的反映。由于这种主客体之间的需要关系是不断变化的,因而课程价值的内容和水平也是不断变化的;又由于这种主客体之间的关系是复杂多样的,因而课程价值的表现形式和类型结构也是多样化的。

(一) 传统的几种代表性课程价值取向

在课程发展史上,由于时代背景不同,人们的政治立场、哲学倾向各异,导致了对课程价值的不同认识,从而出现了不同的课程价值追求。其中,较有代表性的课程价值取向有以下几种。

1. 突出伦理政治的课程价值取向

这种课程价值取向主要反映了社会统治阶级对于巩固政权、维护社会秩序的需要。例如,孔子设置课程和选择课程内容,首先是出于"复礼"(即恢复周礼)的需要。所谓"礼",是指维系中国奴隶制社会的人伦关系和等级制度。在孔子看来,"不学礼,无以立"。不学习周礼,便不能站稳奴隶主阶级的立场,不能在社会上立足。因此,孔子特别强调"伦理政治"内容在学校课程中的核心地位。由孔子整理、加工、规范化了的课程内容,经孟子和后世儒家代表人物的充实和完善,形成了以伦理政治为价值取向的中国正统封建教育的课程体系,其影响一直持续到中华人民共和国成立之后才逐渐减弱。这种突出伦理政治的课程价值取向,在欧洲封建时代也有突出表现,只不过它是以封建伦理与宗教教义相结合的面目出现的。

2. 适应社会生活的课程价值取向

这种课程价值取向是伴随着资本主义的兴起和发展,学校教育范围的扩大,以及社会对劳动者素质要求的提高而产生的。它主张课程要着眼于学生适应当前和未来生活的需要,要为成人生活做准备。由于其注重课程的实际价值,具有功利主义的倾向,因而特别强调实用学科在课程体系中的地位。在这方面,最有代表性的人物是英国学者斯宾塞,他在《教育论》一书中提出了"什么知识最有价值"的问题,并以一门知识对"为完满生活作准备"的尽责程度作为衡量课程知识价值的标准,由此对各种知识的相对价值进行比较,从中选取最有价值的知识来设计学校课程。他认为,世界上的一切活动都离不开科学知识,科学知识在指导人们生活的各种活动中具有最高的价值,据此他确定了以科学知识为主的课程体系。

3. 强调个人发展的课程价值取向

这种课程价值取向的基本特点是注重课程的个人发展价值,如认识价值、道德价值、审美价值、健体价值等,强调课程对学生个体发展需要的适应和促进。

在如何看待课程的个人发展价值问题上,又存在着几种不同的观点分歧:一是智力训练说。主张把对学生进行智力训练作为全部课程的中心,课程设置和编排都要服务于学生的智力成长。在这种课程价值观支配下,课程设计重形式轻内容,重过程轻事实,重知识发现轻知识本身。这种课程价值观源于西方以官能心理学为基础的"形式教育论",后来的"要素主义"、"永恒主义"教育学者及布鲁纳(J. Bruner)、吉尔福特(J. P. Guilford)、加涅(R. M. Gagne)等心理学家,在强调课程的智力发展价值方面,也都有一致的观点。二是人格发展论。主张课程应以养成学生完美和谐的人格为核心,重视人的充分自由的发展。这种课程价值取向始于文艺复兴时期的人文主义教育思想,后经卢梭、福禄培尔、杜威等人的倡导而得到进一步完善和发展,20世纪70年代崛起的人本主义思潮对培养完善人格的强调又使它再度流行起来。三是协调发展说。主张课程应致力于学生智力与人格的协调统一发展,以形成学生丰富自由的个性。这是现代课程论在课程价值观上的一个重要思想,它在一定程度上克服了上述两种课程价值观在对人的发展认识上的片面性,适应了人的发展的整体性和全面性特点。

以上几种课程价值取向都曾经对学校课程的理论和实践产生过深刻的影响。

(二) 全球课程改革背景下的课程价值取向

进入20世纪90年代以后,全球经济、科技、社会和文化的根本性变化对教育产生了前所未有的冲击,世界各国掀起了新一轮的课程改革热潮。这次课程改革的一个显著特征就是以学生为本,着眼于学生的全人发展,反对权威主义和精英主义,要求所有学生都能获得全面的发展。这种着眼于全人发展的课程价值取向,使学校的课程目标发生了深刻的变革。

纵观国外基础教育课程目标的变革,可以看出有以下一些新的特点。

1. 注重课程目标的完整性,强调学生的全面发展

一般认为,课程目标由四部分组成:其一,认知类,包括知识的基本概念、原理和规律,理解和思维能力;其二,技能类,包括行为、习惯、运动及交际能力;其三,情感类,包括思想、观点和信念,如价值观、审美观等;其四,应用类,包括应用前三类来解决社会和个人生活问题的能力。国外基础教育课程目标非常注重这四个方面的完整结合,力求达到认知与情感、知识与智力、主动精神与社会责任的和谐统一。例如,美国历史科的课程目标除了注意到认知性目标、跨学科的教学目标外,还注意到情感性、技能性目标。所以,从历史学习的特点出发,以历史年代学为基本线索构建的历史知识为基础,运用了布卢姆的教育目标分类学,编制目标体系。这

样,小学"社会科"担负着的认知教育、情感教育、道德教育、公民教育以及技能教育会得到更好的实施。此外,在国外的基础教育中,不仅注重各个学科课程目标的完整性,而且还很注重整体课程的统一要求。如日本于 1991 年提出了高中国语科、社会科、数学科、理科、外国语科、音乐科、美术科以及保健体育等学科的课程目标,从而构成了日本普通高中的课程目标结构:① 关心、兴趣、态度;② 思维力、创造力;③ 知识、理解;④ 技能表现。我国的《国家基础教育课程改革指导纲要》也指出:"强调课程要促进每个学生身心健康发展,培养良好品德,培养终身学习的愿望和能力,处理好知识、能力、态度、价值观的关系,克服课程过分重视知识传承的倾向。"

2. 重视基础知识的学习,提高学生的基本素质

当代国外基础教育课程目标十分强调基础知识的学习,尽可能地提高学生的基本素质。如长期以来,美国不设国家统一课程,也没有制定统一的课程标准,而且同一地区的学校课程也极富弹性,导致美国中小学学生读、写、算等基本技能的下降以及基础知识的贫乏。据美国国家高质量教育委员会调查的结果表明,美国学生的学业成绩,在 19 种国际学业成绩的测验中,与其他工业化国家学生相比,美国学生有七次排名倒数第一。17 岁的美国人约有 13% 为半文盲,少数民族青年中的半文盲则高达 40%。美国中学生在大多数标准化测验中的平均成绩,低于苏联发射人造卫星时的水平。一半以上的天才学生所测出的能力与他们在学校的成绩不相符。从 1965 年至 1980 年,大学入学考试的成绩一年比一年低,语文平均成绩下降 50 多分,数学成绩下降近 20 分,物理和英语成绩也在不断下降。许多 17 岁的青年没有掌握他们理应掌握的"高级"智慧技能,约有 40% 的青年不能从书面材料中作出推断,只有五分之一的青年能写有说服力的文章,只有三分之一的青年能解答需要几个步骤的数学题。为此,美国 20 世纪 80 年代掀起了"回归基础"教育运动。① 1983 年发表了题为《国家处在危险之中,教育改革势在必行》的报告,建议改革学校课程,设立"国家标准"和"州标准",提出了五项"新基础课程",即四年英语、三年数学、三年科学、三年社会研究和半年计算机作为中小学的必修科目。在 1991 年公布的《美国 2000 年教育战略》中提出了"新的世界标准",即英语、数学、科学、历史、地理五门核心课程的教学大纲,规定了不同年级学生应达到的目标。在 1994 年颁布的《2000 年目标:美国教育法》中,除了继续加强英语、数学、自然科学、历史和地理学科的教学之外,还增加了外国语和艺术为核心课程。英国于 1988 年颁布的《教育改革法案》中规定,中小学必须开设两类课程:核心课程和基

---

① 白月桥.课程变革概论[M].石家庄:河北教育出版社,1996:173-174.

础课程。核心课程包括英语、数学和科学3门学科,基础课程包括现代外语、技术、历史、地理、美术、音乐和体育7门学科。核心课程在小学占绝大多数课时,在中学则占总课时的30%～40%;基础课程在中学占总课时的45%。这样,核心课程和基础课程在中学占总课时的75%～85%,使这些课程的基础地位得以保证。并且成立了基础课程学科工作小组,制定本学科的教学目标和各个年龄阶段教学应达到的具体水平。同时,英国政府也对各核心课程的教学目标和学习大纲作了规定。日本自20世纪50年代中期开始逐步摆脱深受美国影响的"生活教育论"和"儿童中心论",在以后的历次课程改革中,都将基础知识的学习列为课程标准的首要目标,一方面强调在教学中加强读、写、算的教育,提高读、写、算的基本要求,以此来提高学生掌握读、写、算的基本知识和基本技能;另一方面强调教学内容的选择。在1991年提出的高中各科课程目标中,除了音乐科和美术科,几乎每科都毫无例外地要求学生掌握基本知识和技能。

3. 注重发展学生的个性

第二次世界大战以来,世界各国的课程目标突破了以往知识本位或智力本位的传统目标,突出了学生个性的发展。20世纪80年代末,日本进行了历史上的第三次重大教育改革,提出了"尊重个性的原则",把个性与他人的个性、自由与自律、权利与责任看成是密切联系的统一体。日本内阁在1987年10月召开会议决定的《教育改革推进大纲》中,提出了"尊重儿童个性,增进儿童身心健康"的建议,并且在同年12月正式提出的课程改革标准中,再次强调要"重视作为国民所必要的知识,加强个性教育"。在1989年公布的新的中小学学习指导纲要中,把"个性化"作为改革的基本精神之一,并把"加强各阶段教育之间的连续性……充实发展个性的课程"作为努力的方向之一,认为"今后教育的发展方向应把在'轻松宽裕'中培养孩子们的'生存能力'作为根本出发点。只有使孩子拥有轻松宽裕的时间和环境,去发现自我,进行自我思考,才能培养孩子的'生存能力'。另外还应重视孩子精神上、思想上的轻松宽裕,让他们站在自己的生活方式、由自己决定的立场上,确立自己真正的个体自我。"苏联自20世纪80年代以来的教育与课程也提出了发展学生个性的目标,如1992年7月俄罗斯通过的《俄罗斯联邦教育法》中,对普通教育提出了总的要求,即教育内容是社会和经济进步的因素之一,"它应保证个性的自我确立,为个性的自我实现创造条件。发展文明社会并加强完善法治国家,使学生了解符合现代知识水平和教育大纲水平的世界概况,使学生具备与世界水平相适应的社会普通文化水平和社会职业水平,使学生的个性与世界文化和民族文化融合为一体,成为以完善现代社会为目标的人才。"美国是一个一贯倡导自由、发展学生个性的国家,自杜威提出"儿童中心论"以来,一直比较重视以发展学生的个性为中心来设置课程。

4. 着眼于未来,注重能力培养

20世纪末,世界各国纷纷把教育目标和课程目标定位于:面向21世纪的需要,着重培养一个人继续学习的能力。1990年《世界全民教育宣言》提出,全民教育的目标在于满足每一个人基本的学习需要,在中小学课程中体现为基本的学习手段(如读、写、口头表达、演算、问题解决)以及基本的学习内容(如知识、技能、价值观念和态度),这些内容不是一成不变的知识,而是人类为了生存和发展,为了有尊严地生活和工作,为了充分参与、发展和改善自己的生活质量和作出明智的决策,所必需的继续学习的能力。日本在1996年7月提出的中央教育审议会咨询报告《关于面向21世纪我国教育的发展方向》中,把"生存能力"作为教育应培养的面向21世纪人才所必需的素质和能力,它包括自己发现问题、独立思考判断、主动行动和恰当地解决问题的素质和能力。报告中还把"生存能力"作为今后终身学习的基础,并认为这是课程目标必须适应社会变化的"时代性"特征。美国为了培养学生的能力,还专门设置了思维技能课、创造技法课和创造活动课,并把能力的培养贯穿于各科课程目标之中。如1994年美国国家委员会制定的社会课程标准——《美好的期望》(*Expectations of Excellence*)中,提出的两个首要目标是:第一,提高公民的能力;第二,知识、技能、态度的跨学科综合能力。这个课程标准还认为,社会学科作为一门关于社会科学和人类学的综合学科,应当帮助青少年成为一名具有多元文化和民主背景的社会公民,使他们具有非常的选择判断能力。

5. 强调培养学生良好的道德品质

第二次世界大战以后,西方国家虽然经济上发达了,但却陷入了精神上的贫困。青少年犯罪日益增多,学生逃学、离家出走、打架斗殴、自杀等不良行为急剧上升。20世纪80年代以来,许多发达国家都不约而同地将加强青少年道德教育作为改革的一个主要目标而予以重视。日本把造成"教育荒废"现象的根本原因归结为战后学校忽视了德育。为此,文部省于1989年颁布了新的教学大纲,对道德教育的目标与内容进行了改革。首先,在道德教育目标中增加了"具有自主性的日本人"的内容,并且特别强调了要培养学生"对生命的敬畏之念"。其次,在不同阶段,道德教育目标的侧重点不同。如小学低年级侧重于培养学生的基本生活习惯,使其适应学校生活;中年级则注重培养学生的自主性和有节制的生活态度;高年级强调培养学生遵守社会公德,以及作为社会一员的社会责任感。初中前期以培养良好的生活习惯为主,后期则以培养学生的自觉性为主。高中强调培养学生的独立自主精神、责任心以及为国际社会作贡献的意识等。英国在中小学道德教育目标中,要求学生掌握四个核心的道德观念,即对人的尊重、公正与合理、诚实、守信,并要求学生在此基础上处理好六个关系:第一,与自己最亲近的人的关系;第二,与社会的关系;第三,与所有人的关系;第四,同个人的关系,对个人的正确理解和评价;第五,与自然界和环境的关系;第六,对待"上帝"的关系,即接受宗教信仰的问题。

6. 强调国际意识的培养

随着科学技术的发展以及交通、通讯工具的革新,世界各国之间的交流日益频繁,国与国之间的距离日趋缩短,有人甚至认为未来的人类社会将是一个"地球村"。这些都迫切地需要加强对学生进行世界知识的教育。针对国际化的发展,日本教育课程审议会提出,日本教育的目标应是让学生在广阔的视野基础上理解异质文化,培养无偏见地、自然地和不同文化、习惯的人交流以及共同生活的素质和能力。于是,日本中小学的课程目标始终贯穿着国际意识的培养,并在以社会、地理、历史、外语等为中心的各学科以及道德、特别活动里,都加入了相应的国际化教育的内容。比如社会科的目标,在原来的"培养民主和平国家和民主和平社会的成员所必备的公民基本素质"中加入了"生存于国际社会中的"词句作为"成员"的定语。小学三、四年级的社会科,在内容上除了介绍国内情况外,还涉及了日本同外国的关系。五年级的社会科在介绍产业时,把日本置于世界位置中加以阐述。在初中的社会科(包括历史、地理、公民三部分内容)中,历史部分重视日本各个时期同世界各国的关系;地理部分增加了"多样化的世界"、"从世界看日本"等内容。高中历史科安排了世界史的内容,强调让学生站在世界历史的高度,从"世界视野"学习日本历史。韩国在 20 世纪 90 年代以来的教育改革中,提出要培养面向 21 世纪的"新韩国人形象",即能够主导信息化、开放化和国际化的高度发达的 21 世纪社会的具有主体精神、创造精神和有道德的韩国人,把着眼点放在面对民主化、信息化、国际化和朝鲜半岛统一等方面。为了增强学生的国际意识,韩国政府特别强调:① 实施外语早期教育;② 开发韩国传统教育及国际素养,培养能够主动适应国际社会环境并具有韩国传统性及国际普遍性的人才,支持对国际社会的地区研究;③ 推进韩国和国际教育水平的比较研究,提高教育水准;④ 增进国际教育交流与合作;⑤ 主动迎接教育开放,将教育开放视为增强教育国际化及保证竞争力的契机。在基础教育的课程设置上,安排了世界历史、世界地理、政治经济和社会文化等课程,以增强学生的国际观念。美国为了加强学生对世界的了解,培养学生的国际意识,在中学开设了"地球的权利和西方文明的发展"、"20 世纪全球研究"等必修科目,并对这些学科提出了基本的目标和要求。

第二节 我国小学课程的设计

一、我国小学课程的基本性质

长期以来,人们一直遵循着按照学科的知识体系构建课程内容的思路,即学科—课程—科目,中小学课程基本上是若干个学科的浓缩。在编写教学大纲和教材时,力求内容的完整性、系统性、科学性,注重的是所编内容是否符合学科知识体系,逻辑是否严密,某一个知识点在本学科中的位置,等等,而较少考虑学习内容对学生是否是基础的、必需的、恰当的,对学生认知能力的发展、基础知识的把握有着怎样的意义等。究竟什么样的知识是最有价值的、是终身发展必备的?如何根据儿童的发展需要,从教育的总体目标和各门学科之间的联系去设计和把握课程内容?成为课程改革首先要回答的问题。

小学教育课程目标应该如何确定,课程内容如何选择,是小学课程改革的核心问题。小学教育的课程是为学生终身学习打基础的课程,是面向全体学生的课程。小学阶段是义务教育的基础,是基础教育的基础。因此,我国小学阶段的课程基本性质,应体现普及性、基础性、发展性和可接受性。

第一,普及性。小学阶段教育是义务教育,是国家为每个适龄儿童提供的基础教育,应提供均等的就学机会,因此,小学课程应适应儿童发展的不同需要,保障学生法定的受教育年限,教育质量要符合国家基本标准。

第二,基础性。小学教育是为每一个学生今后的发展和从事终身学习打基础的教育,是提高全民族素质的教育,因而它的课程内容和要求应该是基础的、有限的和具有发展性的,不能被任意扩大、拔高。课程门类要齐全,不能重此轻彼,各门课程的课时比重要恰当。同时,随着时代的发展,基础知识和基本技能也在不断地变化,在课程内容中应注意不断地把新知识变成基础性知识。

第三,发展性。小学教育不是终结性的教育,因此,小学教育的课程设置要给学生全面、丰富的发展留有充足的时间和空间,应有利于学生自主、多样、持续的发展。

第四,可接受性。小学教育是国家为每个适龄儿童提供的最基础的教育,为了

提供均等的就学机会,保障儿童法定的受教育年限,国家课程标准应当是一个基本的标准,是绝大多数学生通过努力能够达到的。因此,小学教育的课程要充分考虑小学生的认知特点,不能太难,也不能太容易,要符合学生的年龄特征。

二、我国小学课程设计

1992年,原国家教育委员会正式颁发《九年义务教育全日制小学、初级中学课程计划(试行)》。这是中华人民共和国成立以来制订的第七个小学教学计划,使我国小学课程改革进入了一个新时期。2001年我国又启动了中华人民共和国成立以来第八次课程改革,根据《国务院关于基础教育改革与发展的决定》和《基础教育课程改革纲要(试行)》构建符合素质教育要求的新的基础教育课程体系的要求,设置义务教育阶段的课程。课程设置应体现义务教育的基本性质,遵循学生身心发展规律,适应社会进步、经济发展和科学技术发展的要求,为学生的持续、全面发展奠定基础。据此,我国小学课程设计应体现上述文件的基本精神。

(一) 我国小学课程设计的原则

1. 高度的科学性和思想性的统一

小学课程的设计以及教科书的编写,要在建立完备的传授文化知识的体系上,以人类所创造的优秀文化成果教育学生;要以通俗的、小学生能理解的形式,体现高度的科学性和思想性统一的原则。无论课程的总体,还是一门学科,都要贯彻理论联系实际的原则,结合各种课程自身的特点由浅入深地对学生进行辩证唯物主义、历史唯物主义教育,进行热爱社会主义祖国、增强民族自信心、自尊心的教育等。

2. 要以实现教育目的和学校培养目标为最终目的

小学教育是基础教育、普及教育,在培养目标上要紧紧把握"提高民族素质"这一点,而当前和今后我国教育的国家内部乃至世界的大背景是"我国改革开放与社会主义现代化建设蓬勃发展的客观形势以及世界各国经济与科技突飞猛进的竞争局面"。这就要求在课程结构上体现时代精神。一方面要根据德、智、体、美、劳等全面发展的精神设置学科,过去一段时期内过分强调智育,因智害体、因智害德,忽视美育等现象,只能是"欲速不达";另一方面则要将知识、能力、智力因素和非智力因素结合起来,注重儿童学会学习、学会适应社会生活需要的能力。

3. 要适合儿童身心发展的特点

小学课程应突出体现社会发展要求、儿童自身身心发展要求与儿童身心现有发展水平，以及符合教师的水平、学校的设备完善程度、儿童家庭文化背景等客观条件。社会发展对课程的要求是范围越广泛越好，程度越深越好，儿童身心发展也是没有限制的，但是，儿童成长、成熟条件不足，实施课程的客观条件差，那么，社会要求与儿童身心发展的要求再迫切、再高，也只能是理想。因此，课程的设计要正确估计儿童的智力与能力，既不可估计过高，也不可估计过低。我们认为好的小学课程应该是儿童的能力、智力可能接受的，但是必须经过努力，而在掌握知识的同时，又能促进儿童的智力、能力、体力的发展和道德的提高。

这个原则要求课程要适合儿童的特点。课程对儿童身心特点的适应，既体现在它要适合儿童某一方面的身心特点的要求，如感知、记忆、思维的特点，又如骨骼、心脏、肝脏等的特点；又体现在适应儿童发展的整体要求，例如儿童有求知的需要，有玩耍的需要，还有长身体的需要，等等。

4. 体现课程的均衡性、综合性与选择性

根据德智体美劳等全面发展的要求，均衡设置课程，各门课程比例适当，并可按照地方、学校实际和学生的不同需求进行适度调整，保证学生和谐、全面发展；根据不同年龄段儿童成长的需要和认知规律，根据时代发展和社会发展对人才的要求，课程门类由低年级到高年级逐渐增加。

注重学生经验，加强学科渗透。各门课程都应重视学科知识、社会生活和学生经验的整合，改变课程过于强调学科本位的现象。设置综合课程：一至二年级设品德与生活课，三至六年级设品德与社会课，旨在适应儿童生活范围逐步从家庭扩展到学校、社会，经验不断丰富以及社会性逐步发展；旨在从生活经验出发，让学生体验探究过程，学习科学方法，形成科学精神；设艺术课，旨在丰富学生的艺术经验，发展感受美、创造美、鉴赏美的能力，提高审美情趣。

国家通过设置供选择的分科或综合课程，提供各门课程课时的弹性比例和地方、学校自主开发或选用课程的空间，增强课程对地方、学校、学生的适应性，鼓励各地发挥创造性，办出有特色的学校。

除此以外，还有贯彻幼儿、小学、初级中学课程衔接的原则，贯彻因地制宜的原则，等等。

（二）小学课程计划要达到的教育目标

按照国家对义务教育的要求，小学和初中对儿童实施全面的基础教育，使他们

在德、智、体诸方面生动活泼地主动地得到发展,为提高全民族素质,培养社会主义现代化建设的各级各类人才奠定基础。1992年修订的《义务教育全日制小学、初级中学课程计划(试行)》规定,在小学阶段应达到的目标是:

第一,初步具有爱祖国、爱人民、爱劳动、爱科学、爱社会主义的思想感情,初步养成关心他人、关心集体、认真负责、诚实、勤俭、勇敢、正直、合群、活泼向上等良好品德和个性品质,养成讲文明、讲礼貌、守纪律的行为习惯,初步具有自我管理以及分辨是非的能力。

第二,具有阅读、书写、表达、计算的基本知识和基本能力,了解一些生活、自然、社会常识,初步具有基本的观察、思维、动手操作和自学的能力,养成良好的学习习惯。

第三,初步养成锻炼身体和讲究卫生的习惯,具有健康的身体。具有较广泛的兴趣和健康的审美情趣。

第四,初步学会生活自理,会使用简单的劳动工具,养成爱劳动的习惯。

课程计划规定了各学科的基本要求、各种活动的主要任务和基本要求等,还设置了"地方安排课程",其要求是:为适应城乡经济文化发展和学生自身发展的不同情况,由各省、自治区、直辖市教育委员会、教育厅(局)根据本地实际情况和需要设置教学科目,调整时间。

关于考核的规定,课程计划指出义务教育阶段学期、学年和毕业的终结性考查、考试是对学生的合格水平的考核。考核要全面,要通过学科和活动的有关知识和能力等方面的考核。促进学生整体素质的提高和个性的发展。小学毕业考核,语文、数学为考试学科。其他为考查科目。语文、数学考试合格,思想品德考查合格,达到小学生体育合格标准,允许毕业。小学毕业考试在县级教育部门的指导下,一般由学校命题,农村也可由乡、镇教育管理机构组织命题。在基本普及初中教育的地区,不另举行小学升学考试。

课程计划,对于农村复式教学点(班),简易小学和非全日制小学,按本课程计划全面开设全部学科尚有困难的,可适当减少学科门类或只开设思想品德、语文、数学、常识,或者根据课程计划的精神采取切实措施对这些学校、教学点(班)进行指导和管理。

第三节 我国小学课程内容

一、选择小学课程内容的基本原则

在小学课程内容的选择上,要注意遵循以下原则:

(1) 基础性原则。各学科都要力求精选基础知识和基本技能,作为课程的主干内容,以便为学生终身发展打好基础。

(2) 时代性原则。各学科在保留传统课程内容中仍有价值的基础知识的同时,应注意从当代科学的最新成果中吸取新的基础知识,增加新的具有时代性的内容,体现时代特色,剔除陈旧过时的知识。

(3) 实用性原则。各学科都要注重与社会生活的联系,努力面向生活实际并服务于生活实际,从而使课程内容与社会生活实践形成互动的关系。

(4) 综合性原则。各学科都要力求与相关学科相互融合,使课程内容跨越学科之间的鸿沟,最大限度地体现知识的"整体"面貌。

在以上四个原则中,课程结构的综合性是当代小学课程内容选择和组织的最明显特色,具体说来它体现在以下三个方面:第一,加强学科的综合性。就一门学科而言,注重联系儿童经验和生活实际;就不同学科而言,提倡彼此关联,相互补充。第二,设置综合课程。当前我国小学阶段的综合课程有:"品德与生活"(1~2年级),从低年级儿童的生活经验出发,其内容涵盖了品德教育、社会教育和科学教育;"品德与社会"(3~6年级),根据学生社会生活范围不断扩大的实际,从学生品德形成、社会认识的需要出发,以人与他人、人与社会、人与自然为主线,将爱国主义和集体主义教育、品德教育、行为规范和法制教育、历史与地理教育、国情以及环境教育等融为一体,为学生成长为富有爱国心、社会责任感和良好品德行为习惯的现代公民奠定基础;"科学"(3~6年级),通过小学科学课程的学习,知道与周围常见事物有关的浅显的科学知识,并能应用于日常生活,逐渐养成科学的行为习惯和生活习惯,了解科学探究的过程和方法,并尝试应用于科学探究活动,逐步学会科学地看问题、想问题,保持和发展对周围事物的好奇心与求知欲,形成大胆想象、尊重证据、敢于创新的科学态度和爱科学、爱家乡、爱祖国的情感,亲近自然、欣赏自然,珍爱生命,积极参与资源与环境保护,关心科技的发展等品质;"艺术"(1~9年级),了解各艺术学科基本的艺术语言和表达方式,运用多种工具材料进行艺术表现和艺术创造,获得艺术感知、艺术欣赏和艺术评价的能力,体验视觉、听觉、动觉等活动带来的愉悦,丰富审美经验,发展个人潜能,提高生活情趣,健全人格,使艺术能力与人文素养得到综合发展。第三,增设综合实践活动。这是一门高度综合课程,是基于学习者的直接经验,密切联系学生的生活和社会活动,体现对知识运用的非学科领域的实践性课程。主要包括研究性学习、社区服务与社会实践、劳动与技术教育、信息技术教育四个方面。研究性学习,即学生在教师的指导下,从学习生活和社会生活中选择和确定研究专题,主动地获取知识、应用知识、解决问题的学习活动。社区服务与社会实践,涉及服务社区、走进社会、珍惜环境、关爱他人和善待自己等内容。劳动与技术教育,具体内容涉及技术和职业准备两方面:在技术方面,小学确立为"技术初步",初中确立为"技术基础";在职业准备方面,小学确定为"职业了解",初中设计为"职业引导"。信息技术教育,2000年11月14日颁布的《中小学信息技术课程指导纲要(试行)》中规定,小学信息技术课程模块为"信息技术初步"、"操作系统简单介绍"、"用计算机作文";选修模块为"网络的简单应用"、"用计算机制作多媒体作品"。

 **案例**

　　12岁的丁磊,拿到英语专业的大专文凭。他计划在两年内拿到计算机本科专业文凭然后出国。

　　丁父:应该拣最有用、最相关的东西先学。在以后的实践中,缺什么补什么,现在是到大学才分专业,我让丁磊从小就分专业。

　　丁磊:很害怕与人打交道。我宁愿读书苦点,也不想和人打交道,那样又累又烦。如果想找人说话了,就到网上聊天室去,不想说话了,关掉"猫"就可以了。2000年2月,已大专毕业的丁磊又走进了小学校门,插班6年级,为的是完成中断了的小学学业。

二、小学课程的基本内容

　　《基础教育课程改革纲要(试行)》明确提出,小学阶段以综合课程为主。小学低年级开设品德与生活、语文、数学、体育、艺术(或音乐、美术)等课程;小学中高年级开设品德与社会、语文、数学、科学、外语、综合实践活动、体育、艺术(或音乐、美术)等课程。

现以人教版新课程标准实验教材为研究对象，仅仅对小学语文、小学数学新教材的内容及其特点作简要介绍。

（一）小学语文

小学语文教材的主要内容及其特点表现在以下几个方面。

1. 搞好幼小衔接，平稳过渡

教材充分考虑初入学儿童已有的语文水平，强调为不同语文程度的孩子打下坚实的语文基础。在起步阶段，把学拼音、识汉字、积累词语、发展语言等诸方面有机地结合在一起，使孩子初入学就受到比较全面的语文启蒙教育。

2. 体现语文学习的整合，全面提高学生的语文素养

教材简化头绪，突出重点，加强整合，注重情感态度和知识能力之间的联系，强调学生语文素养的整体提高。从一开始，就把汉语拼音、识字写字、阅读、口语交际等各个方面有计划地安排在一起。从一年级下册开始，围绕专题，以整合的方式组织教材内容。每个单元从导语到识字课，到课文，乃至语文园地中的阅读短文、口语交际、实践活动，都是围绕本单元的专题合理安排的。围绕一个专题，开展丰富多彩的学习活动，并在此过程中提高学生的观察能力、听说读写及动手实践能力。

3. 加快识字，重视写字的编排

识字的编排，实行认写分开、多认少写的原则。要求认的字都是常用的、复现率高的。要求写的字，最初开始都是笔画最简单的字。要写的字，其中有的是本课新认识的字，有的是以前认识并在本课课文中出现的字，在结构上有一定的规律，便于学生发现，也便于教师指导。识字教材采用多种形式，体现汉字规律，体现汉字表意的特点，体现儿童学习汉语的规律。例如，归类识字部分主要有象形字、会意字、韵语识字、按事物归类识字等形式。这样安排识字，避免了集中识字可能产生的单调枯燥、功能单一的弊端。学生通过学习这些意境优美、内涵丰富的识字课，不仅识了字，而且积累了优美的语言，丰富了知识的储备，并受到思想和文化的熏陶。

4. 大幅度更新课文，使教材更具有时代感，更贴近儿童生活

新课程教材新编选的课文占全部课文的一半以上。课文有以下几个特点：一是思想内涵比较全面。蕴含着热爱祖国、关爱他人、团结协作、自强自主、热爱科学、保护自然环境等丰富的思想情感因素，同时具有适应信息化社会和开放社会要求的时代精神。二是题材广泛。有反映城市生活的，有反映农村生活的，有反映学校生活的，有反映家庭生活的，也有反映自然现象、科技成就的。选文紧密联系当

代儿童的生活,有利于学生通过语言文字认识大千世界。体裁多样,有童话、散文、诗歌、故事、科普文章等,增强了趣味性、可读性和感染力。在每册教材中,还安排了两篇连环画形式的课文,全文不注汉语拼音,要求学生借助图画、阅读预期和猜读等方式认读生字,读通课文。

5. 大力改进呈现方式,使教科书成为学生喜爱的"学本"

教材在呈现方式上有很大的创新和突破,主要体现在以下几个方面:一是编写角度由关注教师的教,转向既方便教师的教,又方便学生的学。教材通过多种方式体现了学生主动学、游戏中学的意图。在练习、复习、语文园地中,大量采用"我会读"、"我会写"、"我会认"、"我会画"等形式,激励学生自主学习、主动学习,增强学生学习语文的自信心。二是注重引导发现,鼓励探究学习。在每个语文园地里设"我的发现",不断引导学生发现新的识字方法,发现字、词、句中带有规律性的东西,以便逐渐掌握学习。不直接把识字方法告诉学生,而是把规律暗含在学习内容中,引导学生认真观察,努力发现。三是给学生提供展示的机会,使学生不断产生成就感。教材尽可能地为学生提供了展示的机会。鼓励学生展示在课外通过不同渠道认识的字,沟通了语文课堂和生活的联系,使生活成为识字的大舞台。另外,还有一些展示活动,鼓励学生展示查字典的能力、讲故事的本领以及其他课外语文学习所得,不断给学生提供表现自己、与同学交流学习成果的机会。四是体现语文与生活的紧密结合。教材中安排了许多实践活动,体现生活处处皆语文的理念,促进课内课外、校内校外的结合。除鼓励学生在生活中识字外,还鼓励学生学习观察生活,体验生活。倡导在生活中学语文、用语文,时时处处做学习语文的有心人。五是精心设计活泼多样的课后练习,使学生在实践中不断提高语文能力。课后练习的设计,形式丰富多样,有利于激发想象、发展思维,便于学生主动参与、自主学习。课后练习,有重视语言积累和感悟的题目,如朗读背诵、词语积累与扩展、词句练习;有重视语文基本功能培养的题目,如写字、词句理解与运用;还有开放式的讨论题。

6. 体现开放性和弹性,增加适应性

教材注意贯彻统一性和可选择性相结合的原则,增加弹性,以满足不同地区、不同学校、不同学生的需求。教材内容难度适中,有一定弹性。例如识字,下要保底,但上不封顶。每课要求认识的字体现基本要求,学有余力的学生可以多认。另外,在教材里贯穿着鼓励学生在生活中、在课外阅读中主动识字的思想。如果教学得当,学生的识字量一定会突破教科书规定的数量。另外,鼓励学生随时展示自己的学习成果,体现不同学生之间的差异,促进所有学生在原有基础上不断提高与发展。

（二）小学数学

新教材注重应用意识、数学思想方法、解决问题能力的培养和学生的数学体验。教材内容及其特点表现在以下几个方面。

1. 具有科学合理的内容结构

具有符合儿童学习数学的认知特点和数学知识本身发展规律的知识结构；加强数、估计、统计、应用、创新等意识及实践能力等方面的培养内容；尽量反映数学知识的形成过程、数学方法在解决问题中的作用；加大数学思想和方法渗透的力度。遵循儿童心理发展的年龄特点和规律，有目的、有步骤地进行智力开发和能力培养；重视培养学生的数学思维能力，加强求异思维、思维的灵活性的培养。加强创新意识、空间观念和实践能力的培养。丰富计算能力的内涵，提出培养计算能力的恰当要求。采取多种形式进行提出问题和解决简单实践问题能力的培养。根据儿童情感的特点和规律，对学生进行情感、意志品质的培养和思想品德教育。努力使学生体验到学习数学的乐趣，培养学生的学习兴趣和学好数学、会用数学的信心以及不畏困难、严谨求实等良好的思想品质，培养学生爱祖国、爱科学、爱社会主义、勇于探索、热心奉献和健康向上的生活态度。

2. 具有新颖丰富的呈现形式

内容的呈现注意体现儿童的已有经验和兴趣特点，提供丰富的与儿童生活背景有关的素材。内容的展开具有探索性和开放性。例题、习题的形式多样，所选素材尽量符合实际。图文并茂，版式多样，风格活泼，色彩明丽，能吸引学生阅读，激发学习兴趣。

3. 体现了新的教学观念和教学方法

体现学生学习的主体性，反映学生获得知识、形成技能的基本过程，注意引导学生通过操作、观察、猜测、思考获得感性经验，理解所学知识。倡导探究、交流的学习方法，鼓励引导学生探索、发现规律性知识。体现教学的基本过程，同时体现教学方法的开放性和创造性。

4. 新颖实用的立体化教材体系

形成以教科书为核心的立体化教材体系，编写新颖实用、开放的教师教学用书，研制实用有效的多媒体辅助教学配套软件，使之成为促进教学方法现代化、提高教学效率和质量的有效手段。

第四节 小学课程改革的发展趋势

课程改革是教育改革的核心,它集中体现了孕育于教育创新中的新思想与新理念。小学课程改革实践的成功与否,首先要有基础教育尤其是小学教育阶段课程改革的国际视野,同时,对本国小学课程的特点要有深刻的理解,这包括对课程改革的目标与理念的准确把握,以及对课程改革实践的关注。

一、全球小学课程改革的发展趋势

(一)发达国家基础教育课程改革发展的趋势

面对全球激烈的社会政治、经济、文化与技术的挑战,世界发达国家纷纷对本国的基础教育进行大规模改革,而课程改革作为教育改革的核心问题,备受各国政府和教育界的极大关注。20世纪80年代以来,许多国家都发起了面向21世纪的基础教育课程改革。由于世界各发达国家的社会、民族、文化与教育的历史传统各异,课程改革各有千秋,但是纵观其发展历程,表现出一些共同趋向。

1. 课程的人文化

课程的人文化是在批评和总结了20世纪60年代以来的教育发展中,因过分重视课程的现代化与结构化,而导致教育流于主智主义和科学主义,忽略了情意教育和审美教育,不利于培养健全个性公民的经验教训而产生的一种课程改革思潮,这是近年来世界各国课程发展的共同趋势之一。它强调课程改革的实施,应精减课程、减少教学时数、改变教学形态等,以有效协助学生"实现自我"为目标。同时讲究课程的乐趣化,引起学生强烈的学习动机,进而达到有效学习的目的。实践表明:课程呈现方式并非一定要刻板、单一、乏味,才能收到好的效果,事实上,课程的呈现若能做到生动活泼而有趣,让学生有"寓教于乐"的感觉而乐于学习,更有利于学习的顺利进行。否则,尽管课程编订有实用价值,但过于生涩艰深,则不易引起学习动机,难达到课程的预期目标。如日本、韩国等国均以"快乐的学校"、"欢欣的教室"、"宽裕的课程"为其教育改革的前提。美国所提倡的所谓"个别处方学习",则是强调依据学生个别的起点差异,设计不同的课程教学内容,让学生按自己的实

际进行个别化的学习,之后,通过对学生进行个别诊断,再根据实际情况实施补救性质的教学活动,这种形式反复进行,最终达成学生有效学习的目标。可见,重视学生个体需要的满足,提倡人文化的陶冶,处处设身处地为学生着想,让学生在最合理的环境下学习,是当今各国强调课程人文化的具体表现。

2. 课程的生活化

课程内容应结合学生实际生活的需要,这是近年来课程发展的另一主调。随着社会的变迁,信息爆炸及知识技术的迅速推陈出新,传统的靠背诵知识为主的教育模式已经落后,为了适应快速的变迁,人们在学校除了学得基本知识外,更需要学以致用,将知识转化为解决各种生活挑战及工作所需的能力。正如英国哲学家怀德海认为的教育中的任务不是把死知识或"无活力的知识"灌输到儿童的脑子中去,而是使知识保持活力和防止知识的僵化,使儿童通过树木而见森林。譬如,面对浩瀚的信息海洋,重要的不再是知道多少信息,而是能否收集、分析、研判、整合和运用信息的能力;不再是有多少数学、科学的知识,而是能否运用这些知识来解决实际生活和工作中所面临的困难,课程的生活化正是这一发展潮流的产物。它主张课程的发展应着重考虑提高学生对周边社会及生活环境的认识,增强适应环境的能力,认为教育活动应重视生计教育、环境教育、劳动教育、信息教育等一些实用取向的知识,做到学以致用,而不应只是单一形式的训练或机械记忆,课程内容也不应只是死记硬背一些杂乱无章的对实际生活毫无助益的零碎知识。所以,强调学习内容应着重培养学生日常生活中所必须具备的基本能力和正确的生活态度,成为课程生活化之要旨。

3. 课程的整合化

课程的整合化是当今世界各主要国家课程发展的又一趋势。它要求每一阶段的学校(小学初中、高中)或每一年级的教育课程一贯性的纵向配合,避免不必要的重复或衔接上的不良,也要求同一阶段同年级各科课程内容的横的联系,使课程的架构周延完整,对内容难易多寡相称合理,对学生的整体学习能提供更有效的帮助;同时,随着文理科相互渗透日益深入,边缘学科的产生和发展,也强调自然科学与人文社会科学的整合,注重通才教育,使学生具备文理科知识学习的基本能力;此外,正式课程与非正式课程,学科课程与活动课程,显性课程与隐性课程(或潜在课程)也在整合之列,提倡两者要相互兼顾,不能偏废。因为正式课程或显性课程虽是可预期的计划性学习,但是,若能兼顾没有预期却能产生深远影响的隐性课程或潜在课程的学习,则教育效果将会更好。

4. 课程的弹性化

所谓课程的弹性化是针对以往课程的单一化与僵化的缺失而提出来的。它主张课程的实施要留有伸缩余地，使教师和学生有自主教学的机会。事实上，以一种僵化刻板的课程实施于所有具有不同特质的学生身上，是不科学的，同时也是行不通的，这有违教育原理，因此，"因地制宜"、"因人制宜"、"因时制宜"是今天各国进行课程改革的重要原则。在此原则下，欧美出现了所谓"变通学校"、"开放学校"、"自由学校"和"教育公园"等具有弹性的教育环境设施，此类学校在学制、课表及课程内容等方面都有较强的伸缩性，在教学方式和学业成绩评定方面也采取多元化标准，以便增加学生自主学习的机会。在日本也有"空白课程"的安排，其目的是让教师和学生根据教学的实际情况调整教学进程，选择补充教材进行教学活动。

（二）世界各国小学课程改革的基本特点

面对新世纪诸多挑战，革新教育已经成为一个世界性的浪潮。在改革中，初等教育的革新虽然涉及初等教育的普及、目的、结构、内容、方法和管理等诸多方面，但从有关资料来看，许多国家都把改革课程和教学内容作为革新初等教育的中心环节，呈现出以下特点。

1. 加强科学技术启蒙教育

1984年10月在日内瓦举行的第39届国际教育会议认为，进行适当的科学技术启蒙教育是初等教育课程革新的重要内容之一。会议在给各国教育部的建议中强调，进行科学技术启蒙教育应当根据科学技术的进展，儿童性格的全面发展，以及个人和社会生活的迫切需要予以安排，发展儿童对科学的基本态度；使儿童获得从切身环境出发，与智力、体力相适应的基本科技概念、能力和技术；促进儿童与自然和人与环境之间的建设性的相互影响，增强学生对于科学技术的积极性，使儿童具有对新技术和科学应用的知识和敏感，培养对待自然和对待科学技术的进一步学习、工作的正确态度，从而为儿童走向未来社会生活做好准备。

各国在科学技术启蒙教育中都着力于发展儿童的创造精神和创造能力。在美国、日本和欧洲一些国家，新的小学自然（理科）教材大多以探究性的叙述代替了结论性的解释，非常重视让学生亲自动手实验，在探究中获取知识和体会学习的乐趣；在教学中要求儿童动手去"做"科学，而不是只用耳朵"听"科学和用眼睛"看"科学。捷克斯洛伐克强调从幼儿教育起就重视培养儿童独立思考的能力，启发儿童的创造力。新的小学数学教材，从二年级起就开始学习简单的数集概念，以改变过去的机械学习，启发学生思考。瑞典在科学课程中十分强调实验和实地考察、现场

活动和其他实际操作。法国在小学设置了一门"启发活动"课程,每周7课时,没有确定的教学大纲,内容包括若干科目领域,实际上是一种进行科技启蒙教育的新途径。

在科学技术启蒙教育中,环境科学受到了普遍的重视。英国小学十分重视环境科学,要求培养儿童适应21世纪环境的需要。在匈牙利,从小学一年级起就设有"环境"课。在加拿大,小学科学教育的主要内容是使儿童了解地球、宇宙空间、环境和能源科学,教学时间每天一学时。

2. 努力发展综合课程

国外一部分课程专家认为,根据儿童的年龄特征和接受能力,小学课程的门类不宜过多,分科不可太细,课程设置应向综合化方向发展。实行综合化课程可以减少课程门类,避免各科教学内容重复,既有利于学生从整体上理解各门知识的相互联系,又可以减轻学生过重的学习负担。因此,跨学科开设综合课程,已经成为当今各国初等教育课程改革的一种重要趋势,欧、美和亚太地区许多国家进行这种改革实验,已经积累了不少经验。

(1)从认识论的角度看,整合课程有助于使学生形成完整的世界图景。可以防止学生把各门学科的知识割裂开来,为学生提供整体的观点,使他们既见树木,又见森林,从而恢复知识的完整性。整合化的教学更具适应性,比分科教育更易于接受知识的变化。

(2)从心理学的角度看,整合课程更有助于学习和学生个性的发展。综合化课程是按照儿童的需要、兴趣、好奇心和活动特点而编制的,非常重视非认知因素,比按逻辑原则编制的分科课程更有助于课程和学习条件相一致。

(3)从社会学的角度看,过分的分科教学不能鼓励学生间的合作。综合化的课程既可鼓励合作,又不排斥学习上的竞争。同时,整合课程较分科课程更有利于适应来自社会和知识方面的变化,具有较强的适应性。

(4)从教育学的角度看,整合课程可以消除由于课程繁多、分科过细给学生造成的负担过重的偏向。

就目前课程整合的状况看,大体上有三种类型:一是自然科学的整合课程,即将物理、化学、生物、地理、天文、保健、环境科学、技术等各门学科综合而成一门课程。如美国的科学课、法国的科学与技术、日本的理科等均属这一类型。二是社会科学的整合。这是将历史、地理或公民等学科综合成的课程。如西方许多国家开设的社会课等。三是自然科学和社会科学融合而成的科目。目前世界上方兴未艾的科学、技术和社会兼容的STS课程就属这类。如马来西亚的人与环境课、德

国在小学1～2年级开设的常识课,以及韩国的生活课等。

此外,在课程设计上,按照专题组织综合课程也是当前一种较常见的形式。这些专题的选定往往与儿童所熟悉的事物相关,并紧密结合儿童的兴趣和爱好。许多专题在一些国家几乎是相同的,如"我们身边的事物"、"我们的学校和邻居"、"我们的家乡和人民"等等。德国从本世纪初开始,对初等教育的教学内容进行了改革。目前在基础学校设立的"促进课",就是采用"事实教学",围绕儿童的环境进行学习,其教学内容涉及自然、社会以及家政、交通安全教育、性教育等广泛领域。有些国家提出若干综合性的教学要求,如"基本技能学习"、"生活经验"、"工作经验"等等,由教师根据当地的实际情况,确定具体的教学内容。泰国的"生活经验"也综合了社会学习、自然常识和健康教育的内容。还有一些国家虽然仍采用学科教学的形式,但教学内容已经综合了多门学科的知识。例如"自然"或"理科"课程,内容涉及生物、气象、物理+天文、环境、保健等许多学科的知识。"社会"课程,内容涉及地理、历史、法律、公民、交通安全等方面的知识。

初等教育课程综合化的趋势在一些国家小学低年级课程的设置上反映得尤为明显。尼泊尔小学一年级完全实行综合课程,综合课的主题是"儿童及其环境",以促进儿童个性的均衡发展。韩国从1982年起改革了小学1～2年级的课程,将语言、道德和社会科学知识综合为"现实生活"课,将自然科学的有关知识综合为"探究生活"课,将音乐、体育、美术综合为"快乐生活"课,其目的是使教学与学生生活结合,减轻儿童的学习负担。日本在1～2年级开设了"生活课",综合进行自然、社会等多方面知识的教学。马来西亚在新的小学课程设置中,将科学作为一门综合科目,在1～3年级纳入语言教学中,在高年级列入"人类及其环境"的科目内进行教学。

各国实行综合课程教学的方式多种多样。多数国家主张让儿童到自然和社会生活中去学习,通过直接的体验、观察、实践及运用所学的知识,去获得对于社会、自然的真切了解。家庭和社会也参与课程发展,例如聘请家长或社会有关人员来校授课。20世纪70年代,苏丹在世界银行的帮助下,在国内最落后的农村地区建立了24个"农村教育综合实验中心",课程根据当地的条件和需要设置,培养学生具备当地所需要的生产技能,也对当地的农民进行培训。

3. 更加重视语文、数学等基础学科

在小学课程实行综合化改革的探索中,一些学者主张语文和数学仍保留分科教学的形式,以保证这两门基础工具学科知识结构的系统性。美国教育界认为,儿童在小学阶段不仅要学习各科知识,更要掌握在以后的年代里进行深入学习所必需的基本技能和良好习惯,而在多种基本技能中最主要的是阅读、写作和计算技能。

为了改进和加强语文、数学教学,提高教学质量,许多国家给这两科分配了较多的课时。据有关资料显示,就语文学科而言,英国、美国均在40%以上;在亚太地区,阿富汗占38.5%,伊朗为35.7%,印度为29%,日本为27.5%。数学学科以德国的比重为最大,在20%以上。在日本占18%,印度尼西亚为17.4%。①

大多数发展中国家和多民族国家,还十分重视对儿童的母语教学,并且把使用本民族语言进行教学作为课程"民族化"的重要环节。印度尼西亚在土著民族学校低年级现在用1/4学时先教学生学习土著语言,然后再学印尼语。苏丹和马里规定,在教学中地方语言和国语并用。印度的语言问题更为复杂,全国约有1652种语言和方言,除了把印地语和英语列为官方语言之外,还确定了14种地区语言为当地的通用语言和教学语言。其他不使用上述语言的地区,在小学的初级阶段(主要是1~2年级),学校通过课程和教学方法等多种措施,帮助学生从母语过渡到通用语言。在一些国家,使用民族语言作为教学媒介,课程内容注意吸收民族文化传统,结合本国实际。

与此同时,各国在加强基础工具学科教学上均采取了一系列有效措施加以控制。如美国学生的阅读水平与他们以后的数学、物理、计算机成绩的相关率为70%左右,与历史、地理等学科成绩的相关率可达90%以上。目前,美国在小学阶段规定了7级阅读水平,就阅读范围、阅读速度和技巧等方面,都规定了全国的统一标准。在写作能力的培养上,日本规定将占总教学时数30%左右的时间用于作文指导,低年级每年增加到150学时,高年级增加到70学时。

在数学方面,各国基本上采取了合理调整中小学数学教学内容,从而进一步突出重点,以达到在培养基本的计算能力的同时,掌握如何选择正确的方法解决复杂问题的能力的目的。如德国提出数学课的目的是促进学生学会最基本的运算能力,学会计算数量大小的基本知识,培养解决数学问题的能力,从而为将来数学能力的发展打好基础。美国数学教育科学委员会认为,美国小学数学教学中的最大缺陷是不重视引导儿童把所学的知识应用于解决实际问题。因此,提出在强调掌握基础知识的同时,更要重视那些正规的、直观的和探究的技能的培养。

4. 日益重视道德品质教育

在一些西方发达国家,出现了吸毒、自杀、虐待同学、校内暴力、少女怀孕等青少年不良行为与犯罪,以及追求个人享乐、缺乏社会义务和责任感等问题。而在第

---

① 钟启泉.国外课程改革透视[M].西安:陕西人民教育出版社,1993:20.

三世界中,不少青年向往西方社会,民族观念和意识淡薄也相当普遍。所有这些都表明了世界性的教育荒废现象有愈演愈烈的趋势,以至成了各种社会问题的焦点。正是由于当前世界性的道德危机的困扰,从而使得世界各国对道德教育,特别是初等教育阶段的道德教育给予了极大的关注。

1989年联合国教科文组织在北京召开了题为"面向21世纪的教育"国际研讨会。会上,19个国家的80多位代表在分析讨论21世纪人类面临哪些挑战,并且因此将会议的主题确定为"学会关心:21世纪的教育"。会议号召人们要学会关心:关心个人、他人、群体以及全人类;关心社会、经济、生态以及全球的生存环境;关心真理、知识、学习等生存技能以及人道取向。

1994年由各国教育部长参加的"第44届国际教育大会"的《宣言》中也明确提出:"特别注意改进课程、教科书内容和包括新技术在内的其他教育材料,以便教育有爱心和责任感的公民,使他们面对其他的文化能够欣赏自由的价值、尊重人的尊严和差异,并能防止冲突或通过非暴力手段去解决冲突。"会议在提交给联合国教科文组织的《行为纲领》中再次明确提出:"为了加强形成各种价值观念和能力,如团结、创造力、公民责任、批判意识以及用非暴力手段解决各种冲突的能力,必须在各级课程中引入包括国际层面的真正的公民意识教育",以此作为国际社会为贯彻和平、人权和民主的教育政策和行动方针的重要措施之一。

在不同社会制度的国家里,尽管意识形态和价值观念上存在着巨大的差异,但是各国教育当局和教育家们都在强调对未来一代新人进行道德品质教育和思想政治教育的重要性,并且从各自国家的国情出发,深入研究和探索改善这项教育的内容、途径和方法。如通过采取设置道德教育课程或宗教课程,强化所有课程中的道德教育因素、广泛开展课外活动、重视学校隐性课程的开发,以及调动社会媒体因素等多种途径。

新加坡自1965年独立以来,在努力发展经济的同时,一贯重视对儿童和全体国民的道德教育,把它作为民族振兴的一项战略措施。有关政府人士强调,新加坡的生死存亡取决于人民精神教育的成败。而道德教育的目标,就是要通过对各项道德价值观念和社会态度的培养,造就良好的和忠诚的公民,使年轻一代在个人行为品质、社会责任意识和忠诚于国家等方面得到良好的发展。在向儿童进行道德品质教育中,新加坡特别强调东方传统伦理道德,以儒家思想作为精神支柱,抵制西方颓废思想的侵蚀。在政府、社会各界和学校的共同努力下,这项教育已经取得了明显的成效。新加坡公民的文明素质和良好的社会风气已经引起世界各国的赞赏。

日本一向比较重视道德品质教育,认为作为培养一代新人的基础,是让他们理解本国的文化和传统并对它持正确态度。只有尊重本国的文化和传统,才能具有作为本国公民的责任心和自豪感,才能产生为国家效力的自觉性。文部省颁布的《课程标准》规定,从小学到初中,各年级均开设"道德教育"课。

在美国,初等教育中道德教育主要表现为突出强调行为规范教育、公民教育、纪律教育、节俭教育等。在行为规范教育上,通常是系统地向学生讲述个人应具有的道德品质。通过口号、誓言、信条、准则等形式向学生直接灌输品德行为规范,要求学生遵循。公民教育方面,美国小学的教室都悬挂国旗和学校所在州的州旗。小学生入学上第一节课所做的第一件事,就是面对国旗肃立,右手置于胸前唱美国国歌。同时还要求儿童必须知道和懂得美国公民的传统等,从小进行公民教育和爱国主义教育。在面对少年儿童犯罪日益尖锐的问题时,美国强化纪律教育。一些学校采取制定校规和填写纪律单等方式,教育学生尊重领导,遵守纪律。此外,还注重加强各科教学中的道德教育和创造包括教师因素、校园班级环境与气氛等在内的和谐教育环境,以获得最佳教育效果。

5. 加强实用性课程

在许多发展中国家,大多数人口生活在农村。而传统的小学课程主要是为升学服务,侧重于知识的系统性,脱离社会生产和生活实际,偏重于反映城市的特点,忽视广大农村和不利环境地区的需要。针对这种情况,很多国家在课程改革中注意加强实用性课程的比重,加强学校教育与社会生产和生活的联系。在一些国家发展了一种"共同核心"课程,这类课程不仅传授知识,而且教做人、工作和生活之道,课程内容的范围较广。澳大利亚政府为全国课程改革拟定的"核心课程",其课程设计的指导方针就是从主要传授知识,逐步转移到训练学生的思维方法和培养掌握技巧的能力,它规定了学生必须掌握的最基本的学习内容与生活经验,而不局限于传统教育的"读、写、算"的狭窄范围。

近年来,实用技艺方面的课程在不少国家受到重视,在小学课程中的比重逐步增大。有的国家在小学高年级的课程中引进了一些职前培训的内容及实践,帮助学生获得生产劳动技能,使他们在不能升学的情况下,能够较快地投入工作。斯里兰卡在小学一、二年级的课程中安排了种植花卉和蔬菜、做简单的手工等。坦桑尼亚、印度等国设立了家政课,智利在小学进行了"学校菜园计划"等多种实验。在一些国家,小学1~3年级没有固定的教材,环境(自然环境和社会环境)教育是最主要的学习内容。它直接利用儿童的生活环境并联系当地的实际和需要进行教学,构成科学技术教育的入门。

6. 增强课程的灵活性和地方化

在许多国家,课程设置、教学大纲和教材由中央教育部门集中管理,很难适应各个地区的不同情况和不同需要,而且权力过于集中,实行任何改革的进程都相当缓慢。为了使课程设置不仅能适应学生的能力和学校的环境,而且也适应具体地域的需要,在世界各国教育管理体制改革方面,实行非集中化似乎已是大势所趋而为越来越多的人所接受。所谓"非集中化",就是给地方更大的权力,给学校更多的自主权,使教育能够更主动、积极地适应不同地区的不同需要,取得更高的效率。

在澳大利亚和英国,学校可以在总的规则要求范围内,决定其课程如何设置,在芬兰则给学校一定的权限,让它们提出各自的原则、目标以及如何实现目标的具体方针。在匈牙利和保加利亚,为了在教学中贯彻"因材施教"的原则,小学教材分为基本教材和补充教材两种。基本教材供所有儿童使用;补充教材属综合性教材,内容是从综合角度观察世界,供天赋较高的儿童开设音乐、外语或数学专科班。专科班学生也要学习一般课程,不同之处在于,他们每周可以多学几节自己选定的专业课。印度在各邦都成立了课程小组,研究决定适合本地区特点的课程、教材和教师用书。小组成员由教育科研人员、教师培训人员、教材编写人员和教师组成。

7. 开设计算机课程

随着科学技术的迅速发展,现代科技已经渗透到社会生活和学校工作的各个方面。在发达国家里,一些新的科技手段,诸如幻灯、投影、电视、电影、广播、录音、录像、电子黑板、激光唱盘、语言实验室、卫星通讯等等,在小学教学中已经比较广泛地被加以采用,改变了教学工作的格局,提高了课堂教学的效益。

尽管许多发达国家和正在实行工业化的国家认为信息技术在日常生活和生产领域具有重要意义,对于在教学领域采用信息技术给予优先考虑,但是也有一些学者对此持有异议,因而也有一些国家正在仔细地权衡它的利弊,并谨慎地采用适合本国国情的教育技术手段。

8. 外国语教学受到重视

面对日益增长的科技交流和国际交往,外国语教学越来越引起各国的重视。但在初等教育阶段是否开设外语,从哪个年级起开设外语,各国的看法和做法不尽相同。加拿大在小学各年级普遍开设外语课,瑞典和德国从三年级起开设外语,巴西从五年级起开设外语。

二、我国小学新课程改革的目标与理念及特点

(一)我国小学新课程改革的目标

2001年6月,教育部颁发《基础教育课程改革纲要(试行)》,为小学课程改革指明了方向。在新纲要中,对课程改革的各个环节都做了明确、具体的说明。

1. 积极转变课程的功能

传统课程过于注重知识传授,过于强调基础知识和基本技能的接受与传递,忽视了人的价值、态度、观念层面的养成与发展。因此,新课程强调课程的功能要从单纯注重知识传授转变为引导学生学习、学会生存、学会做人。首先,要根据基础教育的性质和时代特点,确定哪些基础知识和基本技能是学生终身发展必备的,同时应重新界定新时期基础知识和基本技能的概念。其次,要强调学生学习的过程与方法。再次,更为重要的是要在学习知识的过程中,形成正确的价值选择,具有社会责任感,努力为人民服务,树立远大理想。

2. 改革传统的课程结构

《基础教育课程改革纲要(试行)》指出:"改变课程结构过于强调学科本位、门类过多和缺乏整合的现状,整体设计九年一贯的课程门类和课时比例,并设置综合课程,以适应不同地区和学生发展需要,体现课程结构的均衡性、综合性和选择性。"

3. 改革传统的课程内容

传统课程内容所存在的繁难偏旧和偏重书本知识的现状,已经成为阻碍学生发展的一个重要因素。因此,新课程强调要加强课程内容与学生生活、现代社会和科技发展的联系,关注学生的学习经验和学习兴趣,精选终身学习必备的知识和技能。

4. 对实施课程的改革

即改变课程实施过于强调接受学习、死记硬背、机械训练的现象,倡导学生主动参与、乐于探究、勤于动手,培养学生搜集和处理信息的能力、获取新知识的能力、分析和解决问题的能力以及交流与合作的能力。

5. 对课程评价的改革

改变课程评价过分强调甄别和选拔的功能,应发挥其在评价促进学生发展、提高教师水平和改进教学实践等方面的功能。要在评价的功能和评价的方式上有所突破,就要充分发挥评价的教育功能,而不能仅仅是筛选和甄别的工具。

6. 对课程管理政策的改革

由于我国当前发展差异极大、文化多样的具体国情,教育需要发挥促进当地社会经济发展的作用,所以提高课程的适应性、实现课程的多样化是改革的必然方向。而要提高课程对不同地区、学校的适应性,就必须走国家、地方和学校共同建设的路子。

(二)我国小学新课程改革的理念

课程改革的核心理念是:为了中华民族的复兴,为了每个学生的发展。这一基本的价值取向预示着我国基础教育课程体系的价值转型。课程改革要顺应时代发展的需要,全面推进素质教育,努力培养学生健全的个性和完整的人格,造就新一代高素质的社会公民,加快我国从人口大国迈向人力资源强国的步伐,实现中华民族的伟大复兴。

1. 课程目标:走向"全人教育"

"为了每位学生的发展"在课程目标上的具体体现就是使学生发展成为一个"整体的人"。这又包含两个层面的含义:一是指个体人的完整性,即人是一个智力和人格和谐发展的有机整体;二是指生活的完整性,即个人与世界之间的和谐、完整。

要使学生成长为一个"整体的人"、"完整的人"、"全人",不是仅仅让学生接受百科全书式的知识,而是要在系统的、整体的高度构筑课程的目标、内容及其组织。这又具体包含两个方面的含义。

首先,新课程谋求学生智力与人格的协调发展。本次课程改革改变了课程过于注重知识传授的倾向,把统合整理学生的知识学习与精神建构作为具体改革目标之一。国家课程标准把"过程与方法"作为和"知识与技能"、"情感态度与价值观"同等重要的目标维度加以阐述,承认了过程本身不仅具有手段性价值,亦有目的性价值,这对学生的精神建构具有重要意义。

其次,新课程谋求个体、自然与社会的和谐发展。新课程体系唯有贯彻自然、社会与自我有机统一的原则才可能实现"整体的人"的发展目标。

2. 课程内容:统整学生的生活世界与科学世界

生活世界与科学世界是各有侧重的两个世界。所谓科学世界,是建立在数理、逻辑结构的基础上,由概念原理和规律规则构成的世界。生活世界与科学世界本应是内在的、历史的统一。但是回顾世界课程改革的发展历史,审视课程改革的现实,就会发现科学世界对课程体系、课程内容起着主宰作用,科学理性被无限限制化,这导致了科学世界与生活世界割裂,导致了学校教育知识的非人性化现象。现代课程与生活世界剥离引发了人们审视、诘问和剖析,最终需要通过改革去寻找失落的人的主体价值。"人"的发展诉求呼唤着课程改革踏上回归生活世界的旅途,统整学生的科学世界与生活世界。这种统整,需要在两个方面作出努力:一是增强课程的生活化;二是凸现课程的综合化。

3. 学习方式:从被动灌输到主动建构

传统的教学以教为中心,教师是学习的主宰者、灌输者、代替者,教师过于追求课堂教学形式的完美而忽视学生的学习方式,强调教学组织形式的整齐划一和知识组织形式的层次清晰,忽略了学生原有认知结构的重要作用,学习方式过于简单化和被动化;过于追求课堂教学结构的完整而忽视学生的学习过程,强调教学环节的完整和问题答案的完整,忽略了学生交流、反思、改进和协调的时间和空间,学习过程不具生成性,流于规范化;过于追求课堂教学任务的完成而忽视学生的学习目标,强调教学内容传授的完成和教学结论接受的完成,忽略了学生的学习是对新知识主动的意义建构,学习目标没有得到真正意义上的实现。

《基础教育课程改革纲要(试行)》(以下简称《纲要》)中明确指出:"改变课程实施过于强调接受学习,死记硬背,机械训练的现状,倡导学生主动参与,乐于探究,勤于动手,培养学生搜集和处理信息的能力、获取新知识的能力、分析和解决问题的能力以及交流与合作的能力。"如果我们对这段话认真分析和理解,不难发现,它包含以下三层意思:首先,它提出了对传统的接受型学习方式的批评。其次,在批评的基础上,新课程强调以培养学生的创新精神和实践能力为重点,大力倡导以"主动、探究、合作"为主要特征的新的学习方式。最后,《纲要》提出了要培养学生的四种能力。在此纲要精神的指导下,中小学的学习方式发生了根本性的变革。目前新的学习方法主要有研究性学习、合作学习、自主学习等。

4. 学校文化重建:创建富有个性的学校文化

学校文化的重建是新课程改革的直接诉求和终极目标。学校文化的重建和再生是一个发展新的价值、信念和规范的过程。学校作为一种特有的社会组织,应该成为一个"学习型组织",树立"学校共同体"的理念。创建富有个性的学校文化,需要做好如下三个方面:

(1)建设民主的管理文化;

(2)建设合作的教师文化;

(3)营造丰富的环境文化。

（三）我国小学新课程改革的特点

1. 加强综合性，突出课程的整体教育功能

确立学习领域，设置综合学习活动，加强学科间知识的整合。学习领域是根据学生发展的需要提出的，它有利于改变目前过分强调分科的状况，有利于发挥地方在课程改革中的作用，有利于课程的综合化、多样化。国家按照学习领域制定课程标准。

2. 加强实践性，突出学生自主性、探索性学习

突出学校学习与学生经验的联系，明确学生是学习的主人。课程设计将强调自主性、探索性、实践性，保证学生的自主学习和亲身实践，注重学生的探索，注重学生获得各种直接经验。

3. 加强弹性，体现课程的适应性

明确地方课程与学校课程在整个课程计划中所占的比重，不同学科领域的课时规定给地方教育部门留有一定的余地，不同学科的课时规定给学校留有一定的余地。地方教育部门在地方课程中可以决定学习领域与课时的比例分配，学校课程中学校可以依据本校实际情况决定校本课程方案。

【实践活动】

1. 调查一所小学，了解其课程改革的情况，写一个调查报告。
2. 找一份小学的课程表，尝试用本章的相关知识对它进行分析。

【读书指导】

1. 施良方. 课程理论：课程的基础、原理与问题[M]. 北京：教育科学出版社，1996.
2. 张廷凯. 新课程设计的变革[M]. 北京：人民教育出版社，2003.
3. [美]布鲁巴克. 西方课程的历史发展（上、下）[M]//瞿葆奎. 课程与教材（上册）. 北京：人民教育出版社，1988.
4. 王策三. 教学论稿[M]. 北京：人民教育出版社，1985.
5. 余文森. 新课程背景下的公共教育学教程[M]. 北京：高等教育出版社，2004.

第五章 小学课堂与教学

 内容提要

本章主要介绍课堂、教学的概念,小学课堂的特点,小学教学的意义及任务,有效的课堂教学过程的本质及基本特征,重点分析在生态化的小学课堂环境下如何实现小学课堂教学的有效性。

学习目标

1. 识记课堂、教学的概念。
2. 理解生态课堂、教学的意义、任务和有效的课堂教学的特点。
3. 能运用与有效的课堂教学相关的理论,分析具体的教学现象,指导教学实践。

 教育写真

我讨厌上学,讨厌[①]

我的名字叫"木木",木头的"木",木然的"木"。我是一个不讨人喜欢的孩子。不仅因为我叫木木,更因为我成绩不好,老师说成绩不好的孩子不是好孩子!我最讨厌考试,我最讨厌发明考试的人。我最讨厌发试卷,让家长签字,讨厌!讨厌!

我不喜欢回家,因为爸爸妈妈不喜欢我,爸爸只喜欢成绩好的孩子,妈妈只喜欢听话的孩子,可我成绩不好又不听话。他们见了我,把脸一拉,恶狠狠的,见到我满是红叉的试卷,就使劲打我,骂我。他们对邻居梅梅就不一样,把不肯给我的好

---

① 傅道春.新课程中课堂行为的变化[M].北京:首都师范大学出版社,2002:29.

东西都给她吃。梅梅总是得意洋洋的,恨不得把100分试卷贴在头顶,让每个人都看到,都表扬她。我讨厌家,讨厌爸爸妈妈,还有梅梅,讨厌!

我不爱说话,在学校总是这样。我没有好朋友,连最差的东东都拉帮结派,我一个朋友都没有。别人总是笑嘻嘻的,可我不笑,有什么好笑的?学校里全是一些无聊的事,不是他给老师打小报告就是她给老师打小报告。同学们总是神神秘秘,无聊透顶,我一直坐在教室的角落里,那是一个谁也不愿意坐的地方。他们总是昂着头说:"我不愿意和成绩不好的坐在一起。"我才不稀罕呢?我才不要成绩好呢,整日忙得晕头转向,吃那么多"太阳神",眼镜里全是圈圈。我讨厌上学,讨厌!

这就是一个后进生眼里看到的学校生活,这就是一个后进生的情绪体验。在他的心目中,学校和课堂生活还有什么意思?哪来什么快乐的生命享受?但他依然要在这样的境况中一天一天地过下去,可想而知这是多么的痛苦和难熬?作为教师,我们是否设身处地为这样的孩子想过,体验过;是否能着力改变他们的生活,让快乐的童年回到他的生活中。

第一节 小学课堂

一、课堂的概念

从传统意义上讲,课堂是指以教学班为单位,进行各种教育教学活动的场所。《现代汉语辞海》中对课堂是这样定义的——用来进行教学活动时的教室,泛指进行各种教学活动的场所。在我国,人们通常把课堂与教室、班级联系起来,它们在英文中也均为"classroom"。大多数英汉词典对"classroom"的解释也是把教室、课堂并列一处,泛指进行各种教学活动的场所。但是,课堂与教室或班级有着明显的不同。教室虽然是进行日常教育教学活动的场所,但它主要侧重于师生活动空间的建筑学意义;班级则是学校组织中的一个基本单位,是由班主任和其他任课教师与学生群体共同组成的,它侧重于强调相对固定的师生群体的社会组织意义。但是,课堂从诞生的那一天起,就与教室、班级有着本质的差别,而且这种差别随着课堂形态的演变表现得更为显著。将课堂定义为教学发生的场所,忽略了课堂中生命与活动的存在,将课堂理解为"无生命、无意义的物理形式"[①]。这样的定义,并不能完全反映课堂的真正面貌。设想一下,当我们亲身进入课堂的时候,感受到的并不只是一个教室,还包括在教室这个物理场所中具有的一切因素:环境、师生的活动、课堂的气氛等等。这些直观的感受同时袭入脑海,共同构成了我们对整个课堂的印象,反映出课堂的概貌。由此可见,课堂应该是一个具有多重属性的综合概念。

(一)课堂具有空间属性

课堂的空间属性是指课堂所占有的三维立体空间以及在此空间中所包含的各种物质,它具有三方面的含义:第一,课堂是具有长、宽、高的一个空间结构;通常情况下,这个空间是有限的;并且往往是由墙壁、地板、窗户等作为界线的封闭空间。第二,这个空间中包含着师生进行教学所需要的各种资源:① 拥有空气、光线、温度、颜色等自然条件;②(可能)拥有教材、书本、桌椅、黑板、电视、计算机等众多教学设备;③(可能)拥有植物、图片、标语等各种装饰。第三,空间及其中的各种物质按照一定的秩序进行布置。

(二)课堂具有时间属性

时间是世界的本质属性之一,课堂中同样应该包含时间属性。课堂的时间属性作为一个刻度的功能,将课堂"立体"化。如果看不到课堂的时间属性,就会将课堂看做一个静态的"平面",从而忽视了课堂的生成性和发展性,导致对课堂的含义产生片面和错误的理解。但这并不表示课堂的时间属性不包括单独的时间点,相反,课堂的时间属性既可以包含单独的时间点,也可以包含连续的时间段。

(三)课堂具有人物属性

课堂是由两个特殊的人群组成:一个是"接受社会的一定委托,在学校中以对学生的身心施加特定的影响为其主要责任"的教师群体;另一个是身心欠发达、需要通过学习不断发展的学生群体。教师群体和学生群体共同组成了课堂的主体。但在这里,课堂的人物属性体现的并不是作为课堂主体的教师群体与学生群体的主体性,而是将他们作为客体看待而产生的诸如数量、性别、种族等客观属性。从宏观层面来看,它是指教师群体与学生群体的数量、比例、组合方式等,例如课堂中

---

① 刘志军.课堂评价论[M].桂林:广西师范大学出版社,2002:3.

学生的数量,学生的排列秩序;从微观层面来看,它是指教师与学生的个体特征与社会文化背景等,例如学生的性别、种族等等。

(四) 课堂具有活动属性

课堂活动是一种特殊的活动,因为它拥有特殊的活动主体——学生,并且进行的是有目的、有计划、有组织的教学活动。这一特殊性决定了活动属性将是课堂的根本属性,它赋予课堂真正的意义——我们之所以称其为课堂,而不是工厂、商店、医院等(狭义范围内的),正是因为它拥有师生进行的教学活动。从另一个角度来讲,即使拥有一个教室,但没有师生的教学活动,我们也不能将其称为课堂。在课堂活动属性的背后,隐含的是师生的主体性。也就是说,师生的主体性通过活动属性体现于课堂之中,同时,也只有师生主体,才能在教室里创造丰富的活动。在活动属性里面的师生,不再是人物属性中的客观存在,而是作为具有主观能动性的鲜活生命。也正是因为教师与学生作为能动主体对活动的创造与参与,使课堂活动充满了创造力与可能性,使得课堂的活动属性成为课堂最活跃的一个属性。

(五) 课堂具有文化属性

课堂的文化属性没有实体,是由课堂的其他属性派生而来,但其一旦形成,又具有相对的独立性和稳定性,并能对派生它的属性产生影响。它包括外显的物质文化——文字、图画等符号化的物质,以及内隐的精神文化——人际关系(师生关系、生生关系、师师关系等)、班风班貌、常规纪律等各个方面。比如,课堂物理环境的不同可以给人以不同的课堂文化感受,中国的课堂大都让人感觉整洁、肃穆,美国的课堂让人感觉随意、温馨。

完整的课堂一定会体现出空间、时间、人物、活动、文化五个属性,缺一不可。它就像一部电影一样,将特定角色(人物)在特点场景(空间)里发生的故事(活动)一幕一幕(时间)生动地(文化)展现给人们。但是人们在日常使用课堂一词的时候,往往只取用了其中的一部分属性。比如前文所叙述的将课堂定义为教学活动发生的场所,只突出了课堂的空间属性,并没有将课堂的时间、人物、活动、文化属性表现出来,造成了课堂与教室概念上的重复,实际上是缩小了课堂的内涵。

随着新课改的不断深入,教师的教学方式和学生的学习方式都与以前存在很大的不同。传统的课堂注入了新的内涵,形成民主活跃的课堂气氛将成为教师努力的方向。新课程在课堂的界定上突出了以下四个方面。

(1) 课堂不是教师表演的舞台,而是师生之间交往、互动的舞台——教学归根到底是一种交往行为,是以交往为媒介,以交往作为必不可少的手段的。只有在真正有效的交往与互动中,学生获取的知识才是"内化"了的,增长的能力才是"货真价实"的,养成的情感才是"真正切切"的。

（2）课堂不是对学生进行训练的场所,而是引导学生发展的场所。在课堂上,不能把学生看成是无知无能的被动的受体,看成是只能接受教师指令的工具,而要把学生看成是有着独特的个性、鲜活生命力的个体,他们有着自己的真情实感,有着自己判断是非的能力,有着自己的知识经验,有着自己的成长情景。教师所要做的,不是从外部强制地灌输知识,让学生原封不动地"克隆"出这些知识,而是从内部去激发他们的求知欲,由内而外地引导学生去认识周围的世界;不是由知识走向学生,而是由学生走向知识。

（3）课堂不只是传授知识的场所,而且更应该是探究知识的场所。韩愈为教师确立的职责和角色在他所处的农业经济时代是合理的,而对于知识更新速度日趋加快,信息日益纷繁多样的今天来说,都越来越不合时宜。让学生学会学习,掌握学习的本领,养成不断求知的习惯,形成终身必备的素养,是时代发展对学生的期盼。不能完全把课堂当做知识的"交易所"。知识既是"名词",更是"动词",学生通过主动探究,动眼、动脑、动口、动手获取的知识,才是掌握最牢固的知识,才是最能有运用空间和价值的知识。

（4）课堂不是教师教学行为模式化运作的场所,而是教师教育智慧充分展现的场所。课堂情景是极为复杂的,从不同的角度看待、透视课堂,课堂实际上展现的是不同的场景(社会学的人际交往画面;文化学的成人文化与儿童文化相互沟通、整合的画面;心理学的师与生心理不断调适、冲突的画面)。课堂是动态存在、变动不居的。它挑战着教师的智慧,要求教师随时根据变化了的情形,不断调整自己的行为,根据自己对课堂的各种信息的把握,即时做出判断,采取得当的措施。要改变千篇一律的教学行为、一统僵化的教学策略和以不变应万变的教学模式,充分发挥教师自己的智慧,把学生置于教学的出发点和核心地位,应学生而动,应情境而变,以学定教,让课堂焕发勃勃生机,显现真正的生命活力。

 资料贴吧

> 把课堂还给学生,让课堂充满生命活力;把班级还给学生,让班级充满成长气息;把创造还给教师,让教育充满智慧挑战;把精神生命发展的主动权还给师生,让学校充满勃勃生机。

二、新课改背景下小学课堂的特点

小学教育是整个教育事业的基础,要提高整个教育事业的质量,必须从小学教育做起。对一个国家来说,只有小学教育普及和提高了,中等教育、高等教育才能逐级普及和提高;对个人来讲,完好的小学教育,为其身心健康发展奠定了基础,同时为其接受中等教育提供了条件。总之,小学教育为提高国民素质奠定基础,为培养各级各类人才奠定基础,为儿童一生的发展奠定基础。

从人生发展历程来看,小学阶段是最重要的,是长身体、长知识最旺盛的时期。小学生好奇心强,求知欲旺盛,思维敏捷;小学生记忆力强,善于背诵,对感兴趣的事物,能够牢记在心;小学生模仿力强,容易做到习久成性,在儿童时代养成的好习惯,可以牢固地保持一辈子。小学阶段是儿童发展最易受影响的时期,是儿童向少年过渡,从不成熟到逐步成熟,身心发展的关键时期,这一时期的教育,在人的一生发展中起着重要的启蒙作用。因此,良好小学课堂环境的建设尤其重要。小学是儿童最初接触的正规学校教育,这是他们学生时代的开始,也是一个关键。我们国家一个小学生一天大约有 1/3 时间在学校,而这些时间大多数又是在课堂上度过。一个儿童最初教育阶段接触的、生活的环境可能会影响到他的一生。另外,与初中、高中相比,小学更有条件进行良好课堂环境建设,因为小学教育具有全民性和义务性等特点,它是强制的,接受义务教育是每个公民的权利与义务,小学升初中基本不存在升学的压力。在客观条件方面,小学更有条件,也更应该建设良好的课堂环境。

根据新课程改革提出的要求和小学生具体的心理特征,新课程下的小学课堂应该有以下几大特点。

(一) 民主性、平等性

《基础教育课程改革纲要(试行)》中提到:"教师在教学过程中应与学生积极互动、共同发展……逐步实现教学内容的呈现方式、学生的学习方式、教师的教学方式和师生互动方式的变革。"这提出了师生交往的变革,而从小学生心理来看,学龄期儿童已经开始逐渐摆脱了对他人评价的依赖,能独立对自己进行一定的评价,而且随着年龄的增长,独立进行自我评价的能力增强,范围逐渐扩大,由具体性向抽象性发展,自我评价的稳定性逐渐加强。因此,就需要建设一种民主平等的课堂环境来促进新课改的实施,也使小学生在这个环境中形成对自己的健康评价。

美国心理学家罗杰斯说:"成功的教学依赖于一种真诚的理解和信任的师生关

系,依赖于一种和谐安全的课堂氛围。"①师生关系是课堂教学环境中最重要的一部分。新课程呼吁师生之间建立平等、民主协商的关系,这种关系对于激发学生的创新精神来说至关重要。在整个课堂教学环境中,教师与学生都是最重要的主体,扮演着课堂教学的重要角色,伴随多种行为规范和行为模式。因此教师在教学中要发挥多样的教育功能,全面和谐地促进学生的发展,做到知识的传授者、能力的培养者、榜样、心理医生、家长的代理人、朋友与知己等角色的统一。在与学生的交往中,教师必须以平等之心待学生,不仅要让学生感到可敬,还要感到可近、可亲。每一个学生不论他的学习成绩是好是差,他的人格都应该受到尊重;任何学生在课堂上都有与老师同学平等对话的权利,自由发言的权利,正常按序排座的权利;在课堂上,教室就是一个出错的地方,课堂上每个人都可以独立自主地表达,自由地讨论,平等地交流,学生也可以大胆向老师发问;同时教师要充分发挥学生学习主体的作用,调动他们内在的学习动力,努力使他们乐意参加到学习中来。

(二) 开放性、生活性

《基础教育课程改革纲要(试行)》中提到"改变课程内容'难、烦、偏、旧'和过于注重书本知识的现状,加强课程内容与学生生活以及现代社会和科技发展的联系,关注学生的学习兴趣和经验,精选终身学习必备的基础知识和技能"。从小学生的思维发展上看,是由具体形象思维为主逐渐发展到以具体形象为支柱的抽象思维为主。小学生的抽象思维在发展,但仍带有很大的具体形象性,具体形象是其进行抽象思维的支柱。小学低年级学生掌握的概念大多是具体的、形象的,他们还不能理解和掌握事物的一般特性,因此我们可以看到小学低年级学生在学习数学加减法的时候往往会借助于实物或手指,他们的思维活动很大程度上与当前的具体事物或生动的表象联系在一起。因此,小学生的课堂必须是开放性的,与生活密切联系的,这样才能促进小学生思维的发展。

在学生的成长期间,课堂占据着他们的大部分时间,传统的课堂常常使他们感到痛苦和无奈,他们盼望着放学,盼望着假期,就是想逃离课堂,回到他们自己的生活,回到自己的游戏和活动中去。造成这种现象的一个主要原因就是课堂与生活世界的脱离。实际上,生活与知识是紧密相连的。"生活中有语文、生活中有数学、生活中有物理化学。一旦教师将生活中的教育资源与书本知识两相融通起来,学生就有可能会感受到书本知识学习的意义与作用,就有可能会深深意识到自己学

---

① 戚业国. 课堂管理与沟通[M]. 北京:北京师范大学出版社,2005:85.

习的责任与价值,就有可能会增强自己学习的兴趣和动机,学习就有可能不再是一项枯燥无味必须要完成的义务,而是一项乐在其中的有趣的活动了。"①

(三) 愉悦性、活力性

人的情绪情感发展是与认知和社会发展同步的,童年期儿童的情绪情感也是随着儿童认知和社会性的发展而逐步发展起来的。由于儿童生活内容的重大变化,情感所反映的内容也出现了变化,变得越来越丰富了,与学习、同伴和教师有关的社会性情感越来越占主要地位,出现了与学生兴趣、学习成败有关的理智感、优胜感,与班集体有关的荣誉感、责任感,以及与同伴之间产生的友谊感等。其次,小学生对教师产生了一种特殊的感情,小学生对教师特别崇敬,特别热爱,也特别听老师的话。他们喜欢取悦老师,以得到老师的爱。另外,小学生刚入学时,由于环境发生了变化,他们可能会一下子不适应,产生情绪问题。教师应该关注他们情绪的变化,帮助学生尽快适应学校生活。因此,一种充满愉悦、活力的课堂环境非常必要。

著名教育家赞可夫曾经说过:"我们要努力使学习充满无拘无束的气象,使学生和教师在课堂上都能够自由地呼吸。如果不能造成这样的教学气氛,那么任何一种教学方法都不可能发挥作用。""在课堂上都能够自由地呼吸",形象地告诉我们课堂需要愉悦性,需要一种活力。心理学家认为:在愉悦的心理环境中,学习者情绪愉快、精神放松,有利于发挥学习的主动性和创造性,实现有意识无意识的统一,释放出巨大的学习潜能。在精神焕发、轻松愉快的心理状态下,大脑接受刺激的敏感度提高,大脑神经活动的灵活性增强,思维敏捷、触类旁通。学习不应是痛苦的事,课堂上要有情感的投入。苏霍姆林斯基强调教师在课堂上创造精神的饱满和乐观愉快的语调,在培养牢固持久的学习愿望方面具有极大的意义;教师在教学过程中面容亲切和蔼,目光充满期待,再加上适当的手势动作,严谨、简洁、意深、抑扬顿挫的教学语言,课堂充满温馨与轻松,无论是多陌生的学生在行动上都会做出积极的呼应。

(四) 凝聚性、自律性

2001 年 6 月颁布的《国务院关于基础教育改革与发展的决定》中专门提及了合作学习,指出:"鼓励合作学习,促进学生之间的相互交流,共同发展,促进师生教学相长。"《基础教育课程改革纲要(试行)》中同时倡导"培养学生搜集和处理信息的能力、获取新知识的能力、分析和解决问题的能力以及交流与合作的能力"。因

---

① 郑金洲.重构课堂[J].华东师范大学学报,2001(3).

此合作学习这种新的学习方式应运而生,而合作学习的成功就需要班级内和谐、凝聚的气氛;新课程强调班级内的生生关系,这种人际关系不论好与坏,都是最具影响力的典型的心理环境,它影响着个体的知觉、观点、情绪及个性。

从小学生心理来看,同伴团体的形成是童年期交往发展的一个特点;在入学前,儿童的交往关系是不稳定的,极易发生变化;进入小学后,儿童的独立性和社会性都逐渐增强,他们开始寻求比较稳定的同伴关系,建立友谊。而且实践证明:在班集体中,团结友爱、互帮互助、和谐的人际关系使人感到温暖,产生安全感;相反,彼此冷漠、互不来往,甚至仇视和猜忌的关系,会使人产生压抑和焦虑,导致多种心理问题的产生,影响身心健康。因此,作为教师,特别是班主任应帮助小学生学会交往,建立良好的人际关系,教育学生感受体验他人的情感状态,学会关心和谦让,学会和同伴友善交往,让学生在集体和同学的活动、交往中拥有快乐、成功、轻松等良好心理。这就是所谓的凝聚性。所谓自律性是说课堂中学生要有自律自觉的意识,管理的最高境界就是没有管理,教师不会为课堂管理而头疼;课堂上没有大的学生问题行为发生。但是我们不能说课堂秩序井然,学生安静听课,不吵闹就达到了课堂环境的对学生起到的自律作用。当学生高度投入学习中,因陷入深思而课堂安静,这是积极的安静,而学生心不在焉地听课或者做白日梦,虽然从表面上看是一种安静,实际是一种消极的安静。

(五)舒适接纳性

新课程同时倡导学生学习方式的变化,改变课程实施过于强调接受学习、死记硬背、机械训练的现状,倡导学生主动参与、乐于探究、勤于动手,强调学生学习的主动化。舒适接纳性的课堂环境无疑是一个良好的物质基础。从儿童的生理发展来看,童年期儿童的身体是缓慢而又稳步发展的,具有高度自尊的儿童对他们自己的躯干、外貌有了基本的评价,并开始慢慢产生相应的情感体验;儿童的大脑和神经系统的发展趋于成熟,心理也逐渐成熟,因此必须有一个舒适的物质环境促进儿童的生理健康。教室的物理环境直接影响到教师和学生的健康、安全、舒适和动机;教室的热度、通风、照明、光亮、声音、尺寸各个因素都将直接或间接地影响学生的舒适感;教室里太热、太冷、光线过暗、太吵等,都可能使教学工作无法进行。课堂物理环境的创设要遵循学生的生理、心理活动规律。心理学家的研究结果证实,学生的思维发展与用脑效率和课堂环境中的各种因素有很大关系。当然上面提到的很多因素可能很多是学校的责任,教师能做到的就是最大限度地利用教室来促进学生的学习,比如教室内的简单布置,或者教师对学生座位的安排,等等。

(六) 生命性

新课程下的课堂最重要的一点就是要升华学生的生命价值。在传统的课堂中，教师往往只见物不见人，教育对象的生命性被忽视。"在现实的基础教育中常常忽视了对象是'人'，是具有世界上最大丰富性和主动性的生命，忽视了中小学教育是面对处在人生最重要时期的、具有奠基意义的发展中的人——青少年。"[①]教师常常关注的不是学生这个生命，而是上级安排的达标指标，学校布置的教学任务，以事为重，以人为轻；以任务为重，以生命为轻。"也曾有人把学校里的学生看成是一个没有生命的容器，教师可以自由地、任意地往这个容器里灌注任何东西，而学生自己有时也就以消极的容器自居，不肯主动地积极地把老师教给的东西消化。"[②]学生的生命在专制的课堂中不但没有得到升华，反而受到压抑，儿童的生命价值在课堂中不断贬值，儿童由刚入学时的生动活泼变成毕业时的小心翼翼。

对于每个学生来说，学生时期是他们"十分宝贵但自己却并不完全知晓其价值的生命时期，是缺乏生活经验，各方面都处在形成状态又充满多方面需要和发展可能，充满生命活力和潜力的时期。这段时期的教育影响价值，远远超出该阶段而扩展到终身"[③]。因此，儿童的这一阶段，非常需要教师懂得开发儿童生命的独特价值和巨大潜力，使学生的生命价值得到体现。教师应该把自己看做是"人师"，教师的工作不只是教书，更是教人，整个课堂教学应该关注成长中的人的整个生命，建设一个具有生命气息的课堂教学，就具有了生成性，每一堂课都是不可重复的激情与智慧综合生成的过程。

三、小学生态课堂的构建

(一) 生态课堂的概念界定

"生态"(ecology)一词源于希腊文，由"Oikos"("住所"或"栖息地")和"Logos"("讨论"或"研究")两个词根组合而成"Oekologie"，意即"对住所的研究"。1866年，德国动物学家海克尔(E. Haeckel)给"生态"下了一个较为明确的定义，即"有机体与周围环境之间的关系"[④]。在汉语词义中，"生"表示活着的、有生命的，表示可以发育的物体在一定的条件或活动环境中发展、长大；"态"是指姿态、情况、形状、样子。生态

---

① 叶澜."新基础教育"探索性研究报告集[C].上海：三联书店，1999：26.
② 郑金洲.基于新课程的课堂教学改革[M].福州：福建教育出版社，2003：60.
③ 叶澜."新基础教育"探索性研究报告集[C].上海：三联书店，1999：8.
④ 吴鼎福，诸文蔚.教育生态学[M].南京：江苏教育出版社，2000：2.

即生命体或可以发育的物体在一定的条件下或活动环境中发展、成长的情况、样子。

"生态课堂"是在教育生态化的背景下提出的新名词,它并非"生态"和"课堂"的叠加,亦非如同语文课堂、数学课堂的生态学科的课堂,在"生态课堂"这一词组中主题词是"课堂","生态"一词起修饰限定作用,即"生态化",因此,"生态课堂"即为"生态化课堂",是指一种生态状态下的课堂,或是达到了生态状态的课堂。在这里,生态表示的含义不再是生命体体现出来的状态,而是表示一种"绿色"的、和谐的、可持续发展的观念。生态课堂是用生态主义的观点来理解课堂、建构课堂,是一种理想化的课堂。"生态主义着眼于生态系统中关系的考察,确立起了系统整体观念、民主平等原则、尊重差异的思想以及动态发展的观点,强调每一物种在维持生态系统整体性中所起的作用,强调生态系统中每一存在物所具有的内在价值。"①生态课堂强调的是一个应然状态,即应该是一个什么样的课堂。我们可以把生态课堂的生态理解为对生命尊敬、热爱、善待的态度,对生命成长的环境所持有的尊敬、热爱、善待的态度。生态课堂的本质是联系、发展、和谐与共生,强调生态主体的投入,即师生生命与课堂的融入,而不是"将技术凌驾于人的生命之上";强调创设积极的有利于学生生态主体建构生成的课堂生态情境;强调生态主体间的平等对话、交往互动;旨在建立和谐共生的生态主体关系,促进学生生态个性的健全发展,促进教师生态个体的专业成长。这样的课堂,应该是一个以人为本的课堂,是自然、愉快、和谐地发展学生和教师的课堂,是环境、文化友好的课堂,同时,还应该是一个教学效益最佳的课堂。

(二)生态课堂的特征

生态课堂并不是"知识课堂"、"能力课堂"的对立面,也不是要颠覆和排斥传统课堂,"非此即彼",并非与传统课堂毫无关系,不是完全"无中生有"。但生态课堂是对传统课堂的解构和超越,体现了人与自然的和谐共生,人与社会的可持续发展的价值观,因而,存在着其独特的个性,主要表现为:开放性、多样性、整体性、自组织性和生成性等,是以生态的视角、方法审视思考我们的课堂,并从中寻求以人(学生、教师)为本的生命价值,寻求课堂和谐、发展、可持续的可能途径。

1. 开放性

开放性是系统的主要特征之一。作为生态系统,生态课堂也具有开放性的特点。开放性是与封闭性相对而言的,就课堂来说,它既具有开放性也具有一定的封

---

① 王牧华.生态主义课程研究[D].重庆:西南师范大学硕士学位论文,2001:23.

闭性。课堂的封闭性是指每个课堂都有在一定程度内保持自身为自身,而不被外界所改变或同化的特性。课堂的开放性是指课堂在其发展的过程中必须不断地与外部环境进行物质、信息和能量的交换以达到自身的不断更新与发展,而课堂内部各因子之间也互相作用、互相调适以实现课堂整体的最优化。课堂的封闭性是课堂的自我保护功能,而课堂的开放性是课堂的自我发展功能,二者都是作为生态系统的课堂所具有的重要功能。课堂的开放性说明课堂自身不是自足的、孤立的,而是依存的、联系的。具体地说,生态课堂的开放性主要包括:① 物的开放性。这里又包括两个方面:第一,物就是它自身的敞亮,并没有一个深藏在背后的本质;第二,课堂中的物不是只限于课堂空间内的几个物件,而是与课堂外诸系统保持着密切的联系。课堂虽以教室空间为基础,但却不仅仅局限于教室。② 人的开放性。这主要是说,课堂中的每个个体在精神世界上都是向他人和外界开放的。师生双方只有都敞开自己的内心世界,才能实现彼此间的理解和视域融合。③ 课程的开放性。主要包括课程内容的开放性和课程实施的开放性等。所谓课程内容的开放性,就是说课程不应仅仅被理解为书本和教材,而应该是一种具有广泛涵摄力的文本,包容了符号文本、文字文本、观念文本乃至生活文本等。所谓课程实施的开放性,实际上就是指教学的开放性。这种开放性主要体现在:首先,教学目标是开放的。就是说不预设一个固定不变的目标,而是根据具体情况随时作调整,因此具有相当的弹性。其次,教学过程是开放的。一是指情境及问题等设计是开放的,它发散思维而不限制思维。二是指教学中的活动也是开放的,学生是积极的参与者。最后,教学结果也是开放的。对于问题,可以有不同的观点存在,而不是仅仅提供一个非此即彼的答案。总之,生态课堂的开放性是作为生态系统的课堂之所以能够不断发展的动力之源,也是课堂中各生态因子的创造性之源。没有开放性,课堂就会趋于萎缩,当然也就更无生态性可言。

2. 多样性

生物多样性没有一个严格、统一的定义。一般地,它就是指地球上的所有生物及其与环境之间相互作用所构成的自然综合体(生态系统)。在生态系统中生物之间具有相互依存、相互制约的关系,共同维系着生态系统的结构和功能。如果某些物种一旦减少,生态系统的稳定性就会遭到破坏,人类的生存环境也将因此受到影响。生物多样性对维护自然界的生态平衡起到不可估量的作用。与自然界中的生物多样性相似,生态课堂也具有多样性特点。生态课堂的多样性主要表现在:① 物的多样性。生态课堂以自然意义上的物质空间为前提。在这个空间中,存在着各种各样的物体,包括纯自然物和人造物等。这些物体是师生交往互动的有机组成部分,而不仅仅是工具和中介。② 文化的多样性。生态课堂中也存在着文化的多样性,如学生文化、教师文化、课本文化等,它们共同构成一个多元文化空间。学生在进入课堂时,同时也带来了打上其个体独特烙印的"个体文化"。课本文化也是课堂中的强势文化,它凭借"官方知识"的地位而排斥与其不一致的文化。课堂中的教师文化也是一种强势文化,它凭借对课本文化的"标准"解释而拥有对学生的"话语霸权"。另外,还有"墙壁文化"、"课桌文化"等。③ 个性(心理)的多样性。我们找不到两个具有完全相同心理的人。"即使是同卵双生子,他们的心理面貌也不会完全相同。"①由于每个个体的生理及其境遇的不同,从而他们的个性心理也是各自不同的,譬如有内向的、有外向的等。就课堂而言,不同个体的不同心理共同形成一个课堂心理场域。④ 行为的多样性。个体不同的个性心理特征必然会在他们的行为中表现出来。课堂是由具有不同个性的人组成的,因此他们的行为也各自具有不同的指向,譬如就学生而言,有的活泼好动,有的沉默寡言,有的热情奔放,有的羞涩腼腆。不同行为之间互相影响、互相作用,共同构成课堂中的多样性行为空间。

3. 整体性

整体性是系统的最大特点,系统只有作为一个整体才能发挥其应有的功能。

整体性原则认为,世界上任何一个有机的整体系统,不但其内部各组成要素之间是相互联系的,而且系统与外部环境之间也是有机联系的。埃德加·莫兰认为,"人们不仅不能把部分孤立于整体,而且也不能使各个部分互相孤立。"②作为一个微观生态系统,生态课堂必然要追求它自身的整体最大利益。生态课堂的整体性表现在:① 个体本身就是一个整体。传统课堂关注最多的是学生的心灵中的认知部分,而对于心灵中的其他部分则很少过问,至于身体的成长等就更不在日程表之上。"考什么,教什么"是传统课堂的准则。这种课堂教育的结果就是培养出大量"高分低能"和"高智商低情商"的文弱书生。生态课堂观则认为,课堂中的每一个学生,首先都是一个个独立自存的整体,也就是说都是身心和谐的统一体。因此,课堂中施行的教育也必须是能给予学生以整体发展的教育。学生的完整生命,才是教育和课堂教学的出发点。② 课堂中的师生关系是一个整体。传统教育理论把课堂中的师生关系简化为教学关系,而教学关系又被定义为学生在教师的引导下掌握教材的一种认知关系。生态课堂观认为,课堂中的师生之间是一种在交往、对话的基础上形成的共生关系,是一种相互依存的关系。把师生关系窄化为教学关系、认知关系,不但割裂了个体生命的完整性,而且也使师生关系蜕变成"主—

---

① 叶奕乾.普通心理学[M].上海:华东师范大学出版社,1997:442.
② [法]埃德加·莫兰.复杂性理论与教育问题[M].陈一壮,译.北京:北京大学出版社,2004:26.

客"式二元对立关系。③ 课堂本身是一个整体。生态课堂观认为,课堂中的每一个生态因子都有其存在的价值,都是这个系统的有机组成部分,课堂及其中的人、物、环境共同构成一个整体。生态课堂中的生态因子在其每一个互动中必须以整体的和谐与发展为目标。整体性是处理和解决课堂问题的根本。

4. 自组织性

自组织与他组织相对,简单说就是由自己(自然、社会、文化等系统)自主地安排与自身相关的现实的和未来的活动。所谓生态课堂的自组织性,就是说当课堂内发生突发事件时,在没有外部指令的情况下,作为系统的课堂内部各因子(主要是教师和学生)能够机智地按照某种可行的原则自行采取相应的措施,以控制危机发生和发展的能力。由于某些事故发生的突然性和消极作用,因而要求课堂必须具有一定的自组织性。要真正做到自组织控制,必须采用开放的课堂结构,而且课堂中各因子之间还要有良好的信息沟通能力和很好的协调关系。这样,课堂中的交往和互动才能始终维持在平衡与和谐的状态。自组织性是生态课堂的一个重要特性。和系统一样,课堂中一般也呈现两种状态,即平衡态(稳固状态)和非平衡态(紊乱状态)。课堂中各生态因子在自组织原理的支配下相互作用、相互调适,可能接近或达到"平衡区域",但是也可能因为内部或外部的各种因素而背离"平衡区域"。这时候,课堂如果能及时合理地发挥自身的补偿功能,就是说,作为系统,课堂中的生态因子为维持自身的规定性会自发地组织起来消除"紊乱",恢复平衡和发展。但如果课堂不能很好地修复自身,则有可能产生课堂中各因子间貌合神离,甚至离心离德,最后导致课堂的分崩离析乃至名存实亡。

5. 生成性

生成性是生态课堂的又一显著特性。作为一个微观生态系统,生态课堂中的各生态因子之间相互影响、相互作用。在这种互动中,作为人的生态因子具有特别重要的意义。与自然存在物相比,人的特点或者说突出的优势就在于人的能动性,也就是说,人能按照自己的目的和意图来筹划、设计和变革现实世界。人在互动中生成,又在生成中互动。生态课堂观认为,生态课堂的生成性具有多重含义,它不仅包括作为人的自然基础的肉体的生长,也包括人的精神的生成,甚至还包括人对自然物的改造或润饰,这是物对人的生成。在传统课堂中,如果说还有"生成性"的话,那也只是指智力的生成,至于身体的生成(生长)、精神的整体生成很少或几乎不在考虑之列。而"物对人的生成"也只是用来为智力服务,并不具有自身的独立价值。相比之下,生态课堂中的生成性则占有极为重要的地位和意义。在生态课堂中,人(既包括学生,也包括教师)是有着包括知识、情感、意志、人格、健康等在内,一句话,包括身体和精神在内的整体需求的人,而不能仅仅被看做传输和接受知识的容器。所以,要改变传统课堂中"扭曲的人"的形象就必须从根基上入手,将人的整体性生成观念纳入生态课堂中。

(三) 生态课堂构建的原则

生态课堂的教学思想,是新课程理念的体现和发展,要求以学生发展为本,尊重学生、关注学生的生命成长,促使每个学生的个性飞扬,把课堂还给学生,使课堂活起来,从而使师生共同成长,实现由知识中心向人的发展为中心的转变。因此,构建生态课堂应遵循以下几个原则。

1. 整体性原则

生态系统论认为,系统内各因子相互联系、相互作用构成整体性。如果生态系统内各组成部分都能获得合理均衡的发展,则整个生态系统就具有自我更新、自我发展的能力。发展需要从"整体"去关照,基础教育课程改革的最终目标是为每一位学生的终身发展奠定基础,促进学生——"整体"的人的全面、和谐发展。"我们的教育必须创造这样一种人的整体生命投入的生态。"①

课程目标主要包括知识与技能、过程与方法、情感态度与价值观三个维度,它们是一个有机的整体,不可分割;教学过程即课堂生态系统运行变化的过程,是由多主体、多环节等共同构成的有机整体;教学过程中运用的多种多样的教学方法、手段相互作用、相互联系而构成一个整体;教学效果是课堂生态系统中众多生态因子共同交互作用的结果,而不能简化为各种因素的简单叠加;课堂生态环境的构成因素复杂多样,各种因素之间相互渗透、相互融合、相互影响、相互促进。这些都决定了在生态课堂构建中,教师的教和学生的学这两种生态主体的活动必须是和谐统一进行的。依据整体性原则,教师应该既要重视学生对基本知识和基本技能的学习,又要重视对学生创新意识和实践能力、自我发展能力的培养;既要注重学习结果的评价,更要注重学习过程的评价;既要重视弘扬科学精神,又重视弘扬人文精神。只有这样才能努力将学生培养成为一个和谐发展的人,以充分发挥其作为发展的生态主体在推动社会大生态系统的可持续发展方面的作用。

2. 可持续发展原则

在生态系统中,生物的丰富多样性、生物的演化适应能力、种群之间及与环境之间的和谐关系是系统可持续发展不可缺少的条件。可持续发展思想的核心,在

---

① 郭思乐.经典科学对教育的影响及其与教育生命机制的冲突[J].教育研究,2003(2):15-21.

于正确认识和规范两大基本关系:一是协调"人与自然"的关系,二是协调"人与人"的关系。人与自然之间的相互适应和协同进化是外部条件,人与人之间的相互尊重、平等互助等是内部条件。唯有这二者的充分组合,才能真正地实现可持续发展。①

课堂生态系统中的可持续发展,即在和谐而充满生命活力的教育理念支配下,让课堂成为促进师生生态主体身心和谐、健康发展的良性生态系统,今日的课堂应该能够为学生适应未来的发展提供原动力,为学生的终生发展奠定基础。在课堂生态系统中,发展的含义主要有四个方面:① 全体学生的发展而不是部分学生的发展;② 学生人格的全面发展而不只是智力的片面发展;③ 学生有个性的发展而不是全体学生同一个模式的发展;④ 学生在原有基础上可持续的终身发展而不是只局限在学校的当前发展。

遵循可持续发展的原则,一要协调师生生态主体与课堂生态环境的关系,改善物质环境,构建和谐舒适的精神氛围,为学生情感人格等健康发展创造条件;二要协调生态主体(教师和学生、学生和学生)之间的关系,师生之间民主、平等、对话、交流,学生之间合作探究、合理竞争、和谐共进;三要提高师生生命主体自我发展的能力,提倡多样性,弘扬个性。促进教师专业成长,摈弃"春蚕到死丝方尽,蜡炬成灰泪始干"的单一、耗衰型形象观念,努力形成丰富多彩的教学风格。教师要增强每一个学生生态主体的自学能力和生存能力,形成可持续发展的观念,培养学生立足社会所必备的能力和素养。

3. 生成性原则

生态系统中有机体及其与环境之间关系的复杂变化性决定了动态生成性是其重要的特征。因此,师生生态主体交互影响的教学过程"不再被视为固定的、先验的'跑道',而成为达成个人转变的通道"。因此,从生态后现代主义的视角来看,生态课堂教学具有极强的现场性、随机性、动态性、生成性。

在课堂生态系统中,课堂教学是教与学交往、互动的过程,师生生态主体之间相互交流、相互沟通、相互启发、相互补充,在这个过程中教师与学生分享彼此的思考、经验和知识,交流彼此的情感、体验与观念,在原有的基础上实现对知识、能力、情感态度与价值观等各方面的全新的建构,求得新的发现,使学科课程资源更加丰富。课堂生态系统运行的过程是一个发展的、增值的、生成的过程。它意味着生长,意味着师生生命共同体在发展过程中不断丰富、完善和成熟。教师生态主体在

---

① 中国科学院可持续发展研究组.2000 中国可持续发展战略报告[R].北京:科学出版社,2000.

教学中需要开放地接纳始料未及的信息,针对具体的教学环境选择教学方法和手段,调整预定的教学环节和步骤,应根据教学中获得的信息不断修正和改变教学方案,或依据教学现场的实时特点而动态生成新的教学方案,在变动中师生生态主体合作建构、创新,引导着教学逐步走向深入。可见,生成教学的实施需要营造互动对话的氛围,创设开放的富有学科特征的生活情境,处于鲜活情境中的学生生态主体才会有如鱼得水之感。生成性原则也意味着没有一个生态课堂是相同的。基于生态课堂理念,"课堂教育应该关注在生长、成长中的人的整个生命,从生命的高度来看每一节课都是不可重复的激情与智慧综合生成过程"[1]。

4. 平衡性原则

在生态平衡的状态下,生态系统的结构和功能相对稳定,生物与环境之间、生物各个种群之间,通过能量流动、物质循环和信息传递,达到高度适应、协调和统一,系统内外所有的要素之间的功能关系都发挥到最好。生态平衡是生态系统发展的理想境界。在生态课堂构建中追求理想的动态平衡——课堂教学环境各要素之间相互促进、相互协调,教师与学生生态主体之间交流互动、和谐共进。学生的认知心理逐步从一种不平衡状态达到平衡状态,从一种较低层次的平衡状态到达一种较高层次的平衡,进而引起其身心向着适应社会、适应自然的方向发展,促进社会的进步和生态的平衡。课堂生态系统中的平衡主要表现在两个方面:

(1) 预设与生成平衡

在课堂生态系统中,预设与生成是辩证的对立统一体。生成学习是生态课堂教学的主过程,具有不确定性和多样性,生成的核心就是创造。没有预设的生成往往是盲目的,而没有生成的预设又往往是低效的。"预设过度必然导致对生成的忽视,挤占生成的时间和空间;生成过多也必然影响预设目标的实现以及教学计划的落实。无论是预设还是生成,都要服从于有效的教学和学生的发展。预设和生成融为一体,预设中有生成,生成中有预设,这是理想的关系。"[2]为进行有效的课堂教学,需要在预设与生成之间动态地把握平衡。教学开始之前,需要预设目标、内容、教学方式等,要对学生情况有一基本了解,否则教学就无法进行;但如果对教学过程预设过细、控制过死,会使蕴含生机和变化的教学过程变成机械执行教案的过程,就会造成教学的僵化和刻板,使学生生态主体居于被动、压抑的状态,抑制学生

---

[1] 钟启泉,等.为了中华民族的复兴 为了每位学生的发展——《基础教育课程改革纲要(试行)》解读[M].上海:华东师范大学出版社,2001:27.

[2] 余文森.课堂:如何让"预设"与"生成"共精彩?[N].中国教育报,2006-04-14(5).

生态主体能动性的发挥和创造力的发展。作为教师生态主体应把预设作为生成的起点,将之作为检验反馈信息和促进学生生态主体下一步学习的一个重要依据;要注重生命体验的过程和质量,以生成来对预设进行拓展、调节、重建,使之更加丰富。

(2) 合作与竞争平衡

课堂本应该是一个充满生命情趣的生态系统,学生是课堂中最主要的生态群体,他们年龄相仿、经历相似,同处一个空间,你追我赶,友谊竞赛,各得其所,共同发展。这是一种正当的、积极的竞争。在学习中应该鼓励和弘扬。但如果把竞争行为理解为相互排斥,在力图使自己名列前茅的同时,尽力通过自己的行动,干扰和阻止别人取胜,这就成了一种非理智的竞争、不当的竞争。后果是消极的,学生的心理压力加大,甚至出现严重的心理问题,最终导致课堂群体生态失衡。在教师群体中,由于升学压力、考试排名等竞争,学生的竞争可能会演化成教师的竞争。

维持生态平衡的竞争应该是符合一定道德准则的竞争,公平、宽容、非功利性,有一定的利他精神。为了促进课堂生态系统向良性方向发展,建立平衡的课堂生态,我们要消除因追求短期效应而导致的非正常竞争,将竞争转化成富有智慧的挑战,激发学生的自主意识,挖掘潜能,产生更高的自我期待,促进学生的自我超越和提高,从而实现面向未来的可持续发展。要尽可能弱化竞争的不利影响,强调合作,实现共同发展。教师和学生生态主体在教学活动中平等对话,共同构建,相互依存,相互促进,形成师生学习共同体。在合作学习情境中,学生之间是一种相互依赖、共同促进的关系,他们荣辱与共,为了完成某个学习任务或达到某个目标,就必须具有协作意识,学会与人交往,彼此之间互相协作,共同探究,一起成长。

(四) 生态课堂的建构策略及途径

课堂是师生共同演绎生命意义的舞台,一个和谐、共生的课堂环境是师生完整生命得以自由成长的前提和基础。生态学理论告诉我们:在自然界中,每一个生物与非生物因素都是相互联系,相互依存,相互制约,呈多向互动的关系。如果其中一个因素遭到破坏,就有可能引起连锁反应,从而导致生态失衡。课堂生态系统包括教师、学生、教学资源、课堂行为等各个因素,这些因素之间相互作用、相互依存,组成了动态的生态系统。作为主要因素的教师只有清楚地认识到各个因素的作用和现状,积极有效地协调和组织各个因素,才能保证课堂教学的有效性,保证学生的可持续健康成长。

1. 优化课堂环境

(1) 优化生态课堂中的物理环境

生态课堂中的物理环境主要指作为教室的建筑应符合国家标准,大小适宜,具有良好的通风采光条件,尽可能消除噪音的干扰。例如,采用大窗、无色透明双层玻璃,安装窗帘,临近街道闹市的教室采用封闭走廊,教室内安装通风换气设备。教室中需要一定的光线与照明,因为据研究人所获得的信息大约有80%是通过视觉进入大脑的。[①] 日光灯最好与黑板垂直安装,这样可以减少眩光,黑板面的照明灯应与黑板平行。教室墙壁、天花板和课桌椅的颜色以淡雅明快为主。教室内的学生座位编排应符合公平和优化组合的原则。传统的课堂空间格局是纵横排列式,或称"秧田式"的座位编排,这种方式学生干扰少,易于教师进行课堂管理,是班级授课制的产物,适合于大班化的教学。但这种方式的明显弊端是教师居高临下,师生关系不平等,教师与每个学生的交往机会不均等,也不利于学生之间的交往与合作。随着社会经济的发展和教学改革的深入,为调动每个学生主动学习的积极性,宜采用"马蹄形"或圆形的排列方式,让学生在课堂上可以充分讨论、交流与合作,"交头接耳"、上课"插嘴",甚至可以"下位",积极主动地参与课堂教学活动的每一个环节。教师在学生中间一道讨论研究,增加了与每个学生交流的机会。教室的布置还要注意充分调动学生的积极性,让学生自己动手设计和布置,这样能体现班级特色,增强学生的主人翁意识和责任感,学生更加热爱这里的环境。

(2) 优化生态课堂中的文化环境

课堂中的文化环境包括物质文化环境和精神文化环境。课堂中的物质文化环境包括教室、课本、教育教学设施等,这种文化属于"显性文化",其特点是可以在长期的浸润中不知不觉地影响人的行为,"桃李不言,下自成蹊"是对此的生动写照。苏霍姆林斯基也说,"我们在努力做到使学校的墙壁也说话"[②]。所以,在优化生态课堂中的文化环境时要尽可能地调动各种物质文化的积极方面,比如创办班报、墙报,将教室布置得有生气活力等。生态课堂中的精神文化环境包括学生个体的个性发展、知识结构和思想境界等,学生群体的相互关系和精神风貌等,以及师生间的融洽度等,这种文化属于"隐性文化"。优化生态课堂中的精神文化就是要凝聚课堂中的各种力量,形成既有个体独特性、心情舒畅,又有集体观念、众志成城那样一种生动活泼的局面。生态课堂中的各种文化共同构成一个多元文化空间,而人是创

---

① 李振基,等.生态学[M].北京:科学出版社,2000:11,280.
② 蔡汀,等.苏霍姆林斯基选集:第4卷[M].北京:教育科学出版社,2001:205.

设这种课堂多元文化空间的关键。因此,以课堂中的文化多样性为前提,"以多元文化为着眼点,无论是教师还是学生,在一定程度上都应该是一个'文化相对论者',不以自身文化为尊,不以他人文化为卑,而是以一个对话者和参与者的姿态,积极地与不同文化进行沟通、合作,在合作中,认识他人,认识自身"①。

(3) 优化生态课堂中的行为环境

课堂中存在着行为的多样性,这些多样性的行为共同组成一个行为系统。在这个行为系统中,有相互促进的行为,也有相互矛盾、相互冲突的行为,如何协调这些行为使之朝向有利于整个系统的方向发展是生态课堂的一个重要研究课题。在课堂的行为系统中,最主要的是教师行为和学生行为。教师行为一般就是指教师的教学行为,其中包括:镇静行为、启迪行为、讲授行为、演示和演算行为、辅导行为、沟通和交流行为。学生行为主要指学生的学习行为,其中包括:感知与认知行为、意识与非意识行为、保持行为、渴求行为、沟通行为和竞争行为。优化这种行为环境的关键是,要让教师认识到课堂教学经历就是自己生命历程的一部分,就是自己生命价值的体现;同样,也要让学生懂得,课堂学习不仅是学习一种知识,更要学会如何做人,如何与别人合作,如何与别人相处。只有这样,师生双方才能协调彼此的行为、相互合作,共同融入课堂中去。也只有这样,一个和谐、共生的课堂才能真正构建起来。

(4) 优化生态课堂中的心理环境

优化心理环境是优化生态课堂环境的一个非常重要的方面。有研究表明,影响小学生心理健康的因素主要是学习焦虑、自责倾向和冲动倾向。② 生态课堂观认为,要减轻学生的心理压力,消除学生的心理危机,就必须为学生优化一个轻松、自由、安全的心理环境。要做到这一点,首先,重新审视教育目的,也就是培养什么样的人的问题。教育目的虽指向未来,但却必须先立足于现实。学生的生命存在和健康发展是一切教育的出发点,这就是最大的现实,无视这一点的教育便是异化的教育。其次,学生家长在对子女的期待上要把握一个"度",不要把自己美好的一厢情愿强加在他们身上,不要给孩子施加过大的压力。毕竟做一个健全的人要胜过一个只会学习的"好学生"。其三,教师应注重与学生的情感交流,营造积极向上的课堂气氛。如创设问题情境,善于启发诱导;倡导合作学习,开展有序竞争;采用激励式评价,让学生体验到成功的欢愉等。在教学中应该做到以知教人、以理服

---

① 郑金洲. 多元文化教育[M]. 天津:天津教育出版社,2004:128.
② 王永清. 关注小学生心理"亚健康"[J]. 中小学心理健康教育,2006(12).

人、以德化人、以情动人,与学生平等相待、和谐相处。其四,学生自己也要端正学习观、交友观、人生观和世界观等,增强心理调适能力。最后,学校应该设立专门的学生心理咨询室,让心理老师定期给学生上心理辅导课,并且随时解决学生遇到的各种心理问题,尽量将问题消除在萌芽状态。

2. 合理开发、利用各种资源

课堂教学资源的范畴比较广阔,只要能在课堂实践中联系学生生活、激发学生潜能、实现教学目标的一切物力和人力都可以作为教学资源来利用。

(1) 充分利用学校和社区的学习资源

自然博物馆、科技馆、科研机构、社区服务机构、学生家长等都可以成为师生可利用的资源,让学生通过参观、访问、讲座、讨论和见习、实习等途径来利用校内外资源。

(2) 充分利用网络资源和其他媒体信息

师生可利用相关的教育网站、公共数据库等网络资源的信息共享来进行收集,或促进师生与外界的交流,也可从广播、电影、电视和报纸等大众媒体所反映的科技新动态中获取学生所需要的课程信息。

(3) 努力发掘日常生活和生产中的有用素材

教师可设置来源于生活中的综合实践活动,指导学生利用生活中的常见用品和废弃物设计教学用具和学习用具,这样既可以解决教学用具短缺问题,又可以培养学生的实践操作能力,还可以培养学生变废为宝及节约资源的环保意识。

(4) 开发教材的第二生命

教师要创造性地使用教材,在教材中融入自己的科学精神和智慧,对教材进行创造性的加工,把教材知识变活,形成有教师教学个性的教材知识,同时在教学过程中引导学生去探索,去自主建构,在多维的交流中迸发出新的思想火花,从而产生新的教学资源。

3. 确立平等和谐的师生关系

生态课堂中的师生是一种平等、民主、自由、宽容、鼓励和帮助的"伙伴"关系,学生通过与教师的交往和对话而成长,教师通过与学生的对话而充实,从而达到共享知识、共享智慧、共享人生的价值和意义。师生关系的好坏直接影响着课堂教学气氛和师生的精神面貌,影响课堂教学活动的进行和效果。

(1) 教师要进行角色转换,确立正确的教学行为

过去,教师在课堂教学中扮演着知识传授者的角色,学生则是被动的接受者,教师居高临下,师生地位不平等,关系淡漠。在生态化的课堂里,这种角色定位必

须转换,教师不仅作为文化信息的传播者,更应是学生学习活动的组织者、促进者和合作伙伴。教师依据这种角色定位确立自己的教学行为,实现由"教"向"学"的转变;由重"结果"向重"过程"的转变;由重"传授"向重"指导"的转变;由重"模式化"向重"个性化"的转变。教师要"从'独奏者'的角色过渡到'伴奏者'的角色,从此不再主要是传授知识,而是帮助学生去发现、组织和管理知识,引导他们而非塑造他们"①。

(2)教师要树立正确的学生观

有什么样的学生观,就有什么样的教学观和教学方法,而且教师的学生观也直接决定师生关系。在课堂教学过程中,学生是知识的探究者、主动建构者,而并非接收知识的"容器"。同时,学生是有生命力的个体,他们有着自己的知识经验、社会背景和情感体验。因此,在这种学生观的基础上,教师要尊重赏识、理解信任学生,对每一个学生平等对待、平等交往和高度期望,承认学生之间的差异,尊重差异,因材施教,转差促优,本着"一切为了学生的发展"的基本思想,树立正确的学生观,建立良好的师生关系。教师和学生是两个平等的生态要素,教师是课堂教学的主导者、学习的引导者、潜能的开发者,要做到以教导学,以教促学,以教助学,使学生"亲其师而信其道",达到互动、交流、合作的教学情境;而学生是课堂教学的主体者、学习的自主者、潜能的发挥者,要做到自主学习、合作学习、探究学习,使教师分享到"教学相长"的喜悦,达到互勉、互助、互进的和谐氛围。

4. 构建以生为本的自主课堂

自主课堂,就是以尊重、信任和发挥学生的能动性为前提,主动性、独立性和自我监控性是自主学习的基本特点。在自主课堂里,学生以有强烈的学习动机、明确的学习目标、高度的责任感、坚定的自信心、良好的自我管理和调控能力为基本特征。② 突出学生的主体地位,实现学生学习方式根本变革,构建以学生自主学习为标志的自主课堂,教师必须从以下三个方面做出努力:第一,激发学生的学习动机,培养学习兴趣。古希腊生物学家普罗塔戈说过:"大脑不是一个等待填满的容器,而是一把需要点燃的火炬。"现代教学和学习理论特别强调非智力因素对学习活动的影响,一个人的成功与否与其兴趣、情感、意志有着密切的关系。因此,教师在课堂教学中必须善于激发学生的学习动机,强化学生的学习需要,尊重学生学习的独立性,承认学生的个体差异,调动学生学习的积极性、自主性,鼓励学生大胆探索,

---

① 国际 21 世纪教育委员会.教育——财富蕴藏其中[M].北京:教育科学出版社,1996:136-137.
② 陈二伟.构建学生自主的课堂教学环境[J].教学与管理,2002(6).

对学生充满期待和宽容,对学生的学习活动加以支持指导而非批评和责难,让学生在学习中体验到成功和快乐,从而乐学、愿学,培养和巩固学生的学习兴趣,唤醒和强化其主体意识。第二,改革课堂教学模式,发挥学生的主体性。课堂教学模式是在一定教育思想和教学理论指导下,在课堂教学实践中形成的一种组织和设计教学活动的理论。现代教学必须转变传统的"以教师为中心"、"以课堂为中心"、"以课本为中心"的陈旧观念,废除"满堂灌"、"填鸭式"的教学模式,运用现代教学技术手段,使教学内容呈现方式多样化,创设情境,让学生发现、探索、讨论、体验,以学生的思维发展为主线,以师生及生生合作互动、多向信息交流、多种感官协调活动为基本方式,实现学习方式向自主、合作、探究的根本性变革。第三,注重学习策略指导,培养学生自主学习的能力。学生的自主学习不仅包括学习者的态度,还包括学习策略和学习能力,即学生能对自己的学习目标、学习内容、学习方法和所使用的学习材料选择、设计的策略和能力。教师在课堂教学过程中作为组织者、促进者、帮助者和学习的合作伙伴,应引导学生因人而异、因内容而异合理选择和掌握科学有效的方法,在学习过程中不断反思和调整自己的学习过程、进度与策略,发展自主学习的能力,顺利完成自主学习的任务。

第二节 小学教学的意义与任务

一、什么是教学

(一)教学的含义

从汉语的词源学考察,"教"字最早出现在甲骨文中,如:"丁酉卜,其呼叫多方小子小臣其教戒。""学"字在甲骨文中也有记载,如:"壬子卜,弗酒小求,学。"[①]教与学两字的连用,最早见于《尚书·兑命》。孔颖达的解释是:"上学为教;下学者,学习也。言教人乃是益己学之半也。"东汉学者许慎在《说文解字》中则记载:"教,上所施,下所效也。""教学"一词英语为 teaching,与"学习"一词 learn 是同源派生出来的两个词。由于中外学者探讨教学概念的角度和出发点不同,因此理解也并不一致。

---

① 王策三.教学论稿[M].北京:人民教育出版社,1985:84.

苏联教育家斯卡特金认为,"教学是一种传授社会经验的手段,通过教学传授的是社会活动中各种关系的模式、图式、总的原则和标准。"

美国教育心理学家布鲁纳认为,"教学是通过引导学习者对问题或知识体系循序渐进的学习来提高学习者正在学习中的理解、转换和迁移能力。"

王策三认为,"所谓教学,乃是教师教、学生学的统一活动;在这个统一活动中,学生掌握一定的知识和技能,同时身心获得一定的发展,形成一定的思想品德。"

李秉德认为,"教学就是指教的人指导学的人进行学习的活动。进一步说,指的是教和学相结合或相统一的活动。"

国内也有学者认为,教学是教师依据学习的原理和原则,运用恰当的教学技术与方法,刺激、指导、鼓励学生自动学习,以达成教育目的的活动。

一般而言,我们可以从广义和狭义两个层面来认识和理解教学这个概念。从广义上讲,教学是指教育者指导学习者所进行的一切有目的的学习活动。教育者的行为会使学习者的行为产生一些变化。从狭义上讲,教学是学校进行素质教育的基本途径,是教师教、学生学的统一活动。它包含以下几个方面:第一,教学是以培养全面发展的人为根本目的,是通过系统知识技能的传授和掌握,促进学生的身心发展。第二,教学是师生双方的共同活动,教学双方在活动中相互作用,失去任何一方,教学活动便不存在。第三,教学具有多种形态,是共性与多样性的统一。教学,作为学校进行全面发展教育的一个基本途径,具有课内、课外、班级、小组、个别化等多种形态。教师和学生共同进行的课前准备、上课、作业练习、辅导、评定等都属于教学活动。随着现代社会的发展,教学既可以通过师生间、学生间的各种直接交往活动进行,也可以通过印刷物、广播、电视、录音录像等远距离教学手段开展。教学作为一种活动,一个过程,是共性与多样性的统一。

教学与教育既相互联系,又相互区别。从逻辑的角度看,二者是部分与整体的关系。教育是个大概念,包括学校培养人的全部工作,而教学只是学校进行全面发展教育的一个基本途径。除教学外,学校还通过课外活动、生产劳动、社会实践等途径对学生进行教育。教学工作是学校教育工作的一个组成部分,是学校教育的中心工作。学校教育工作除教学外,还有其他工作,如德育工作、体育工作和后勤工作等。

教学与智育不是一个概念,它们之间既有区别,又有联系。智育是指向受教育者传授系统的科学文化知识和技能,专门发展受教育者智力的教育活动,它是教育的一个组成部分。教学是智育的主要途径,但却不是唯一途径,智育也需要课外活动等途径才能全面实现。教学要完成智育任务,但智育却不是教学的唯一任务,教学也要完成德育、体育、美育和劳动技术教育的任务。将教学等同于智育,容易导致对智育的途径和教学的功能产生狭隘化甚至唯一化的片面认识,在实际工作中,这种认识所产生的危害是有目共睹的。

(二) 当代教学的新观念

从形式上看,任何社会的教学都是一样的,但由于不同社会的教育目的不同,教学观不同,依据教育目的所确定的教学内容不同,通过教学培养的人的质量就不同。当代社会正从工业社会向信息社会转型,当代教育正从专才教育向通识教育转变。从重心转移的角度看,当代"教学"观的变革主要体现为以下六大趋势:

1. 从重视教师向重视学生转变

随着社会的发展,传统的"教师中心说"受到越来越深刻的批判。人们看到教师并不是支配课堂教学活动的绝对权威,学生虽然是教育的对象,但却是学习活动的主体和主人。教师当然重要,但更重要的是学生。因此,研究学生身心发展的规律,研究学生在课堂情境中的学习规律,并遵循这些规律组织、安排教学,成了当代流行的教学观念和教学行为。

2. 从重视知识传授向重视能力培养转变

当代社会,由于科学技术的飞速发展导致"知识爆炸",知识经验陈旧周期加快。通过教学使学生掌握全部或大部分知识既不可能也失去了必要性,重视知识传授的教学观受到了严峻挑战。因此,教学的主要任务不再只是知识的传授而是学生能力的培养,着重培养学生学习、掌握和更新知识的能力,即"授人以渔"。

3. 从重视教法向重视学法转移

在现代社会,人们深刻地认识到,仅仅重视教法已落后于时代的客观要求。教学实质上应该是学生主动学习的过程,教学设计的实质是学生学习目标、学习内容、学习进程、学习方式、学习辅助手段以及学习评价的设计。目前,各种流行而且影响较大的教学方法,比如问题解决法、发现学习法、学导式方法、掌握学习法等,无不渗透出重视学法的精神。

4. 从重视认知向重视发展转变

在当代社会,人们发现知识甚至智力并不是影响人生成功与否的重要因素,而最重要的因素是人的情感,进而提出了"情感智慧"的新概念,与已有的认知智慧概念相互对应、统一。同时教学中重视体质发展也成了一个迫切的现实问题。超越唯一的认知,重视儿童身体、认知和情感全面而和谐地发展,成了现代教学观念的基本精神。

5. 从重视结果向重视过程转变

在现代社会,人们意识到教学结果是重要的,但更重要的是教学过程中学生的切身体验,学生的认知体验、情感体验以及道德体验等等,正是这种体验决定着教学的最终结果。为此教学强调学生的动机、兴趣,强调教师的启发引导,学生的独立思考,强调学生的情感体验,强调教学方法的灵活多样等。

6. 从重视继承向重视创新转变

在现代社会,人们认为教学的重要功能就是创造文化,学生的主要任务就是通过掌握知识经验,形成创造文化和创新生活的能力。无论是重视学生、重视能力、重视学法,还是重视发展、重视过程,都是重视创新的体现。

 资料贴吧

> 教学的艺术不在于传授的本领,而在于激励、唤醒、鼓舞。
> ——[德]第斯多惠

二、教学的意义

教学在学校工作中的地位十分重要,学校要实现培养目标,造就合格的人才,就必须以教学工作为主,其他工作为辅,这是中外历史经验的总结。只有摆正教学的位置,才能建立学校正常的秩序,培养高质量的人才。教学的意义表现为:

(一)教学是适应并促进社会发展的有力手段

教学肩负着教书育人的重任,教学是把社会和个人特别是新生一代联系起来的重要纽带,是社会完成人类知识文化传递和继承的中间环节或必要桥梁,是社会延续发展不可缺少的条件。通过教学活动,个体可以在较短的时间内基本掌握人类历史经验的精华,使个体的发展能在较短时间内达到人类发展的一般水平,使人类在千百万年的历史进程中所积累的宝贵财富得以继承,使人类社会不断地在一个高起点快速获得发展。

(二)教学是促进学生发展的最有效形式

教学是一种专门组织起来进行知识传授的活动,因而通过教学能有效地将人类积累起来的科学文化知识转化为学生个人的精神财富,有力地促进他们的身心发展,教学对个体发展的影响是直接而具体的,并在其个性发展的各个方面都有所表现。它作为实现全面发展教育的基本途径,能够使学生的认识突破时间和空间

以及个人直接经验的局限,从而扩大认识范围,赢得认识速度;它可以使学生的政治思想、世界观和道德品质的形成建立在科学知识的基础上;它还可以促进学生身心健康,如生理卫生、人体解剖和体育等课程,都为保证学生身体健康和科学地锻炼身体提供了有关的理论知识和方法的指导。总之,教学对学生影响的最重要特点,就是在教学中,学生德、智、体、美、劳各方面的发展,都是紧密结合科学知识的传授和学习进行的,并在一个统一的过程中实现的。今天,这种作用尤其重要。因为在社会发展加速、科学知识猛增的情况下,要使青少年学生在进入社会工作之前掌握人类创造出来的巨大的知识财富,只有通过加强和改进教学、提高教学功效才能做到。

(三)教学是学校的中心工作,是学校实现培养目标的基本途径

学校必须以教学为主,这是学校和社会其他部门根本的区别。否认这种根本区别,就是否认学校。学校是培养人的地方,经常的、大量的基本实践活动应该是培养人的活动。当然,在学校内部来说,培养人是通过多方面的工作来进行的,如思想政治工作、后勤工作、教学工作,以及各种社会活动、生产劳动等。这些工作的目的都是为培养人服务的,都是为了实现我国的教育目的。但是,教学工作是学校经常的、大量的基本工作,它占的时间最多,内容也最丰富。学生学习和掌握各门学科的知识,形成共产主义的世界观和道德品质,身体得到正常的发育和健康成长,基本上都是通过教学工作来实现的。学校培养人才质量的好坏,在很大程度上取决于教学水平的高低。因此,只有围绕教学这一中心工作全面、妥善地安排学校的各项工作,才能使学校的各项工作井然有序地开展,才能不断地提高教学工作的质量,也才能把学校办好。中华人民共和国成立以来,我国教育实践的经验和教训,从正反两个方面证明:学校坚持以教学为主的原则,教育质量就能提高;反之,教育质量就必然下降。所以,教学是学校的中心工作,学校必须以教学为主。

三、小学教学的任务

小学教学的任务是和小学教育目的的要求相一致的,它是教育目的在教学工作中的具体化,旨在促进小学生全面发展。小学教学的一般任务有以下几项。

(一)引导学生掌握科学文化基础知识和基本技能

知识是人们对客观世界认识的成果,是人类历史实践经验的概括和总结。它是人类集体智慧的结晶,也是增强个体智意和力量的丰富源泉。学生学习的基础知识,是指构成各门科学知识中的基础和骨干部分,即各门学科中的基本概念、基本原理和法则等,它是组成一门学科知识的基本结构,揭示了学科研究对象的规律

性,具有相对的稳定性。一个人的基础知识越丰富,运用知识解决问题的能力也就越强,接受处理新信息的质量就越高,创造性思维能力也就越强。可以说,基础知识是一切学习活动的基础。

技能是一种解决问题的行为方式(活动方式),它是通过练习而获得的一种能力。学生掌握的基本技能是指运用所掌握的知识去完成某种实际任务的一种活动方式,它是通过练习而获得的,如语文和外语的听、说、读、写的技能;数学的演算、速算、解题、绘图技能;物理和化学的实验技能;体育课的各种动作技能等,既包括一些智力技能(人们在头脑中借助内部语言表示的事物映象以极简约的方式进行的智力活动方式),也包括一些操作技能(由一系列外部动作,通过机体运动所完成的合理的随意行动方式)。技巧是技能经过反复练习达到熟练、自动化的程度。有的技能的操作动作很简单,通过一定的练习便可以发展成为技巧,如读、写、算技巧。但不是所有的技能都能发展为技巧。凡是包含着复杂动作过程的技能,加写提纲、作文等,无论怎样训练,也难以自动化。我们教学的任务就在于尽可能使学生所获得的技能发展为自动化或者熟练的程度。

在知识、技能、技巧三者中,一般来说,知识的掌握是形成技能、技巧的基础,而技能、技巧的形成又有助于进一步理解和掌握知识。基础知识和基本技能的教学,在教学实践中称"双基"教学。

(二) 发展学生的智力和创造力

所谓智力是指个人在认识过程中表现出的认知能力系统,即认识客观事物的基本能力,它是认识活动中表现出来的那些稳定的心理特征,具体包括注意力、观察力、记忆力、思维能力和想象力等,其中思维能力是智力的核心。智力集中表现在反映客观事物的深刻、完全的程度上,以及应用知识解决实际问题的速度和质量上,它是先天遗传素质、后天环境、教育影响和个人努力相互作用的产物。对学生来说,教学对他们的智力发展起着主导作用。

每一种智力都是由一些具体的品质组成的。例如,注意力包括注意的广度、集中度、分配和转移的能力;观察力包括观察的敏锐、精确、独立的能力;记忆力包括记忆的敏捷、持久、精确和及时的能力;思维力包括思维的广度、深度、独立性、灵活性、逻辑性、敏锐性等能力;想象力包括想象的鲜明、丰富、深刻、创造的能力。发展学生的智力,就是要使学生每一种智力品质都得到良好的发展。

所谓创造力,对学生来说主要是指能够运用自己已有的知识和智能去探索、发现和掌握尚未知晓的知识的能力。创造力的培养,事关一国人才的质量,进而事关

一国之盛衰。培养学生的创造才能是当今教育的重要目标。我国在倡导实施素质教育的今天,培养学生的创新意识和开拓精神被提到素质教育的核心地位。创新意识包括创造的意图、创造的动机、创造的欲望,它是创造活动的强有力的推动力。只有当个人有高度的创造欲望,有强烈的创造意图,时常想到创造,才容易产生新思想、新方法、新观点。创造性思维是人类思维活动的最高表现形式,是创造活动的核心成分,一切创造性活动,都是以创造性思维为前提的。创造性思维的特点,是有强烈的探索动机,努力寻求事物的差异,主动探索事物的新奇性,摆脱陈规束缚,产生新观点,解决新问题。它不仅是智力发展的高级形式,而且是学生个人的求知欲望、进取心、首创精神、意志力与自我实现决心的体现。教师应善于启发诱导学生进行思维操作,计学生进行推理、证明及创造性作业等,最终发展他们的创造才能。

(三)培养学生具有科学的世界观的基础和优良的道德品质

科学世界观是以辩证唯物主义和历史唯物主义为基础的对世界的根本看法,科学世界观总结人类已有的认识成果,如实反映世界的本来面目及其发展规律,指导人们能动地改造社会、改造自然,促进社会的发展。学生从小就形成科学的世界观,对他今后一生的成长是极其重要的,作为社会主义事业的可靠接班人的新生代,对于人生、对于世界都应该有一个科学、正确的看法,把握事物发展的客观规律,才能为建设社会主义现代化强国而奋斗。科学世界观的形成来自社会实践、科学实验、系统的知识和理论武装。学生主要是靠后者。也就是说,对于学生来说,科学世界观是建立在科学知识基础之上的。在掌握知识的同时,知识不一定能自然而然地转化为科学世界观,这里有一个理论联系实际的问题。教学中必须让学生学会用正确的观点、方法去分析问题和解决问题,使之成为一种人生哲学,用以律己,并作为要求别人评判客观事物的信条、武器和准则。教学是学校教育的中心工作,学生的大部分时间是在教学活动中度过的,而学生在教学过程中学习的基础知识本身具有丰富的思想和认识因素,因此,教学应承担起培养科学世界观的任务。

教学还应培养学生优良的道德品质。优良的道德品质要通过经常的训练来培养。学习是很艰苦的劳动,是学生主要的活动,许多的优良道德品质,正是通过学习活动培养起来的,如坚忍不拔的意志力,吃苦耐劳的精神,一丝不苟的品质,强烈的进取心,热情、耐心地帮助他人,等等。

(四)发展学生的体力和个性

体力是人体的活动能力。发展体力,是指保护健康、增强体质和促进发育。这不仅是体育的任务,也是各科教学的任务。教学中除了必要的体育课、课外活动外,还要特别注意教学卫生,要求学生在坐、立、阅读、书写和其他学习活动中保持正确的姿势,保护学生的视力,防止学生课业负担过重,使学生有规律、有节奏地学习与生活,保持旺盛的精力,发展健康的体魄。

个性即人的个性心理特征,有时也称非智力因素。发展学生的个性是指发展学生的情感、意志、性格等良好的心理品质。因为这些是人的活动的动力系统,如健康的情感能直接转化为学生学习的动机,成为激励学生学习的内在动力;坚强的意志会使学生在学习时排除阻力和干扰;坚强不屈的性格能使学生将学习进行到底。智力与个性互为因果,互相促进。一定的智力是个性发展的前提和基础,良好的个性是智力发展的必要条件。可见,在教学中发展学生的个性和发展学生的智力同样重要。

教学的几项任务密切联系,相互作用。在教学工作中,只有坚持以科学基础知识和基本技能武装学生,并在这一基础上,发展学生智力和创造力,培养学生具有科学世界观的基础和优良的道德品质,发展学生的体力和个性,才算是全面实现了教学任务。

第三节 有效小学课堂教学

课堂教学是学校实现教育目的的主阵地,是学校教育教学活动的基本形式,也是当前学校深化教育改革、全面推进素质教育、落实新一轮课程改革纲要和促进学生全面发展的主渠道。因此,教育改革的核心环节是课程改革;课程改革的核心环节是课堂教学改革;课堂教学改革的核心环节是如何提高课堂教学的效果,亦即"有效教学"。如何改变简单传授、被动接受的课堂教学模式,真正发挥学生在学习活动中的主动性,是当前世界各国在教育改革中面临的共同问题,也是我国基础教育改革最为关键的问题。

一、有效教学的概念解读

什么是有效教学?美国鲍里奇等教授的研究指出,有效的课堂教学应体现五个特征:① 清晰的教学思路;② 多样化的教学方法;③ 任务导向明确;④ 学生的投入;⑤ 成功率高。我国的余文森教授从专业的角度回答了什么是课堂教学的有效性问题,他认为:从专业角度说,课堂教学的有效性是指通过课堂教学使学生获得

发展。发展就其内涵而言,指的是知识、技能,过程、方法与情感、态度、价值观三者(三维目标)的协调发展。余教授认为,"课堂教学的有效性特征(或表现)可以列举很多,但最核心的一点是看学生是否愿意学、主动学以及怎么学、会不会学"。

国内的教学专家对数学课堂教学的有效性也提出了三个方面的特征要求:① 是学生在已有知识经验基础上的主动建构过程;② 是充满观察、实验、猜想、验证、推理、交流等丰富多彩的数学活动;③ 是富有个性化的、多种学习需求的过程。

有效课堂教学作为有效教学的一个重要组成部分,它在空间上和时间上为有效教学做了限定,主要考察教师利用课堂资源,在规定的时间内为促成学生最大限度地完成学习目标所进行的教学的总投入。在有效课堂教学中,学生的现有水平是教学的出发点,学生最大可能地实现学习目标是教学的归宿。在这之中教师起着关键的桥梁作用,教师拥有怎样的教学理念,采用怎样的教学策略和教学手段直接影响学习者学习的有效性。有效课堂教学研究的目的在于为教师提升课堂教学效果提供可资借鉴的科学的方法、策略、模式等,也为课堂教学的有效与无效的区分和评价提供具体的评判尺度。

二、有效课堂教学的主要特征

(一)注重发展

有效课堂教学体现以人为本和以学生的发展为本的现代教育理念,它关注学生的全面和谐发展、自主性发展和不同学生的发展。学生的全面和谐发展意味着学生身心的健康成长,是学生身体、智慧、情感、态度、价值观和社会适应性的全面提高与和谐发展。在这一发展体系中,有效课堂教学不忽视其中任何一方面,否则就破坏这个完整体系的有机统一而失去和谐,影响学生发展的全面性。学生的自主性发展,首先表现为他们在课堂教学活动中具有独立的主人翁意识,有明确的学习目标和自觉积极的学习态度,能够在教师的启发、指导下独立探索知识。同时,学生自觉地把自己看做是教学的对象,积极寻求发展的机会。他们在学习活动中往往受目标和内在动机的支配,较少关注外部奖励和他人的评价。他们善于进行自我调节和自我控制,追求最大限度地发挥自身潜能。在学习遇到难以解决的困难时,他们勇于质疑和向他人请教。学生所表现出来的主体性和创造性是学生自主性充分发挥的结果。不同学生的发展是指在课堂教学中每一个学生都是一个特殊的个体,在他们的身上都表现出巨大的个体差异,教师一方面承认差异、尊重差异,用发展的眼光去看待学生;另一方面能善待差异,从研究学生的差异入手,正视学生的独立性和可变性,为他们创设适当的教学环境,针对学生的个性差异,因材施教,使每一位学生都能得到充分的发展。

(二) 主体参与

主体参与是有效课堂教学的基本特征。要实现学生的发展,必须有学生的全员参与、全程参与、积极参与和有效参与。全员参与是指教师从不同层次学生的学习基础出发组织学生参与教学活动,通过独立学习和小组合作等多种形式,让每一位学生都体验到参与成功带来的满足,使所有学生在原有基础上通过参与教学都有所发展。全程参与是让学生参与课堂教学的全过程,包括教学目标的确定、教学内容的选择、学习过程的设计和学习方法的选择等,而不是仅仅局限于独立思考和练习阶段。积极参与是学生全身心的积极投入,对学习有浓厚的兴趣和高昂的热情,是积极、活跃和主动的,而不是被迫和消极的。有效参与是学生积极进行思维活动,获得学习策略,表现机会充分,创新能力得到培养。

(三) 交往互动

有效课堂教学是师生交往和共同发展的互动过程,凸显交往主体的互主体性、交往活动的互动性和交往效果的整体性。交往主体的互主体性是指教师和学生都是教学过程的主体,是具有个体生命价值的发展中的人,师生关系是一种民主、平等和对话的关系,是主体间性的关系。交往活动的互动性是教师与学生之间的相互作用、相互交流、相互沟通和相互理解,是教师与学生之间的互教互学,彼此形成一个真正的"学习共同体"。交往效果的整体性是在教师与学生的交往互动中,分享彼此的思考、经验和知识,交流彼此的情感、体验与观念,丰富教学内容,并从平等和开放的对话中获得新的感受、新的理念和新的生成,从而达到共识、共享和共进,实现教学相长和共同发展。

(四) 开放生成

开放生成是有效课堂教学的又一个基本特征,具体体现为教学目标的开放生成、教学内容的开放生成和教学过程的开放生成。教学目标的开放生成是指课程标准规定的课程目标为所有学生必须达到的基本要求,而不是最高要求,教学目标必须潜在和开放地接纳始料未及的体验,鼓励师生互动中的即兴创造,超越目标预定的要求。教学内容的开放生成是指教师既要依据教材,又要超越教材,使教材成为教学活动的真正"跳板",成为学生学习和创新活动的有力凭借。同时,学生个人的知识、直接经验和生活实践也是重要的课程资源,教师要注意对课堂生成的信息的捕捉、判断和重组,不断引导推动课堂教学的动态开展。教学过程的开放生成是教师在预设的教学基础上,要关注学生的学习情况,适时改变自己的教学思路,使

教学过程成为一个个活的、流动的进程,一个个充满着人的情感、有着审美的要求以及不完全在"预料之中"的探险过程。

三、影响有效课堂教学的主要因素

有效教学是一种现代教学理念,同时也是一种教学实践活动。作为一种教学实践活动,有效教学是遵循教育教学规律,合乎教学活动目的性,以学生发展为主旨的教与学统一的活动。教学活动是受多种因素影响的活动,其中最基本的因素是教师、学生、课程和环境。如果我们把有效教学看做是一种因变量,那么,教师、学生、课程、环境可以看做是内在地规定了教学活动状态的四个主要变量。教学有效性不仅受这些参与因素的影响,而且也受这些因素相互作用方式的制约。

(一)教师因素

教师是术业有专攻的专业技术人员,虽然教学活动是师生双边互动的活动,但教师的主导作用谁也不能忽视。教师的专业知识、教学能力、职业道德等都制约着教学的有效性。这里我们尤其要强调教师的主导作用,教学活动有效性的源泉在于人本身,在于人的活动本身,在于教学活动的投入过程中教师主导作用的有效性。教师是"教"的主导、学生是"学"的主体,教师的"教"和学生的"学"之间的矛盾是教学过程中最主要的矛盾,它支配着其他矛盾的存在和发展。在课堂教学中,教师的"教"是矛盾的主要方面,教学目标的确定、教学内容的选择、教学组织的安排、教学方法和手段的运用等都是取决于教师的主导。学生的学习目的和动力靠教师来强化,学生的学习积极性靠教师来调动,学生的学习方法靠教师指导。整个教学过程自始至终都是在教师主导下进行的。从这个意义上说,教师在教学活动中主导作用的发挥程度决定教学有效性的高低。

(二)学生因素

教学活动是师生共同参与的双边活动。学生作为学习活动的主体,他们在教学活动中不是被动地接受教师的指导,而是主动地以自身的活动参与教学。学生的原有基础、学习能力和学习态度等都对课堂教学的有效性产生一定的影响。学生自身因素对有效教学的影响主要表现在以下几个方面:首先,学生的素质基础是教学有效性产生的前提。它包括学生倾向性(学生的认知结构、智力类型及一定文化背景下的认知基础)与学生学习动机(主要指的是受家庭影响对学习的一种认识,它不同于课堂上所激发的学习动机)。教学活动之有效,首先基于学生的"可教性",最终体现于学生素质合乎目的的提高。学生的素质基础是一个相对稳定的变量,是学生在短期内无法改变的因素,所以可以被看成是影响有效教学的一个较为稳定的因素。但并不是说是不可改变的,而是可以通过课堂教学实践加以影响的。其次,学生的学习效能是制约教学效果大小、教学效率高低的直接因素。学习效能是指学生通过学习使自身获得知识、提高技能、形成思想观念,从而使其身心得以协调发展的观念和能力。

(三) 课程因素

课程是决定着"有效教学"的理想能否兑现为课堂教学实践的关键因素。课程是教学活动的重要变量,是教与学活动的联结点。教学活动作为教师引导下学生的学习活动,本质上是一种认识活动。课程、教材是学生学习活动所指向的对象,是教学活动的客体。课程的职能和作用在活动过程中也有一个发挥与否和发挥程度的问题(即效能)。课程结构是否合理、教材内容是否科学是课程效能的基础。因而,课程和教材不仅是教学活动目的实现的必不可少的条件,而且也影响着学生发展的进度和程度。

(四) 环境因素

教学环境是指在教学活动中,影响教与学的一切条件和因素。教学环境是影响教学活动的重要因素之一。从社会心理学的角度看,教学过程是教师有目的地选择或创设适宜的教学环境,激发主体的求知欲,调动积极的情感,从而主动掌握知识技能、发展智能的社会环境互动的过程。学习的过程是一个内部加工过程,但是这个内部加工过程又始终受外部环境的影响,在所有的外部环境中,心理环境对学习的影响最大,安全相容的心理环境能使人的潜能得到最大限度的释放。这种安全、相容的心理环境主要表现为良好的课堂教学氛围,其主要特征是民主、和谐、自由、安全。只有在民主、和谐、自由、安全的课堂教学环境里,才能使学生与教师真正地成为"平等者",师生间、生生间才能呈现积极相容、交往互动、共同发展的状态,才能有个性的张扬、才能的发挥、创造力的迸发。

四、有效课堂教学的实施策略

(一) 确定全面发展的教学目标

课堂教学目标是教学活动所要达到的预期结果和标准,它不仅是教学活动的出发点和归宿,也是衡量教学有效性的重要尺度。因此,要确保课堂教学的有效性,首先要确保教学目标的有效性。以往课堂教学仅仅关注认知性目标,教师只看到学生缺乏知识、能力和经验的一面,而没有从生命全程的需要出发规划学生的发展目标,看不到他们潜在的能力、内在的积极性和发展的可能性;教学过程往往只

是以知识、智力和学习成绩为核心,而忽视了学生健康体魄、纯洁善良心灵、乐观豁达态度、友好合作交往和勤劳质朴作风的发展与培养;课堂教学往往以学生的学业成绩作为评价的唯一尺度,而忽视了对学生能力及情感、态度与价值观的评价,严重地压抑了大部分学生的个性和创造潜能。这种以学科为本位的课堂教学,使学生的潜质得不到全面、充分的培养和发展,造成课堂教学的低效和浪费。而有效课堂教学目标是指向学生的全面发展,注重在品德、才智、审美和体质几方面分别构建认知、情感和技能目标甚至更深层次的目标,相应地提出了知识与技能、过程与方法、情感态度与价值观三个维度比较完整的教学目标体系。由以知识本位和学科本位转向了以学生发展为本,实现了对知识、能力和态度的有机整合,体现了对人的生命存在和发展的整体关怀。在确定课堂教学目标的内容范围时,教师一定要全面考虑这三个维度的教学目标,不可有所偏废,而在具体的课堂教学中,教学目标又要有不同的侧重点。这就要求教师在对课程标准和教材认真分析与研究及对学生全面了解的基础上,制定出科学合理的课堂教学目标。

(二) 实现教学方式的根本转变

长期以来,课堂教学过于强调以接受学习、死记硬背和机械训练为特征的被动接受式的教学方式。主要表现为教学以教师的讲授为主,采取"灌输—接受"的课堂教学模式,学生学习基本上是"听讲—背诵—练习—再现教师传授的知识",很少让学生通过自己的活动与实践来获得知识,得到发展;学生很少有根据自己的理解发表看法与意见的机会。这种被动接受式的教学方式已不能适应素质教育的要求,严重地阻碍了学生的身心发展。为了使课堂教学真正促进学生的全面和谐发展、自主性发展和不同学生的发展,就必须实现教学方式的根本转变,即倡导具有"主动参与、乐于探究、交流与合作"为特征的新的教学方式。这就要求教师在课堂教学中,要提倡学生参与确定教学目标,制定学习进度,参与设计评价指标;提倡学生积极发展各种思考策略和学习策略,在解决问题中学习;强调学生在学习过程中的情感投入,从学习中获得积极的情感体验;强调学生在学习过程中对认知活动能够进行自我监控,并作出相应的调适。同时,教师要注意在课堂教学中创设一种类似于学术(或科学)研究的情境,让学生自主、独立地发现问题,通过自己的探究活动,获得知识、技能,发展情感与态度,培养学生的创新精神和实践能力。在此过程中学生追求的不仅是一个结论,更是一种经历,让学生亲身体验、感知学习与认知的过程。教师在课堂教学中还要有意识地为学生创设合作学习的机会和条件。这既有助于培养学生合作的精神、团队的意识和集体的观念,又有助于培养学生的竞争意识与竞争能力，还有助于因材施教，可以弥补一个教师难以面向有差异的众多学生教学的不足，从而真正实现使每个学生都得到发展的目标。

（三）营造宽松和谐的教学气氛

民主、自由、和谐的课堂教学气氛是发挥学生主体作用的必要条件。只有在宽松和谐的气氛中，学生才会有人格的自由与舒展、思维的活跃与创造、独立性和自主性的充分表现。长期以来，在课堂教学中，出于受"师为上、生为下，师为主、生为仆，师为尊、生为卑"等传统观念的影响，教师具有绝对的权威，并一直被看做是教学活动的唯一主体，学生则被单纯的看成是教学活动的客体。教师通常是以自我为中心，以教材为中心设计教案、组织教学和管理学生。学生则被片面地当做接受知识的"容器"和只会重复背诵的"复读机"，教师一味的填鸭灌输，包办代替。教师与学生的关系实质上是"权威—依从"、"控制—服从"的关系。在这样的课堂教学中，师生之间难以产生情感共鸣，教师无法真正走入学生内心世界，师生之间的互动和教学的效果无从谈起，学生全面发展也就成了一句空话。事实上，在课堂教学中，教师不再是知识的载体和传播知识的工具，师生之间知识的传递是双向交流和驱动的过程，师生之间的关系是一种"民主、平等、对话"式的教学关系。这就要求教师应更加尊重和信任学生主体，尊重学生的自主权，尊重他们独特的思维方式和活动方式，尊重和保证他们的独立性和差异性，真正使学生成为学习的主人。同时教师在课堂教学中要形成良好的角色转换机制，根据教学活动的需要，教师既可以是传道者和引路人，也可以是学习者和意见倾听者；既可以是长辈和导师，也可以是兄长和朋友，努力创设一种为学生所接纳的、无威胁的、宽松合作的、开放的和能充分发挥学生主体性的教学氛围。

案例

> 几年前，有一个美国教育考察团到我国某地考察中学的科学教育，在当地一所重点中学的课堂里，他们听了一位特级物理教师执教的公开课。这位教师开始上课时即制定了非常明确的目标，过程根据目标展开，非常流畅。无论是教师的语言表达与问题设计，还是学生的回答，无不称得上是十分精当和非常精彩的；特别是学生那对答如流的表现，以及教师对课堂时间分秒不差的准确把握，令陪同听课的一些领导和教师都非常自豪，心中美滋滋的。按照我们的评课标准，这节课无疑是一堂高效的、非常成功的公开课。但是，课结束之后，美国考察团的成员们却流露出疑惑的神情。他们坦率地提出：既然学生对教师提出的所有问题都能准确无误地回答，那么学生上这堂课还有什么意义呢？……

(四)积极创设真实的学习情境

以往学校课堂教学实行统一的课程标准和同一的教材,教学大纲和教材是教师教学活动的准则,完成了教学大纲的内容就是完成了教学任务。学科体系封闭,教学内容陈旧,以致难以反映现代科技、社会发展的新内容,脱离了学生的经验和社会实际。课堂教学过分强调封闭和预设,上课就是执行教案,师生的教学最理想的局面是完成教案,而不是"节外生枝",课堂教学变得机械、沉闷和程式化,缺乏生气,师生的生机活力在课堂中得不到充分发挥。要提高课堂教学的有效性,这就要求教师必须以开放生成的观念来组织课堂教学,加强教学内容与学生生活以及现代社会和科技发展的联系、关注学生的学习兴趣和经验,而不是从书本到书本。教学内容不再仅仅是那种预先设定好的,课堂教学也不再仅仅是预设的活动,而是在特定的教学情境中,充分关注学生的情感、态度、主体性、创造性以及节奏、语言、形象、机智、变通等这些含有"生成性"因素的基础上,通过师生之间的对话和互动,随着教学过程的展开而自然生成的过程。只有这样,才能使课堂教学更贴近于学生的现实,贴近他们的真实,才能在开放生成的过程中焕发出生机和活力。

【实践活动】

1. 利用见习的机会,认真观察小学课堂,结合自己的体验说说小学课堂的特点。
2. 访问一位小学名师,了解小学教学的艺术性表现在哪些方面。

【读书指导】

1. 全国十二所重点师范大学联合编写.教育学基础[M].北京:教育科学出版社,2003.
2. 李吉林.情境课程的操作与案例[M].北京:教育科学出版社,2008.
3. 胡德海.教育学原理[M].兰州:甘肃教育出版社,1998.
4. 黎奇.新课程背景下的有效课堂教学策略[M].北京:首都师范大学出版社,2010.
5. 王本陆.课程与教学论[M].北京:高等教育出版社,2004.

第六章 小学教育环境与活动

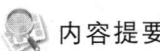 内容提要

本章论述了小学教育环境的概念、类型及意义,小学校园文化,小学教育活动概念、分类及意义,最后论述了小学教育活动组织。

📖 学习目标

1. 识记教育环境以及小学教育环境的含义。
2. 理解校园文化的内涵。
3. 了解小学教育活动的分类及意义。
4. 掌握小学教育活动组织。

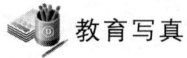 教育写真

洞庭湖,别来无恙乎?

"衔远山,吞长江,浩浩汤汤,横无际涯,朝晖夕阴,气象万千。"

"老师,还有,还有——"

刚一上课,学生们就争着将自己查到的描写洞庭湖景色的美文佳句吟诵出来,似要大家和他一同分享洞庭湖的美景。

在请学生大致介绍完洞庭湖的名胜风景之后,我打开录像机,洞庭湖的绝佳景致顿呈眼前,有关洞庭湖的传说、历史、面积、物产等文字介绍亦随同画面依次播出。学生们沉浸在美的直观体验中。

片子放映完,我紧接着出示了洞庭湖的地理环境及其四周的工业布局图,然后要求学生根据自己搜集到的资料描述洞庭湖的现状,并分析其原因和可能出

现的后果。同时,我还给出了长江中下游地区的年泥沙沉积量及洞庭湖的有关数据。请学生们动手计算洞庭湖的体积及填满它所需的大致时间。悠远历史与严峻现实间的巨大反差深深震撼着学生。在随后的分组讨论发言中,学生们以翔实的资料、令人信服的数据分析出"长江泥沙沉积"、"围湖造田"、"工业环境污染"等导致"湖泊面积缩小"、"调蓄能力减弱"、"酸雨形成"、"农田减产"、"洪涝灾害"等现实问题的主要原因,并得出"洞庭湖及其四周的生态环境已日趋恶化"的结论。

议论至此,学生们仍意犹未尽。生存危机已迫使他们开始关注环境治理的具体措施。一个个充满社会责任感的建议与设想纷纷涌出。课程正朝着我设想的目标有序地进行着……

小学教育的所有活动都是在一定的环境中进行的,小学生在一定的环境中开展多种学习活动,从而不断实现小学教育目标。小学教育环境,是小学教育系统的要素之一,对人特别是对儿童的成长与发展产生着重大影响,所以是教育研究的重要领域。

第一节　小学教育环境概述

一、教育环境的概念

从词源学上讲,"环境"一词在英文中是"environment",它是由动词"environ"延伸而来。英文中的"environ"源于法语中的"environner"和"environ"。法语中的这两个词源于拉丁语中的"in(en)"加"circle(v iron)"。这些词的含义都是"包围"、"环绕"的意思。由此可见,"环境"一词是个相对的概念,一般是指围绕某个中心事物的外部世界。中心事物的不同,环境的概念也就随之不同。正是环境概念外延的丰富和广泛,其在不同的领域里就有着不同的侧重点。对环境概念界定更多的是指环境科学领域中的环境概念、法学领域中的环境概念和系统科学领域中的环境概念。根据《中国大百科全书·环境科学卷》,"环境"一词一般是指:"围绕着人群的空间,及其中可以直接、间接影响人类生活和发展的各种自然因素的总体,但也有些人认为环境除自然因素外,还应该包括有关的社会因素。"①

人类的生存、发展和教育都离不开环境。在教育领域,环境既指直接或间接影响个体的形成和发展的全部外在因素,包括作为先天环境的胎内环境,作为后天环境的自然环境和社会环境等;也指以人——主体为中心围绕自我的所有事物,包括外部环境和个体内部环境。外部环境包括先天环境和后天环境,内部环境包括生理环境和心理环境。②

人的任何活动都不可避免地受到环境的影响。比如,社会环境决定着人的社会化程度,影响着人身心发展的内容、方向和水平。但是人接受环境的影响是积极、能动的过程,人在能动反映环境的同时,还可以积极改造环境,以充分发挥环境中的有利因素,克服并消除其中的不利因素,从而创造一个能促进人类自身发展的良好环境。认识到人与环境这种相互作用的关系,主动发挥人对环境的积极作用,是进行环境设计和优化的重要前提。

教育环境的含义,有广义和狭义之分。从广义上说,社会政治经济制度、科学技术发展水平、社区文化、家庭条件以及亲朋邻里等,都属于教育环境,因为所有这些因素在某种程度上都制约和影响着教育教学活动的成效;而在狭义上,教育环境主要是指学校教育活动的时空条件、各种教学设备、校风班风、师生关系等。

小学教育环境,指直接或间接影响小学生成长与发展的全部因素或事物。小学生生活其中的社会环境,是宏观层面的小学教育环境;而为了教育小学生而有目的、有意识地专门创设的学校环境,则是微观层面的小学教育环境。微观层面的小学教育环境是人们关注的重点,主要涉及教学环境和学习环境。总之,与教育相关,对培养人产生影响的环境,都属于教育环境。

关于教育环境的已有认识从外部性、客观性和空间性,进而从外部与内部结合、主客观联系等几方面,揭示了教育环境概念的基本内涵和丰富外延,对我们在一定程度上认识和把握小学教育环境,解决教育环境问题提供了基础。但是由于缺乏明确的"文化"意识,缺乏人与文化同一的思维,这些看法没有深入教育情境中人的学习与环境的同一性层面,没能揭示和把握教育环境与人的学习之间的内在关系。

实质上,从时间特性上看,教育环境不是先于人的存在,而是人产生以后的创

---

① 吴学周.中国大百科全书·环境科学卷[M].北京:中国大百科全书出版社,1993:154.
② 顾明远.教育大辞典(增订合编本)(上卷)[M].上海:上海教育出版社,1998:604.

造物。人的创造活动是无止境的,所以教育环境必然是发展变化的,不同时代有不同的教育环境。原始社会和古代社会中,教育环境的特性是自然性;而在当代社会,随着环境文化化,教育环境的特性就嬗变为文化性了,教育环境实质上就是一种特殊的和教育化的文化环境。

在小学教育的特殊情境中,人追求和表现出的特质,是人尤其是儿童所特有的学习生命存在及其优化活动。所以,教育作为特殊的文化,其实质就是人的学习生命存在及其优化活动。由此,教育环境实质上是影响人的学习生命存在及其活动的各种文化因素的总和,当代小学教育环境就包括了各种空间里、各种时间进程中的影响学生学习的各种文化因素。①

二、教育环境的类型

在教育领域,视角不同,对环境的分类也不同。比如,从其存在形态来看环境可分为有形环境与无形环境、动态环境与静态环境;从其分布上看,环境则可以分为室内教学环境和室外教学环境;等等。这里从"一般"、"空间"和"功能"三个不同角度来简要介绍环境的类型。

(一) 一般分类

目前比较流行的分类,是把教学环境分为物质的、社会的和心理的三类环境。物质环境,如班级教学用品、学校图书设备、文体器材、教育经费、学校所在地区物质条件和家庭经济状况等;社会环境,如班集体组织状况、师生交往水平、学校管理水平、教师素质、学生家长的文化素养以及社会风尚等;心理环境,如班级心理生活状况、校风、学风、生活心理面貌和传统观念等。② 社会的和心理的环境可以合并为社会心理环境,这样,整体的教学环境系统主要由两类环境构成,即物质环境和社会心理环境。

(二) 空间分类

从空间上看,小学教育环境是一种特殊的实体性存在,包括课室(实验室、教学场地)环境、宿舍环境、校园环境以及家庭环境和社区环境,其中社区环境涵括着家庭环境,校园环境涵括着宿舍环境和课室(实验室、教学场地)环境。

---

① 黄甫全.当代教学环境的实质与类型新探:文化哲学的分析[J].西北师范大学学报:社会科学版,2002(9).

② 顾明远.教育大辞典(增订合编本)(上卷)[M].上海:上海教育出版社,1998:716.

1. 课室环境

课室环境是当代小学教育活动的主要而核心的环境,包括教师、同学、教室大小和形状、墙窗户结构、教师讲台与学生课桌椅的结构形式、教室空间的功能及其物品设备的设置、墙面的装饰、教学媒体设备及其装饰、照明和暖气或消暑用品的设计和结构等。而实验室是专门用于实验教学的教室,其中还包括了实验仪器设备的空间安排等。教学场地则主要用于体育教学,其特点是开放性或大空间,还包括了体育器材和用品的安排等。

2. 宿舍环境

这里的宿舍,既指寄宿制小学校里的宿舍,也指非寄宿制小学里的午休房。宿舍环境是学生生活和自学的主要场所,包括室友,床箱以及书桌柜架的设计和结构,门窗墙的结构和装饰,走道以及公用间的设计、结构和装饰,照明和暖气或消暑用品的设计和结构等。

3. 校园环境

校园环境也是非常重要的教育环境,既包括教职工群体、学生群体及其层次结构,又包括教学楼、图书馆、行政楼、食堂、教职工公寓楼、学生公寓楼、体育场馆、道路、池塘、草地、林木、人文景观等,以及它们的设计、装饰及其结构。

4. 家庭环境

家庭环境不仅是小学生学习的重要场所,也是其学习生活的重要资源,包括学生的父母、长辈、同辈甚至下辈,房屋的设计、装饰及其结构,家庭的经济状况、家庭成员的结构及其职业等。

5. 社区环境

社区环境是学校教学和学生学习的重要资源。包括社区人员的类型及其结构,政治、经济、文化科技、军事、宗教等组织和机构,建筑设计和装饰及其结构,公园、图书馆、美术馆、音乐厅、电影院、游戏厅、历史古迹、家禽家畜、庄稼菜蔬等各类人文景观,还包括社区所在地的地形地貌、江河湖泊、山峦田地、海洋岛屿、泉水滩涂、草地森林、沼泽沙漠、野生生物等自然环境。

课室(实验室、教学场地)环境、宿舍环境以及校园环境的主体是学校及其师生,学校和师生可以发挥聪明才智,将这三类环境进行设计、改造和创新,从而优化它们。家庭环境和社区环境的主体主要是家长和社区人员,一方面,家长与社区人员应积极地认同学校及其师生的教育和学习价值,主动地对家庭和社区环境进行教育化和学习化设计、改造和创新;另一方面,学校及其师生也可以通过价值选择过滤这两类环境因素及其影响,还可以积极主动地影响家长和社区成员特别是社区代表,参与到家庭环境和社区环境的教育化和学习化设计、改造和创新之中。

(三) 功能分类

在已有的研究中,人们已经开始从文化的"功能性"方面探究教育环境的类型,把教育环境分为"物质环境"、"规范环境"和"精神环境"三种类型。① 这自然是很有意义的见解,但是却把环境对教育情境中人的学习的作用给遮蔽了,从而将教育环境与人的学习两者分离开了。当代文化哲学"把文化环境建构在与人自我相关联的新观念上",文化环境就有了三类:"一是人的外在环境,即通常所予以阐述的社会文化生态环境体系;二是个人的内在心智——人格等环境,称做自我环境;三是指人的脑神经系统活动的生理过程和生理机制。"②进而在文化实体性意义上,文化就分为"身体的"、"物体的"、"交往的"、"符号的"和"活动的"等类型。③ 这样,从文化的功能性维度加以考察,文化环境就包含着生理的、心理的、物质的、交往的、符号的和活动的等层面。

从人的学习生命存在及其活动的功能实现与生存状态来看,当代小学教育环境就包含着生理环境、心理环境、物质环境、交往环境、符号环境和活动环境等。

1. 生理环境

在小学教育情境中,生理环境就是小学生的大脑神经系统学习活动的生理过程和生理机制,它们总是通过小学生在学习过程中的生理变化和生理动作表现出来。小学教育教学中的生理环境,就集中而概括地表现在小学生在学习过程中的身体活动上。

学习性的身体活动,首先表现为学习感性活动,也就是直接以人的身体感官进行的自身活动,包括睡眠起居活动、饮食活动、体育活动和医疗活动等。这就要求重视和加强师生"作息"文化建设,使"作息"文化充分体现和实现人的学习生理过程和机制的本性和需要。其次表现为学习性的肢体活动特别是"手"的活动,其中尤其重要的是利用"手"的延伸——学习工具的活动,是意义格外重大的生理文化环境。这就要求格外重视和革新"学习文化"环境,尤其在教室、图书馆以及宿舍等主要学习场所,要充分体现和实现人的"学习"本性及其需要。另外还包括表情活动、文学艺术欣赏活动、娱乐活动以及文明举止活动等。

---

① 俞国良,王卫东,刘黎明.学校文化新论[M].长沙:湖南教育出版社,1999:213.
② 李燕.文化释义[M].北京:人民出版社,1996:120-121.
③ 李鹏程.当代文化哲学沉思[M].北京:人民出版社,1994:159-237.

2. 心理环境

在小学教育教学情境中，心理环境就是小学生在学习过程中所特有的心智——人格条件，包括个体学习心理、学生群体学习心理、教师群体学习心理以及其他有关群体学习心理，既包括与学习心理有关的师生个体心理和群体心理，还包括基于师生个体心理和群体心理而形成的学风、教风和校风等。心理环境既是给定的也是生成的，在空间上是给定的，在时间上是生成的。其给定性是教学活动存在的前提条件，而其生成性则是教学活动发展的根本依据。心理环境，要求小学教育活动必须建立在对心智——人格条件进行分析的基础上，从而具有充分的适切性，以获得心理认同的合理性。

3. 物质环境

作为物质环境的当代小学教育环境，实际上就是以社区物质环境和学生家庭物质环境为背景的学校物质环境。在小学教育的特殊情境中，人与物质环境的"功能性关系"表现为，人总是在"学习功能"的意义上来认识、判定和使用物质条件的。就物质环境的学习功能而言，与人们的学习活动构成了四个层面的关系。

第一，很明显，人们是在对自己学习生命的有用性上来对物质文化进行选择、加工与制作的，也就是进行"生产建设"的，从而使它们成为人从事学习的直接的使用物。这些直接的使用物有课室（实验室、教学场所）、宿舍、饭堂、图书馆、经费、各类建筑物、绿化地带、地理环境等。

第二，人们进而在追求学习的有效性和高效性过程中，将一些物质环境改造和创设为学习的"工具物"。工具作为手的延伸和脑的扩充，在人们的学习过程中就演化为人的学习生理过程和机制的延伸与学习心智——人格的扩展，使得学习中的人与物的分离对立转化为整合同一。学习工具物随着人的生理和心理进化发展而不断丰富，包括传统的纸张笔墨、教学机器、各种仪器和当代的交通工具、多媒体、电子化和数字化的教学资源库以及互联网等。

第三，无论是作为直接使用物还是工具物，物质环境总是在人的学习活动中被显现和规定，总是在人们的学习进化发展中其存在状态不断地得以变化改观。所以，物质环境实质是人们学习意识和意向的外在活动实体，必然走向学习化。

第四，物质环境是作为整体化的，人们在其中持有学习生命存在及其活动的"学习世界图景"的文化物质的总和。这一层面，实际上就是"学习直接使用物"、"学习工具物"及人们在学习活动中加以"连接"的学生学习、教师学习同时引导学生学习的"整体"和"动态"的"学习生活"的特殊场景，它是在人们提及"教育"或"教学"时就会在眼前生成的活生生的"学习世界图景"。物质环境里大量的是人们学习时身体直接触及的"直接实用物",还有一些则是人们在学习时仅仅只与人的意识性有关的"非直接实用物",它们是"艺术性物质文化"。比如,校园里的艺术雕塑,教室墙壁上装饰的美术作品等,它们总是隐含着或表示着人的某种精神或情感的东西。人们在自己的学习生命存在中,总是在追求对现实世界的某种完美的超越和塑造,同时借助于"艺术物"的创造而表达出来。所以,在物质环境中,人们学习生命存在及其活动,通过艺术物的创造和存在,使自身超越到了"理想"与"可能"的境界。

4. 交往环境

"交往的文化作为文化的一种显示形态,可以分为外在的交往形式和内在的交往形式。"①小学教育情境中的外在交往,是指教师、小学生相互之间的"活动行为"意义上的交往,总是经常性的,有相对固定的形式,形成了一定的社会组织,表现为组织制度。组织制度既包含教育法律、教育政策等,也包括学校内部的所有规章制度等。教育情境中的内在交往,是指教育者和小学生在精神上建构和形成的行为规范,是按照他们精神境界中一定的"善"、"恶"标准而建立和形成的伦理道德。其中包括一般性的伦理道德,但核心是教育性的伦理道德。一般道德包括社会公德、家庭道德和生态道德,而教育道德主要包括教师职业道德、学生的学习道德、教育管理者的职业操守,以及师生与管理者之间的各种行为规范。

5. 符号环境

"所谓符号,就是人们可以通过感官感觉到的一些具有'形式'的东西,它们可以是一些笔画,是一些抽象图形或形象图形,也可以是一些物体、一些活动,以至一些空间和时间的形式,它更多地是一些声音、言语、语言等。"②符号的特质有"象"、"意义"和"信息"等。符号既是具体事物或存在的形"象",又是"表示"或"表达"某种"意义"的抽"象",这"意义"就是关于人的生命存在的文化"信息",即人的文化意向。作为小学教育环境中的符号,就是表示或表达小学生的学习生命存在及其活动的教育"意义"和"信息"的所有的"象"。小学教育环境中的符号主要有视听符号、可听符号和可视符号三类。其中视听符号主要有话语和文字;可听符号主要有音乐和副语言,副语言是师生在各种有关活动通过发声和发音器官所形成的类似语言又不是语言的"意识表达"的形式,比如哭笑、赞叹、怒吼、口哨等;而可视符号,主要有表情、动作、行为以及光、热、颜色等。

---

① 李鹏程.当代文化哲学沉思[M].北京:人民出版社,1994:191.
② 李鹏程.当代文化哲学沉思[M].北京:人民出版社,1994:191.

在当代小学教育环境的建设和发展中,不仅需要在"形象"和"抽象"相结合上不断地优化和充实可视符号、可听符号和视听符号,使之饱含"学习"的"意义"和"信息";而且需要对各种符号及其结构进行"学习化"设计和开发,将教育环境中各种"象征符号"的教育意义和信息价值充分地挖掘,另外还要通过将信息技术与正式课程和隐蔽课程进行整合,开发和应用教学活动过程中以多媒体和多媒体网络为载体的各种各样的"数字化"符号,为学生的学习和发展提供丰富多彩的教育环境和有力的学习工具。

6. 活动环境

上述各种小学教育环境类型,并不是散乱存在的现象,而是内在地统一在一起的,即它们内在地统一在师生的学习活动中,这就形成了教育中的活动环境。活动是人的生命存在的根本性质,学习活动就是师生学习生命存在的根本性质。

在活动环境的意义上,小学生的学习活动作为师生的学习生命存在的一个"实实在在"的过程,是一体化的、整合的。这种整合的实质在于,首先,在考察小学生的内在学习意向与其外在学习条件的关系时,持一种"动态"和"过程"的立场,把"学习生命存在"的实质理解为功能性而非实体性,也就是说学习的实质只存在于和实现于内在意向与外在条件的相互作用之中。

其次,当代小学教育环境必然和必须是学习化的,也就是为师生的"学习的",是体现和满足师生的学习需要的。教育环境的改革和建设,就是要剔除传统中"非学习"的成分,就是要不断地充实现实中"学习"的成分;同时师生必然和必须充分地去体察和开发利用环境中的"学习"成分。教育环境的改革和建设,就包含着启迪和激发师生开发自身的学习潜能和利用环境里的学习条件的自觉意识和情怀。

再次,当代教育环境本质上不是外在于人的学习过程的纯粹客观存在,它实际上是人学习过程中的"自我经验"的实践环境。文化哲学把生命的实质理解为一种"自我经验",包括由"自我感觉、自我估计和自我判断"所构成的"自我认识"。因此教育环境仅仅达到"学习化"是不够的,还需要深化到人的学习的"自我经验"的层面,把握住并实现学习过程中的"自我经验"。

最后,当代教育环境绝不是"死"的和外在于学习的"摆设",而是"活动化"的,是以"学习活动"为基本的和根本的形式来加以组织和建构的。

三、教育环境的意义

对教育环境意义的单一、缺陷式的理解,造成了人与教育环境的分离、隔阂与对立,因此,要谋求人与教育环境的有机构成,首先必须探寻教育环境的多方位的完整的意义,这是达成人与教育环境意义对话的前提。

(一) 学校的物质环境对学生品德成长有重要陶冶作用

一般情况下,良好的环境总是陶冶人的良好品德,校园物质环境因素对小学生的发展具有感染作用。校园的建筑、景观、生态和一些物质设施都可以让学生获取信息,增长知识。如今,在很多学校中都有具有重大历史文化意义的名人手迹、纪念碑、塑像等,学校可以充分利用这些历史文化古迹对当代小学生进行爱国主义教育、社会公德教育、理想信念教育和人生价值观教育等,从而使校园物质环境在潜移默化中对小学生素质发展起到推动作用。还有校园中的宣传、告示、标识等文字或图案等信息载体,可以向学生介绍各类知识,如一些地理、文化、艺术以及自然科学知识。在校园建筑、设施和景观建设所采用的各种高科技、新材料、新技术、新工艺等,可以让学生学习了解一些相关的先进的科学技术知识,增加学生的知识积累。一栋建筑,一座雕塑,一个景观,一幅图案,等等,其传达的信息就是一部"教科书"。校园的有形物质环境,能够帮助学生提高审美鉴赏能力,对学生开阔审美视野,了解多种艺术形式,提高欣赏能力,养成爱护美好事物的习惯有直接的作用和长远的意义。这些都对小学生的知识学习、人格塑造和精神文明产生潜移默化的影响作用。

(二) 学校的文化环境对学生素质发展具有重要的导向作用

校园传统文化对小学生素质发展具有重要的导向作用。经过长期的校园文化实践,校园传统文化在体现着学校的风格个性的同时,也凝聚着学校的价值取向和基本精神,对小学生的思想品质、道德认识和行为方式等方面具有重要的导向作用。学校的价值和意志、社会的主流文化都渗透于学校的各种文化活动之中,使之成为小学生日常学习、生活环境的不可分割的一部分,进而在潜移默化中影响学生,对他们的思想品质、道德认识和行为方式的形成和发展发挥重要的导向作用。

(三) 学校教育环境有利于学生创新精神和实践能力的培养

开展素质教育最重要的是创新意识和创新精神的培养。培养创新精神应始于问题意识。问题意识是思维的动力,是创新精神的基石,也是培养学生创新精神的切入点。激发学生问题意识的关键是创设良好的教育环境和气氛。学生由于对权威的盲目崇拜,对学术权威和老师的上课不敢提问,被动的学习。我们常常发现,学生习惯往后排坐,目的是尽可能避开老师的提问,主动提问题就更难得了,而这同时也影响了教师的创新意识。爱因斯坦认为,提出问题比解决问题更重要。由此可以看出,营造一个创新的宽松氛围,形成一个"百花齐放,百家争鸣"的景象,鼓励学生提出问题,培养学生的问题意识,对创新人才的培养是十分重要的。

强调发展学生的创新能力,对于学有余力的学生营造宽松的教育环境,给予相应的特殊政策,提高学生的求知欲和创造欲是很有必要的。在学生完成一件作品、利用计算机进行学习时,学生有一个开动脑筋、大胆想象、自己动手的过程。这正是培养学生的创新精神和实践能力的一个极好的途径。

(四)学校教育环境有利于学生心理健康的发展

良好的学校教育环境是一种无形的感染力量,无声的行动命令,是一种不成规章的行为准则,不成条文的心理契约,对学生起着潜移默化的影响。良好的学校教育环境能使学生经常处于欢乐与成功的幸福之中,形成积极、健康、融洽、上进的心理气氛,促进每一个学生心理的良好发展。所以,为学生创造一个和谐、轻松、愉快的学习环境从近期来说有利于学生心理健康发展,从长远来说,它对每一个学生的人格影响是终身的。

第二节 小学校园文化

校园文化是学校教育环境的重要组成部分,也称之为学校文化。它通过物质的、制度的和精神的等各种文化形式对学校成员的思想、行为与道德等产生潜移默化的影响。积极创建有特色的校园文化,是教育领域中环境研究与开发的重要课题。

一、校园文化的概念

(一)文化的概念

校园文化是文化的一部分,要弄清校园文化,首先必须对文化有所了解。从语源学的角度考察,文化一词最早源自拉丁文,其本意是指耕作所获的东西,其后逐渐引申为人类所创造的物质财富和精神财富的总称。在汉语中,文化是"文治教化"的意思,常与文明并称。首先正式使用"文化"这一概念,是19世纪末的英国人类学家爱德华·伯内特·泰勒。泰勒于1871年在他的《原始文化》一书中,第一个尝试对文化作出界定。此后有大批学者致力于文化研究,到20世纪50年代,美国学者A.L.克罗伯和克莱德·克拉克洪在《文化、概念和定义的评论》一书中,搜集和分类整理的当时世界上主要流行的关于文化的定义就达150余种。目前国内外关于"文化"的定义有200多种说法。① 这些定义大体包括五个方面的内涵:① 文化是人的属性,是人的非动物性部分。② 文化受一定的社会生产方式制约,又有着相对独立性。③ 文化不仅是人的活动和结果,也是人的活动的过程。④ 文化涵盖人的活动的一切方面,包括物质形式和精神形式。⑤ 文化的发展在于不断改造人的动物性,在于人本身的发展。

"文化"概念有广义和狭义之分。文化在广义上指人类社会历史实践过程中所创造的物质财富和精神财富的总和;在狭义上指社会的意识形态,以及与之相适应的制度和组织机构。② 文化是人的力量和发展的历史过程,这种历史过程在人类创造的物的现实的全部丰富性和多样性之中,在人的劳动和思维成果的全部总和之中,获得自己的外部表现形式。不同的领域因其独特的物质和精神形态,就构成了不同领域的文化,如企业文化、军营文化、村落文化、社区文化、校园文化等。

(二) 校园文化的定义

校园文化的概念出现较晚。20世纪80年代初,美国哈佛大学教授泰伦斯·狄尔和麦肯齐咨询公司顾问爱伦·肯尼迪合著出版的《企业文化》一书,创造并确立了"企业文化"概念,美国教育界的专家学者们从"企业文化"的要领中引申出了"校园文化"概念,立即得到社会的认同。校园文化这一概念在我国的正式提出,则出现在20世纪80年代中期。

校园文化是一种亚文化,它既反映文化的一般性,又有自己的特殊性。它从属于社会文化,是具有一定范围的一种群体文化。所以文化概念的争议必然投射到校园文化的定义上。在教育研究和实践中,确实存在广义的校园文化和狭义的校园文化的区分。从广义上看,校园文化是学校教育中师生的生命存在及其优化活动的总和。它存在于校内所有正规教育和非正规教育中,既存在于课堂教学以外的各种校园活动中,也存在于正式课程的课堂教学中,既有外显形态,又有内隐形态。因此有人说,广义的校园文化是指"校园中这一特定人群的生活方式的总和,具有为整个群体共享的倾向"。"校园宏观环境中的主体的思想品德、价值观念、知识、信仰、艺术、文化活动,甚至人际交往、生活方式、行为规

---

① 杨新起,吴一平.校园文化建设导论[M].武汉:华中师范大学出版社,1992:78.
② 辞海缩印本[Z].上海:上海辞书出版社,1989:1731.

范、兴趣爱好等等,无一不包容在'学校文化'之一范畴内。"①而从狭义上看,校园文化是指教学大纲或课程标准规定和课堂教学过程以外的校园生活的存在方式。因此,狭义的校园文化不仅指精神文化,也包括物质文化、制度文化等,但是以价值观念、道德情操、审美观等精神文化为核心,并体现在各种物质形态和活动形式中。

校园文化是社会文化大系统的一个子系统,小学校园文化指的是小学校园所具有的特定的精神环境和文化氛围,它包括校园建筑、校园景观、绿化美化等物化形态的内容,也包括学校的传统、校风、学风、人际关系、心理氛围以及学校的各种规章制度和学校成员在共同活动交往中形成的非明文规范的行为准则等。作为一种环境教育力量,小学校园文化是各小学构建办学特色的内容基础。在小学构建良好的校园文化环境,可以促进小学生产生内部心理变化,形成稳定健康向上的文化意识,能正确地评价社会和认识自我,并能稳定地指导自己对未来生活、理想做出正确的判断和选择,有利于小学生的个性发展,陶冶学生的情操,启迪学生的心智,促进学生的全面发展,形成学校办学特色。

二、校园文化的类型

校园文化主要有物质文化、制度文化、活动文化和精神文化四种类型。校园文化是一个自组织系统,四种类型的校园文化并非截然分离,而是互相渗透、互为依托的。只有当学校的价值观、教育思想和校风教风学风等学校内在本质和个性,通过制度文化保障,以及各种物质形态、活动形式体现出来,才能形成有特色的校园文化。

(一)校园物质文化

学校所处的物质环境,如学校建筑、校园布局、教学设备、图书馆等,都属于校园物质文化的范围,属于外显层。它既是校园文化的物质基础,又是校园精神文化的载体,在有形的物质文化中体现着无形的价值观念、教育思想等。校园物质文化对学生身心的健康发展,知识技能的掌握,世界观、人生观和价值观念的养成等,都会有直接或间接的影响。比如,校园环境是否使教师和学生产生和谐、稳定和安全的感受,校园建筑、布局是否体现以人为本,是否突出学生的主体性,校园环境是否具有审美价值,是否具有教育性,学校的藏书及其他视听条件是否

---

① 程振响.校园文化与青年学生的价值实现[J].江苏教育学报,1989(4).

健全等，都会对校园文化产生一定的影响。随着教育的日益普及，一个人一生中有相当大的一部分时间是在学校中度过的，因此学校环境对健全人格的养成就具有非常重要的影响。

（二）校园制度文化

校园制度文化又称校园组织文化，是指学校制定的各种规章制度、管理条例、学校纪律、领导体制以及学校成员对这些制度的认识态度和对制度的执行情况等。校园制度文化属于中间层，是校园文化的保障体系。

校园制度文化所包含的各种形式的制度，既是国家的有关法律、法规政策以及各级教育部门颁布的一系列政策法规的具体化，也是学校特有的教育精神、价值观念等精神文化的制度化表现。因此学校制度不仅要约束师生的行为，而且，还要通过师生对各种规章制度、行为礼仪和管理条例等的认可和执行使学校成员形成比较统一的思想观念和行为规范。

校园制度文化包括教师管理制度、学生管理制度、会议管理制度、作息管理制度、校园管理制度、专用教室管理制度、财务管理制度、档案管理制度、网络管理制度等等。

（三）校园活动文化

校园活动文化是指在学校的组织和领导下，或在学校的倡导和指导下由师生组织的为实现学校教育目标而举行的有益健康的各种教育活动、娱乐活动、学术活动、综合实践活动以及通过活动而形成的各种习惯、习俗、模式、惯例等文化形态。良好、积极的校园活动对培养学生的高尚情操、提高学生的综合能力、挖掘个人的潜能、推动学生综合素质的提高起着至关重要的作用，同时校园活动文化也促进了整体校园文化向着健康、良性的方向发展。

（四）校园精神文化

校园精神文化，又叫校园行为文化或心理文化，主要指学校成员特别是师生认可的行为方式、价值观念、道德观念和心理氛围等。校园精神文化，体现在校园的价值观念、人际关系、学校风气、学校传统以及学校成员的思想道德、思维方式、审美情趣等方面。它是校园文化的内核，是一所学校的灵魂，彰显着学校的价值观和个性，深层次地决定学校的特性。它是校园文化的内隐层，渗透在各种物质文化和制度文化层面中，对师生具有强大的潜在教育影响力。校园精神文化主要包括校园的价值观念、人际关系、学校风气和学校传统等内容。

1. 校园价值观念

校园价值观念,是学校成员在教育实践过程中所形成的占主导地位的基本信念和态度。学校一旦形成特有的价值观念,就具有稳定性,并对学校成员的行为具有导向和规范作用。积极、稳定的校园价值观能启发、引导全校师生的言行向着教育目标的方向发展。因此,学校要积极建构符合自身特色的校园价值观念,并坚持不懈地在日常教学活动以及各种校园活动中宣扬学校价值观念,提高学校成员的认同感。为此,还可以在学校中塑造展现学校价值追求的楷模,推进学校成员把价值观念转化为实际行动。

2. 校园人际关系

校园人际关系,主要包括教师人际关系、学生人际关系和师生人际关系。建立和谐的人际关系是创设良好教育环境的重要媒介,需要学校全体成员的共同参与和维护。校园人际关系的建设需要把各方面结合起来,增强领导、教师、学生、员工相互之间的沟通和对话,建立民主、平等与和谐的人际关系。

3. 学校风气

学校风气,常简称为校风,是学校集体成员在长期的教育教学活动中积淀起来的、表现在学校成员共同思想和行为中的集体心理定式。它是学校整体作风、教风和学风的综合反映。建设积极奋发的校风以及健康正面的集体舆论,是校园精神文化建设中非常重要的内容。校风建设,必须发挥它对学校全体成员的规范、驱动、凝聚和熏陶作用。

4. 学校传统

学校传统,又叫学校文化传统,是一所学校区别于其他学校的文化特征,是该校办学宗旨、办学方针、办学条件和学校风气等方面的综合反映,不仅包括校旗、校歌、校徽等物质形式,更重要的是传承着学校悠久的教育价值观、思想道德观和人生观等思想文化积淀。学校传统的建设,要遵循稳定与发展相结合、继承与批评相结合、开放与独立相结合的原则,根据学校教育发展的需要不断弘扬学校传统文化,开展学校传统教育,鼓励师生既努力继承已有优良学校传统,又积极创新学校特色文化。

校园文化是由校园物质文化、制度文化、活动文化和精神文化组成的不可分割的有机整体。其中,物质文化是基础、载体,是比较浅层的校园文化;制度文化是规范、准则,它比物质文化更深一层;活动文化是校园文化的重要表现内容,是非常活跃的成分,属于第三层次;精神文化是校园文化的核心、灵魂,是最高层次和最深层次的校园文化。

三、校园文化建设发展趋势

校园文化作为一种特定的文化范畴,始终保持着自身的连续性与继承性。但校园文化同时又是整体社会文化的一种表现形态,必须随着社会历史的发展而发展,在不同的时代背景下展现出不同的风貌。根据国际国内中小学校园文化发展的情况来看,有如下趋势。

(一)整体性趋势

校园文化建设与学校整体改革一样,最终都要强调整体效应,要求达到整体优化。校园文化是由各组成部分有机结合的整体,校园文化的最初建设可能是突出各组成部分,但从校园文化建设的发展来看,将越来越重视整体性。校园文化建设的整体性不是满足于各组成部分简单的相加,而是追求一种有序的、有机的、优化的整体建设。实现校园文化建设的整体性,以下几个基本关系在国内外校园文化建设中普遍受到重视。

一是校园文化建设中隐性文化与显性文化的关系。显性文化是校园文化建设的"硬件"与"外壳",那么,隐性文化则是校园文化建设的"软件"与"内核"。两者相互依存、相辅相成,构成校园文化建设的整体。

二是校园文化建设与学校基础建设的关系。校园文化建设将会克服急功近利的倾向,从扎扎实实地抓好思想教育、管理素质等基础建设工作入手,做长期的、深入细致的工作。

三是校园文化建设中领导者的倡导与师生参与的关系。学校领导者的倡导与培育和广大教职工及学生的参与共建是相辅相成的,两者相互促进,并将在校园文化建设中起着越来越重要的作用。

四是校园文化建设的共性与个性的关系。校园文化的共性与个性是辩证统一的,两者相互依存、互为条件。因此,校园文化建设将在发展个性中体现共性,在形成共性的过程中培育个性,并将会充分突出个性,使校园文化成为共性与个性的有机统一体。

(二)社会化趋势

在社会急剧变化的年代,随着现代传播手段的普及,学校的封闭性日益突破,学校教育也要遵循教育社会化的趋势。同样,传统的校园文化的封闭性因素也日益淡化,学生、教师受家庭文化、社区文化的影响,其价值观念也呈现多元化、多向化的特点。所以,校园文化建设,不能完全局限在校园的围墙里,必须与家庭文化、社区文化加强交流和协调。

校园文化建设的社会化趋势基本表现为:一是与家庭文化的沟通和联系加强;二是对社区文化进行引导和净化的功能加强;三是学校自身由封闭走向开放,主动接纳社会文化。

(三) 独特性趋势

校园文化具有共性,但是真正有特色的校园文化具有独特性。共性往往形成模式,忽视差异。学校间的差异是客观存在的,不论是物质的还是精神的,所以真正有生命力的校园文化是根植于学校现实土壤的校园文化。舶来品也只有适应本土文化才能为人接受并产生影响。

由于每所学校校园文化个体的追求、志趣、修养、心理、价值取向、知识拥有程度存在差异,同时还由于历史传统不同,培养目标不同,所处地理位置不同,使得不同规模、性质的学校的校园文化各具特色,形式多样。不同的校园会滋养不同的校园文化,同一校园的不同历史时期,所产生的校园文化也各有不同。因此,校园建设中的独特性趋势将会越来越突出。

第三节 小学教育活动概述

一、教育活动的界定

什么是教育活动(educational activities)？这是深入研究教育活动必须首先予以回答的问题。到目前为止,有关活动范畴的界说尚未取得确切一致的意见,其状况犹如尼科洛夫所介绍的:"'活动'概念本身的含义是极不确定的……直到今天,无论是心理学著作,还是社会学和哲学著作,都在各种不同的意义上使用'活动'概念。"[1]有人把活动界定为"实现着主体—客体两极之体相互转变的过程。"[2]有人定义为:"能动性的最高形式,是合乎目的的能动性。"[3]也有人把活动看做是:"社会和人存在的方式,是人改造周围的自然现实和社会现实(包括人本身)以适应它

---

① [保]尼科洛夫.人的活动结构[M].北京:国际文化出版公司,1988:12.
② [苏]阿·尼·列昂节夫.活动、意识、个性[M].上海:上海译文出版社,1980:51.
③ 张凡琪.苏联"活动理论"蠡测[J].哲学动态,1987(2):7.

的需要、目的和任务的过程。"[①]而马克思则特别指出,如果"运动是物质的存在方式"[②]的话,那么海地则是人(有生命物质)的一种存在方式,人类的特征恰恰就是自由自觉的活动。我们认为,活动是主体能动地、现实地改造客体(包括自然、社会与人类自身)以满足其某种需要的社会互动过程。这一概念可从以下几方面去理解:

第一,主体与客体是构成活动的最基本的因素。无论是缺少主体的客体还是缺少客体的主体,都不能构成活动。作为主体的人的活动是一种对象性的活动。这里所说的对象性活动不仅指活动主体有自己的活动对象,而且指作为对象的活动客体要依赖于活动主体的对象性而存在。客体地位的确立是主体本质力量的对象化和外化。作为主体改造对象的客体既可以是自然,也可以是人。因此全部的主客体关系有三个层次:一是以人为主体,以自然为客体的"人天"主客关系;二是以我为主体,以你、他为客体的"人际"主客关系;三是以我为主体,以我为客体的"心身"主客关系。在这三种关系中,只有由主体自己建构而非外部力量加强的时候,才能实际地突出自己的地位,表现出自己的本质力量。

第二,能动性与现实性是人的活动的基本特征。活动的能动性是人的活动区别于动物的活动的根本特征。在马克思看来,人的活动的能动性是与人的受动性密切联系的。人的活动的受动性要求人的活动合乎规律,而人的活动的能动性则要求人的活动合乎目的。

第三,社会交往或互动是人的活动的内在基础。活动就其本质来看是交往的、互动的,活动本身就是以"个人之间的交往为前提的"。交往是人存在和发展的基础,没有交往,个人就不能社会化,因而也不能个性化,最终就不能成为健全的个人。在正常情况下,人对满足的需要和对需要的满足之间存在动态的差距,即需要总是相对高于满足,但需要与满足持平或满足超过需要时,人的活动就将趋于停止。

基于上述对活动本质和特点的探讨,我们认为,教育活动就是教育主体能动、现实地改造世界(包括物理世界、心理世界和文化世界),以促进人的素质全面生动发展的社会互动过程。小学教育活动,是围绕促进学生的学习和身心发展所开展的一切专门活动的总称。

---

① 张凡琪.苏联"活动理论"蠡测[J].哲学动态,1987(2):7.
② 马克思恩格斯选集:第3卷[M].北京:人民出版社,1972:98.

二、小学教育活动的类型

种类的划分可以有不同的标准,这里主要从教育活动的任务、性质和时空三个维度进行分类。

(一)以教育活动的任务为标准,可划分为德育活动、智育活动、体育活动、美育活动和劳动技术教育活动

教育活动的任务是由教育目的决定的。教育目的是从总体上对学生发展的一种期望,教育任务是教育目的的指向特定活动的具体化。为了实现学生全面发展的目的,学校教育要开展德育、智育、体育、美育和劳动技术教育五种活动。德育活动是把一定社会的思想观点和道德规范转化为学生个体的思想意识和道德品质的一种教育活动,其任务是形成学生一定的政治观点、思想意识、道德品质、法律观点和良好的心理品质。智育活动是使学生掌握一定的科学文化基础知识和基本技能、技巧,发展学生认知能力,并形成科学精神的一种教育活动。体育活动是使学生掌握基本的体育知识、技能和技术,发展学生身体,增强体质,养成自觉锻炼身体和讲究卫生的习惯,培育他们优良品质的一种教育活动。美育活动是培养学生正确、健康的审美观点和感受美、欣赏美和创造美的一种教育活动。劳动技术教育活动即技术教育活动,是向学生传授基本的现代生产技术知识与技能,培养他们从事生产劳动的实践操作能力的一种活动。

以上五种活动是学校全面教育的重要组成部分。在理论上,我们可以把教育活动划分成五个类别,但在实践上,它们又是相互联系的有机整体。教育活动是全方位的,即:① 教育活动是由德育、智育、体育、美育和劳动技术教育构成的。其中,体育是个人全面发展的物质基础,追求的是身体的健美;德育、智育、美育是个体全面发展的精神力量,追求的是真、善、美;劳动技术教育是个体全面发展的实践操作手段,追求的是对物质世界的改造。② 每一种单一的教育活动的实现必须依靠其他多方面的活动的辅助,体现了全面的联系性。③ 每一种教育活动都要体现对学生的全面负责。但是,教育活动的全方位并不否认在特定条件下以某一种活动为中心或重点。

(二)以教育活动的性质为标准,可划分为教授活动、学习活动和管理活动

教授活动是以教育者主动讲授、传递等为主要方式,通过受教育者的领受、接纳来产生教育上的效果与价值,实现受教育者素质全面发展的一种活动过程。教授活动体现了教师的主导地位,教师对活动的设计、组织、评价和对传授内容、方法、途径的选择展示了其不可替代的作用。学习活动是受教育者以主动探究、发现为主要方式,通过教育者的点拨、指导来产生教育上的效果与价值,最终实现受教育者素质全面发展的一种活动过程。学习活动体现了学生的主体地位,特别是学生观察、思考与实践活动,使他们处于主动、自由的地位。管理活动是师生(教育者和受教育者)为保证教育活动的质量和效益而展开的计划、组织、指挥、协调和控制的一系列活动过程。管理活动是教授与学习活动正常进行并取得实效的前提和基础,"如果不坚强而温和地抓住管理的缰绳,任何功课的教学都是不可能的"[①]。我们所说的教育活动的"有目的、有计划、有组织"就是管理活动的一个生动体现。

在现实的学校教育生活中,教、学、管三者构成了一种不可分割的教育整体,是"教师施教、学生求教",师生双边、双向互动交流的过程。要真正实现教师的活动与学生的活动整合,还需要管理活动的计划、组织和控制。离开了管理,教师的教就不利于学生的学,学生的学也达不到预先要求的标准,而且教与学有分裂为两个独立的活动而不是一个完整的活动的危险。

(三)以教育活动的时空为标准,可划分为课内活动和课外活动

课内活动又称课堂教学,它是把学生按年龄和程度编成有固定人数的班级,以班级课堂为空间,以国家规定的课程计划中的学科为主要内容,以法定的时间为依据来开展教与学,从而达到系统科学文化知识的掌握和基本身心素质的发展的一种教育活动。课堂教学所占的时间最多,教育人员最稳定,教育内容最系统,教育组织最严密,是学校教育的核心,也是最基本的教育活动。课外活动简单地说就是在课堂教学时空之外的时空里所进行的所有的教育活动。

课内活动与课外活动是完整的学校教育活动不可缺少的两部分。在课内活动和课外活动关系历史上,两者一直是一种主辅关系。课堂教学是学校教育活动的中心,担负着传递系统的科学文化知识的任务。而课外活动只是课内活动的补充、拓展、延伸和深化,仅在学校正课以外的边缘时空里展开。今天,这种认识已经发生了根本的变化,现代课外活动有其独立的教育价值,是学校教育的必要组成部分,与课内活动是一种并列互补的关系。它以真实生活的问题情境为对象,通过学生自由自觉的活动达到人性的丰满,主体性的提升,最终实现人文关怀之目的。

---

① [德]赫尔巴特.普通教育学[M]//张焕庭.西方资产阶级教育论著选.北京:人民教育出版社,1979:267.

三、小学教育活动的意义

实践活动,在马克思主义哲学中是一个重要概念,它是人改造客观世界的中介,而教育领域中的"活动",主要是学生本人与外部教育影响的中介,是沟通学生主体观念和行为的桥梁。对小学生来说,"活动"在其身心发展中显示出特殊与重要的价值。教育活动对于儿童个体发展具有基础性的动力作用。

(一)教育活动是保证儿童身体健康发育的必要条件

身体素质是人的综合素质中的一个重要方面。6、7岁至11、12岁的小学儿童处于生长发育的重要时期,根据儿童生理学的研究显示,儿童的生长发育呈波浪式的周期性特征,大致可分为四个显著的时期:从出生到2岁,发展十分迅速;2岁到青春发育期,发展较平缓;青春发育期开始(男孩约在13~15岁,女孩约在11~13岁),发展急剧迅速,变化极大;15、16岁到成熟,发展又趋缓慢。小学儿童主要属于这一周期中的第二阶段,尽管身高、体重、脑、神经系统的发育具有相对平缓的特征,但由于处于两次生长发育高峰期之间,在此期间的生长状况,对于青春期发育具有不可低估的先导作用,因而,重视并确保小学儿童身体各器官的健康成长,同样是小学教育的重要内容。而教育活动,是促使身体良好发展的基本条件。身体发展不可能在儿童孤立、静止的状态中进行,"儿童动作的发展和儿童身体的发展、大脑和神经系统的发展密切相关"①。儿童的头部及肢体动作、感官和言语动作,一方面,在中枢神经和肌肉的支使下进行,同时,也反过来刺激神经和各器官的生长。通过开展各种各样的活动,使儿童自发地产生和运用各种躯体动作,是促使儿童身体健康成长的重要因素。

(二)教育活动是促进小学儿童基本心理机能发展的必要条件

"主体与客观世界相互作用的物质实践活动,包括游戏、学习、劳动、社会交往等,这是个体心理赖以发展的基础"②。这是教育活动对人的心理发展的意义。小学阶段的儿童,在认知、情感、社会化水平等心理机能上都处于比较低的水平,也是处于不断向前发展的比较关键的时期。在这一时期,用怎样的教育形式寻求儿童心理发展的理想效果,是教育工作者所着力追求的。教育活动是联系儿童主观世界和环境的中介,通过儿童作为主体的积极参与,可以将知识、规则、价值观自觉纳

---

① 李丹.儿童发展心理学[M].上海:华东师范大学出版社,1987:107.
② 朱智贤.心理学大词典[M].北京:北京师范大学出版社,1989:279.

入心理结构,从而不断推进心理结构的更高级整合,以此促进儿童心理的发展。活动对于儿童心理发展的有效功能是由儿童心理的实际发展水平所决定的,比如,小学儿童的认知水平比较低、思维以具体形象性为主,因而,尽可能通过活动使各种感觉器官调动起来,就能在头脑中构成神经联系,形成记忆痕迹,提高学习效果。同时,儿童的情绪也只有在活动所提供的情境当中才有可能发展。总之,活动在小学儿童心理发展中的地位和作用是无法取代的。

第四节 小学教育活动组织

我们以课外活动为例来了解一下小学教育活动的组织。

一、课外活动的概念

我们这里讲的课外活动,指的是学校教育活动的一种形式。课外活动,最初是指由学校组织学生在教学计划和课堂教学形式以外进行的教育活动。从对课外活动的概念的表述中,我们可以感受到这一概念的相对性。也就是说,课外活动的产生,有赖于教学计划、教学大纲和教科书,以及实现这些正规课程的课堂教学活动的存在。它是在课堂教学活动之外,对学生进行多方面教育的有效形式,也是对课堂教学活动局限性的弥补手段。课外活动这种教育形式,为小学生创新精神和实践能力的发展提供了更广泛的实践机会。

然而,传统的学科课程的内容设置与课堂教学的组织形式,都是以促进儿童认知能力的发展为主要目的而创立的,注重的是系统知识的传递与掌握过程。在这种课程组织形式下,学生所学习的全部内容,都是以"学科"这样一种系统知识的面貌展示给学生的。教学活动则围绕着学科知识的载体——教材展开,全部活动过程都以教材为主,从感知教材内容开始,过渡到理解其内容,最终落实到巩固和运用从教材中所学的知识上。而我们的教材内容又是以学科知识为主的,这样无论从教学的组织形式,还是从儿童活动内容与方式方面,都相当单调,也不利于学生的全面发展,"高分低能"问题的存在,不能说与这种单调无关。

关于课外活动这一概念所指的教育活动,还存在另外两个不同的称谓,即第二渠道和第二课堂。这就是说,将课堂教学这种基本教育形式看做是第一渠道或第一课堂,而把课外活动看做第二位。这两个概念的形成,也是基于对课堂活动与执行教学计划的课堂教学关系的揭示,但是多数学者认为,这两个概念不如课外活动这一概念严谨规范、含义清晰。随着人们对课外活动的教育意义认识的深入,教育界普遍承认课外活动是小学生全面、健康发展的重要教育形式,它与课堂教学互补互成,不应有主次之分。课外活动是促进小学生全面发展的重要且不可替代的教育组织形式。教育部所颁布的《义务教育全日制小学、初级中学教学计划(试行)》也采用了课外活动这一概念,并明确地将课外活动列入了教学计划。

尽管人们在使用课外活动这一概念时仍然含有明确的"计划外"含义,但鉴于新的《义务教育全日制小学、初中教学计划(初稿)》将课外活动纳入教学计划的事实,我们也不得不对原有的课外活动概念进行重新定义。

课外活动,是指学校根据学生的意愿,在课堂教学之外利用课余时间为其组织的各种教育活动,以期使学生得到主动、生动活泼的发展。

二、课外活动的特点

课外活动有自己的特点,具体体现在以下四方面。

(一) 自愿参与

学生参加课外活动是以自主选择为原则的。接受按教学大纲进行的学科课堂教学,是学生的义务和责任,有一定的强制性。但课外活动的参与与否,参加哪一类活动,这些都是由学生按自己的兴趣爱好及各方面的条件来自主选择的,学生还可以根据自己的能力,对不同活动水平进行选择。参与的主动性与学生的兴趣和能力相结合,可以调动学生在活动中的积极性,消除因被动学习造成的厌烦情绪或逆反心理对学习效果的负面影响。被激发与调动出的学习热情和主动性,不仅有助于增强学生在课外活动中的学习效果,这种学习热情还会使学生改变对课堂教学的感受,使他们不再把学习当做外来的任务和责任,从而全面提高学生的学习效果。

在实践中,有的数学教师根据小学生的心理特点和课堂教学内容,精心设计和组织数学课外活动,提高了学生对学习数学的兴趣,增长了数学才能,取得了良好的学习效果,如茹茂莱老师设计的"击鼓传花"游戏。该游戏就是将某一单元的概念和运算题由学生事先做成一些小卡片,游戏时以击鼓声为号,当鼓声停止时,"花"停在哪个学生手上,就由该生抽出一张卡片来回答上面的问题,如答不出,就由他公布题目,让其他同学抢答。学生参加这一课外活动的积极性都很高,既巩固了课堂教学的内容,又激发了学生对数学的学习兴趣。

(二) 自主活动

课外活动给学生提供了更大的自由、自主活动的空间。在参加课外活动时,学生的自主学习是基础,教师更多地是作为指导者,在学生自己解决问题有困难时,给予他们一定的提示或指导。自主学习使学生有更多的机会,自己决定读什么书,用什么样的方法解决问题,用什么样的合作方式来共同完成一个任务,等等。自主学习能力是现代学习化社会对每个成员的社会适应能力的现实要求。课外活动对学生自主学习能力的培养作用,是课堂教学所不及的。

例如,让小学生利用所学的百分数运算知识,搞一次家用电器的普及率及增长率的社会调查,学生首先要决定自己选哪一样或哪几样电器为调查内容,还要根据自己的时间和其他条件决定调查的范围,如在城区还是在郊区进行调查,选多少家庭合适,等等。最后还要决定选什么样的调查方法,如是登门询问、电话访问,还是发放问卷。在进行决策时,学生都必须依据自己的条件和自己对活动的理解自主地进行选择。这样的调查活动,不仅可以使学生学会运用学过的知识解决实际问题,而且能通过自主活动过程来培养学生的独立性和责任感。

(三) 形式多样

课外活动的组织形式是灵活多样的。课外活动的组织形式不受教室的限制,为学生提供了更丰富的认识世界、获取知识和培养各种能力的途径。学生可以采用科技活动小组、读书会、实地调查、游戏、报告会、科普讲座、兴趣小组和参观访问等多种形式进行活动。即使是同样的活动内容和目的,也可以通过不同的活动形式来实现。在活动过程中,师生关系的互动性增强,学生之间的合作性关系加强,又使这一活动形式本身也具有重要的教育作用。

课外活动的形式,更可以根据各个学校的具体情况和地区特点创造出具有自身特色和社会意义的各种活动模式。例如,安徽太和县旧县小学地处偏远的农村,但他们的课外种植和饲养活动就搞得有声有色,学生们自己动手开垦土地,挖养鱼池,建饲养场。他们建立了种植油菜、棉花、小麦、玉米等农作物的各种小组并进行种植活动,还建立了饲养鸡、兔、鱼、蜂等的各种小组并进行饲养活动。这些课外小组的活动,不仅使学生增长了实践知识,更培养了他们对科学知识尤其是农业科技知识的兴趣与热爱。兴趣小组的许多学生,都在毕业后成了各方面的专家能手,他们培育出了大豆、玉米等新的优良品种,创造出了养猪养蜂等经济动物的科学饲养方法。不仅如此,兴趣小组的活动还促进了全校教育质量的提高,就连升学率也比周围其他学校高,使学校拥有了良好的声望。

(四)内容开放

课外活动的学习内容是开放的。课外活动不受或不完全受教学计划的控制,它主要以学生的兴趣、爱好、好奇心等为基础,结合学校的条件开展活动,既可以充分发挥教师的特长,建立各种兴趣小组,给学生创造条件和机会,发掘他们的潜力,展现他们独特的天赋,使个性的发展丰富多彩,又可以充分利用大众传媒,把最新的信息引入学生的认识范围之中,使学生们的知识经验更贴近现实生活,更能体现时代精神。

举例来说,按照教学大纲,生物学知识并非小学阶段的重要知识内容,但儿童的天性却使他们对各种动植物都极有兴趣。以小学生对动植物的强烈兴趣为基点,福建漳州市某小学广泛地开展了以生物内容为中心的课外活动。结合闽南地区生物资源的特点,他们建立了各种课外活动小组,组织学生搜集各种动植物品种,学习制作各种类型的动植物标本。他们根据学生的兴趣,组成了以水果、水产、昆虫、蔬菜、作物、花卉、中草药、禽鸟和蛇等为中心的各类活动小组,调查资源分布,搜集和制作标本。仅荔枝一种水果,他们就搜集到了 14 个品种。他们的调查和搜集工作取得了很大的成绩。其中关于闽南水果和水产资源的调查还被市科委列为科研项目。学校在课外活动取得成果的基础上,建立了"红领巾闽南生物馆",获得了省内外参观师生的普遍好评。该校生物课外活动"成了学生扩展知识、锻炼能力、发展智力的乐园"。

三、课外活动的内容和形式

(一)课外活动的内容

由于不受教学计划、教学大纲和教育形式的限制,课外活动的范围十分广泛,内容也十分丰富。学校现行的课外活动内容,基本上可以分为以下几类。

1. 科技活动

在"科学技术是第一生产力"思想影响下,科学探索和科技发明活动在我国受到空前的重视,发展学生对科技的兴趣和科学探索精神,成为学校课外活动的重要内容之一。与课堂上学习系统的学科知识相比较,在课外活动中,学生从事科技活动时,更强调动手过程,让学生在自己动手实践中综合利用已有知识,全面地认识事物和解决问题。在实际操作过程中,增长学生对某一领域的知识经验和动手能

力,是科技活动的主要特点。例如,航模舰模小组、园艺小组、无线电小组、计算机小组等,都具有很强的操作性。

2. 学科活动

由于课堂教学是以大纲为依据的,教学目标、内容、进度对全班所有的学生都是一样的,这种情况不能满足一些学生对某一学科的特殊兴趣和更高的学习要求。而课外活动中的各种专门学习小组,则为学生们提供了一种机会去进一步钻研自己感兴趣也更适合自己能力的学科知识,如数学小组、外语小组、绘画小组、声乐小组等等。这些小组的活动,不是对课堂教学中相关学科知识的简单重复,而是对课堂教学内容的加深和扩大,并强调实际应用,具有自己的侧重点,如物理小组以提高实验能力为重点。

3. 文体活动

学校的课外文体活动,包括文学、艺术、娱乐、体育训练与体育竞赛等内容。

文学艺术类的活动内容主要围绕书法、歌咏、舞蹈、音乐、摄影和雕刻等展开。许多学校都有自己的乐队和舞蹈队,以此来丰富学生们的精神生活。组织文学艺术方面的课外活动,主要目的是培养学生对文学艺术的爱好与兴趣,提高他们的欣赏能力,并为创造能力的发展打好基础。

体育活动注重技能的训练、体能的提高和意志力的培养。体育活动多以专项小组的形式进行,如各种棋类小组、体操、武术和田径小组等等。喜欢运动是儿童的天性,除了专项活动小组外,学校还应该针对全体学生提供特定的体育活动时间和活动器材,使每个学生都能按自己的喜好选择一些活动项目进行经常性的锻炼。这样做不仅有利于学生身体素质的整体提高,也有利于学生培养社会交往能力。

4. 课外阅读活动

阅读是学生增长知识经验的一个重要途径。学校组织的课外阅读活动,不限于与所学科目相关的范围,因而有助于扩大学生的知识面和对新知识、新见解的敏感性。在活动中,教师会对学生进行一定的辅导,包括介绍和推荐新书,进行阅读方法的指导,组织讨论或辩论,对阅读中遇到的各种观念冲突进行适当的解释,等等。搞好课外阅读活动,不能只搞书评小组、读书会等形式,还要开办面向全体学生的阅览室,为学生提供一定数量的、有助于学生成长的书刊。

5. 游戏活动

游戏是儿童生活的重要内容。没有游戏的童年,将难以养成儿童热爱生活、开朗乐观的生活态度。游戏活动,不仅能让学生有机会感受生活的多姿多彩,有机会

展现自己的生命活力和丰富的想象力、创造力,也会让学生学会如何制定游戏规则,养成遵守游戏规则的习惯,培养学生的主体精神和协作精神。尤其在小学教育阶段,游戏活动应该成为学校课外活动的重要内容,通过有指导的游戏活动,让学生在轻松愉快的学习中形成各种社会性知识、能力,提高其心理综合素质。

6. 社会活动

社会活动是培养学生互相关心、合作和社会责任感等素质的重要途径。学校搞社会活动一般以社会公益活动为主,如上街进行环保宣传、交通安全宣传、拥军小组活动、支农义务劳动等。但这仅是社会活动的一个方面,实际上学校课外活动的范围应是十分广泛的,各种专题性社会调查、对社会热点问题的讨论等等,都对培养学生的认识问题和分析问题能力具有重要价值,都有助于培养学生的社会责任感。

7. 主题活动

主题活动是就某一特定专题而开展的短期或长期的专门活动。这种活动往往有特定的具体目标,活动内容和形式也具有一定的稳定性,如主题班会、学雷锋小组等。这种活动既能增加学生与活动目的有关的知识,也能培养相关的情感和态度,长期活动则更有助于培养小学生做事情有始有终、持之以恒的意志和品质。

主题活动的某些内容可能会与社会实践相联系,尤其是具有社会公益性的主题活动,但又不限于社会活动的范围。如河北省石家庄市某小学的"文明信使小队",以学习文明、传播文明为宗旨,其主要活动内容有两项:一是在校园内从自己做起,讲文明、讲礼貌,做文明语言和文明行为的榜样;另一项主要内容是,每逢节假日,队员们到街头巷尾去清除乱贴乱画的广告和白色垃圾。

主题活动的内容可以是关于个人、集体、学校和社会生活各方面的主题,活动的形式也比较灵活,同一主题可以采取不同的形式进行。比如,围绕"小学生的压岁钱该怎么花"这一主题,就可以组织学生进行调查,了解学生压岁钱的获得和支出情况。在此基础上还可以举行讨论会,分析和比较学生压岁钱使用的各种情况和效果,看如何使用更合理,让学生制订使用计划,也可以把讨论的形式变成写调查报告的形式,还可以围绕如何更好地利用这些钱做些更有意义的事情,设计和实行一些管理方法,如可以搞一个班级小银行,建立自己的账户,由学生自己管理,并有计划地利用利息为班级或他人做些有意义的事情。这些活动既能培养学生的节俭生活态度,又能培养他们的理财能力和社会责任感。

（二）课外活动的组织形式

组织形式灵活多样、丰富多彩，适合具有各种特点与需求的学生，是课外活动的一大特点。根据不同的分类标准，课外活动的组织形式可以划分为不同的种类。这里只以参加活动的人数（即活动的规模）为标准进行分类，学校课外活动的组织形式可以分为以下三种。

1. 个人活动

个人活动（也称个别活动）是学生在教师的指导和帮助下，根据个人的特长、能力水平和兴趣爱好独立地进行的各种学习和实践活动。如课外阅读、绘画创作、各种体育技术和训练等，这些都需要大量的个人单独活动。实际上，所有的课外活动都会在一定程度上存在个人的独立活动形式。这里讲的个人活动，主要强调的是在教师专门指导下的单独活动，这往往是针对特长生和某些方面有学习障碍的学生实施的一种活动形式。对于后者而言，有助于其平衡发展，对于前者而言，有助于其发掘潜能和培养自学能力、独立钻研能力。

课外阅读与写作，是小学经常开展的以个人为主的课外活动。实践证明，以学生个人活动为主的课外活动如果指导得当，就会收到普遍性的教育效果。例如，北京通州区某小学课外阅读活动取得了相当出色的成绩。该校引导学生与好书交朋友，规定阅读量，对不同年级提出不同的读书要求，使全体同学都积极地参加课外阅读活动，再以个人阅读和好词佳句摘抄，写读书笔记、作文等为基础，创办《新苗》小报，鼓励学生投稿，进一步调动学生个人进行读写的积极性，再通过展览和讲评学生的摘抄、日记、作文等促进活动的深入开展。"读书丰富了学生的知识，开发了智力，提高了学生能力"。许多学生的作文得以在各级书刊和报纸上发表，学校成了"写作先进校"。

2. 小组活动

课外活动小组，是各种普遍参与的持续性专项活动中最基本的组织形式。各种课外活动小组，多数直接在小组前面冠以专项活动的名称，如数学小组、航模小组等，有的则改称社团或学会等。这种小组活动，主要依据学生的兴趣和特点进行组织，也有的进一步按学生的水平再进行分级的小组划分。小组的人数也没有定数，一般由活动的性质和内容决定。需要较多个别指导的活动，人数可以少一些，如各种音乐演奏小组、体育技能训练小组、绘画和写作小组等；而需要一般性指导的小组，人数则可略多一些，如各种学科小组。小组具体规模的确定，要依学生和教师的实际匹配情况而定。

学校要为课外活动小组提供相对固定的活动场地,使小组活动有计划地按进度进行。学校还要给活动小组配备有专长、有能力的辅导老师。学校对学生参与小组活动不要做过多的限制,而应以学生个人的自愿和兴趣爱好为主要依据。

值得明确指出的一点是,不要以学生的一般学习成绩为依据去决定学生能否参加课外小组活动。有的学校明确规定,成绩不好的学生不能参加课外兴趣小组活动,理由是他们需要把自己的精力多放在课堂教学内容上,参加小组活动会更加影响其学习。其实这是一种误解,至少是片面的看法。儿童的发展是有个性特点的,一般性成绩情况并不能代表特殊潜能的发展情况。也就是说,一个学习成绩平平,甚至较差的学生,完全有可能在某个方面具有特殊的潜能,给他机会,他就可以把这种潜能展现出来,成为一个有独特才能的专门人才。另一方面,学生的学习兴趣是可以扩散的,对某方面的特别兴趣和成功体验,有助于其全面提高其学习兴趣、增强自信,进而全面提高学习成绩。因此,给学生以表现机会是至关重要的。

3. 群众性活动

以这种形式进行的课外活动具有普及性,形式上适合大多数学生,其内容也是大多数学生所需要的。群众性活动的规模比较大,至少以一个年级的学生作为活动参与者,也可扩大为全校活动或校际联合活动。这种活动形式由于规模较大,适合的活动内容主要为一次性的普及教育活动,如各种报告会、讲座、文艺演出会、竞赛、仪式、运动会和专题教育活动等。

例如,北京昌平区某中心小学的"热爱家乡"主题教育活动,就是一种全校范围内的群众性课外活动系列。全部活动分四个步骤。第一步是调查、了解家乡的变化,并把由调查、参观和访问得到的资料编成文艺节目表演出来,展现家乡的进步。第二步是感受家乡的繁荣,组织学生参观各个乡镇企业,了解家乡生产的产品和特产。第三步是展望家乡明天。通过参观、听报告和了解家乡的发展规划,让学生对家乡的未来发展充满信心。第四步是让学生为家乡的发展作贡献。通过"做家乡的小主人"、"为家乡添光彩"和"当好家乡的小卫士"等专题活动,使学生乐于从事社会公益活动,爱护家乡的公物和环境,并养成做家务劳动和自我服务的好习惯。

四、课外活动的设计与指导

(一) 课外活动的设计

课外活动的教育效果,在很大程度上取决于对它们的设计情况。对课外活动的设计,应该在两个层次上进行:一是对学校课外活动的总设计;另一层是对具体

活动进行设计。这两种设计都要考虑活动内容的特点、适当的形式、可利用的资源条件等等,把这些客观情况与设计原则结合起来,是课外活动设计的基本方法。

课外活动设计的主要原则如下。

1. 以学生的年龄特征和个性化发展需求为基础

儿童心理发展规律表明,儿童在某个年龄阶段的能力水平、兴趣倾向和个性特点,是制约其学习与发展的重要因素。因此,针对不同年龄阶段儿童的情况,要从内容、形式和活动目的等各方面反映出活动者的差异。只有适应学生兴趣特点、思维特点和操作能力的活动,才是有的放矢的,才能取得预期的效果。

2. 以培养学生的科学精神、创新意识、动手能力、个性特点和合作能力为主要目的

课外活动与课堂教学有很大区别。课堂教学的内容是统一的,目的是让学生掌握共性的认识,学习方法是接受和练习,参与的基础具有一定的强制性。而课外活动是学生自愿参加的,其学习以兴趣为基础,以自主活动的探究性操作为主要方法,活动目的更倾向于促进其个性化发展,培养小学生的动手能力、创造性思维能力和开拓精神。在设计课外活动时,要从组织形式、学生的实际活动方法等方面突出课外活动的主要目标,避免将课外活动作为学科教学的补充形式。

3. 知识性、趣味性和实践性兼顾,使课外活动的组织形式和活动方式灵活多样、丰富多彩

这一原则要求在课外活动的设计过程中,既要注重增加学生的知识,又要使活动内容和方式、方法生动活泼,对学生有吸引力,还要使活动具有较强的操作性,给学生亲自动手实践的机会。这种要求反映在设计方面,就是要使活动内容尽量丰富、广泛,活动形式要灵活、富于变化,活动要具有操作性,让学生有亲身体验的机会。只有这样,学生才不会对课外活动产生乏味和厌倦的情绪,也不会觉得自己是置身事外的旁观者。

(二)课外活动的指导原则

教师在指导具体课外活动时,应遵循以下基本原则。

1. 尊重学生的个人意愿和兴趣、特长

自愿参与是课外活动的一项基本原则,也是学生学习和活动积极性的源泉。在课外活动指导中,教师不能以自己的判断为依据,要求学生学习什么内容或不学习什么内容。对于儿童来说,兴趣是最持久、最有力的学习动力。兴趣可以使儿童主动、愉快和不知疲倦地工作,遇到困难时,也会积极思考,锲而不舍地寻求解决的

办法。由于教师的干涉而使学生放弃自己的兴趣与爱好,对学生而言可能会造成终生遗憾,对社会而言可能会失去一个具有特殊才能的成员。发展学生的个性是课外活动的重要任务之一,而自主性既是个性的核心内容,也是个性得以不断成长的基础,因而在课外活动中要尊重学生的自主性,并通过它来培养和发展自主性。

对学生意愿、兴趣的尊重,还应体现在活动过程中。无论采用何种活动内容和形式,在活动的进行过程中,都应当给学生留有适当表达个人意见和愿望的机会,让学生对做什么好、怎么做等问题提出自己的看法,更可以对学生的不同意见进行讨论,在集思广益的基础上形成有创造性的见解和意见。这样的课外活动才是真正以学生为主体的活动。实践证明,课外活动在活动过程中越是尊重学生主体地位,越是能够产生优异成绩。

2. 注重学生的平衡发展,兼顾全面发展与特殊能力的养成

这里讲的平衡,是指学生心理素质方面的平衡,如观察能力、理解能力、分析判断能力、动手能力、乐观的生活态度、社会沟通和交往能力等的协调发展。我们说发展学生的特殊才能是课外活动的任务之一,并不是不管学生的一般发展而专注于某项特长的培养。事实上,没有一般能力的平衡发展,特长也不可能取得持续的发展。另外,关注学生的平衡发展,还要注意两个问题:不能只用知识的多寡这一标准来衡量学生,否则会导致学生为迅速增加知识而死记硬背,影响其一般性能力的发展与提高;也不能以竞赛作为课外活动的主要目标,专注于竞赛,尤其是以参加学校以外的竞赛为目的的课外活动,容易引起一定的问题,或者忽视了大多数学生的课外活动质量,或者造成参赛选手发展方面的障碍,如心理和精神压力过大造成的学习恐惧症、严重的片面发展等等。对大多数人的不良影响与对参赛选手的不良影响,还有可能同时出现。

即使是为培养学生某方面的特殊才能的课外活动,如绘画小组、航模小组、计算机活动小组等,也应该同时兼顾学生的一般能力、价值观念和行为方式方面的养成与发展问题,在活动进行过程中有意识地引导学生全面发展。

3. 重视游戏和自由活动

从字面上看,游戏和自由活动没有什么目的性,也不需要什么指导。有些教师甚至对游戏和自由活动有些排斥,认为游戏是浪费学生宝贵的学习时间,自由活动是纵容学生胡打胡闹。事实上,游戏和自由活动也是有教育作用的。其作用力的大小和性质,取决于有没有教师的指导和教师如何对其指导。游戏和自由活动,都可以通过一定的指导而产生某些特定的教育作用。

例如,一场班内踢球游戏,就会因是否具有竞赛性质而引出对竞争与合作的认

识和体验,如何分配两组人员又会引入公正概念。教师可以针对学生发展的需要或弱点,提出不同的游戏要求和规则,让学生通过游戏学会认识问题和解决问题。

即使是没有经过事先设计、没有明确目的的游戏和自由活动,只要是在班级范围内进行的,就有一个参加活动的学生如何协调的问题,小学生就会自己主动地讨论如何制定游戏规则、怎么遵守游戏规则和如何对违反规则进行处罚等问题。这一过程具有独特的教育作用,对学生的独立性、组织能力、正义感、责任感的养成都有潜移默化的作用。

因此,在小学阶段的课外活动中,游戏和自由活动应该占有较大的比重。在低年级应以游戏为主。刚刚开始学校生活的小学生,一切都要从头学习。教师为了规范他们的行为,每一件事该如何去做,从头到尾一步步都规定得十分明确,学生只能照做不误,根本就没有什么独立性和自主性可言。如果在课外活动中,再没有了游戏的位置,学生的主体性和独立精神恐怕就会泯灭在萌芽状态了。因为经验告诉他,学校生活是不需要甚至不允许有自己的兴趣、自己的主意和自己的做法的。一旦依赖性、被动性形成了,再去发掘他们的自主性和主体精神,必定事倍功半。意识到这一点,我们就应该在小学的课外活动中增加游戏和自由活动的内容。

【实践活动】

1. 请调查一所学校的校园文化建设情况,分析其优势与不足,进而尝试提出对策,并在全班交流。

2. 针对目前一些小学开设课外活动的情况,设计一个课外活动指导方案。

【读书指导】

1. 黄济,等. 小学教育学[M]. 北京:人民教育出版社,2001.
2. 黄甫全,曾文婕. 小学教育学[M]. 北京:高等教育出版社,2011.
3. 王邦虎. 校园文化论[M]. 北京:人民教育出版社,2000.
4. 高占祥. 论校园文化[M]. 北京:新华出版社,1991.

第七章

小学生卫生与健康

 内容提要

在回答了健康是什么的基础上,介绍了小学生的解剖生理特点及卫生,小学生的认知发展及其卫生,小学生的情绪发展及其卫生,小学生的交往发展及其卫生。

学习目标

1. 识记"健康"、"情绪"、"交往"、"卫生"、"思维"等概念,掌握健康的判断标准。

2. 认识小学生卫生与健康的地位,小学生认知、情绪、交往等发展的一般特点及其卫生保健。

3. 认识小学生健康教育的地位、性质与任务。

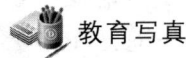 教育写真

"黄豆芽"和"小胖墩"

平平在家是爷爷奶奶、爸爸妈妈的掌上明珠,要吃什么应有尽有,就愁她不吃。可是,平平就是长不高,长不胖,动不动就感冒生病,三天两头请病假。而且,跟小朋友玩还特别爱哭、耍小脾气。爸爸妈妈带她去医院做检查,医生说没有什么大问题,多注意营养和游戏(户外体育运动)。平平有个同学叫朗朗,平时爸爸妈妈上班忙,上班都要准时,早出晚归根本没有时间照顾朗朗。朗朗的早餐、中餐基本在学校附近自行解决,妈妈给朗朗预备了买牛奶的钱,又被朗朗省下来买了玩具。妈妈下班后,总会给他做一顿丰盛的晚餐,朗朗长得又白又胖,同小朋友玩一会儿就气喘吁吁,体育课根本无法达标,经常生病。

《上海预防医学》的一份调查表明,上海市中小学生消瘦、肥胖两极分化严重。

学生中营养不良占 24.08%,肥胖学生占 8.13%。"黄豆芽"和"小胖墩"占了 30%。这表明,约 30% 的学生的身体状况不能称为"健康"。医学专家称,消瘦和肥胖都是营养不均衡的表现,这与不恰当的饮食和生活习惯关系密切。营养不良必然导致学生抵抗力下降、反应迟缓、记忆力下降,影响发育。

"黄豆芽"和"小胖墩"的双峰现象,一方面是瘦孩子越来越瘦,一方面是胖孩子越来越胖。这种现象是目前我国儿童由于生活方式、行为习惯、营养不平衡、运动不足等原因导致健康状况不良的两类主要问题。

有人曾这样描述:人生有两大意愿,一是家庭幸福,二是事业有成。如果家庭幸福为 10 分,事业有成为 100 分,那么健康就是 0 前面的那个"1",可见没有健康一切都无从谈起。什么是健康?什么是卫生?小学生卫生与健康的标准是什么?卫生与健康教育和素质教育是什么关系?这就是本章所要探讨的基本问题。

第一节 小学生的健康教育

一、健康的概念

健康一词,按照传统的观念和习惯的看法多限于生理健康,主要是指躯体发育良好,生理功能正常,而很少考虑心理方面的健康。例如,《现代汉语小词典》(商务印书馆 1980 年版)对健康的解释为:"(人体)生理机能正常,没有缺陷和疾病。"《辞海》(缩印本,上海辞书出版社 1980 年版)把健康界定为:"人体各器官系统发育良好、功能正常、体质健壮、精力充沛并具有良好劳动效能的状态。"这样理解显然是不全面、不完整的。实际上,健康是一个综合概念,在不同的历史发展阶段中,人类对健康的认识和要求,与物质生产、科学技术、社会结构等的变化密切相关。人既是一个生物性的个体,也是一个社会性的个体。人的健康不仅受生物因素的制约,也受心理因素和社会因素的影响。

因此,对于健康的理解,不能仅仅从生物学的角度去考虑,而应该从更加宽广的视角去分析。只有这样,才能探寻出人类健康的真正内涵。1948 年,世界卫生组织(WHO)在宪章中指出:"健康不仅仅是没有疾病或不虚弱,而且是身体的、精

神的健康和社会适应良好的总称。"①这一概念改变了以往认为健康仅仅是指无生理功能异常、免于疾病的单一概念,明确地、概括地指出人生命活动过程中生物、心理、社会活动等多方面的要求,并在1978年初级卫生保健大会上所发表的《阿拉木图宣言》中加以重申。1989年,世界卫生组织又将道德健康寓于健康概念中,认为一个人只有在身体健康、心理健康、社会适应性良好和道德等四个方面都健全,才算是完全健康的人。②

二、增进小学生健康的意义

从小学生的身体发展来看,六七岁至十二三岁时期,身体的发育进入了快速发展阶段,但身体的基础还相当薄弱:身体各个器官、系统的发育还不够成熟,机体组织比较柔嫩,机能不够完善,机体对自然环境的调节和适应能力较差,对疾病的抵抗力较弱,机体易受损伤、易感染各种疾病,而且,肌肉力量也较弱,耐力较差,动作不够平稳、准确、灵敏和协调,身体素质较薄弱。但同时,小学生时期的生长发育又十分迅速和旺盛,处于不断发展的阶段,这就为发展小学生的身体提供了最有利和最有效的时机。维护和增进小学生的身体健康是这一时期教育的重要任务之一。

小学生时期还是心理发育和发展的重要时期,他们对外界环境及其变化的影响十分敏感,极易受到各种不良因素的影响,心理能力很脆弱,自我评价和自我调节的能力还很差。而且,小学生的心理和身体之间又是相互关联、相互影响的。大量的研究与事实已证明,小学生的情绪、行为以及对自我的认识与态度等心理方面的因素,对其身体的发育和发展具有相当重要的影响。因而学校、教师、家庭及社会要爱护他们,尊重他们,注意保护小学生的心理不受伤害,使他们在学校和家庭愉快地学习和生活。同时,也要努力培养小学生积极的情绪情感、和谐的个性以及良好的社会适应能力。这不仅有助于小学生心理的健康发展,而且也能为小学生身体健康的发展提供必要的条件。不仅如此,小学生身心的健康发展,还将为他们一生的健康奠定良好的基础。

三、影响小学生健康的主要因素

影响小学生健康的因素很多,而这些因素之间又是互相交叉、相互渗透的,它

---

① 李祥,梁俊雄.学校健康教育学[M].北京:高等教育出版社,1998:4.
② 刘俊庭,吴纪饶.大学生健康教育[M].北京:高等教育出版社,1999:4.

们对小学生的健康起着综合的影响作用。因此,要将这些影响因素截然地分开是比较困难的。为了便于分析,保健学家通常将影响小学生健康的因素分为四类:(1)环境因素;(2)机体自身因素;(3)生活方式因素;(4)卫生保健设施因素。

(一) 环境因素

环境是指人类周围的客观世界,它是影响小学生健康的重要因素之一。小学生的健康发展,有赖于他们生活在其中的良好的自然环境和社会环境。

1. 自然环境

自然环境有时也称为物质环境,是人类赖以生存和发展的物质条件。

对于小学生来说,新鲜的空气、合理的膳食、安全的设施、卫生的环境等都是保证和促进他们身心健康的重要物质条件。而小学生生活环境中如果存在超过卫生标准的铅、砷、汞等元素,煤、液化石油气、汽油、烟叶等物质燃烧后所产生出来的有害物质,气候的严寒酷暑与骤变,过强的声音刺激和噪声等,都有可能通过这样或那样的途径损害小学生的机体,影响他们的健康。

2. 社会环境

人类的生存与生活离不开社会环境。同时,社会环境中的各种因素(如政治制度、经济状况、文化、教育、风俗习惯、社会福利、社会人际关系等)对小学生的发展和健康也会产生重要的影响。从围绕小学生生活的环境来看,较小的社会环境有家庭、学校,较大的社会环境有社区、地区、国家乃至国际社会。良好的社会环境有益于小学生的健康成长;反之,不良的社会环境则会对小学生的身心健康产生不利的影响。

家庭是小学生早期生活最基本的社会环境。每个孩子都生活在不同的家庭环境中,受到来自家庭的各种因素的影响,如家庭的思想观念、文化程度、职业特点、个性特征、行为习惯、对子女的期望、教养态度与教育方式以及家庭结构、家庭经济状况、家庭气氛、家庭成员之间的关系等。例如,家庭成员之间相互尊重、爱护和关心,处事通情达理,能使小学生生活在安宁、温暖、融洽、民主、愉悦的家庭氛围中,小学生会从中感到安全、心情愉快,这有助于小学生心理的健康发展。因此,为小学生提供一个良好的家庭环境是促进小学生健康发展的重要因素。

学校是小学生加入的集体教育机构,也是小学生生活的主要社会环境之一。学校中的安全管理、疾病预防、膳食提供和教师的教育行为、人际关系、心理氛围等都会对小学生身心的健康成长产生重要的影响。

小学生不仅生活在家庭、学校中,还生活在更为复杂、更为广泛的社会环境中,一个社区、地区乃至国家、国际社会的发展状况以及对小学生的关心和保护机制,也都会直接或间接影响到小学生的发展与健康。

(二) 机体自身因素

机体自身因素是指机体的生物学因素和心理学因素。人作为一个整体,身体和心理之间是相互关联、相互影响、密不可分的。

一方面,小学生正处于迅速生长发育的时期,他们机体生理状态的变化,将会直接影响到其身体和心理方面的发展与健康。

另一方面,一个人的情绪反应、认知水平、个性特征等心理方面的因素,也会影响到人的身心健康。例如,情绪反应是机体适应环境变化的一种必要反应,但是,如果情绪反应过分强烈或持续过久,则会使人失去心理上的平衡或造成生理机能的失调,甚至引起神经系统、内分泌系统、免疫功能的紊乱以及内脏器官的病变,从而导致各种疾病的发生。因此,良好的心理状态是维护和增进小学生健康的必要条件。

(三) 生活方式因素

生活方式是指人们长期受一定社会的经济、文化、传统风俗、规范等影响,特别是受家庭影响而形成的一系列生活习惯、生活模式和生活意识。它包括人们的衣、食、住、行、休息、娱乐、社会交往等各个方面。

生活方式作为人们遵循的生活轨迹,具有正与负两个侧面。良好的生活方式有益于人的健康,而不良的生活方式则有损于人的健康。例如,为小学生提供合理、平衡的膳食是保证小学生机体正常发育的重要条件,但如果少儿长期挑食、偏食,则会造成体内某种营养素的过多或缺乏,从而导致生长发育迟缓或疾病的发生,影响健康。

小学生正处于逐渐形成自己的生活方式的阶段,帮助他们接受和逐步形成良好的生活方式,不仅有益于小学生的健康成长,而且还将对其一生的健康产生重要的影响。

(四) 卫生保健设施因素

卫生保健设施主要是指社会为保护人们的健康、防治疾病提供的有关预防服务、保健服务、医疗服务和康复服务。

社会专门为小学生提供卫生保健服务的少儿卫生保健设施,其服务的种类和质量将直接影响到小学生的健康状况。完善小学生卫生保健设施,提高小学生卫生保健服务的水平和质量,是保证小学生健康的重要方面。随着医学的发展以及社会的进步,我国小学生保健的社会服务已基本形成较为系统的网络体系。不仅如此,小学生卫生保健的服务还逐渐从医疗服务扩展到预防服务、保健服务和康复

服务等方面,并且从仅仅对小学生生理的保健扩大到对小学生心理的保健,所有这些均为我国小学生的健康发展提供了良好的社会保障。

第二节 小学生的解剖生理卫生与健康

一、小学生呼吸系统的解剖生理特点及卫生保健

(一)小学生呼吸系统的解剖生理特点

呼吸系统是人体进行气体交换,吸进新鲜氧气,排出二氧化碳,维持人体生命活动的重要系统。呼吸系统由两大部分组成——呼吸道和肺。

1. 呼吸道

呼吸道由鼻、咽、喉、气管等组成。小学生头颅发育没有完成,鼻腔相对短小,鼻黏膜柔嫩,故容易受感染,并且一般的感染即可引起充血、鼻塞、流涕,反复发作者易犯鼻炎。扁桃体肥大和咽峡炎在小学生中比较常见。3岁以前男女幼儿的喉外形基本相似。3岁以后男孩甲状软骨板的角度变锐,其喉结逐渐明显,14岁时形成男性喉型。此外,男女的声带发育不同,12岁以后区别明显,即男生声带长音调低,女生声带短音调高。小学生的气管短而细,位置较深,活动性也大,其管腔较狭窄;管腔内黏膜柔嫩,血管丰富,纤毛运动功能差,如有尘埃或病源微生物侵入,易发生呼吸道感染,且发病后症状较重。

2. 肺

肺是实现气体交换的重要器官,位于胸腔内,左右各一。六七岁小学生肺泡的结构与成人基本相同,但肺泡的数量和容量较少。随着年龄的增长、体格的发育,肺容量逐渐加大。图7-1为呼吸系统模式图。

(二)小学生呼吸系统的卫生保健

1. 培养少年儿童良好的卫生习惯

(1)养成用鼻呼吸的习惯,充分发挥鼻腔的保护作用。若少年儿童白天张口呼吸,睡眠时打鼾,可能是由于鼻咽后壁的增殖腺肥大所致,应去医院诊治。

(2)教育少年儿童不挖鼻孔,以防鼻腔感染或引起鼻出血。

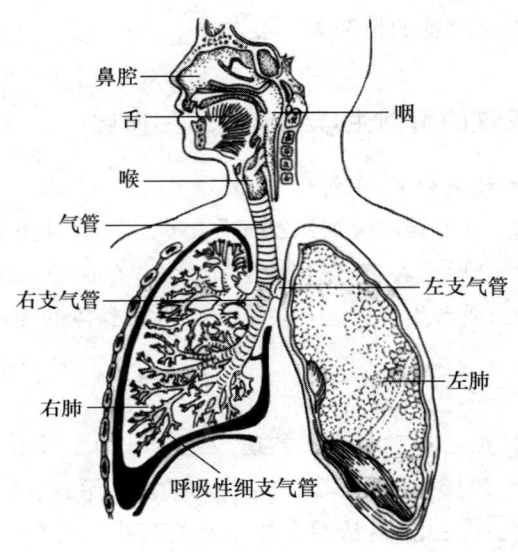

图 7-1　呼吸系统模式图

(3) 教育少年儿童咳嗽、打喷嚏时，不要面对他人，应用手帕捂住口鼻。教给少年儿童正确的擤鼻涕方法。

(4) 不要让少年儿童蒙头睡眠，以保证吸入新鲜空气。

2. 保持室内空气新鲜

为满足生长发育中的机体对氧气的需求，应保持教室、居室等学习、生活场所的空气新鲜，室内应经常开窗通风换气。

3. 科学组织少年儿童进行体育锻炼和户外活动

经常参加户外活动和体育锻炼，可以加强呼吸肌的力量，促进胸廓和肺的正常发育，增加肺活量。户外活动还能提高呼吸系统对疾病的抵抗力，预防呼吸道感染。

4. 严防呼吸道异物

培养少年儿童安静进餐的习惯，不要边吃边说笑。教育少年儿童不要边玩边吃小食品，更不可抛起来"接食"。

5. 保护少年儿童的声带

适合少年儿童音域特点的歌曲或朗读材料，每句不要太长，每次练习时，发声时间最多在 4～5 分钟内。鼓励少年儿童用自然、优美的声音唱歌、说话，避免高声喊叫。练习发声的地点应保持空气流通,温度、湿度适宜。冬季不要在室外练声,要避免少年儿童在温度骤变的情况下练习发声。

二、小学生运动系统的解剖生理特点及卫生保健

(一)小学生运动系统的解剖生理特点

运动系统是由骨、骨连接和骨骼肌三部分组成。全身骨由骨连接构成骨骼,骨与骨之间的连接大部分形成关节,肌肉附着于骨上,在神经系统的支配下,骨骼肌收缩牵拉骨改变位置,或产生各种运动,或固定、维持身体的姿势。

1. 骨骼

(1) 骨的生长

人体内大多数骨是通过软骨成骨的途径完成骨的生长发育过程的。早在胚胎时期先形成软骨的雏形,以后在软骨的中间部分开始骨化。随着年龄增长,骺软骨不断增生并骨化使骨增粗,从而身体不断长高。在骨的生长发育过程中,还受体内、外环境的影响,如脑垂体分泌的生长激素、促甲状腺激素以及性腺激素等对骨的生长和成熟起着重要作用。维生素 A、D、C 对骨的生长和代谢也有密切关系。图 7-2 为软骨成骨过程。

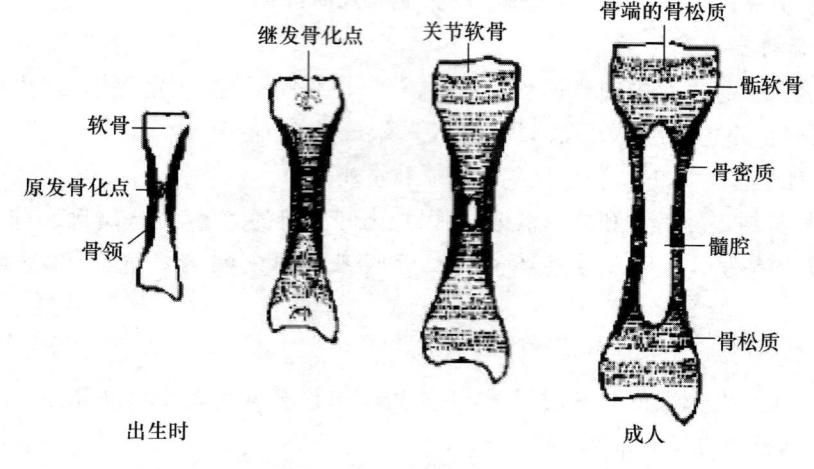

图 7-2 软骨成骨过程

（2）骨髓

骨髓是主要的造血器官，它存在于骨髓腔和骨松质的空隙内。胎儿和幼儿时期全是红骨髓，6岁以后躯体骨髓内逐渐有脂肪产生，至成年时除短骨、扁骨和长骨两端的骨松质内的红骨髓终身保持造血机能外，其他部分的红骨髓均为脂肪组织代替成为黄骨髓，从此失去造血功能。

2. 肌肉

肌肉的发育落后于骨骼。从肌肉发育的早晚来看，比较大的肌肉（如上肢的屈肌、下肢的大腿肌）发育较早，比较小的肌肉（如手指、腕部肌肉）发育较晚。八九岁时，肌肉发育速度明显加快，力量加强。到青春发育初期十一二岁时，肌肉的发育急剧加速，这个阶段小学生能够较准确灵活地做些细致动作。

（二）小学生运动系统的卫生保健

1. 教育少年儿童保持正确姿势

保持正确姿势，形成良好体态，即"坐有坐相、站有站相"，不仅是为了美观，更是为了保证少年儿童身心健康发育。不良体态如驼背、严重脊柱侧弯等，使胸廓畸形，会严重影响少年儿童的心肺发育，易患呼吸系统疾病。体态不良的少年儿童也容易产生自卑感，影响健全性格的形成。

防止骨骼变形，形成良好体态，需要注意以下几点：① 少年儿童不宜睡软床和久坐沙发，负重不要超过自身体重的八分之一，更不能长时间单侧负重；② 学校应配备与少年儿童年龄、身材合适的桌椅；③ 教师要随时纠正少年儿童在坐、立、行中的不正确姿势，并为少年儿童做出榜样。

2. 注意写字和绘画的卫生

写字和绘画时，除了有大脑皮质、视觉分析器和维持姿势的肌肉参加活动外，还有腕关节和指掌关节的肌肉活动以及前臂和肩部的紧张活动，写字、绘画是很精细的工作，需要手指的细小肌肉参加，年幼的小学生手部小肌肉发育尚未完善，腕骨骨化尚未完成，写字绘画的时间不宜过长。7～9岁小学生持续书写的时间限度为10分钟，10～11岁为12分钟，12～14岁为20分钟。超过这个限度就会造成疲劳。[①]

3. 组织适当的体育锻炼和户外活动

体育锻炼和户外活动，可使肌肉更健壮有力，可刺激骨的生长，使身体长高，并

---

① 董立亚，万钫，赵幼霞.学校卫生学[M].上海：上海教育出版社，1987：100.

促进骨中无机盐的积淀,使骨更坚硬。户外活动时适量接受阳光照射,可使身体产生维生素D,以预防佝偻病。锻炼时血液循环加快,可为骨骼、肌肉提供更多的营养。

4. 供给充足的营养

骨的生长需要大量蛋白质、钙和磷等,还需要维生素D促进钙、磷的吸收;肌肉生长及"能量"的储存,需要大量蛋白质和葡萄糖。合理膳食是保证骨骼、肌肉发育的重要条件。

三、小学生消化系统的解剖生理特点及卫生保健

(一) 小学生消化系统的解剖生理特点

消化系统包括消化管和消化腺两大部分。食物经过消化管的蠕动和消化液的作用,分解成可吸收成分并将其残渣排出体外的过程称为消化。

1. 消化管(口腔、食道、胃、肠)

口腔:消化道的起始部。牙齿是重要的消化器官之一。在人的一生中,先后有两组牙齿生出。出生6个月后萌出乳牙,于2～3年内出齐,乳牙共20个。6～7岁开始出恒牙并逐步取代乳牙。12～14岁时,恒牙基本出全。恒牙中有20个由乳牙替换,另外12个磨牙是在乳牙的后方续生出来的,恒牙全都出齐约18～25岁。因个别人可终身不出第三磨牙(又称智牙),所以恒牙在28～32个之间均为正常。

食道:与成人相比,小学生食道短而窄,管壁较薄,黏膜细嫩,因此容易损伤。

胃:小学生的胃壁较薄,血管丰富,胃黏膜柔软;肌肉层及神经的发育较差,胃容积小;胃腺分泌的消化液酸度低,胃蛋白酶和黏蛋白等含量也较少,因此,消化能力比成人差。

肠:小学生肠管肌肉及组织发育虽然不够完善,但肠黏膜发育良好,有丰富的血管和淋巴网,容易吸收营养素。因此,一般小学生肠道的吸收能力比成人强。

2. 消化腺(唾液腺、肝脏、胰腺)

唾液腺:一种消化腺,位于人的口腔周围,较大的有三对,即腮腺、下颌下腺和舌下腺。混合唾液为无色无味,近于中性(pH为6.6～7.1)的黏稠液体。唾液中水分约99%;有机物主要为唾液淀粉酶、黏蛋白、溶菌酶;无机物有钠、钾、钙、镁、氯等。淀粉酶可对食物中的淀粉进行初步消化,溶菌酶有杀灭细菌的作用,黏蛋白有中和胃酸、减低胃液酸度的作用。图7-3为消化系统模式图。

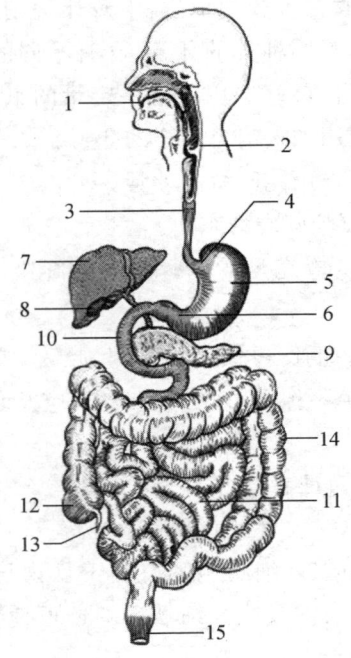

图 7-3 消化系统模式图

1. 口腔；2. 咽；3. 食道；4. 贲门；5. 胃；6. 幽门；7. 肝脏；8. 胆囊；9. 胰；10. 十二指肠；11. 小肠；12. 盲肠；13. 阑尾；14. 大肠；15. 肛门

肝脏：人体最大的消化腺。肝脏大部分位于右肋区，小部分位于左肋区，其主要的功能是分泌胆汁。新生儿的肝脏相对较大，约占体重的 5%，5～6 岁时约占体重的 3.3%。小学生的肝脏由于肝细胞分化不全，组织软弱，所以肝脏容易充血，对感染的抵抗力弱，因此小学生易患肝病。但由于肝细胞的再生能力强，患肝病后只要治疗及时、方法得当，恢复较成人快。

（二）小学生消化系统的卫生保健

1. 保护牙齿

（1）定期检查牙齿。至少每半年检查一次，以便及时发现问题，及时矫治。

（2）培养少年儿童早晚刷牙、饭后漱口的习惯。指导少年儿童学会正确的刷牙方法：顺着牙缝竖刷，刷上牙自上而下，刷下牙自下而上；磨牙的里外要竖刷，咬合面横刷；刷牙时间不要太短，要使牙齿里外及牙缝都刷到。要为少年儿童选择头小、刷毛较软、较稀的儿童保健牙刷，每三个月左右更换一次。每次刷牙后将牙刷清洗干净、甩干,刷头向上放在干燥的地方,不致让细菌生长繁殖。选用牙膏也要根据少年儿童的实际情况,不同种类的牙膏,含有不同的药物,可以辅助预防和治疗各种牙病。为了预防龋齿,最好选用含有一定量的氟化物(如氟化钠或氟化锶)牙膏。牙龈经常发炎,可选用加入消炎药物的牙膏。如有口臭,可选含有芳香类物质的牙膏。牙齿过敏,可选用能脱敏的牙膏。

(3) 教育少年儿童不要咬坚硬的东西。

(4) 少年儿童饮食中供应充足的钙。常吃含纤维素较多的食物,如蔬菜、水果、粗粮等,可以清洁牙齿。

(5) 纠正少年儿童某些不良习惯。如托腮、咬舌、咬唇、咬指甲、吃手指等,以预防牙列不齐。若乳牙该掉不掉则影响恒牙萌出,应及时拔除滞留的乳牙,以保证恒牙正常萌出。

2. 培养少年儿童良好的进餐习惯

(1) 饭后擦嘴、漱口,吃完零食也应及时漱口。

(2) 养成细嚼慢咽的习惯。细嚼慢咽有利于食物与消化液充分混合,能减轻肠胃负担,促进人体对营养素的吸收。细嚼慢咽还可使食欲中枢及时得到饱的信号,避免过量饮食。

(3) 饮食定时定量,不暴饮暴食。少吃零食,不挑食。

(4) 不要边吃边说笑,更不要边玩耍边吃零食。

3. 饭前饭后不要组织少年儿童进行剧烈活动

饭前应安排少年儿童进行室内较安静的活动,饭后宜轻微活动,如散步,一两个小时后方可进行体育活动。

四、小学生感觉器官的解剖生理特点及卫生保健

(一) 小学生感觉器官的解剖生理特点

感觉器官由感受器及其辅助装置共同组成。感受器是人体接受内外环境刺激的感受装置。不同的感受器接受不同的刺激。当感受器接受适宜的刺激后,将刺激能量转变为神经冲动,经感觉神经传入中枢神经直至大脑皮质产生各种感觉,从而建立起机体与内外环境之间的广泛联系。

1. 视觉器官——眼

眼能感受可见光波的刺激。眼的主要部分是眼球。眼的辅助装置有睫毛、眼睑、泪腺等。

眼球:位于眼眶内,后端借视神经连于脑,周围有眼球筋膜和脂肪组织起支撑和保护作用。出生时,眼的前后轴约15毫米,垂直轴约17毫米。1~3岁时发育迅速,此期间眼的前后轴可增长5~8毫米,3岁时可达23毫米左右。3~14岁,每年平均增长0.1毫米,14岁时眼前后轴约为24毫米,基本接近成人水平。由于生理原因,部分小学生特别是低年级学生眼前后轴较短,出现暂时的生理性远视,随着年龄增长,逐渐可达正常。其他视力低下的小学生,则需进一步查明原因,以确定视力低下的性质。

角膜:约占眼球外膜的前1/6,无色透明,屈光度较大,有折光作用。角膜无血管,但有丰富的神经末梢,感受灵敏。由于角膜略突出于眼眶,故应注意避免外伤。一旦异物入眼后,应及时用洁净手帕或消毒湿棉签轻轻拭去,切勿揉眼,以免损伤角膜。

睫状体:位于虹膜之后,睫状体内有平滑肌称睫状肌。该肌的收缩和舒张可改变晶状体的屈度,起调节远、近视力的作用。小学生应养成良好的读写习惯,注意用眼卫生,防止发生近视眼。

视网膜:由高度分化的神经组织构成,具有感光作用。视网膜上的视细胞由锥体细胞和杆体细胞组成。锥体细胞对强光敏感,并能产生色觉;杆体细胞对弱光敏感,不能产生色觉。人体内维生素A缺乏时,视紫红质的合成减少,因此对弱光的敏感度降低,在较暗的环境中视物不清。动物性食品中的肝、牛奶、鸡蛋、肉类等含有丰富的维生素A;植物性食物中的胡萝卜素在人体内可转变成维生素A;红、黄、绿色的蔬菜及水果如胡萝卜、南瓜、菠菜、杏、枇杷等都含有较多的胡萝卜素,因此,小学生的膳食应力求营养丰富、多样化。

眼睑:覆盖在眼球前面,有上、下眼睑之分,具有保护眼球、防止外伤和眼结膜干燥的功能。

结膜:是一层薄而透明的黏膜。覆盖在眼睑内面的黏膜称睑结膜。覆盖在眼球前部(巩膜上面)的结膜称球结膜。球结膜与角膜上皮相连,所以结膜发炎时易蔓延至角膜而造成某种程度的视力障碍。

2. 听觉器官——耳

耳包括位觉器和听觉器两部分,按部位可分为外耳、中耳和内耳三部分。外耳和中耳是声波的传导装置,内耳是位觉和听觉的感受器。

耳廓:位于头部两侧,由弹性软骨为支架,表面覆盖皮肤,皮下组织少,血管表浅,血流缓慢,故易发生冻伤。

外耳道:从外耳门到鼓膜的弯曲管道。外耳道软骨部的皮肤较薄,含有毛囊、皮脂腺和耵聍腺。由于皮下组织缺乏,因此当外耳道发生疖肿或其他炎症时,神经

末梢受压迫较重而引起疼痛。

鼓膜:为椭圆型半透明的薄膜,位于外耳道底。鼓膜的位置倾斜铲与外耳下壁约成 45°,像电话器中的振膜,是一个压力承受装置。它具有较好的频率响应和较小的失真,而且与声波振动同始同终。

中耳:包括鼓室和咽鼓管。鼓室是一个不规则的含气空腔,内有三块听小骨,借咽鼓管与鼻咽相通。若鼻咽部感染波及咽鼓管时,可使咽鼓管阻塞,造成鼓室内外气压不平衡,称为卡他性中耳炎,并由此因耳道积液使听力下降;若不及时治疗,会造成听骨粘连,亦可导致感音性耳聋。

(二)小学生感觉器官的卫生保健

1. 眼的保健

(1)教育少年儿童养成良好的用眼习惯。① 不在光线过强或暗的地方看书、画画。② 看书写字时眼距书本保持一尺以上的距离。③ 不躺着看书,以免与书距离过近。不在走路或乘车时看书,因身体活动可导致书与眼的距离经常变化,极易造成视觉疲劳。④ 集中用眼一段时间后应望远或去户外活动,以消除眼的疲劳。⑤ 容易导致少年儿童用眼时间过长的活动主要是看电视、玩电脑游戏等,因此,要限制少年儿童看电视的时间,每次看电视或玩电脑游戏的时间不要过长,每次一般不超过一小时,看完电视或玩完电脑游戏后要适当进行户外活动。

(2)为少年儿童创设良好的采光条件。少年儿童活动室窗户大小适中,使自然光充足。室内墙壁、桌椅家具等宜用浅色,反光较好。自然光不足时,宜用白炽灯照明。

(3)为少年儿童提供的书籍,字体宜大一些,字迹、图案应清晰。教具大小要适宜,颜色鲜艳,画面清楚。

(4)定期给少年儿童测查视力。少年儿童期是视觉发育的关键期,也是矫治视觉效果最明显的时期。定期为少年儿童测查视力,以便及时发现异常,及时矫治。在日常生活中,教师要注意观察少年儿童的行为,当少年儿童出现某些特殊行为时,要提醒家长,及时到医院检查治疗。比如,两眼"黑眼珠"不对称;经常眨眼、皱眉、眯眼;眼睛发红或常流泪;看东西经常偏着头;经常混淆形状相近的图形;看图片只喜欢大的;手眼协调差;等等。

(5)教育少年儿童不要揉眼睛,毛巾、手绢要专用,以预防沙眼、结膜炎。

(6)预防眼外伤。

(7)照顾视力差的少年儿童,减轻他们的用眼负担,合理安排他们的座位,限制近距离用眼时间并让他们经常远望。若少年儿童配戴矫治眼镜,应要求少年儿童按医生的嘱咐去做。

2. 耳的保健

(1) 不要用锐利工具给少年儿童掏耳朵,防止损伤外耳道,引起外耳道感染;若不慎损伤鼓膜,则会影响听力。若耵聍较多,发生栓塞,可请医生取出。一般情况下,耵聍会自行脱落。

(2) 预防中耳炎。要教会少年儿童正确的擤鼻涕方法:用手指按住一个鼻孔擤另一鼻孔,擤完再擤另一个,不要太用力,更不要按住两个鼻孔同时擤,以免鼻腔分泌物经咽鼓管进入中耳。不要让少年儿童躺着进食、喝水。防止污水进入外耳道。若在洗头、游泳时污水进入,可将头偏向进水一侧,单脚跳几下,将水控出。

(3) 减少环境中的噪音。切不可使少年儿童长期置于高分贝的噪声之中。家长和教师应注意观察少年儿童的活动,及早发现其听觉异常。如:少年儿童对突然的或过强声音反应不敏感;与人交流时总盯着对方的嘴;听人说话喜欢侧着头,耳朵对着声源;不爱说话,或发音不清、说话声音很大;平时很乖、很安静,睡觉不怕吵;经常用手搔耳朵,说耳闷、耳内有响声;等等。

第三节 小学生的认知卫生与健康

认知也称之为认识,是指人认识外界事物的过程,或者说是对作用于人的感觉器官的外界事物进行信息加工的过程。它包括感觉、知觉、记忆、思维等心理现象。个体通过感觉、知觉、记忆、想象、思维等认知活动按照一定的关系组成一定的功能系统,从而实现对个体认识活动的调节作用。在个体与环境的作用过程中,个体认知的功能系统不断发展,并趋于完善。

人的心理发展表现出若干个连续的阶段,处在不同年龄阶段的学习者会表现出不同的心理特征。相对某一个年龄阶段而言,这些特征具有一定的稳定性,表现为在一定社会教育条件下,一定年龄阶段的学习者处于一定的发展水平上,表现基本相似的心理特点,而且发展阶段的进程顺序和发展速度是相对稳定的。小学生虽然已经掌握了一定的认知经验,具备了一定的抽象思维能力,但是在学习和生活中仍然存在一些不良认知,这些不良认知在其自身发展过程中,仍然是需要纠正和

不断完善的,以达到认识上的卫生与健康状态。

一、小学生认知发展特点

(一) 小学生观察力的发展与特点

观察是一种有目的、有计划、持久的知觉活动。观察是感知觉的高级形态,观察力的发展须建立在感知觉综合发展的基础之上。感知觉是人类认识活动的开端,它所认识的是客观事物的表面现象和外部联系,是观察的基础。观察力是认知活动的先决条件。

随着小学生对声音、颜色、时间、运动等的感知觉的发展,观察力也在发展着。

1. 小学生观察力的发展阶段

有研究表明,小学生观察力的发展表现出一定的阶段性,可分为四个阶段:

(1) 认识"个别对象"阶段。此阶段的儿童只看到各个对象,或各个对象的某一个方面。

(2) 认识"空间联系"阶段。此阶段儿童能感知到各个对象之间的空间联系。幼儿的图画认识能力大部分属于认识"个别对象"和"空间联系"阶段。

(3) 认识"因果联系"阶段。儿童可以认识对象之间不能直接感知到的因果联系。

(4) 认识"对象总体"阶段。此阶段儿童能从意义上完整地把握对象整体,理解图画主题。

小学低年级儿童大部分属于认识"空间联系"和"因果联系"阶段;中年级学生大部分属于认识"因果联系"阶段;高年级学生大部分属于认识"对象总体"阶段。

另外,儿童观察力的发展也受材料熟悉程度的影响。若所观察的对象是儿童生活中经验过的,能为他们所理解的,就能表现出较高的观察水平;反之,所观察的若是儿童不熟悉的材料,观察水平就不高。

2. 小学生观察品质的发展

有研究对小学一、三、五年级学生的观察品质进行了实验研究,结果如下:

(1) 观察的精确性方面:小学一年级学生不能全面细致地感知对象的细节,只能说出对象的个别部分或颜色等个别属性,精确性水平很低;三年级学生观察的精确性明显提高;五年级又优于三年级。

(2) 观察的有序性方面:小学一年级学生对事物的观察不系统、零乱,看到哪里就是哪里;中高年级学生的观察有序性明显提高,一般能从头到尾进行观察,而且在表述观察结果时常常先想后说。但五年级和三年级学生在观察的有序性方面差异不显著。

(3) 观察的目的性方面：一年级学生观察的目的性不强，随意性较差，排除干扰能力较差，不能较长时间将注意力集中于观察对象，观察错误较多。三年级、五年级有所改进，但差异未达到显著性水平。

(4) 观察中的判断力方面：小学低年级学生对所观察的事物作出整体概括的能力很差，对于主要和次要特征的判断力较差，导致观察事物特征不系统、主次不分，常常观察到了无意义特征而忽略了有意义的特征；三年级学生观察中的判断力有较大提高；五年级学生观察中的分辨力、判断力明显提高。

小学阶段，从低年级到高年级儿童观察力的上述四种品质的发展表现出逐渐提高的整体趋势。这可能是自然成熟和教育的综合作用所导致的。

3. 小学生观察的特点

(1) 小学生的观察从缺乏系统性的知觉发展到有目的、有顺序的知觉。小学生尤其是低年级的学生，观察事物时常是杂乱无章的，缺乏系统性和目的性，观察时受兴趣和情绪的影响很大，不能持续很长时间，有时常常偏离观察的主要目标。

(2) 小学生的观察从模糊笼统的知觉发展到比较精确的知觉。小学低年级学生观察事物时，常常模糊不清，这和认识过程的发展有联系。低年级学生知识比较贫乏，观察事物时容易泛化，所以模糊不清，特别是对相类似的事物容易混淆。随着年龄的增长，知识逐渐丰富，他们的观察才能由泛化到分化，才能比较精确地分辨事物。

(二) 小学生注意力的发展与特点

小学生入学后，学习活动成为他们的主要任务。作为小学生，他们必须按照《小学生守则》及教师的要求行事，比如要做到不迟到、不早退、不旷课，课堂上应认真听讲，课后要按时完成作业等。也就是说，他们不仅要对自己感兴趣的任务进行注意，而且为了完成学习任务，还要对自己也许并不感兴趣的任务进行注意。这就要求小学生对自己原有的注意特点进行发展，以适应新情境、新任务的需要。小学阶段儿童注意的发展一般表现出如下特点：

1. 有意注意逐渐占据主导地位

小学低年级的儿童在注意的发展上仍是无意注意占主导地位。无意注意是一种不需意志努力的注意。它主要受到刺激物的性质、强度等影响。一般来讲，新异的、个体感兴趣的对象容易吸引儿童的无意注意。低年级小学生的注意，会受教具的直观性、形象性所吸引，这是一种无意注意。因而他们上课容易精力分散，会不由自主地"开小差"。当然，注意的这种发展水平也是同小学生的神经系统等生理发展水平相一致的。

小学四、五年级学生的有意注意开始逐渐发展起来,并占据了主导地位。有意注意是一种有目的的、有意志参与的注意。它的发展一方面受教学及训练的影响,另一方面同四、五年级学生大脑的不断成熟,神经系统的兴奋与抑制过程的逐步协调有密切联系。

从个体发展的角度来看,儿童的有意注意的发展经历了三个阶段:① 通过成人的言语指令而引发的有意注意;② 通过自己言语活动来调节和控制自己的各种心理活动;③ 经过内化过程,儿童可以用内部言语指令来控制自己的各种心理活动。这是有意注意发展的高级阶段。小学高年级学生已初步达到了这一阶段。

2. 带有显著的情绪色彩

小学生的注意带有显著的情绪色彩,因而教师可以根据这一线索判断学生是否在认真听讲,是否已经理解了教学内容。小学生由于大脑与神经系统活动的内抑制能力没有充分形成,因而一个兴奋中心的形成往往波及其他的器官的活动,导致面部表情、手脚乃至全身都会配合活动,所以他们的注意会带有明显的情绪色彩。

3. 具有鲜明的形象性

小学生,尤其是低年级小学生的知识水平和言语水平有限,思维的发展上仍是具体形象思维占重要地位,因而那些具体生动、形象直观的事物容易引起学生的注意。随着年级的提高,出现了以词为基础的第二信号系统和抽象逻辑思维能力的发展,对具有一定抽象水平的教材的注意能力会逐渐发展起来。这种注意的发展,对小学生具有非常重要的意义。

(三)小学生想象力的发展与特点

想象是在人脑中对已有的表象或形象材料进行加工改造而创造新形象的心理过程。想象分为再造想象和创造想象。小学生的想象力是在学习活动过程中不断发展的。小学生想象力的发展具有以下的特点:

1. 有意想象增强

小学低年级学生的想象具有学前儿童想象的特点,仍以无意想象为主。到了小学中、高年级,儿童再造想象的内容趋于完整,有意想象的成分大大增加,其精确度亦明显提高。

2. 想象更富于现实性

学前儿童的想象往往与现实不符,有时会出现"想入非非"的空想。小学中、高年级学生的想象就更接近现实。

3. 想象的创造成分增多

小学低年级学生再造想象的成分占较大比例。随着他们活动的不断增多,经验逐渐丰富以及认识能力的提高,大脑中的表象越来越多,因而想象的创造成分逐渐增多。

(四) 小学生思维力的发展与特点

思维是人脑对客观事物的间接的、概括的反映。由于人的思维具有间接性和概括性,所以人的认识就不受时间和空间的限制,从而大大加快了人类认识世界的进程,同时在认识客观世界的过程中不断发展了自己的思维能力。小学生的思维发展特点表现在以下几个方面:

1. 以具体形象思维为主要形式逐步过渡到以抽象逻辑思维为主要形式

刚刚入学的小学生,思维带有明显的具体形象性。他们需要具体形象的帮助来理解抽象的字、词。在数学的计算中,小学生往往需要实物或手指的帮助才能运算。他们的思维活动在很大程度上,还是和面前的具体事物及生动的记忆表象联系着。小学生的思维逐渐由具体形象思维过渡到抽象逻辑思维为主要形式。他们思维发展"过渡"的实现是思维发展过程中的质变,是通过新质要素的逐渐积累和旧质要素的不断"消亡"及改造而实现的。

2. 抽象逻辑思维的自觉性较差

小学生不能自觉意识到自己的思维过程,低年级小学生尤其明显。例如,语文阅读中,默读比朗读困难大,这是因为儿童的内部言语的发育尚未成熟,而内部语言是对思维本身进行分析综合的基本条件,因此,有经验的教师会有计划地指导学生默读课文和阅读一些课外读物。

3. 抽象逻辑思维发展不平衡

小学生抽象逻辑思维的发展在不同的学科中,其表现是不相同的。例如,在数学课学习中,尤其是经过系统的小学奥林匹克数学训练的学生,可以离开具体事物进行抽象思维,但在自然课上,小学生就很难做到抽象逻辑思维的合理运用,仍然需要教师采用具体事物辅助教学。

4. 思维缺乏批判性

小学生的思维缺乏批判性,年龄越小的儿童越明显。他们常常不根据客观情况的变化,盲目按照教师所说的每一句话去做,以教师的言语作为衡量事物对错的唯一标准。这一方面要求教师的言行要慎重,时刻考虑到如何做有利于小学生身心健康发展;另一方面,也向教师提出了新的课题,如何使学生逐步克服这种盲目性，而多一些批判性和理性思考。

5. 思维还缺乏灵活性

小学生的思维还缺乏灵活性，他们不善于考虑条件的变化，而以旧经验解答新问题。在数学学习中，这种特点表现最明显。一般说来儿童对熟悉的或学过的题目类型，在内容不变时能顺利解答，如果内容稍加变化，他难以随着变化的内容而改变方法，往往照着原来的形式套路做题目。随着年级、年龄的增长，知识经验的积累，第二信号系统的发展，到了中、高年级，学生思维的惰性将逐渐减少。

二、小学生适应性认知问题

小学生同样存在着许多不良认知，这些认知牢固地占据着他们的一部分认知过程，从而形成适应性认知卫生问题，这些也会严重地影响他们的学习和生活。例如，在沙漠里迷路的两个人只剩下半壶水，一个人想：沙漠这么大，我只剩下半壶水，肯定要命丧沙漠了。另一个人则想：太好了，竟然还有半壶水。这样一来，前者可能觉得绝望，甚至轻易地放弃了；而后者可能充满了信心，最终走出了沙漠。从这个简单的例子中可以看出，正是人们对事物的看法、想法决定了人的情绪及行为反应。

（一）过分概括化

过分概括化是一种以偏概全、以一概十的不合理认知方式，是思维活动中常见的错误。① 就好像以一只鸟的脚来说明这只鸟属于哪个种属一样，过分概括化是不符合人的正常认知规律的。

具有过分概括化认知错误的人习惯于把"有时"、"某些"概括化为"总是"、"所有"等。用情绪 ABC 理论创始人美国心理学家埃利斯的话来说，这就好像凭一本书的封面来判定它的好坏一样。它具体体现在人们对自己或他人的不合理评价上，典型特征是以某一件或某几件事来评价自身或他人的整体价值。例如，有些人遭受一些失败后，就会认为自己"一无是处、毫无价值"，这种片面的自我否定往往导致自卑自弃、自罪自责等不良情绪。而这种评价一旦指向他人，就会一味地指责别人，产生怨恨、敌意等消极情绪。我们应该认识到，"金无足赤，人无完人"，每个人都有犯错误的可能性。

（二）绝对化

绝对化是指人们常常以自己的意愿为出发点，认为某事物必定发生或不发生

---

① 何艳茹.心理卫生与心理辅导[M].沈阳：辽宁大学出版社，1999：163.

的想法。它常常表现为将"希望"、"想要"等绝对化为"必须"、"应该"或"一定要"等。例如,"我必须成功"、"别人必须对我好"等等。这种绝对化的要求之所以不合理,是因为每一客观事物都有其自身的发展规律,不可能依个人的意志为转移。对于某个人来说,他不可能在每一件事上都获成功,他周围的人或事物的表现及发展也不会依他的意愿来改变。因此,当某些事物的发展与其对事物的绝对化要求相悖时,他就会感到难以接受和适应,从而极易陷入情绪困扰之中。

(三)极端化

这种观念认为如果一件不好的事情发生,那将是非常可怕和糟糕。例如,"我没考上大学,一切都完了","我没当上处长,不会有前途了"。这种想法是非理性的,因为对任何一件事情来说,都会有比之更坏的情况发生,所以没有一件事情可被定义为糟糕至极。但如果一个人坚持这种"糟糕"观时,那么当他遇到他所谓的百分之百糟糕的事时,他就会陷入不良的情绪体验之中,而一蹶不振。

 资料贴吧

情绪 ABC 理论

情绪 ABC 理论是由美国心理学家埃利斯创建的。就是认为激发事件 A(activating event 的第一个英文字母)只是引发情绪和行为后果 C(consequence 的第一个英文字母)的间接原因,而引起 C 的直接原因则是个体对激发事件 A 的认知和评价而产生的信念 B(belief 的第一个英文字母),即人的消极情绪和行为障碍结果(C),不是由于某一激发事件(A)直接引发的,而是由于经受这一事件的个体对它不正确的认知和评价所产生的错误信念(B)所直接引起。错误信念也称为非理性信念。

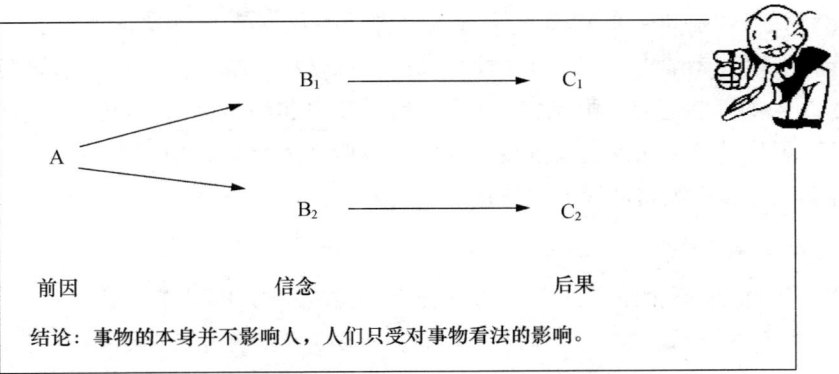

结论:事物的本身并不影响人,人们只受对事物看法的影响。

三、认知卫生问题

（一）注意力训练

1. 学会不想自己

很多人都有这样一个毛病,常常以为自己是被注意的中心,因此不自觉地把注意力指向自己。例如,当我穿一件新衣服,或者戴一顶新帽子,总以为众人都在注视自己。当一个学生考试不理想,或做了件错事,他就觉得众人在议论自己,看不起自己,甚至觉得没脸见人。其实这种以为众人在注视着自己的想法多半是或完全是自己的臆想,自己的许多不自然的态度和表现是自己遐想的结果。

有位学者说:"自我的感觉是一种形式。别人并不会如你所想象的那样关心你。他们有各人的事要忙。记住这一点,你在他们面前便不会感觉不舒服了。"

克服这种恐惧感的方法首先是不想自己,不要把注意力放到自己身上。第二,把注意力集中在眼前要解决的任务上,专心致志干事的人,不会为其他事引起不安。第三,如果眼前没有任务,那么你不妨想点别的事,把注意力引到其他事上去。有位专家说:"不想自己的方法是要寻一点别的事来想。你必须寻找一种代替物。寻得代替物之后,想自己的毛病便可毫不费力地除去。"

2. 学会听的技巧

学会听是很重要的。听是个体认识世界的重要方式之一。倾听也是人际交往中的重要方式之一。在人际交往时首先要倾听,只有认真听人讲,才能了解他人,学习他的知识,从而丰富自己;也只有通过倾听,才能理解他人,理解人格,理解人际关系的深层含义。这里所说的倾听就是指要深深地听,要听出深藏在表面语言下的人心灵深处的呼唤,一个善于倾听的人,在听他人讲话时,要反问自己,能不能觉察出讲话者内心世界的状态。倾听他人讲话不仅能使听者真正理解一个人,而且对于倾听者也有奇特的效果。倾诉者被认为已被人理解,似乎得到了解脱,从而消除了个人的孤寂感,使倾听者的心情得到了安慰和满足。因此,现代心理学家认为,倾听,不论是倾听他人或者是接受他人的倾听在人际关系中都是极为重要的,在双方体验的充实和人格的发展中都是不可缺少的。

（二）思维训练

思维训练是20世纪中期诞生的一种头脑智能开发和训练技术。其核心理念是相信"人脑可以像肌肉一样通过后天的训练强化"。经过长期的探索实践,今天人们形成了诸多的思维训练流派,其中以思维方法的传授和训练为形式的思维训练技术在实践中取得了显著效果。

思维训练从思维品质的角度看,包括对思维广度、速度、深度等方面的训练;思维训练从训练内容的角度看,包括图形思维训练、语言思维训练、想象思维训练、逻辑思维训练、动作思维训练、形象思维训练等。

 资料贴吧

> 思维导图又叫心智图,是表达发射性思维的有效的图形思维工具,它简单却又极其有效,是一种革命性的思维工具。思维导图运用图文并重的技巧,把各级主题的关系用相互隶属与相关的层级图表现出来,把主题关键词与图像、颜色等建立记忆链接,思维导图充分运用左右脑的机能,利用记忆、阅读、思维的规律,协助人们在科学与艺术、逻辑与想象之间平衡发展,从而开启人类大脑的无限潜能。思维导图因此具有人类思维的强大功能。每一种进入大脑的资料,不论是感觉、记忆或是想法——包括文字、数字、符码、香气、食物、线条、颜色、意象、节奏、音符等,都可以成为一个思考中心,并由此中心向外发散出成千上万的关节点,每一个关节点代表与中心主题的一个连结,而每一个连结又可以成为另一个中心主题,再向外发散出成千上万的关节点,呈现出放射性立体结构,而这些关节的连结可以视为您的记忆,也就是您的个人数据库。

(三) 合理情绪疗法

合理情绪疗法认为,人们的情绪障碍是由人们的不合理信念所造成,因此简要地说,这种疗法就是要以理性治疗非理性,帮助求治者以合理的思维方式代替不合理的思维方式,以合理的信念代表不合理的信念,从而最大限度地减少不合理的信念给情绪带来的不良影响,通过以改变认知为主的治疗方式,来帮助求治者减少或消除他们已有的情绪障碍。

合理情绪疗法的治疗步骤:

第一,向求治者指出,其思维方式、信念是不合理的;帮助他们弄清楚为什么会变成这样,怎么会发展到目前的样子,讲清楚不合理的信念与他们的情绪困扰之间的关系。这一步可以直接或间接地向求治者介绍 ABC 理论的基本原理。

第二,向求治者指出,他们的情绪困扰之所以延续至今,不是由于早年生活的影响,而是由于现在他们自身所存在的不合理信念所导致的,对于这一点,他们自己应当负责任。

第三,通过以与不合理信念辩论(disputing irrational beliefs)方法为主的治疗技术，帮助求治者认清其信念的不合理性，进而放弃这些不合理的信念，帮助求治者产生某种认知层次的改变。这是治疗中最重要的一环。

第四，不仅要帮助求治者认清并放弃某些特定的不合理信念，而且要从改变他们常见的不合理信念入手，帮助他们学会以合理的思维方式代替不合理的思维方式，以避免再做不合理信念的牺牲品。

这四个步骤一旦完成，不合理信念及由此而引起的情绪困扰和障碍即将消除，求治者就会以较为合理的思维方式代替不合理的思维方式，从而较少受到不合理信念的困扰了。在合理情绪治疗的整个过程中，与不合理的信念辩论的方法一直是施治者帮助求治者的主要方法。这几乎适用于每一个求治者，而其他方法则视求治者情况而选用。

第四节　小学生的情绪卫生与健康

情绪是最基本的情感现象，它指人对认知内容的特殊态度，是和有机体的生物需要相联系的体验形式，所以是不学就会的，具有高度的紧张性。当有机体的某种需要获得满足时，则会产生积极的情绪体验，如愉快、喜悦等；反之，则会产生消极的情绪体验，如焦虑、愤怒等。情绪有许多种类，人类最原始的四种情绪就是愉快、愤怒、恐惧和悲哀。

一、小学生情绪发展特点

情绪是小学生心理活动的一个重要方面，小学生在日常生活中总要对所接触的人和事物抱有一定的态度，以获得某种主观体验，这便是小学生的情绪。进入小学以后，儿童从无拘无束的、天真无邪的幼儿转变为受校规学纪约束的小学生，其主要活动形式也从游戏转变为学习。儿童在学习活动中需要承担一定的义务，需要承受一定的压力，需要同更多的人相处，所有这些都使得小学生需要比幼儿时期承受和体验更广泛的情绪情感反应。大量的研究证明，儿童的情绪、情感对其人格的健全发展有重要的影响作用，因此在教育过程中，培养小学生健康、积极的情绪情感具有重要意义。

1. 情绪的稳定性逐步增强

小学生进入学校以后,在集体生活和独自学习活动的锻炼和影响下,控制、调节自己情绪的能力开始发展起来。虽然小学生的情绪仍然具有很大的冲动性,还不善于掩饰、控制自己的情绪,但他们的情绪已开始逐渐内化,小学高年级学生已逐渐能意识到自己的情绪表现以及随之可能产生的后果,情绪的稳定性和平衡性日益增强,冲动性和易变性逐渐消失。而且小学生尚未面临繁重的学习压力,因而其基本情绪状态是平静而愉快的。

2. 小学生情绪的丰富性不断扩展

对于小学生来讲,学习是他们的主导活动,因而大量与学习活动和学校生活有关的事物构成小学生情绪的主要内容。完成各项学习任务如写作业、背诵课文等成为小学生最主要的需要。学习任务完成得顺利,满足了需要,小学生就会迅速产生愉快的情绪情感体验,反之则会产生消极的情绪体验。而且,小学生是在学校、班级这样的集体中学习和生活的,所以他们在集体中的地位以及与同伴之间的关系、与教师之间的关系,学校、班集体对个人的要求和评价等,都会引起小学生的复杂多样的情绪体验。

同时,小学生的各种高级情感也在不断地发展中,高级情感的加入及不断丰富更加充实了小学生的情感世界。小学生在各种各样的班集体活动、少先队活动、社会公益活动中,能感受到人与人、个人与集体的关系,逐渐养成团结、友爱、互助、爱劳动、集体荣誉感、责任感等良好的个性品质。这样,小学生的情绪情感的内容日益丰富起来。

3. 情绪的深刻性不断增加

小学生的情绪与学前儿童相比,不但在内容上丰富多彩了,而且其情绪体验也更加深刻了。例如,有关的研究证实,同是惧怕的情绪体验,学前儿童主要是怕人、怕物、怕黑、怕吃药打针等具体的事物。小学生虽然也同样怕这些具体的事物,但更多的是对学校的恐惧,如怕学习不好,考试成绩太差,怕受家长、老师的批评,怕受同学的讥笑、歧视,等等。

二、情绪问题卫生保健

处于身心飞速发展时期的小学生,由于学校学习的压力、生活节奏的高度紧迫感、父母过高的期望、不良的同伴交往关系等诸多因素,使他们不时经历情绪、情感上的困扰,受到孤独、失望、忧郁、焦虑、愤怒、嫉妒等不良情绪的侵袭。虽然这是成长过程中所避免不了的,但若不及时调整,将会使这些不良情绪转变成严重的情绪障碍,

从而阻碍个体身心的健全发展。因此,对于教育工作者来说,了解小学生情绪问题是十分重要的。

(一) 焦虑

焦虑是儿童期较常见的一种情绪问题,其核心成分是恐惧。详而言之,焦虑是一种复杂的、综合的、较为普遍的负性情感,常常表现为无原因的恐惧和不安、无所指向的烦躁和惊慌,好像是某种危险和灾祸就要临头,但又说不出究竟担心什么或究竟害怕会发生什么不幸。当焦虑状态严重和持续存在时就可能导致神经性焦虑的病理状态。

1. 焦虑的表现

焦虑的儿童在行为举止上存在着许多明显的特点,主要表现为:对外界事物的反应过分敏感、多虑、缺乏自信心,常因一些微小的事而烦躁不安、担心害怕。例如,他们会因同伴的一句戏言、会因别人的一记白眼、会因一次小小的考试失误,而终日惴惴不安。这类儿童平时表现良好、温顺、遵纪守法,且自制力强、自控力强、自尊心强,对事物常常一丝不苟、十分认真,但又显得过分紧张。特别是在陌生的环境中或对待不熟悉的事物,他们更易出现焦虑反应。他们在生理上也常因此出现一些不良症状,如睡眠障碍、做噩梦、食欲不振、心跳多汗、头昏眼花、恶心呕吐、腹痛、便秘、尿频等。

2. 焦虑的防治

对小学儿童焦虑的防治,可以参考下列的几种措施:

(1) 改善环境、教育方式及父母、教师对儿童的不合理要求

在日常生活和学习中,应根据儿童不同的年龄、心理发展水平、个性特点等,施加适当的压力,给予恰当的要求,不溺爱,不苛刻,从而树立儿童的自信心、培养儿童的意志力,增强抗挫折的能力。这些对防治焦虑都极为重要。

(2) 父母在日常生活中要以身作则,成为儿童的榜样

父母应认识到自身就是儿童观察学习或模仿的对象,自身的个性特点可能对儿童产生不良的影响,所以要注意自己在儿童面前所表现的言行举止,防止儿童不自觉的模仿。

(3) 父母和教师应注意与儿童建立和谐、融洽的亲子关系和师生关系

儿童只有向可依赖的人倾诉了自己的积怨、委屈等以后,心情才会平静下来,否则心里就不会得到平静,焦虑就不会消除。只有在和谐、融洽的亲子关系和师生关系中,父母和教师才能引导儿童说出自己所担忧或焦虑的事情,帮助他们抚平创

伤,消除焦虑情绪或者平缓儿童的心境。可见亲子关系和师生关系对儿童焦虑消减的重要意义。

(二)恐惧

恐惧是指儿童对某事物或特殊环境产生的惧怕、害怕的情绪反应,如对动物、黑暗、社交或某种情境感到害怕。恐惧在儿童的整个发展过程中是一种普遍具有的情绪体验,是儿童对周围环境事件的一种必要的,往往也是健康的反应。但不同年龄的儿童其恐惧的内容也常不一样。恐惧大多会随着年龄的增长和生活经验的丰富而消失,但若对某特定的事物、环境恐惧过度或持续的时间过长,则可能发展成为严重的心理问题。

1. 小学生恐惧的表现

一般而言,儿童的恐惧与儿童身体发育的状况和应对能力有关。随着儿童体力与智力的发展,恐惧会不断地变换。如幼儿期的儿童,怕黑暗、动物、想象中的怪物、医生、与亲人分离、受伤等;小学儿童,怕上学、受伤、打雷闪电、自然灾害、亲人分离、社会交往等;青少年,怕受伤、社会交往、死亡、没有同伴等。一般来说,发育过程中出现的恐惧为时短暂,多数恐惧在三个月之内即消失,很少有持续一年以上的,它们几乎不会对儿童将来的行为产生严重的影响。但如果恐惧的表现较为严重而持久,且没有明显的恐惧刺激或原因也惧怕,或对该年龄本已不该害怕的事物仍极为害怕,则应该引起注意,这种恐惧已成为一种情感障碍。

2. 恐惧的防治

小学生恐惧的防治,关键在于教育。

(1) 培养小学生乐观、开朗、坚定的良好性格

家长和教师应鼓励儿童多参加集体活动和体育活动,以及利用游戏的方式,让儿童逐渐去接近他们害怕的事物,以培养其坚毅勇敢的精神。扩大儿童的交往范围,让儿童多与外界事物接触,在与他人交流、接触中逐渐培养其乐观、开朗的性格。家长不应过分保护儿童,也不应勉强儿童做不愿或不敢做的事,应教给儿童有效地适应各种情境的各种方法,有意识地增强儿童的应变能力,使儿童在日常生活情境中能体验到适应性的轻松感,从而促进其自信心的树立。

(2) 对小学生采取正确的教育方式

家长在家庭教育中,应采用讲道理、讲事实、讲科学的教育方法,决不要采用各种恐吓手段随便吓唬儿童。在与儿童交流时,不应使用过多、过于严厉的谴责和惩罚,这也会使儿童产生恐惧情绪。

（3）丰富小学生的知识、扩大其视野

很多恐惧是由于无知而产生的，所以家长应向儿童多做些浅显、科学的说明和解释，并多让儿童接触自然、社会，多让儿童参加一些有意义的实践活动或一些有趣的游戏活动，让儿童通过自己的实践经验来明白其中的道理，这样，一些不必要的恐惧也就自然而然地消除了。

第五节　小学生的交往卫生与健康

一、小学生交往的特点

小学生的人际交往主要包括三个方面，即与同伴的交往、与父母的交往、与教师的交往。

（一）与同伴交往的特点

小学生的同伴关系有一个发展的过程，这一过程与小学生认识过程的发展相适应，也与小学生在班集体中的集体活动经验有关。

小学生的同伴关系最初是建立在外部条件或偶然兴趣一致的基础之上的，如住在同一街道、同一幢楼房、同桌、父母相互熟悉的。后来，他们逐渐建立了新的交往标准：其一，他们倾向于选择与自己的兴趣、习惯、性格和经历相和谐的人做朋友；其二，他们倾向于选择品行得到社会赞赏的人做朋友，如挑选学习成绩比自己好或能力比自己强的人做朋友。

小学生的同伴关系还具有一定的性别特点。心理学研究表明，小学生对他们最喜欢的同伴在性别上的选择态度随着年龄的变化而变化。青春期以前的小学生，都倾向于选择同性同伴，这种现象在小学阶段呈上升趋势。之所以会出现这种现象，主要有以下两方面的原因：其一，同性别的小学生具有共同的兴趣和活动方式，便于相互合作和交流。其次，选择同性别的同伴也反映了小学生性别认同的作用。所谓性别认同，是指对自身性别的正确认识。小学生在社会生活中正确地理解自己的性别并将自己投身到同性别的活动中去，是完全正确和必要的。这样有助于小学生对自身性别的接受，逐渐形成符合社会期望、合乎社会规范的行为，并最终适应社会生活。

（二）与父母交往的特点

虽然小学生与同伴的交往明显增多，但与父母仍保持着亲密的关系，对父母仍怀有深厚的感情。因此，小学生与父母的关系在其发展上仍起着重要作用。一般来说，在家庭中，父母主要通过以下途径对小学生施加影响：第一，教导，即父母通过言传身教，直接向小学生传授各种社会经验和行为准则；第二，强化，即父母采取奖惩的方式强化小学生的行为准则，并巩固这些行为准则的地位；第三，榜样，即父母往往是小学生最早开始模仿的对象，他们效仿父母，学习父母的行为方式；第四，慰藉，即小学生对父母形成的依恋感使他们易于向父母倾诉不安和烦恼，以得到父母的安慰和帮助。

（三）与教师交往的特点

小学生与教师的关系是其人际关系中的一种重要关系。与幼儿园的教师相比，小学教师更为严格，既引导学生学习，掌握各种科学知识与社会技能，又监督和评价学生的作业、品行。与中学教师相比，小学教师的关心和帮助更加具体而细致，也更具有权威性。

几乎每一个儿童在刚跨进小学校门时都对教师充满了崇拜和敬畏，教师的要求甚至比家长的话更有权威。对小学低年级学生来说，教师的话是无可置疑的，这种绝对服从心理有助于他们很快学习、掌握学校生活的基本要求。但是，随着年龄增长，小学生的独立性和评价能力也随之增长起来。从三年级开始，小学生的道德判断进入可逆阶段，学生不再无条件地服从、信任教师了。他们对教师的态度开始发生变化，开始对教师作出评价，对不同的教师表现出不同的喜好。心理学研究发现，小学生最喜欢的教师往往是讲课有趣、喜欢体育运动、严格、耐心、公正、知识丰富、能为同学着想的教师。小学生对教师的评价还影响着小学生对教师的反应，他们对自己喜欢的教师往往报以积极的反应，而对自己不喜欢的教师往往报以消极的反应。例如，同样是批评，如果来自于小学生所喜欢的教师，他们就会感到内疚、羞愧；如果来自于小学生所不喜欢的教师，他们就会反感和不满。因此，教师努力保持与学生的良好关系有助于其教育思想的有效实施。

影响小学生与教师关系的一个重要因素是教师的期望。心理学研究表明，教师期望对小学生的成长具有广泛的影响，学生的学习能力、阅读能力和行为表现等都会不同程度地受到教师期望的影响。教师一般是根据学生的性别、身体特征、社会经济地位、家庭状况、兴趣爱好等信息来对学生形成期望的；当教师对小学生有高期望时，就会对学生表现出更和蔼、更愉快，更经常表现友好的行为，如点头，注

视学生,谈话更多,提问更多,等待学生回答的时间更长,更经常地赞扬学生。教师对学生的不同对待方式传递着不同的信息,如认为高期望学生的失败是因为没有好好努力,而低期望学生的失败是因为缺乏能力。

二、小学生交往卫生保健

(一) 从学习礼貌用语入手,让学生掌握交往的技巧

我国有礼议之邦之称。礼貌用语体现着人民的素质,礼貌用语是人类进行友好交往的重要工具和桥梁。人之所以为人,在于我们能使用"工具"来抒发情感,构建知识。在交往中礼貌用语是表示对别人的尊重,也是自己得到他人尊重的先决条件。可以这样说"礼貌用语是我们进入社会的第一张通行证",没有它我们的道路将是困难的,我们就得不到亲朋好友的支持和尊重。

小学生因年龄特征的影响,对这一系列问题,如:礼貌用语、交往技巧等都不太了解,不会使用,在与人交往时行为体现出霸道、自私、不礼貌、不文明等行为,这影响着自己的成长和与他人的交际能力。所以我们作为教育者应该从小就教会他们懂得使用礼貌用语和交际技巧与他人平等交往。例如:"您好","认识您很高兴","请","谢谢","对不起","早上好","你真棒"等礼貌用语。见到师长、同学时主动打招呼问好。班主任对班上的"文明礼貌小天使"进行评选鼓励,在表扬的同时进行健康向上的集体舆论。这样能更好地激发学生学习和使用礼貌用语及交往技巧的兴趣。时间长了,他们就学会了使用友好平等的语言与人交流了。在交往中慢慢地就体现出他们的理智、情感了,也就增强了学生交往的信心,提高他们的交往技巧,使他们跨出交往的第一步。

(二) 适时与家长构建"教育战线",促进学生正确交往

教师要经常与家长联系,构建统一的教育路线。了解学生的情况,对其进行教育。因为我们应把家庭教育、学校教育、社会教育有机结合起来,才能更好地开展教育工作。这就要求我们做到学校、家庭和社会三结合。在家靠父母教育,在学校靠教师的统一教育路线,如果在家就形成了霸气,那么他又怎样与人交往相处呢?例如:小李的父母经常不过问孩子在校的一些情况,也不与教师联系,孩子每天一放学就来到网吧,学习也不积极上进了,他的学习一天天下降。又如:王某的父母,特别关心儿子,一周要来学校两次,找老师同学了解儿子在校情况,老师也比较关注这个小男孩,这样他的学习一天比一天好。

家长要正确认识孩子的交往能力并加以培养。无论学校还是家庭都不能太过

于溺爱孩子,特别是父母。过于溺爱会形成他们的霸气。孩子在学校的交往,家长尽量不要参与和干涉,和同学争吵发生矛盾,家长和教师都应正确引导他们怎么去解决问题,化解矛盾,培养他们解决问题的能力。

(三)教学过程实行交际化,有助于锻炼学生的交往能力

在教学过程中,我们应做到"因材施教",教师上课不能太死板。课堂不是教师自导自演,唱独角戏的舞台,而是学生唱主角,教师唱配角,师生互动的过程。

(1)在课堂教学过程中,教师要让小学生充分体会到口语交际双向互动的交际特点,对于一个问题进行多个层次的互动交流,使一个问题多元化,从教学互动中拉近师生的距离,共创良好的师生关系和良好的课堂氛围。

(2)创建自由轻松的课堂心理氛围

小学生的年龄小,自觉意识不太高,他们认为自己不受任何规纪的约束。我们应创设一个良好的学习环境,为他们创造一个属于自己的天地,轻松地学习。

(3)开展多项课外活动,创设交际情景。小学生不喜欢枯燥的教学,他们喜欢玩耍。所以教师就应该把教学与活动相结合。如:"唱歌"、"小小辩论会"等活动来增强学生吹、拉、弹、唱的能力。创设"一个投篮球比赛"的活动,"教学生用纸来折一些小动物、花草"等加强他们的动手能力,对其做得好的进行鼓励,从而激发他们多说多动的交往能力。

【实践活动】

1. 举例说明小学生健康方面存在的问题的类型,并设计问卷进行健康调查。
2. 访谈家长及教师,分析如何在家庭教育及学校教育中提高学生的健康水平。

【读书指导】

1. 何艳茹.心理卫生与心理辅导[M].沈阳:辽宁大学出版社,1999.
2. 黄甫全,曾文婕.小学教育学[M].北京:高等教育出版社,2011.
3. 殷炳江.小学生心理健康教育[M].北京:人民教育出版社,2003.
4. 余文森.新课程背景下的公共教育学教程[M].北京:高等教育出版社,2004.
5. 刘晓东.儿童教育新论[M].南京:江苏教育出版社,2008.
6. 候曼.少年儿童健康教育[M].北京:人民教育出版社,2006.

第八章

小学教育评价

内容提要

在了解了小学教育评价是什么的基础上,进一步明确了小学教育评价的功能、类型及其原则;小学教育评价的对象越来越全面,主体越来越多元,方式越来越多样,所以小学教育评价必须明确"评价内容"、"评价主体"和"评价方式"这三个问题;当前文献研究表明,教育评价正在从"甄别性评价"走向"发展性评价",在分析了当前小学教育评价存在问题的基础上,提出了构建发展性教育评价的原则及其具体的方式方法。

学习目标

1. 识记"教育评价"、"小学教育评价"等概念,了解评价的功能、类型及其评价的原则。

2. 认识教育评价的"评价内容"、"评价主体"和"评价方式"这三个问题。

3. 理解当前小学教育评价存在的问题及其构建发展性教育评价的原则和具体的方式方法。

4. 学生联系自己接受教育评价的亲身体验,深刻理解和把握现代教育评价观,提升发现和解决小学教育评价问题的意识与能力。

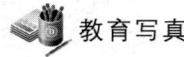 教育写真

"老师经常表扬我,我怕谁!"

学生阳阳(化名),现为六年级学生,原来是所谓的后进生,上课不专心,常捣乱,作业也经常不完成,下课后与同学之间摩擦很多,老师见了个个头痛,同学对他

敬而远之。他上五年级时，我是他老师，就想：应多给他鼓励，让他建立自信。所以在一年多的时间里，常常对他表扬有加，尤其是在他有进步时（哪怕这点进步在别人看来是微不足道的）。一段时间下来，效果果然明显，他对自己的行为已能有所控制，自信心也大大增强。正当我为自己的成功教育而欣喜之时，接连发生的两件事情却让我陷入深思：一是有同学向我报告，阳阳又犯错误了，和很多劝他的同学吵上了，还说"邱老师经常表扬我的，所以这次他也不会怎么说我，我才不怕你们呢。"二是在一堂课上他屡次破坏课堂纪律，经多次"激励式"的引导无效后，我进行了批评，谁知他竟离开教室扬长而去……

反思：学生处于成长期，在学习、生活过程中出现这样那样的问题是正常的，教师应多激励、少指责。传统的评价在这方面确实存在诸多不足，我们在工作中应引以为戒。但教师过度的激励性评价会造成学生自我感觉太好，对学习、工作的困难产生低估，使激励性评价在学生心中贬值。有的学生经不起批评和挫折，稍不如意就情绪低落。所以我们认为，在开展激励性评价时，也不能忽视指正性、否定性评价的作用。如果一味地、毫无原则地对学生进行"赏识"、"激励"，而忽视给学生适度的挫折、指正，那这种评价是不负责任的，是不完整的。马卡连柯曾说："要尽可能地尊重一个人，也要尽量多地提出坚定、明确和公开的要求。"新世纪的学生需要教师不断给予成功的激励，同时也不能忽视培养其面临挫折时的坚毅和战胜困难的勇气。当然，指正性、否定性评价要以尊重学生人格、不伤害其自信心为前提，谨慎而巧妙地使用。教师在对学生进行指正性评价时事先最好能给学生心理准备，批评时也要讲究艺术，事后还要进行谈心。这样，即使当时学生不理解，一段时间后学生也会体会到老师的良苦用心。如上述现象发生后，我控制了自己的情绪，进行了冷静思考，认为对阳阳这样的学生多进行激励性评价应该是正确的，但也要分场合、有层次，该批评时也要真诚地提出。事后我找他进行谈心："阳阳，老师经常表扬你是喜欢你、尊重你，但你也要学会尊重老师和同学。只有会尊重别人的人，才会真正得到别人长期的尊重和喜欢……"最后他点头道："老师，我懂了。今后请你还要经常表扬我，但我管不住自己时，也希望老师能及时批评我。"

新世纪的小学生需要教师不断给予成功的激励，同时也不能忽视培养其面临挫折时的坚毅和战胜困难的勇气。正如马卡连柯所说："要尽可能地尊重一个人，也要尽量多地提出坚定、明确和公开的要求。"

第一节 小学教育评价概述

小学教育评价是小学教育的一个重要组成部分,通过评价才能知道小学学校办学、教师教学、学生学习等是否在朝向理想的教育目标迈进,已经走到了哪里,还存在哪些问题,应该怎么调整和改进。下文我们从概念理解、功能把握、类型区分等方面对小学教育评价的基本理论知识做概述性的介绍。

一、小学教育评价的概念

《现代汉语词典》中解释"评价"为"衡量人或事物的价值"。中国古代社会对官员的选拔、录用、考察以及相关的察举制、科举考试制度等就是这类专门化了的评价活动。当然"评价"获得学科意义特别是评价学的专门术语讨论则与西方的 evaluation 直接相关。evaluation 这个词具有对人、事、物的作用或价值进行评估、判定的专门含义。也就是说,无论古今还是中外,无论是日常用语还是专门词汇,"评价"都有着"评定价值或作用"的基本含义。从活动性质上讲,评价就是判断、判定价值的过程。我国多数研究者基本上都认同这一看法。"评价从本质上说是对评价对象作出的价值判断,评价与价值有着密切的关系。"[①]"从本质上讲,评价是一种价值判断的活动,是对客体满足主体需要程度的判断。"[②]

评价作为人类认识的一种特殊形式,就在于评价尽管要从主体的目的、需要出发对客体做价值判断,但却是以对客体的事实材料、属性加以描述和把握为前提,是以事实把握为基础的价值判断过程。我国教育理论研究也通常把教育评价看做是对教育教学进行价值判断,"是根据一定的教育价值或教育目标运用可操作的科学手段,通过系统地搜集信息、资料并进行分析、整理,对教育活动、教学过程和教育结果进行价值判断从而为不断完善自我和教育决策提供可靠信息的过程"[③]。

---

① 李秉德. 教学论[M]. 北京:人民教育出版社,2001:307.
② 廖哲勋,田慧生. 课程新论[M]. 北京:教育科学出版社,2003:400.
③ 袁振国. 当代教育学[M]. 北京:教育科学出版社,2004:260.

小学教育评价是教育评价的下位概念，也是教育评价在小学教育层次的特定教育活动，是考察小学教育事实状况过程中的一种价值认识活动，无疑具有教育评价的基本内涵。根据上述对教育评价各种看法的把握，我们认为，小学教育评价是指采取一切可行的评价技术和方法，系统搜集小学教育教学的各种真实信息，在此基础上根据小学教育目标对小学教育中各种教育活动的过程和结果做出价值判断，促进小学教育教学改善与优化的活动及其过程。

二、小学教育评价的功能

任何教育评价都有自己的特殊功能，否则就会失去存在的意义。小学教育评价的价值品性需要通过其所发挥的作用与功能予以展现，实践中所发挥的不同功能、作用也就体现了小学教育评价的不同价值取向和判断。传统上，人们在二元对立中偏重社会价值，把个体当做社会发展的手段和工具，就趋向于小学教育评价的选拔性功能，也就是通过筛选，淘汰一部分小学生，把认为可进一步培养为社会人才的小学生选拔出来，送入初中给予更多的教育机会，接受所谓更高层次的选拔。这在普及义务教育的今天也仍然是客观存在的事实。不过随着人们对儿童的尊重，随着义务教育的普及，人们日益重视教育评价的发展功能。克龙巴赫认为"评价能完成的最大贡献是确定教程需要改进的地方"。斯塔弗尔比姆明确指出，评价最重要的意图不是为了证明，而是为了改进。我国的一些理论研究也从功能手段、作用方式的角度总结了教育评价的若干功能，如决策、导向、反馈、激励、诊断等。这些功能手段、作用方式可以有很多，但最终都体现为教育的发展功能，并在作用于小学教育各活动、内容中体现和发挥。

（一）诊断作用

通过教育评价可以把握教育中各方面的情况，从中了解教育活动运行的状态，了解到某一阶段教育的成绩或存在的不足，并为下一步的工作提供参照的依据。实施诊断的功能，就要依据特定的教育目标对教育评价结果作出判断，进而分析问题的症结。影响教育效果的因素很多，有客观环境的因素、教育者的因素、教学内容和方法的因素以及学习者自身的智力的或非智力的因素等。这就要通过教育评价进行诊断，找出原因，以便对症下药。对课件教学效果的诊断也是基于同样的道理。不过，课件是影响学生学习或教学效果的外在条件。对课件的诊断要注意把它放在特定的教学环境或过程进行整体的考察分析，才能得出实事求是的结论。

(二) 调节作用

教育评价可以在师生之间形成双向反馈机制,教师通过评价搜集学生的情况,并根据学生的情况及时调整自己的教学工作;另一方面,当学生了解了自己的成绩(评价结果),会对自己的学习情况有个客观了解,知道问题出在哪里,以便自我调整学习状态。

(三) 激励作用

教育评价对师生的活动具有激励作用。一般来说,好的评价(如表扬、奖赏、肯定)可以鼓励教师继续努力工作,使学生更加努力的学习。即使是不高的评价,如果得当、诚恳,使他们深刻反思,也会对教师和学生起到激发、激励的作用。

(四) 管理作用

教育评价作为一种价值判断,在客观上能起到对学生的学业成绩进行鉴定和分等的作用。所以,世界各国无不利用教育评价的结果,作为决定升留级、分班编组、选择教程乃至指导职业定向的依据,同时也作为向家长报告和解释学生的学习状况的依据。当然,社会各方面选拔人才、各级学校决定新生的录取,也同样需要对学生的学习进行测量和评价。

(五) 发展作用

教育评价的发展作用是当前为各国评价学者所特别关注和强调的。教育评价对学生的促进作用,不只是表现在激发学生的学习动机方面,它对学生个性品质和自我意识的发展也有重要影响。例如,积极性的肯定评价能使学生从肯定的方面看待自己,增强自信心,提高自我意识。

三、小学教育评价的类型

依据事物的不同特点以及研究者的特定兴趣,小学教育评价已经发展出多种多样的活动样态和内容形式,并在其内部显示出一定的逻辑和秩序。按照这些逻辑所显示出的不同依据和标准,我们可以对小学教育评价的不同活动进行不同的分类。

教育评价萌芽于古代的考试,纵观其发展进程,经历了古代的传统考试、近现代的教育测验、当代的教育评价三个时期。在当代的教育评价理论与实践中,主要表现为以下几种类型。

(一)诊断性评价、形成性评价和总结性评价

根据学生评价在教学活动中的不同作用分为诊断性评价、形成性评价和总结性评价,这是由美国教育心理学家布卢姆提出的影响较大并被广泛使用的分类法。

1. 诊断性评价

诊断性评价一般在教育、教学或学习的计划实施的前期阶段,重在对学生已经形成的知识、能力、情感等发展状况做出合理的评价,为计划的有效实施提供可靠的信息资源,以获取更好的效果。一般可以通过以下几个方面获取相关信息:① 查阅被评价者在此之前的有关成绩记录。人的发展是一个连续的整体,学习的过程和内容也都有一定事实上的连续性。因此,对学生进行诊断性评价必然需要详细了解其先期的相关成绩记录。但值得注意的是,评价者必须对提供的记录作整体分析,不应只看一个分数或一科成绩,应尽可能多地揭示分数所表达的内涵和实质,如有可能可以对形成的原因做出分析,从而提供充足的诊断信息。② 摸底测验。如果评价者无法从以往的成绩记录中寻求到有价值的信息,评价者可以准备一些有针对性的合适的测验,以便了解被评价者的发展状况。③ 必要的学习要素调查表。主要包括学习技能、习惯、学习态度等方面的调查。评价者可以采用调查问卷、小组座谈、个别谈话等方式全面了解学生已经形成的行为习惯。必要时也可以采用智力测验量表,帮助诊断。

2. 形成性评价

形成性评价主要是在教学和学习过程中进行,一般以学习内容的一个单元为评价点,采用及时的反馈和根据学生个体的差异进行有针对性的矫正。因此,相比较于其他两种评价类型,它测试的次数较频繁,概括的水平较低,重在实施过程中依据评价所获得的信息及时调整和改善教育、教学过程及学习过程,给学生提供有效帮助,即对未达到要求的学生及时地发现问题并予以有步骤的矫正,对已经掌握的学生进行强化和鼓励,从而实现全体学生的掌握学习。形成性评价基于对学生学习全过程的持续观察、记录、反思,从而做出发展性评价,其目的是激励学生学习,帮助学生有效调控自己的学习过程,使学生获得成就感,增强自信心,培养合作精神。

3. 总结性评价

总结性评价主要是在教学和学习后的评价,是对教学和学习的全过程的检验。它表示距离最终目标的程度,并对学生进行必要的区分,一般在学期中和学期末进行,次数较少。它的测验内容和范围都要高于前两种的要求,概括的水平也较高,鼓励学习中的竞争和优秀学生获得更大的进步。因此,总结性评价最关注的问题是测验的准确性和可靠性,即试卷的信度和效度。

总之,诊断性评价、形成性评价和总结性评价共存于教育、教学过程中,并各有所侧重发挥不同的功能,而且这三类评价也互为提供信息和依据,对评价所做的划分只是相对的而非对立的。

(二) 相对评价、绝对评价和个体内差异评价

1. 相对评价

相对评价是在被评价对象的集合中选取一个或若干个作为基准,然后把各个评价对象与基准进行比较,从而排列其名次优劣高低的一种评价方法。

在理论上,相对评价是以建立在机遇规律基础上的正态分布原理为依据的,即用标准正态分布曲线来描绘学生的学习成绩。相对评价具有两大优点:第一,相对评价客观性强,它能够将考试成绩反映的分数作为所属集体中的相对位置准确客观地表述出来;第二,相对评价完全可以避免由于教师间判断标准不同而造成的过宽或过严的问题。

但相对评价的缺点也是显而易见的。第一,相对评价只在评价对象团体内部相互之间进行高低、优劣比较,这种比较不涉及教学目标,所以不能确切说明学生成绩的真实水平。第二,相对评价因按正态分布曲线比例固定各等级人数,这样,在优秀的学校或班级里,许多优秀的学生评不上优秀等级;反之,在差劲的学校或班级里,许多成绩不佳的却被排在优等的位置(这样相对评价就像"从矮个里拔高个",而所拔出的"高个"却未必是真的"高个",这时这种方法就容易降低评价标准)。所以,相对评价只能适用于一定的范围(纯随机组成的大集体),超过这个范围,就变成不客观和不公正了。第三,正是由于相对评价按一定比例名额将学生分等,这样就容易造成学生之间过于激烈的"病态竞争",从而给教学带来副作用。

2. 绝对评价

绝对评价是在被评价对象的集合之外,确定一个要达到的目标或标准(客观标准),再将评价对象与这个客观标准进行比较,从而判断其达到目标的程度的一种评价方法。

进行绝对评价时,每个学生的成绩分数只与统一的固定的客观标准进行比较,而与其他学生成绩分数无关,也即这种评价并不照顾评价对象的整体水平状况而提高或降低评价标准。以百分制为例,规定60分以上为及格,以下为不及格,如果大家都考到60分,则全班都及格,反之无一人考到60分,则全班都不及格。绝对评价能够帮助学生清楚地看到自己与教育教学目标的具体差距,从而了解自己认识发展的实际水平,并明确进一步努力的方向。这是绝对评价的教育性所在。

但是绝对评价也有缺点和运行机制上的困难之处。第一,绝对标准虽然是根据课程标准和教材所规定的客观要求制定的,但是试题是否真正反映和概括了课程标准和教材的基本内容,试题难度是否适中,试题编制是否摆脱命题者的主观偏好,是很难确定的,所以绝对标准未必是客观的统一的标准。这样,一方面分数很难说明真正的水平,60 分未必就是及格(通过),90 分也未必是真正的优秀;另一方面,不同的教师命题的同学科考试其分数也同样缺乏可比性。第二,绝对标准强调统一的标准,对基础不同、条件不同的评价对象,进行统一的评价,这和相对评价一样忽视个性。

3. 个体内差异评价

个体内差异评价是一种以评价对象自身状况为基准,对评价对象进行价值判断的教学评价方法。

进行个体内差异评价,各个评价对象只与自身状况进行比较。这种比较一般有以下两种:第一,把评价对象的过去成绩与现在成绩进行比较,如过去某科成绩是 50 分,现在是 60 分,说明该生该学科成绩上升了、进步了。第二,把学业测验成绩与智能测验成绩相比较,这种比较实际上是求个人之成绩商数(成就值)。

个体内差异评价是从被评价对象的实际出发,进行判断其发展状况的评价法,其最大的优点是充分体现了尊重个体差异的因材施教原则,适当减轻被评价对象的压力。但是,由于评价本身缺乏客观标准,不易给被评价对象提供明确目标,难以发挥评价的应有功能。

总之,相对评价、绝对评价和个体内差异评价各有其优缺点和适用的范畴,一般应结合起来使用,以全面发挥评价的功能。

(三)实证化评价与人文式评价

依据心理与教育研究方法中有关实证与思辨的特色,可以将评价分为实证化评价与人文式评价两类。

1. 实证化评价

实证化评价是指用实际的证明来判断事物属性或发展变化规律的一类方法,主要有观察法、调查法、测验法、实验法、模拟法、理想化方法、逻辑方法、数学方法、控制方法、信息方法和系统方法。其主要优点是准确、高效,操作性和移植性较强,说服力大。其主要缺点是重结果轻过程,评价信息容易失真,忽视评价者与评价对象之间的交流,灵活性欠佳。

2. 人文式评价

人文式评价是侧重于个体的主体意识和心理活动规律,强调评价者与评价对

象的交流,对评价对象做出价值判断的一类方法。主要包含哲学方法、历史方法、伦理方法等。其主要优点是不仅注重结果评价,更重视过程的评价,重视评价中多种因素的交互作用及深层次的原因分析,即强调评价者与评价对象之间的交流,所使用的方法灵活多样。但是,这一方法对评价者的依赖性较大,主观性强,容易受干扰,而且其投入与产出的比例不如实证化评价方法有优势,总体效益则显得较低。

(四) 自我评价与同伴评价

如果依据参与评价的主体是谁,可以将评价分为自我评价与同伴评价。

1. 自我评价

自我评价是指被评价者依据指标,参照一定的标准,对自己在工作、学习、品德等方面的表现,进行自我评价。这种评价容易展开,主要是用来获得其他手段无法获得的信息,如学生的态度、兴趣以及个人感觉等。如果评价者态度端正,会有较高的准确性,同时,能增强其自我评价的意识和评价能力,有利于及时进行自我反馈、调节。既看到自己的进步,为发展增强信心,也容易认识到自己的不足,需要改进的方面。但是,由于这一方法主观性较强,在评价中容易出现偏高或偏低的倾向,也难以进行横向比较。因此,通常是作为辅助性评价予以实施。教师要获得学生自我评价的信息,可以通过与学生个别访谈,进行问卷调查,收集学生的成长记录袋等方式进行。

2. 同伴评价

在学生发展的某些领域,教师的评价有时会显得不够充分,必须要有学生同伴的评价予以补充和完善。同伴评价主要是同学之间,依据一定的标准评价某一同学的表现。因为,在同伴的团体交流互动中,为学生提供了一个独特的观察和判断同学行为的机会,而且,由于同伴评价是依据自身的经历而形成的,这对于成人教师而言很难获得,因此,同伴评价的信息对教师观察有重要的参考价值。同伴评价比较适用于评价人格特点、社会关系以及其他典型的行为方式。

同伴评价和自我评价能提供有价值的信息,对于更好地了解学生,指导学生的学习、发展和适应来说很有帮助。但是,其结果并不应当用来对学生进行等级评定和报告,或者用来作为其他与学生有利害关系的目的,必须确保学生所做出的反应尽可能地准确和坦诚。

四、小学教育评价的原则

小学教育评价原则指的是小学教育评价作为一项独立活动或贯穿于小学教育教学的重要环节,为避免在具体工作中出现不必要的问题和混乱,必须遵循一定的行为准则和要求。具体说来小学教育评价应该遵循如下一些原则。

（一）教育性原则

这是针对小学教育评价的价值要求和理想追求而言的。这一原则要求人们要注重发挥评价对学生、教师乃至学校的发展功能而不能把评价异化为控制、压制学生、教师、学校的外在手段和异己力量。就教学来说，评价在某种意义上不仅是教师帮助学生取得进步的基本过程也是促进学生学习动机的内在力量。专门研究已经指出"优质评价不仅是学习的成果，同时也是学生创造这一成果的认知加工过程或思维过程"、"学习动机来自于教学和评价之间的联系"、"真实性学习评价不仅限于测试，它还融合了诊断、解释、反馈、评定等多个教学过程"。评价作为教学过程，本质上具有促进学生发展的教育价值和意义，这就要求在学生评价中，至少既要注重学生全面发展的引领，也要在依据儿童身心特点基础上指引学生在社会化、文化化层面上的发展。

（二）方向性原则

这是针对小学教育评价的社会属性与时代要求而言的。这一原则要求小学教育评价必须在一定的时代要求和社会要求下进行。小学教育是一项国家事业，立足于学校层面的各项教育教学活动也总是体现着国家的意志和社会文化的一些规则，这可以说是小学教育存在的必要前提，是学校、教师、学生无法回避而必须接受的。我国是社会主义国家，小学教育必须坚持社会主义办学方向，小学教育评价也必须坚持社会主义办学方向，同时，现阶段的我国也是一个快速发展的国家。在发展中，我们既继承、发扬优秀的传统文化，也借鉴、吸收合理的世界文化。这形成了我国现阶段特定的时代精神，也对我国当前的小学教育提出了时代要求，小学教育评价必须把握、贯彻和渗透这种种的时代要求。

（三）科学性原则

这是针对小学教育评价的内容属性与活动性质而言的。这一原则要求小学教育评价必须能够保证较好的信度和效度。小学教育评价作为一种价值判断活动，与评价者的文化意识、文化心理、文化思维方式密切相关，但这不是说小学教育评价就是主观任意的活动。一方面，评价者的文化价值心理、意识、思维方式必须以已有的社会文化，包括文化传承的，文化融合的，价值心理、意识、思维为参照，具有一定的真理性。另一方面，任何的价值判断总是离不开文化情境的事实，这些事实纷繁复杂，但却具有客观性。因此，小学教育评价应该准确、可靠、客观、合理，追求科学性的实现。具体说来，小学教育评价应该以科学的理论为指导，包括教育学理论、管理学理论、心理学和统计测量理论、评价理论等等。在这些理论的科学指导

和规范下,小学教育评价应该在方案、指标、标准、技术、方法等基本方面体现出科学性,使评价在整体上是规范、标准、可信、有效的。

(四)可行性原则

这是针对小学教育评价的操作性能与技术要求而言的。这一原则要求小学教育评价必须能够明确而简易可行地实施和操作。小学教育评价涉及的活动与内容可谓千头万绪,任何一个环节、要素都可能影响小学教育教学的质量,对学生发展产生实质性的影响。因此,小学教育评价的可行性并不简单是一个技术问题,而是涉及如何使小学教育更为明确有效的原则问题。在遵循可行性原则时,值得注意的是,小学教育评价在考虑主体多元、方法多样、信息杂多等状况不能离开实际而提出太高要求时,也不能一味迷失于或逃避这些境况,而只是提出一些太低要求。小学教育评价的可行性原则应在这两者间寻得适当的张力,保持合理的限度。

上述原则只是小学教育评价在具体过程中应该遵循的基本要求,这些要求并不是随意提出的,而是有着内在的逻辑一致性,并针对了小学教育评价中可能出现的一些根本性问题。这些原则从教育价值出发,注重小学生个体发展的需求,反映了小学教育评价自身的活动存在和具体操作要求,已经显示出小学教育评价的体系层级化特点。

第二节 小学教育评价体系

建立新型教育评价体系是在现有评价项目的基础上将评价延伸到学科教育中,使学科教育体系更加清晰,教师教学操作性更强,教学效率更高。换句话说,新型教育评价体系,可以使课堂教学目的性更强,缩小教师教学水平的差距,使基础教育教学质量整体提升,进而达到促进基础教育均衡发展的目的。小学教育评价,必须明确"评价内容"、"评价主体"和"评价方式"这三个主要问题。

一、评价内容

教育评价可以拓展到教育的方方面面。在宏观层面,涉及教育目标、教育结构和教育管理体制等方面。在中观层面,包括教师队伍、办学条件、学校各项工作等。在微观层面则主要关注学生的学习和发展。在小学教育活动中,学生发展评价、教师授课质量评价、课程和教材评价是最主要的评价活动。此外,诊断学校中存在的特殊问题,评价教改实验,评估学校的总体表现也较为常见。

(一) 学生评价

学生发展是衡量学校办学水平的关键指标。它不仅是升学与就业指导以及因材施教的基础,还能帮助学生正确估计自己,了解和发展自己的特长。评定学生要考虑许多方面,最基本的有学业成就、行为表现和身体状况三方面。

学业成就不仅包括学生在知识领域的学习成绩,还包括技能和情意(即情绪、意志)领域的学习表现。由于现代社会知识更新特别快,学生在学校里主要是学习基础知识,打好基本功。在此基础上,培养学生学习知识及运用知识的能力是关键所在。在培养运用知识的能力时,实际技能的训练应当引起重视。小学课程比较强调技能的培养。语文课的听、说、读、写都有具体的技能要求,例如识字方面运用拼音、分析字形和查字典就是最起码的技能要求,而自然、手工和音体美等课程注重实际操作、运动及艺术技能。情意领域的学业表现有态度、兴趣、习惯和鉴赏力等学习品质。在评定学生的学业表现时,知识和技能只是学习的结果,而态度、兴趣与习惯则反映了学生在学习过程中的表现和特点。在终身教育背景下,知识的积累并不是最重要的,爱学习、会学习等学习品质对学生的发展更具影响力。因此,情意领域的学业表现评价十分重要。

行为表现评价也就是操行评定,用以考查学生在道德品质和行为处事上的优点与不足。我国正处于经济转型时期,学校中普遍存在着偏重智育、忽略生活和品德教育的现象。操行评定应考查学生在品德修养和性格特征等方面的特点和表现,如礼貌、勤奋、进取精神、合群性、公德心、朴实性、集体意识、责任感、社会适应性等。一份好的操行评语不在于面面俱到,而要能反映学生的独特特征。在评定小学生的行为表现时,要多挖掘学生的优点,同时有针对性地提出进一步改进和提高的意见。

身体状况评价的内容包括体质、体力、精力、卫生习惯和良好的生活方式等方面。体质评价要考查下述五个方面:① 身体发育水平;② 生理机能水平;③ 身体素质和运动能力;④ 对外界环境的适应能力;⑤ 心理状况。小学生身体状况是全面发展的一个重要方面,应在学生发展评定中得到足够的重视。

评定结果应当是对整个评定过程的记录和说明,而不仅仅是测验得分。评定可以针对各种情境,考查学生在具体活动中的表现。例如,要评定学生的学习兴趣,就要观察学生在课堂上的表现,评定时还要根据课程内容,对照学生以前的学习状况来做出综合的考察。同样是听课不专心,原因却是多种多样的。教师要针

对实际情况，做出具体分析。由此可见，评定比测验结果蕴含了更多的信息，能够起到更好的反馈作用。

（二）教师评价

在小学教学中，教师起着特别重要的作用。由于年龄小，小学生尚不具备很强的自学能力，他们的学习兴趣、学习方法、学业成绩都要受到教师授课质量的影响。上好每一堂课既是对教师的基本要求，也是关系到下一代健康成长的大事。授课质量评价能让教师清楚地知道自己的教学特点，了解长处与不足，从而扬长避短；也可以提供新老教师相互学习的机会，促进年轻教师的成长。教育界对教师评价有比较一致的看法，认为教师评价是对教师工作现实的或潜在的价值做出判断的活动。教师是课程实施的主体，也是影响课程实施的众多因素中具有决定性的因素。教师评价适当与否，不但影响教师参与教改的热情，而且与教师工作成效和专业发展密切相关。

在进行授课质量评价时，首先要确定评价的标准，这个标准要明确、具体、相对独立，要能够全面衡量教学的各个方面。

苏联著名教育学家巴班斯基认为教学质量可以从以下几个方面去衡量：① 对新事物的感受；② 教育分寸；③ 本学科的知识；④ 发展学生的思维；⑤ 培养学生的一般学习技能；⑥ 培养学生对学科的兴趣；⑦ 以个体方式对待学生；⑧ 学科课外活动的组织。

实施授课质量评价时，不同的学校可能会选用不同的评价标准，但基本都会涉及以下几个方面：① 教学目标完成情况；② 学生的课堂参与情况；③ 内容安排；④ 教学方法；⑤ 语言表达；⑥ 教学原则的贯彻。

评定标准内容等级：

（1）有效地运用启发式原理进行教学；

（2）课堂教学气氛活跃，学生学有所得；

（3）充分发挥教具和演示实验的作用，教学直观，或创造感知环境让学生主动学习；

（4）能深入浅出讲清概念，引导学生深化概念。

（三）课程和教材评价

课程和教材是教育评价中容易忽略的部分。事实上，课程是学校教学改革的基础，只有站在分析和评判教材的高度，才能使教学内容的安排更为合理。如果不从课程入手，教学改革很难深入。当我们评判学校教育重智轻能、批评教育质量不高时，可曾想到首先应该检讨的是课程和教材是否适当。

我国香港地区教育署在全面检讨学校课程时,曾经提出以下问题。

(1) 今后我们的学生应该学些什么?

(2) 学生应该怎么去学习,才能学得更好?

(3) 从以往课程发展的经验中,我们得到了哪些启示?

(4) 现在的课程要怎么改,才能使我们的学生学得更好?

虽然全面的课程分析总结不是个别教师可以完成的,但对以上问题的思考会影响教师的教育观念。在开展课程和教材评价时,教师的意见会备受重视,因为教师最了解学生对课程内容的看法,以及教材处理上的困难所在。例如,在评价语文教材时,研究人员可以请教师就教材的内容、组织编排、练习活动、辅助材料、外观等方面进行评议。具体到每个方面,应给出评价标准。如内容的评价标准为:深浅适当,以学生为本位,切合学生的生活经验,能引发学生的学习兴趣等。再如,语文练习的评价标准为:练习题能够配合教学重点,深浅配置适当,具有启发性和趣味性。

在教学过程中,教师也可以开展微观的课程或教材评价。如教学内容是否适当,是否考虑了农村或少数民族地区的特殊性;语文教材对听、说、读、写的要求是否得当;处理教材的过程中有哪些困难。总之,教师在教学中遇到的问题都可以成为评价的议题。

二、评价主体

所谓评价主体,是指那些参与教育评价活动的组织与实施,按照一定的标准对评价客体进行价值判断的个人或团体。他们在评价中控制活动的方向与进程,对确定评价问题、选择评价方法、使用评价结果起决定性的作用。因此,合理确立评价主体并有效发挥其功能,是教育评价取得成功的根本保证。近年来,随着我国教育评价的广泛展开,评价主体问题逐渐引起广大教育工作者的关注,评价主体的多元化已经成为当前评价研究的一个重要课题。

(一) 教育决策者

这些人参与教育评价可以全面了解情况,获得第一手信息,帮助他们检查以往决策的正确性,论证未来决策的现实性和科学性,减少决策上的失误。这一部分人主要包括单位的领导(如学校的校长)以及在制定政策时起重要作用的人。

(二) 教育教学活动的实施者

他们可以通过评价检查各项工作的进行情况,及时发现具体操作中的不足,找到问题的关键所在,并且为解决问题采取有效的行动。这些人可以是各项具体工作的负责人和教学第一线的广大教师。

（三）教育的接受者

这主要是指正在学校学习的或已经毕业的学生。他们是学校一切教育活动的直接参与者和体验者，他们完全有资格从自己的身心发展需要出发，对学校教育的目的、环境、内容、方法等各个方面进行评价。已有研究表明，学生评教的结果具有很好的一致性和可靠性。

（四）评价信息的使用者

这个群体涉及的范围极其广泛，可以是各级教育行政管理部门和各类与教育有直接关系的机构，也可以是学生家长和毕业生用人单位。社会各界参与教育评价，可以从更加广阔的视角和社会需要来检查学校的教育质量，对人才培养的效果进行综合性的价值判断。

三、评价方式

教育评价就是尽可能地利用测量的和非测量的各种技术方法，来评定教育效果，做出价值判断。为了改进对学生学业发展的评价，我们应当学习与掌握多样化的教育评价技术与方法。

（一）客观题评价法与主观题评价法

在教师自编测验中，测题形式大致分为两类：客观题和主观题。客观题：问题给出较为明确，答案唯一，可较为客观地评分的一类测验；主观题：要求学生针对一些问句或陈述句，用自己的语言写成较长的答案，并允许学生自由回答的一类测验。根据测验的目的和测验的特点，客观题和主观题有各自的优缺点，见表8-1。

表8-1　客观题和主观题的优缺点

	客观题	主观题
优点	试题多且取样广泛和系统，评分较为客观，能涵盖多数教学内容	可测量文字表达能力、综合运用知识能力和分析评价能力
缺点	大多测量细节知识，较难反映对知识的组织与运用以及创新想法	客观性差，评分较为主观，测题少且取样代表性差，评分困难且费时间

显然，客观题和主观题各有其突出的特点和长处，当然也有明显的不足，但值得庆幸的是，客观题或主观题一方不足的地方正是它方的长处所在，二者结合恰好可以相互补充。所以，大多数学业成就测验应结合运用这两种题型。

（二）表现性测验评价

所谓表现性测验指的是客观测验以外的一类以行动、作品、表演、展示、操作、写作、制作档案资料等更真实的表现来展示学生口头表达力、文字表达力、思维思考力、随机应变力、想象力、创造力、实践能力及学习成果与过程的测验。

表现性测验在学生学业考评过程中常用下面一些测验题型与方式。

1．口头测验

口头测验在教育评价领域内应用很广泛：① 使用特定语言回答问题的能力；② 综合有关信息，提出问题的能力；③ 阐述观点并为自己的观点作解释与辩护的能力；④ 口头表达时逻辑思维及概括能力；⑤ 知识理解的广度与深度；⑥ 态度、气质与情感方面的特殊表现。

口头测验既可用于正规的场合，也可用于日常教学过程；既可用于攻读学位上的论文答辩，也可用于常规招生面试，更常用于课堂中的考核提问。

2．论辩或辩论

通过论辩不仅可以评估和考查上述口试及答辩所能考查的能力，而且还能反映学生的随机应变力、论证的逻辑性、思维的敏锐性、言语的深刻性、回答问题的针对性以及个人的知识面等能力品质。论辩方法在课堂教学中的应用，需要教师事先准备好适宜的论题，并应用行为评价表来描述和评定学生的表现，以便在有限的时间及时地记录多位学生的表现。

3．短文题考试

短文题考试即通常所指的论述题、问答题、概述题等题型的考试，它可以有效地评价学生对某个问题或某门学科的理解程度。

4．写作测验

写作能力被认为是一种高级的学习成果，向来受到人们的重视。写作测验主要用于评价学生的写作技能，诸如语言文字表达力、想象创造力、描述事实与整理资料的能力以及根据写作要求能清晰表达自己思想观点的能力。写作测验通常有一般作文题和科学论文题两类。

5．过程反应题

过程反应题是要求学生不仅要给出问题的答案（这种答案可能不是唯一的），而且要把如何得出的结论有条不紊地加以叙述，它有利于记录及评价学生的思维过程和方法，对于描述学生的学习特点以及诊断学生的学习困难起着重要的作用。过程反应题的类型较多，常见的有证明题、作图、数量关系分析及计算题等。

6. 实验技能教学考试评价

实验技能教学考试评价是结合教学过程要求学生操作实验设备材料直接去感知事物的一种综合性的考试评价。

学校课程中规定的各种实验,它不仅有助于发展学生的更高层次的认知技能,而且给学生提供直接感知与体验事物的机会,从而促进动作技能、心智技能的全面发展,并有助于获取知识和发展积极的学习态度。

表现性测验的类型丰富多彩,且因不同的学科而有所区别。除了上述几种外,常用的还有作品、公开演示、展览以及档案袋评价等。

表现性测验虽甚具吸引力,但也有很多局限性。在学校教育中,表现性测验不能完全替代客观测验。最好的选择是让它们共存并进,才能相得益彰。

(三) 评定量表评价法

评定量表是用来对评价对象进行量化观察的一种测量工具。

评定量表的使用,具有收集接近客观实际情况资料的功能,尤其适合对学生表现性行为或作业的评价,因此,它是表现性评价的常用方法之一。

1. 评定量表的形式

(1) 数字等级评定量表

数字等级评定量表是用圈画数字的形式来确定所列行为特性的等级。行为特性一般分 3～5 个等级,用数字 1,2,3,4,5 来表示,并对数字等级作简单的文字说明。

例如,为评价学生在课堂讨论中所表现出的积极程度,以及学生所谈内容与课堂讨论主题联系的密切程度等项目时,可以用"5—4—3—2—1"分别表示行为特性的"很高—较高—一般—较低—很低"这五个等级程度。

 案例

演讲评定量表

说明:根据学生演讲时表现的行为特质程度选择适当的数字等级。1—从未,2—很少,3—偶尔,4—总是。

(一) 肢体表达方面

1. 站立姿势自然,面对听众。　　　　　　1　2　3　4
2. 随着说话音调的高低而变化面部的表情。　1　2　3　4
3. 保持与听众目光接触。　　　　　　　　1　2　3　4

(二) 声音表达方面

4. 说话声调稳定、清晰。　　　　　　　　1　2　3　4

> 5. 变化音调,以强调说话的重点。 1 2 3 4
> 6. 说话的音量能使听众听清楚。 1 2 3 4
> 7. 每一个字都能正确发音。 1 2 3 4
>
> (三) 语言表达方面
> 8. 使用能清楚表达意思的精确词语。 1 2 3 4
> 9. 避免不必要的重述。 1 2 3 4
> 10. 用完整的语句表达思想。 1 2 3 4
> 11. 信息表达有逻辑性。 1 2 3 4
> 12. 下结论时,能扼要重复重点。 1 2 3 4

(2) 图示等级评定量表

图示等级评定量表是在每个行为特性项目的下边或右边给出水平横线图尺的等级刻度。

图示等级评定量表和数字等级评定量表之间有许多相同的地方。但数字或词语等级评定量表只限于整数等级,而图尺等级评定量表可以在连续的水平图尺线上,任意取值。

评定量表除了上述两种外,常用的还有图示描述评定、检选式评定和脸谱图形评定等一些方法。

2. 等级评定量表的使用

第一,它适用于过程评价。学生在许多课程或专题上的成就会通过行为表现出来(如学生说话的能力、辩论的技巧、实验设备与仪器的操作、团队班组工作、演唱、弹奏乐器、体育运动的动作技能、体操表演等活动)。这些学习内容与活动用书面测验难以充分体现,只有以直接或间接的方式,从活动表现的全过程或部分过程去观察评价,才会客观真实。

第二,它也适用于成果评价。成果评价在许多情况下,具有实际意义。如果学生的表现与成就能够以某种形式的结果体现出来的话,那么对成果的评价可以与预期的教育目标相结合,以便说明更多的问题。比如,学生的写作能力、绘图能力、归纳主题能力、网页制作、程序设计、数学建模等,最好是通过学生的作品与成果进行评价。

(四) 行为检核表评价法

所谓检核表,它是依据教学目标或评价目标,将学生应有的、可观察的具体特质、行为或技能,依照先后发生顺序或其他逻辑规则逐一详细分项,并以简短、明确的行为或技能描述语句来逐条列出行为或技能标准,而后请教师、家长或学生等检核者就被评学生的实际情况依序勾选,以逐一评定学生行为或技能是否符合标准。检核表在记录与评价学生行为和技能时,较为方便和具体,尤其适用于动作过程、操作程序等有结构的行为历程。

评定量表与行为检核表在外观和使用方法上很相似,但两者还是有区别的:评定量表主要用于辨别某种特性出现的程度或频率,从而按顺序等级加以划分;而行为检核表仅对某种特性或行为实施所谓"Yes or No"即"有或无"判断。行为检核表和评定量表在学生的表现性行为评价中特别有用。一般说来,行为检核表在记录判断行为或技能时,比评定量表方便,尤其适用于动作过程、操作程序、工作习惯等方面。而且,行为检核表设计简单,特别适用于对低年级学生的行为评价。

 案例

演讲行为检核表

说明:学生在演讲时,若已表现出来下列行为,请在对应观察项目前打"√";若无,则不作任何记号。

(一)肢体表达方面

1. 站立姿势自然,面对听众。

2. 随着说话音调的高低而变化面部的表情。

3. 保持与听众目光接触。

(二)声音表达方面

4. 说话声调稳定、清晰。

5. 变化音调,以强调说话的重点。

6. 说话的音量能使听众听清楚。

7. 每一个字都能正确发音。

(三)语言表达方面

8. 使用能清楚表达意思的精确词语。

9. 避免不必要的重述。

10. 用完整的语句表达思想。

11. 信息表达有逻辑性。

12. 下结论时,能扼要重复重点。

（五）同伴评定和轶事记录评价法

对学生在"个人—社会"发展诸方面的评价,若能增加同伴评定和轶事记录,则会使评价更有说服力。

1. 同伴评定

在有些方面,学生常比教师更了解同学的长处和不足。至少可以说,有了同伴评定,可以修正教师的评价结论或增加教师评定的自信心。同伴评定的两种常用方法是人物推定法和社会关系评价法。

人物推定法是由同伴按要求推举出具有某种特征的人物的一种简单的评价方法。应用人物推定法时,事先要设计一个简表便于学生使用,并要说明清楚。人物推定法可用来评价"个人—社会"发展的任何方面,也可用于对诸如创造思维、创新精神等方面典型特征的人物推定。

2. 轶事记录评价方法

所谓轶事记录,是教师对学生活动的观察所获得的有关事件的真实记录。那么,什么样的事件需要记录下来呢？可以把握以下原则:其一,把观察和记录限定在其他方法所不能评价的某些重要行为领域;其二,尽可能把广泛的行为观察集中在那些需要特别帮助或特别需要增加评价信息的学生身上;其三,针对一些典型的、偶发的、例外的、独特的事件加以记录。轶事记录的最大优点主要是在于它描述的是自然情境中的实际行为,对于描绘学生最本质的行为特性可能有重要的帮助。

案例

轶事记录卡

学生姓名:张剑　　性别:（　）男　　（　）女

观察者姓名:李朝晖

日期:2003 年 12 月 9 日

地点:学校礼堂

事件实录:

在今天下午的高二年级学生演讲比赛中,张剑是第五个上场的。从出场顺序来看,对他比较有利,可是他上场后显然有些紧张,原本需要 8 分钟的演讲,他只用 5 分半就下来了。他似乎不是在演讲,而是在背诵演讲稿,和台下观众的交流很少。下台后,我看到他的脸上充满了沮丧的表情。

事件解释:张剑的语言表达能力本来是不错的,之所以出现这样的失误,可能与他平时登台锻炼少有关系。另外,准备不足、过分自信也是原因之一。

(六) 成长记录评价法

成长记录,英文单词是 portfolio,来源于 port(携带)和 folio(纸张或资料)的组合,有文件夹、公事包或代表作选辑等多重含义,国内也有人将其译成成长记录袋、档案袋、卷宗夹或学习档案录。成长记录在教育领域中的应用迄今已有十多年的历史,但目前尚未有统一的定义。有的学者在对国内外相关文献进行回顾与综述的基础上,提出了一个本土化的定义。成长记录就是根据教育教学目标,有意识地将学生的相关作品及其他有关证据收集起来,通过合理的分析与解释,反映学生在学习与发展过程中的优势与不足,反映学生在达到目标过程中付出的努力与进步,并通过学生的自我反思激励学生取得更高的成就。① 它具有以下特征。

1. 成长记录的基本成分是学生作品

成长记录主要收集学生在学习过程中生成的各种作品(如作业、论文、手工作品、表演录像等),用以展现学生的努力、成就与进步,描述学生学习的过程与结果,这是它与传统评价方式的最大不同,也是它的一个特色。也正是从这一意义上来说,将成长记录理解成为一个无所不装的大口袋,只要是能反映学生发展情况的资料就不分主次地装进去,或者只是用成长记录将传统评价中产生的各种评价结果(如分数单、测验卷、检查表、奖状等)收集起来,都不尽符合成长记录的特点与要求。学生作品是重要的评价信息来源,是构成成长记录内容的主体。

2. 学生作品的收集是有目的的,而不是随意的

创建和使用成长记录的目的,在很大程度上影响其收集的内容、方式、渠道,以及这些内容的分析与应用。成长记录中的材料应依据特定目的而收集。如果创建成长记录的目的是为了展示学生的最优成果,那么收集的内容应是学生认为最满意或最重要的作品;如果创建成长记录的目的是为了描述学生在某一时期内学习与发展的过程,发现其优势和不足。那么收集的内容就不仅包括学生的最终作品,还要把过程性的东西(如一篇文章的草稿)也装进去;而如果创建成长记录的目的是为了评估学生学习与发展的水平,那么收集的内容就要结构化或半结构化,以便于在不同学生之间进行比较。

---

① 徐芬,赵德成.成长记录袋的基本原理与应用[M].西安:陕西师范大学出版社,2002.

3. 成长记录提供给学生发表意见和对作品进行反思的机会

重视学生在成长记录创建和使用过程中的参与,尤其是学生的自我评价和反思,是成长记录的一个重要特色。在自我评价和反思的过程中,学生依据标准和要求评价自己的作品,反思自己的学习过程,从而发现自己的优势和不足,形成追求进步的愿望和信心,明确改进的目标和途径。这不仅是构建双向的、活泼的、着眼于学生发展的评价体系的需要,也是培养学生主动学习的态度和对学习负责的精神,让学生学会学习的重要举措。

上述各种方法各有侧重,又相互交叉,教师要根据评价的目的和内容合理加以选用。

 资料贴吧

> 评价最主要的意图不在于证明,而在于改进。
> 　　　　　　　　　　　　　　　　——[美]斯塔弗尔比姆

 案例

定州市邢邑小学
"小学生成长记录袋"目录表（201__—201__学年度）

序号	内　容		存袋情况
一	让你了解我	成长小档案	
二	我很棒	《学生综合素质评价手册》	
		我得到的奖励……	
三	我最满意的	一张语文、数学、英语等学习考查卷	
		一篇日记（或作文或日记本）	
		一张手抄报（或剪贴报）	
		一次语文、数学、英语等学科作业	
		一次写字作业（或书法作品）	
		一份绘画或美工等作品	
		一件小制作	
		一次综合实践活动的成果	

续表

序号		内　容	存袋情况
四	我真努力	我做的好事有……（时间、地点、干什么）	
		我看了很多课外书（书名）	
		我会背诵很多篇课文（文题）	
		我会背诵很多古诗（诗题）	
		我知道很多成语	
		我知道很多名言警句	
		我又学会好几首歌（歌名）	
		我认识了许多名人以及他们的故事（人名）	
		我发现了许多问题	
		我参加了校内外的实践活动	
		我还学会了很多本领……	
五	成长评价	自我评价（日记或反思）	
		家长的话……	
		老师的话……	
		好朋友的话……	

 案例

小学生成长记录袋里的魅力

铃声响了，我结束了数学课，正准备整理好东西走出教室时，班长范依烨跑过来对我说："周老师，金轩他要和我比赛。"哦！我很感兴趣，连忙问："你们比赛什么？"班长看了看金轩说："他要和我比赛谁的成长记录袋里的内容多，得到的'雏鹰章'多。"我恍然大悟，这不，前几天刚给他们每人发了一个成长记录袋，对他们说要互相评比，每人努力让自己的记录袋丰满起来。金轩，胖乎乎的一个大男孩，虎头虎脑的，平时最贪玩，特别怕写字，一听到写字，他就皱起了眉头，小声嘀咕着什么。每次的作业都是改了又改，擦了又擦，纸上全都是一个个小洞洞，那字就像是上面爬着的小蝌蚪，歪歪扭扭的，我为此想了很多办法，给他找"小老师"帮忙，甚至手把手地教，一开始，他还能坚持认真书写，几天下来又恢复了老样子，总不见他有多大的进步。我这老师对他是一筹莫展。

他和班长来比,行吗?我走到金轩身边,发现他正在把东西小心地塞进记录袋里,见我站在旁边,高兴地马上站起来说:"周老师,你要看我的记录袋吗?""好哇!"我正想瞧瞧里面装了些什么,就接了过来,边看边问他:"听说你要和范依烨比赛,是吗?"他点了点头。看他想说些什么,可是铃声响了,我也就拿着记录袋回到办公室。

打开记录袋,"主页"上他最喜欢的名言一下子跳入我的眼帘:好的开始是成功的一半。看来这小家伙是真的下定决心了。"我和小树一起长"(这是让学生把平时在学习上的成功或不足记录下来,每记录一次,小树就长高,长大一些,让学生和小树一起成长)栏目中写到:"今天,我认认真真地把作业做完,去给老师批改的时候,我的心快跳到嗓子眼了,担心又要重写一次。老师仔细地看着,看完抬头对我说:不错,你写得很端正,老师为你的进步而高兴,奖你一枚雏鹰章。哇!我激动极了,写字作业第一次拿到了雏鹰章,我赶紧把它贴在'雏鹰起飞'一栏里。看着这鲜艳的雏鹰章,我要让这张纸到处都是雏鹰章……"想不到,这一枚小小的雏鹰章竟唤起了他的斗志。"收获园"(我让学生把自己最得意的作品记录在那里)里,他把自己那张得雏鹰章的作业贴在那儿。旁边是他爸爸的笔迹:"儿子,爸爸支持你,相信你会写出更好的字,这个收获园将会果实累累。"

我明白他为什么要和班长比赛了,他在这成长记录袋中找到了学习的成就感,重新认识了自我。这是记录袋的魅力,通过它,学生看到了自己的成长足迹,体验到了成功的喜悦。

我坐不住了,拿着他的记录袋朝教室走去。我要对他说:"金轩,你行的,你们的比赛老师当裁判。"相信,像金轩一样的学生一定会越来越多,想到这儿,我欣慰地笑了。

第三节 小学教育评价的发展性取向

发展性评价是针对现行评价存在的弊端并为解决这些弊端而提出来的。与以往的评价相比,以往的评价过分强调评价的选拔功能,而发展性评价十分强调评价的促进功能;以往的评价注重的是一次性的终结性评价,而发展性评价关注的是多

次性的形成性评价。也就是说,发展性评价是在事物发展进程中,综合发挥教育评价的多种功能,运用多种科学的评价手段,诊断出事物发展中产生的效果和存在的问题,激励评价者与被评价者发现问题,对照问题改进自己、完善自己,然后求得发展。这一发展不仅使教育者通过发展性评价,促进自己工作的发展,更应通过发展性评价判明学生潜能中的强项和弱项,扬长补短,使学生的智能得到全面充分的发展。

一、发展性评价的特征

(一)发展性评价基于一定的培养目标

这些目标显示了学生发展的方向,也构成了评价的依据,这些目标主要来自于课程标准,也充分考虑了学生的实际情况。有了评价目标,才能确定评价的内容和方法,才能不断反思并改善教师的教和学生的学,从而发挥评价的发展性功能。发展性评价的根本目的是促进学生达到目标而不是检查和评比。发展性评价将着眼点放在学生的未来,所以,发展性评价了解学生现在的状态不是为了给学生下一个结论或是给学生排队,而是用于分析学生存在的优势和不足,并在此基础上提出具体的改进建议。

(二)发展性评价是注重过程的评价

学生的发展是一个过程,促进学生的发展同样要经历一个过程。发展性评价强调搜集并保存表明学生发展状况的关键资料,对这些资料的呈现和分析能够形成对学生发展变化的认识,并在此基础上针对学生的优势和不足给予学生激励或具体的、有针对性的改进建议。

(三)发展性评价关注个体差异

每个学生都具有不同于他人的素质和生活环境,都有自己的爱好、长处和不足。学生的差异不仅指考试成绩的差异,还包括生理特点、心理特征、兴趣爱好等各个方面的不同特点。这使得每一个学生发展的速度和轨迹不同,发展的目标也具有一定的个体性。发展性评价要依据学生的不同背景和特点,正确地判断每个学生的不同特点及其发展潜力,为每一位学生提出适合其发展的具体的有针对性的建议。

(四)发展性评价注重学生本人在评价中的作用

发展性评价提倡发挥学生在评价中的主体作用,改变过去学生被动接受评判的状况。要让学生更多地参与评价内容和评价标准的制定,在评价资料的搜集中发挥更积极的作用,通过"协商"达成评价结论,使得评价的过程成为促进学生反思、加强评价与教学相结合的过程。

二、发展性教育评价构建的原则

(一)有利于素质教育和创新教育

学生学习的评价是对学生的学习态度、学习过程以及知识、能力的综合评价,因此,评价应有学习前的诊断性评价,也有学习中的形成性评价和学习后的终结性评价。多元评价体系的构建要改变传统的以考核学生记忆、模仿和重复练习为主的考核方式,而是要考核学生综合运用所学知识和灵活解决问题的能力,因此评价体系应体现素质教育思想,评价内容、主体和方法要多元化,体系的建立要有助于学生素质的全面发展,有利于实施素质教育,激发学生的创新精神。

(二)有利于学生对课程知识的掌握和应用

多元化学生学习评价的构建,是一个注重形成性评价和终结性评价等多种方法相结合的过程,因此命题既要反映学生对基本理论、基本知识、基本技能的掌握程度,又要能检验学生分析问题和解决问题的能力。在评价过程中还要注重学生对课程知识的掌握、积累、应用和提高。

(三)有利于科学、合理地评价学生的学习状况

考核是检测和监控教学质量、评价和检查学习效果的重要手段,是"教"和"学"的反馈和评定机制。考核方法、内容、手段要科学合理,要着眼于充分全面了解学生,能有效地评价学生学习的质和量。

(四)有利于学生个性的发展,激发学生学习的积极性

发展性评价体系的构建要关注学生个别差异,通过考核不断激发学生的学习热情,充分发挥学生学习的积极性和创造性。这样,有利于学生建立自信、了解学生发展中的需求,发现和发展学生的潜能,培养学生的创新精神。

(五)有利于深化教学内容和课程体系的改革

多元化评价体系的构建,不仅是考核方法的多元,而且是考核内容的多元,因此要求教师不断研究和更新教学内容,改进教学方法和手段,并对课程教学和改革情况以及实施效果进行周期性的监测和评估,形成不断完善课程建设的有效机制。

（六）有利于改革和完善考试制度

根据课程的目标和性质，探索多样化的考核方式，既改变单一的以闭卷笔试为主的考核方式，同时又丰富考试的形式、内容及手段。通过考核方法的改革，使命题更加科学合理，使考核方法更加符合教学的目的和要求，使阅卷更加公正认真，同时减少作弊现象的发生，有利于考试环节的管理，从而促进优良学风考风的形成。

三、发展性教育评价的构建

发展性评价的最终目标是促进每一个学生的学习和发展，发现学生潜能，发挥学生特长，了解学生发展中的需求，帮助学生认识自我，建立自信。教育者要善于从多个不同角度去评价学生，从正面去发现学生的优点和特长，以促进所有学生在不同程度上的发展。

（一）开展激励性评价，呵护小学生的自尊心、自信心

实践证明，良好的自信心是学生健康成长的前提，是实现教学相长的基础。对学生而言，他们所经历的每一次评价或测试都是建立其自信心的好时机。为此，评价绝非教育教学过程中的一个环节，只到期末才进行，也绝非只通过书面考试量化考核就能对孩子进行全面科学的评价，必须尊重差异，注重个性，特别是在每一次的考试与评价中精心呵护他们的自信心，才能激发起学生的学习热情和创造的欲望。

（二）注重过程，形成性评价和终结性评价相结合

学生处于不断发展变化的过程中，而教育的意义就在于引导和促进学生的完善，为了真实记录学生的成长历程，帮助学生在学习过程始终保持高涨的学习热情，要改变将纸笔测验作为唯一或主要评价手段的状况，关注学生的学习过程，注重日常的评价，体现动态的评价管理。

一是建立学生成长记录袋。"成长记录袋"是近年来兴起的一种新型教育评价方式，它对于记录学生成长轨迹，对于教师关注个性差异，全面评价学生，对于有效帮助学生发现自我、反思自我等方面都具有积极的意义。

二是课堂测评、单元测评、期末测评相结合，新的评价理念要求淡化分数概念，注重学生学习过程中的知识技能、情感态度与价值观的综合评价。因此，坚持形成性评价与终结性评价相结合，通过课堂、单元、期末各个阶段的测评及时掌握学生的学习情况，判断学生存在的优势与不足，提出具体、有针对性的改进建议，引导其积极的发展。

（三）开放评价过程，实现评价主体的多元化

长期以来，对学生的评价主体主要是教师，教师的评价常以外部观察与主观测定为依据，且以评价学生的学习成绩为主，评价结果不可避免地受教师的经验、水平、评价手段等的影响，尤其对学生的学习过程、情感态度等内部因素的评价更显出其局限性，学生作为被评价者在评价过程中处于被动地位。

发展性评价鼓励学生本人、同学、家长等参与到评价中，将评价变为多主体共同参与的活动。在评价中结合评价内容采用学生自评、互评、家长参评、教师综合评定等开放性的多元化评价方式，让学生成为评价的主人。

在评价中，为了避免教条的理解评价主体的多元化，我们强调并不是所有评价都要多方参与，而应有重点，知识学习的评价，主要由教师、学生完成，情感与态度、学习方式由学生、同学、家长、教师共同评价。

 **资料贴吧**

学生操行评语改革的现代性解读[①]

北京师范大学公民与道德教育研究中心　　郭冰

　　评定学生的操行评语是德育评价的重要方式之一。自20世纪90年代以来，特别是步入21世纪后，学生操行评语发生了显著变化。"该生上课认真听讲，学习成绩优异，热爱劳动……望继续努力……"这类冰冷、无感情色彩的评语渐渐淡出中小学，取而代之的是另一种风格截然不同的评语。1989年，山东省青岛市嘉峪关学校一位年轻的教师给学生写了如下评语。

　　　　　　　　评语1

　　你像一株青翠挺拔的小树，生机勃勃。运动会上，你实现了为班争光的愿望；语文课上，有你精心制作的教具。你那全力以赴投入的样子，真让人感动。上课回答问题，能不能再主动些？做作业时，能不能再快些？我相信，你能！

　　这则"新型"评语拉开了嘉峪关学校评语改革的帷幕，也是我国学生操行评语改革的开端。1998年，李振村在《人民教育》上发表《关注心灵——青岛市嘉峪关学校评语改革纪实》一文，在全国范围内引发了小学操行评语模式改革。2001年6月，《基础教育课程改革纲要（试行）》明确提出，要"改变课程评价过分强调甄别与选拔的功能，发挥评价促进学生发展、教师提高和改进教学实践的

[①] 由于本章节需要，本文在内容上有删减。

功能"。此后,我国中小学操行评语改革在如火如荼的课程改革中不断探索与推进。实际上,学生操行评语改革就是从传统评语向现代评语的转向。这种变化不仅是新课程改革中教育评价改革的一部分,而且是德育现代化的重要组成部分。

学生操行评语改革:现代性的寻求

在学生操行评语从传统到现代的变革中,对现代性的寻求具体表现在两个方面。一方面,评语本身经历了从封闭到开放的转变,体现了对开放性的追求;另一方面,学生经历了从客体到主体的改变,同时教师的主体性也得到彰显,这是对主体性的追求。无论就学生操行评语的形式还是内容而言,这两方面均有所体现。

(一) 开放性的寻求

就形式而言,如前文所述,传统评语有着相对固定的模式。就内容而言,传统评语的用语贫乏、空洞,虽然描述学生品行的词汇有很多,但评语中经常使用的极其有限。陈桂生等人的调查发现,在教师对一个班级52名学生的评语中,有11个使用频率最高的词语或词组,其出现频率之和高达67.5%。这11个"高频词汇"按照词频由高到低依次为"尊敬老师"、"团结同学"、"遵守纪律"、"上课专心听讲"、"希今后戒骄戒躁,争取更大的进步"、"按时完成作业"、"学习态度端正"、"学习成绩较好"、"积极参加各项活动"、"劳动积极"和"有集体荣誉感",其中,"尊敬老师"和"团结同学"的使用频次高达40和37。52份评语中有13份评语中使用的词语或词组完全出自这11个高频词汇。另有调查发现,出自不同教师之手的不同学校、不同地区的学生的操行评语从形式到内容都惊人的相似。甚至时隔20多年的教师对父子两代人的评语都可能仅有几个字之差。因此,可以认为,传统评语基本上是封闭在某些固定的词汇之中,就如同选择几个较为合适的词组或词语填空。当然,其前提是教师认真考虑过学生的表现。否则,教师则只是随意选择几个词汇,以应付学校的要求而已。

传统评语封闭在固定的形式与内容中,长期运用会促使德育对象(即学生)甚至是德育主体(即教师)固守于那些经常使用的高频词汇,忽视其他不在"评语词汇库"的内容甚至有可能传递给师生一种错误的潜在观念:评语中常见的就是好的,没有出现的就是坏的。对学生而言,久而久之,他们的道德行为便会以评语中常见的词汇,甚至是为数不多的高频词汇为参照,这些词汇要求什么便去做什么。对教师而言,长此以往,他们也渐渐不再思考学生在这些词汇之外的表现以及学生之所以会有相应的行为的深层原因,只是按照常见词汇来衡量学生。长期置于这种环境中,师生双方都会养成对这些作为评价指标的词汇的被动性和盲目性依从,难以养成能动性和独立反思的意识。然而,一个具有现代性的人"不会盲目地接受在社会组织中地位比他高的人的意见;他愿意同上级领导交换自己的不同看法"。师生对于操行评语尚且如此被动、盲目、依从,何谈在更广阔的领域的主体性?在此意义上,传统操行评语与培养人的现代性的目标相悖离,向现代评语转变是其必然趋势。

与传统评语在形式与内容上的封闭不同,现代评语是开放的。从形式来看,现代评语基本上没有固定的模式。"你 $S_1, S_2, \cdots, S_n$。"的模式只是其一般形式。下面以几个实例对现代评语作简要分析。

评语 2

古人云:书山有路勤为径,学海无涯苦作舟,学习上岂有平坦的大道?不付出艰辛的代价怎能有辉煌的成就?你天资不错,有求知欲,又是一个善良、乐于助人的女孩……试试看,你一定会更加出色的!

评语 3

你爱班级,犹如热爱你自己。班级因有你更显温馨……每到第二节下课,都能看到你为同学搬奶的身影,老师代表全班同学感谢你。学习同样努力的你,取得了优异的成绩,特别是书写方面进步突出。希望你寻找到属于自己的那份信心和勇气,大胆表现,好好努力吧,成功一定还会属于你!

评语 4

最让老师难忘的是你在舞台上尽情歌唱的样子,那么专注,那么入神。你是个热情、善良的孩子,字跟人一样端正、俊秀,只要你认真做,什么都难不倒你。但是做事拖拉、自己的物品乱糟糟,这可不好啊!老师希望你能克服惰性,多注意个人卫生,提高做事效率,你的进步会更大!

评语中的 n 个句子形式更是灵活多变,没有任何约束,除了陈述句,疑问句、感叹句也常常被使用,例如评语 2。从内容来看,不同于传统评语中的概括性词汇,现代评语对学生的描述和评价是具体的,可以涉及学习、生活的方方面面,乃至具体的细节。教师对学生的观察与了解有多细致,评语就有多细致。如评语 3 通过"搬奶"这一细节来反映学生对班级与同学的爱,评语 4 关注到学生歌唱的样子、字迹以及物品摆放。因此,现代评语具有很强的开放性。与传统评语相比,现代评语有助于能动性和独立反思意识的养成。其开放的形式与内容为教师灵活撰写评语提供了创造的空间,有助于发展教师的能动性与自主性，对于学生自主地力争在各个方面做得更好也有一定推动作用；其灵活的句式，尤其是疑问句的运用可以更好地培养学生的反思习惯。

（二）主体性的寻求

传统评语视学生为客体。从形式上看，传统评语中称学生为"该生"，体现的师生关系是"我—他"关系。在"我—他"师生关系中，学生作为一个客体而存在。从内容上看，传统评语描述学生所用的大多是冷冰冰的概括性词汇，对学生提出的希望也大多如此。实际上，传统评语中对于大抵处于同一水平的学生的评价几乎没有什么差异，甚至于全班学生都是一个面孔，因为评语基本上封闭在特定的词汇库中。

在传统评语中，诸如"热爱集体"、"关心同学"、"尊敬师长"这些词组实际上是评价学生的参照标准。在此过程中，学生仅仅被视为将被评判是与哪几个词汇相符的客体，学生的主体性无从体现，也不能因此得以发展。而教师也只不过是这种评价的工具，其职责就是把学生的表现与这些形同指标的词汇相对照，判断学生与哪些相符。换言之，在这一过程中，师生双方的主体性均未得以体现。除此之外，传统评语对主体性的忽视还会导致两个不良结果。第一个不良结果是导致师生对操行评语本身的忽视。由于评语并不针对具有主体性的人，也就不能恰到好处地反映学生的真实情况。长期如此，不仅学生不会在乎评语的内容，教师也会不重视评语的撰写，最终评语只是"例行公事"而已，这也正是传统评语的真实命运。第二个结果可能更糟。传统评语有可能会使学生做好事并不是因为它是"好事"，而只是因为它是评语中的一个高频词汇，有可能是获得较高评价以及获取其他利益的条件。若不采取适当措施，这会助长学生的功利化倾向。现实中也因此出现了许多没有机会做好事就创造机会"做好事"的情况，如学生把自己的零用钱当做捡到的钱上交，只因为"拾金不昧"是评语中的常见词。就这个意义而言，传统评语很可能会助长学生的工具理性，同时也可能导致道德虚伪现象的出现。长久下去，极有可能培养出表面上道德崇高、实际上功利化的人。

与传统评语相对，在现代评语中，学生是能动的主体。在形式上，现代评语把学生称为"你"，师生关系也就成为"我"与"你"的关系。在"我—你"关系中，学生被视做有能动性的主体，师生间的距离被拉近，给人以亲切与温馨的感受。从内容上看，现代评语中到处可见具体而生动的表现与细节，描述出一个个活泼、有生气的学生形象。在学生被作为一个主体加以评价的同时，教师也在主动观察学生，对学生作出认真的评价。现代评语仿佛呈现出教师与学生对话的场景。如评语 2 中的"不付出艰辛的代价怎能有辉煌的成就"，评语 4 中的"你……字跟人一样端正、俊秀，只要你认真做，什么都难不倒你。但是做事拖拉、自己的物品乱糟糟，这可不好啊"，教师对学生不足之处的惋惜之情跃然纸上。在这种评语中，师生双方的主体性均得到了较好的体现，有助于学生主体性与现代性的培养。

【实践活动】

1. 调查"小学综合实践活动"课程的开展情况，依据这一课程，精心设计一份"小学生成长记录册"。
2. 了解当前小学教育评价的现状，分析原因，提出对策。

【读书指导】

1. 全国十二所重点师范大学联合编写.教育学基础[M].北京：教育科学出版社,2003.
2. 黄甫全,曾文婕.小学教育学[M].北京：高等教育出版社,2011.
3. 余文森.新课程背景下的公共教育学教程[M].北京：高等教育出版社,2004.
4. 杨九俊.从理解到行动[M].南京：江苏教育出版社,2003.
5. 张永明.课程理念与实践[M].北京：北京大学出版社,2013.

第九章

小学教育法规

 内容提要

在阐述小学教育法规的内涵、特征、作用的基础上,对小学教育法规的主要内容做了说明;最后从国家、学校、教师、学生的权利、义务以及法律责任入手,明确小学教育法规在教育实践中如何依法治教、依法治校、依法执教。

学习目标

1. 识记"教育法规"概念,辨析"教育法规与教育法律"的联系与区别。
2. 明确小学教育法规的主要内容。
3. 理解小学教育中国家、学校、教师、学生的权利与义务,能够真正做到依法治教、依法治校、依法执教;能根据教育法规分析教育实践中遇到的问题。

 教育写真

学生伤害事故中由谁来承担责任

1998年12月20日下午课间休息时,南岳小学三年级学生孙慧婷与同班同学在教室外的二楼走廊上跳皮筋。当跳到第四节时两位拉皮筋的同学将橡皮筋栓至腰部,离地面约90厘米高,孙慧婷双手扶着栏杆,反身用脚去勾橡皮筋,由于用力过猛,身体失去平衡,翻过了走廊的铁栏杆,从4米多高的2楼坠落到水泥地上,当即昏迷不醒。学校老师与闻讯赶来的家长,将其紧急送往新邵县人民医院抢救。

在医院的全力抢救下,昏迷20多天的孙慧婷终于脱离了生命危险,此后共住院治疗114天,于1999年4月12日出院。出院后在邵阳正骨科医院进行门诊治疗。1999年3月1日,经新邵县人民医院法院鉴定,"孙慧婷有颅脑损伤致脑挫裂伤,小脑幕处出血,由枕骨骨折、颅骨骨折、左锁骨骨折形成。目前检验其遗留有智力障碍,左小脑伤致共济失调,左侧面神经麻痹,上述损伤严重,对其劳动能力及日常生活能力均有严重影响。参照湖南省高级人民法院《人身损伤伤残鉴定标准(试行)》,已构成四级伤残"。鉴定后孙慧婷又在新邵人民医院进行门诊治疗,前后共花去医药费、鉴定费17247.2元。

南岳小学、寸石学区十分关注和重视孙慧婷受伤一事,号召全学区师生共捐款2000余元,派老师和学生代表专程前往医院看望孙慧婷。在治疗过程中,寸石学区和南岳小学又分别从信用社各贷款3000元给孙慧婷治病。

然而1999年3月4日,孙慧婷的父母以学校拒绝出资为孙慧婷治病为由,将南岳小学及寸石学区告上了法庭。那么,学生在学校活动中受了伤,学校该不该承担责任?如果应由学校承担责任,是不是所有的费用都要由学校承担?要想了解这些,我们就必须了解和掌握教育法规方面的基本知识和理论。

"依法执教"在规范我们教育行为的同时,也教育了我们自己。也就是说,只要我们依法治教、依法治校、依法执教,学生、教师、学校的合法权益才会得到充分的保证,这是我们实施教育工作的重要保障。

第一节　小学教育法规概述

一、教育法律、法规

(一)教育法律

所谓法律是指反映统治阶级意志的、经国家制定或认可并以国家强制力保证实施的行为规则的总和。其有三个特征:第一,法律是国家制定和认可的;第二,法律是以国家强制力保障实施的;第三,法律是一个阶级的概念,历史的范畴,它不是从来就有的,也不是永远存在下去的。它是随着阶级的产生而产生。随着阶级的消亡而消亡。

作为法律的重要组成部分——教育法律,同样与社会发展有着密切关系。正是由于教育法律的存在,一定社会的教育关系和教育秩序才得以建立维护,教育结构才得以完整和和谐,教育活动才表现得有条不紊,教育体制才得以灵活运转。

教育法律和教育法规有什么关系呢?

教育法律是指国家教育立法机关依据一定的程序制定或认可的调整教育活动中各种社会关系的法律规范的总称。它通过对教育关系的调整,促进教育秩序、教育公平、教育效率的实现,是教育与社会走向秩序化、公平化、效率化、和谐化的重要手段。

(二) 教育法规

教育法规有广义和狭义之分。广义的教育法规是指国家立法机关和依法授权的政府机关制定,由国家强制力保证实施的教育活动的法律体系及其实施所形成的教育法律关系和法律秩序的总合。它的制定主体是多元的,不仅有最高权力部门,也有地方权力部门、其他政府部门等。在我国,教育法规主要是指全国人民代表大会及其常务委员会制定的教育法律,地方权力部门制定的地方性教育法规、国务院及其各部门制定的规章、规定等。根据教育法规所调整的教育活动范围或对象的不同,广义的教育法规指调整和规定所有的正规教育活动和教育关系的法律规范,包括政府及其教育行政部门的教育活动和学校的教育活动、公立学校教育和私立学校教育、教师的教育活动和学生的学习活动等。

狭义的教育法规是指由国家权力机关制定的教育法律。在我国是指由全国人民代表大会及其常务委员会制定的教育法律。根据教育法规所调整的教育活动范围或对象的不同,狭义的教育法规主要是指调整教育行政关系的法规的总和。它以国家教育行政机关的组织、职权职责、活动原则、教育管理制度和工作程序为主要的规范内容。

从上可见,教育法规与教育法律从广义上理解,含义是相通的,都是指国家权力为保障执行的教育行为总和。从狭义上理解,教育法律主要是指国家权力机关制定的教育行为规范;而教育法规乃是一个泛指概念,它包括国家教育机关制定的教育法律,也包括国家行政机关制定的教育行政法规和规章,还包括地方权力机关和地方行政机关制定的地方教育法规和规章。

二、教育法规的特征

(一) 教育法规具有国家意志的属性

教育法规是由国家制定或认可的,这表明了国家创制法规的两种方式:制定就是享有立法权的国家机关在法定的权限内依照法定的程序创造出不同的规范性文件；认可是指有立法权的国家机关对社会上已经存在的、有利于统治阶级的行为规范赋予一定的法律效力，无论是国家制定的还是认可的法律规范，都是国家意志的表现，因此，同其他社会规范相比较，法规具有国家意志的属性。

（二）教育法规具有国家强制性

法规是由国家强制力保证实施的。没有国家强制力，法规不可能取得全体社会成员一致遵循的效力，不可能在全社会范围内得到实施，法规就会成为一纸空文，国家相应的军队、警察、法庭、监狱等国家暴力机关都为法的实施作了保障。其他社会规范的实施，自身也有强制力来保证，但这些强制力都不是国家强制。法具有国家强制力，这也是法同其他社会规范相区别的特征之一。

（三）教育法规的主要内容是权利和义务。

统治阶级通过赋予人们某种权利、权能，规定人们必须履行某种责任、义务，并且规定了侵犯这种权利或拒绝履行这种义务而应受到的法律制裁，从而把人们的行为纳入有利于统治阶级的社会关系和社会秩序中去，以实现统治阶级的意志。

三、教育法规对教育发展的作用

教育立法着眼于教育发展，它对于促进教育发展起着相当重要的作用。

（一）教育法规保障教育事业在社会发展中的重要地位

对教育着手立法，并逐步建立系统的教育法规，这本身表明了对教育事业的重视。教育法规的首要作用就在于它确保教育事业在社会发展中应具有重要战略地位。制定各种各样的教育法规，其根本目的也在于保证各种教育的应有地位。从宏观层次上看，教育立法表明教育事业有了法的保障，从而获得强有力的法律支持。

（二）教育法规赋予教育方针、教育目的以法律效力

教育立法以法的形式确立教育方针、教育目的，使之赋有法律效力，这使教育事业的发展在方向、目标上有法可依。教育方针、教育目的对教育事业起控制、调节、支配等作用，它一旦以法的形式确定下来，就具有不可侵犯性。这就有利于避免教育方针、教育目的听凭主观意志而随意变更。在实践过程中，由于教育方针、教育目的被赋予了法律效力，那么，违背教育方针、教育目的的行为就可以从守法、执法的要求去规范。

（三）教育法规起着规范教育发展环境的作用

这里的教育发展环境侧重于教育的外部环境，也就是教育发展必不可少的外部条件。教育法规使得教育发展所需要的必不可少的外部环境与条件在法律上予以确定和规范，这样，教育发展的各种外部条件就能得到法律的保障。例如教育体制、教育投资、学校办学的外部条件、社会团体、家庭教育的义务和责任等，这些方面通过制定教育法予以规范，就能通过法律手段调整涉及教育的各种外部关系，从而优化教育发展的外部环境，保证全社会对教育的重视和支持。

第二节　小学教育法规的内容

一、小学教育法规的渊源

教育法的渊源是指教育法的各种具体的表现形式。众所周知，教育法必须通过一定的国家机关制定为具体形式的法律规范，才能具有法律效力。不同的时期，不同的国家，法律的渊源是有区别的，在国外，法的渊源可分为直接渊源（成文法）和间接渊源（不成文法，包括习惯、判例和法理等）。而我国根据《中华人民共和国宪法》的原则，法的渊源主要体现为成文法，其中宪法和法律居于主导地位。就我国教育法而言，它的渊源主要有宪法、法律、教育行政法规与部门规章、地方性法规与规章、自治条例与单行条例等五类法律渊源。

（一）宪法

《中华人民共和国宪法》是由我国最高权力机关——全国人民代表大会按照严格的立法程序制定的，具有最高的法律效力，是最高层次的法律渊源。它立足国家的根本大法，是一切立法的依据。如果说宪法是"母法"的话，其他法律则是"子法"，不得与宪法相违背，必须为贯彻宪法服务。宪法作为教育法的渊源主要表现在两方面：一是宪法规定了教育法基本的指导思想与立法依据；二是宪法中对教育活动提出了基本规定。

（二）法律

通常而言，法律（狭义而言）是指由国家最高权力机关及其常设机构依照立法程序制定的规范性文件,即具体的法律文本。根据 1982 年《中华人民共和国宪法》规定,依据制定机关和调整范围的不同,法律可分为基本法律与基本法律以外的法律两种。其效力仅低于宪法,是重要的法律渊源。基本法律是指由全国人民代表大会制定和发布的,规定和调整某一方面社会关系的带根本性、普遍性规范的法律。从教育方面来说,1995 年第八届全国人民代表大会第三次会议通过的《中华人民共和国教育法》,属我国教育方面的基本法律。基本法律以外的法律是由全国人民代表大会常务委员会制定和发布的,规定和调整的对象范围较窄,内容较具体的一类法律。

(三) 教育行政法规与部门规章

根据我国宪法的规定,国务院和有关部委,有权根据一定的职权范围依照法定程序制定和发布各种行政法规和部门规章。这类规范性文件是我国教育法体系中的重要组成部分,数量最多。一般有国务院制定的或由国务院批准的行政法规,如为了配合 1986 年《中华人民共和国义务教育法》的实施,1992 年 2 月由国务院批准,1992 年 3 月国家教育委员会第 19 号令发布的《中华人民共和国义务教育法实施细则》,1989 年的国务院办公厅转发国家教委等部门《关于发展特殊教育的若干意见》的通知,1988 年 2 月由国务院发布的《扫除文盲工作条例》等,都可归教育行政法规类,这类法规一般以条例、办法、规则、规章、指示、决定、通知以及命令等形式出现。还有部门制定的行政规章,这通常是指由国务院所属各部、各委员会依法制定和发布的具有规范性内容的规章、命令和指示等。如 1989 年 1 月国家教育委员会发布的《关于严格控制中小学生流失问题的若干意见》等,这些规范文件都称为部门规章。

(四) 地方性法规与规章

地方性法规与规章是指由省级和较大的市的人民代表大会及其常务委员会和地方人民政府有关部门制定的规范性文件。包括地方性法规与地方政府规章两部分。地方性法规与规章在制定与颁布时须报全国人民代表大会常务委员会备案。地方性法规与规章的形式通常有条例、办法、规则与实施细则等。如:1999 年上海市人民政府发布的《上海市教育督导规定》,1996 年上海市教育委员会颁布的《关于加强上海市公立小学转制试点管理工作的意见》等,这些都属于地方性法规与规章。

(五) 自治条例与单行条例

自治条例与单行条例主要指由民族自治地区的人民代表大会及其常委会依法制定和发布的适用于本区域的规范性文件。根据《中华人民共和国宪法》第一百一

十六条规定:"民族自治地方的人民代表大会有权依照当地民族的政治、经济和文化的特点,制定自治条例和单行条例。"但自治区在制定与颁布自治条例和单行条例时,须报全国人民代表大会常务委员会批准后才生效。而自治州、自治县的自治条例和单行条例,须报省或者自治区的人民代表大会常务委员会批准后才生效,并报全国人民代表大会常务委员会备案。民族自治地区视情况制定的本区域内的自治条例和单行条例,如果涉及教育内容,其中有关教育的条款也是教育法的体现形式之一,从而也是教育法的重要渊源。

二、小学教育法规的主要内容

为进一步提高小学教育质量,真正发挥小学教育的奠基作用,国家陆续制定了一系列法律法规,以规范小学教育行为,保障小学教育的顺利进行。总体上看,我国小学教育法规的内容主要体现在以《中华人民共和国教育法》(以下简称《教育法》)、《中华人民共和国义务教育法》(以下简称《义务教育法》)、《中华人民共和国教师法》(以下简称《教师法》)为核心的法律法规当中,并以相关的法律法规为补充。具体包括以下内容。

(一) 小学教育法规的立法目的

小学教育法规的立法目的有两个方面:一是发展包括小学教育在内的基础教育,改革基础教育与社会主义现代化建设不相适应的落后状况,为我国教育振兴和国家兴旺奠定良好基础;二是通过立法,使适龄儿童接受规定年限的基础教育,提高每一个国民的思想文化和道德素质,推动社会主义精神文明建设。如《义务教育法》第一条规定:"为了保障适龄儿童、少年接受义务教育的权利,保证义务教育的实施,提高全民族素质,根据宪法和教育法,制定本法。"《教师法》第一条规定:"为了保障教师的合法权益,建设具有良好思想品德修养和业务素质的教师队伍,促进社会主义教育事业的发展,制定本法。"

(二) 小学教育法规的主要内容

1. 小学教育的性质、方针和目标

《教育法》第三条规定:"国家坚持以马克思列宁主义、毛泽东思想和建设有中国特色社会主义理论为指导,遵循宪法确定的基本原则,发展社会主义的教育事业。"这是国家发展教育事业的指导思想和所遵循原则的基本规定,它明确了我国教育的社会主义性质。《教育法》第五条规定:"教育必须为社会主义现代化建设服务,必须与生产劳动相结合,培养德、智、体等方面全面发展的社会主义事业的建设者和接班人。"这是以法律形式对我国教育方针所做的科学、完整的表述。各级各类学校和其他教育机构都必须依法全面贯彻国家的教育方针,努力提高教育质量,使儿童、少年在品德、智力、体质等方面全面发展,为提高全民族的素质,培养有理想、有道德、有文化、有纪律的社会主义建设人才奠定基础。

2. 小学教育活动应当遵循的一系列原则

除《教育法》规定我国教育的基本原则外,《义务教育法》进一步明确了实施义务教育的原则:凡具有中华人民共和国国籍的适龄儿童、少年,不分性别、民族、种族、家庭财产状况、宗教信仰等,依法享有平等接受义务教育的权利,并履行接受义务教育的义务;各级人民政府及其有关部门应当履行本法规定的各项职责,保障适龄儿童、少年接受义务教育的权利;社会组织和个人应当为适龄儿童、少年接受义务教育创造良好的环境;国务院和县级以上地方人民政府应当合理配置教育资源,促进义务教育均衡发展,改善薄弱学校的办学条件,并采取措施,保障农村地区、民族地区实施义务教育,保障家庭经济困难的和残疾的适龄儿童、少年接受义务教育等。这些原则性规定是小学开展教育教学活动的基本要求,它为适龄儿童、青少年接受义务教育提供了法律保证。

3. 小学教育改革

《教育法》第十一条规定:"国家适应社会主义市场经济发展和社会进步的需要,推进教育改革。"为了推进我国教育改革,党和国家近年来制定颁发了一系列教育政策法规,进行基础教育课程改革、评价方式和考试改革等,全面推进中小学素质教育。

4. 小学教育的设施和保障

(1) 教育设施

《义务教育法》第十二条规定:"适龄儿童、少年免试入学。地方各级人民政府应当保障适龄儿童、少年在户籍所在地学校就近入学。"第十五条规定:"县级以上地方人民政府根据本行政区域内居住的适龄儿童、少年的数量和分布状况等因素,按照国家有关规定,制定、调整学校设置规划。新建居民区需要设置学校的,应当与居民区的建设同步进行。"第十七条规定:"县级人民政府根据需要设置寄宿制学校,保障居住分散的适龄儿童、少年入学接受义务教育。"

(2) 教育经费

《教育法》第四条规定:"教育是社会主义现代化建设的基础,国家保障教育事业优先发展。"为落实教育优先发展的战略地位,专门规定了教育投入与条件保障问题,"国家建立以财政拨款为主、其他多种渠道筹措教育经费为辅的体制,逐步增加对教育的投入,保证国家举办的学校教育经费的稳定来源。""国家财政性教育经费支出占国民生产总值的比例应当随着国民经济的发展和财政收入的增长逐步提高。""各级人民政府的教育经费支出,按照事权和财权相统一的原则,在财政预算中单独列项。"此外,《教育法》还就教育经费的使用、监督管理,教育专项基金的设立与使用,教育费附加的征收、管理、使用,鼓励和扶持学校开展勤工俭学和社会服务、兴办校办产业,农村教育集资的使用,鼓励捐资助学等做了明确规定。《义务教育法》第四十二条规定:"国家将义务教育全面纳入财政保障范围,义务教育经费由国务院和地方各级人民政府依照本法规定予以保障。国务院和地方各级人民政府将义务教育经费纳入财政预算,按照教职工编制标准、工资标准和学校建设标准、学生人均公用经费标准等,及时足额拨付义务教育经费,确保学校的正常运转和校舍安全,确保教职工工资按照规定发放。国务院和地方各级人民政府用于实施义务教育财政拨款的增长比例应当高于财政经常性收入的增长比例,保证按照在校学生人数平均的义务教育费用逐步增长,保证教职工工资和学生人均公用经费逐步增长。"这些规定,对于保证小学教育的经费和办学条件具有十分重要的意义。

(3) 小学教育的社会责任和参与

《教育法》第六章专门对国家机关、军队、企事业组织、社会公共文化机构、大众传媒及其他社会组织和个人创设良好的教育环境、形成健康向上的舆论导向、支持学校建设、参与学校管理以及为学校组织学生进行社会实践提供帮助等问题做了明确的法律规定。

(4) 小学教育行政与教育管理

按《教育法》规定,国务院和地方各级人民政府根据分级管理、分工负责的原则,领导和管理教育工作。中等及中等以下教育在国务院领导下,由地方人民政府管理;县级以上地方各级人民政府教育行政部门主管本行政区内的教育工作。各地根据教育发展的实际需要,并依照《国家机关行政组织法》,设置相应的教育行政机构,明确各自的权力与职责,遵循教育行政管理的基本原则,依法实施教育行政行为,科学进行教育行政管理,是依法执政和依法治教的直接表现,也是加强社会主义法制建设的重要环节。

5. 学校及其他教育机构

为保证学校及其他教育机构的规模、结构、布局协调发展,统一各级各类教育机构的质量标准,《教育法》专门规定了其他教育机构的主体资格、设立条件和程序、管理体制、权利与义务、课程设置等内容。

 **案例**

李某非法办学被查处①

村民李某从1995年9月开始,在一无组织机构和章程,二无合格的教师,三无标准的教学场所,四无必备的办学资金和稳定的经济来源的情况下,未经县教育行政部门批准,以盈利为目的,在其住处办起了"家庭辅导学习室",后改名为"××书院"。经初步调查,从1995年下半学期至1997年上学期,四个学期,李某共向学生收取75380元,除去四个学期支出部分,李某私人办学违法所得达25000元。对李某以盈利为目的的非法办学行为,县教育局于1996年4月和1997年4月两次发文,责成李某停办"家庭辅导学习室",但李某置若罔闻,拒不执行。因此,县教育局于1997年4月中旬申请县人民法院强制执行。人民法院于5月4日依照法律程序,对李某私人办学实行强制执行。

6. 教师和其他教育工作者

建设一支数量充足、质量合理、结构合理并相对稳定的师资队伍是实施小学教育的关键所在。为此,《教师法》和以《教师法》为基础制定的小学教育各相关法规就此做出了明确规定,内容涉及小学教师职业的性质、职责与任务,教师的法律地位、社会待遇,教师的资格与任用、培养与培训,教师的基本权利与义务,管理与奖励,教师申诉制度与权益等问题。

7. 学生及家长

《中华人民共和国民法通则》第十六条规定:"未成年人的父母是未成年人的监护人。"家长的权利主要体现在对未成年学生的监护上,具体表现为监督教育被监护人,对被监护人进行必要的管束的权利;管理被监护人的财产,维护被监护人的合法权利;代理或者辅助被监护人进行民事活动的权利;与学校联系共同教育学生的权利等。《中华人民共和国婚姻法》和《中华人民共和国未成年人保护法》则规定了家长照顾学生生活、监督教育学生、管理被监护人财产,维护其合法权益、在被监护人侵犯他人人身或财产并造成损害时承担赔偿责任等义务。

8. 小学各种教育活动的规定

对于小学的各种教育教学活动,国家及其相关部门制定了数量众多的教育法规加以明确规范,主要涉及学校教学语言的使用、学生学籍的管理、德育工作、体育

---

① 阮成武. 小学教育政策与法规[M]. 北京:高等教育出版社,2006:173.

工作、卫生工作、艺术教育工作、电化教育等方面,具体体现在《中小学德育工作规程》《学校体育工作条例》《学校卫生工作条例》《学校食堂与学生集体用餐卫生管理规定》《学校艺术教育工作规程》《中小学电化教育规程》等法规中,从而保证了小学教育的各种活动依法进行,规范运行。

9. 小学教育的法律责任

涉及因工作失职未能实现义务教育实施规划目标的或无特殊原因未能如期达到实施义务教育学校办学条件要求的;违反国家财政、财务制度,挪用、克扣教育经费的;违反国家有关规定向学校收取费用的。根据《教育法》《义务教育法》《教师法》《刑法》的相关规定,通常要依法恢复原有法律秩序,并对直接负责的主管人员和其他直接责任人依法给予行政处分,构成犯罪的依法追究刑事责任。

10. 小学教育的法律救济

《教育法》《民事诉讼法》《行政处罚法》《行政复议法》和《学校伤害事故处理办法》等法律法规做出相关规定,以保证当学校、教师、学生的合法权益受到损害时,运用法律救济手段得到国家有关部门的依法保护。教育法律救济制度对行政违法或法律使用不当造成损害承担责任的规定,有力地促进了国家机关加强内部管理,完善监督制度,增强了国家机关及其工作人员相应的责任感,促使他们审慎行事,依法行政,对于保护教育法律关系主体的合法权益,促进依法行政,推动我国社会主义教育法制建设具有重要的意义。

第三节 依法治教、治校与执教

教育法规对教育起着规范的作用,首先国家应该依据教育法规依法治教,学校根据相关法规依法治校,教师根据相关法规依法执教,只有明确国家、学校、教师、学生的权利义务,才能够使教育走向规范化,教育教学中违法现象会逐渐减少。

一、依法治教

(一)依法治教的含义

依法治教是指依据法律来管理教育,也就是在以法律为依据的前提下,综合运用法律手段、经济手段、行政手段和其他必要的手段来管理教育。具体而言，依法治教是指国家机关以及有关机构依照有关教育的法律规定，在其职权范围内从事有关教育的治理活动，以及各级各类学校及其他教育机构、社会组织和公民依照有关教育的法律规定，从事办学活动、教育教学活动以及其他有关教育的活动。

（二）小学教育的国家权力与义务

1．小学教育的法律性质

小学教育作为义务教育，是依照国家法律规定所有适龄儿童多必须执行的教育。它具有以下性质。

（1）强制性

《义务教育法》第五条规定："各级人民政府及其有关部门应当履行本法规定的各项职责，保障适龄儿童、少年接受义务教育的权利。适龄儿童、少年的父母或者其他法定监护人应当依法保证其按时入学接受并完成义务教育。"

（2）免费性

《义务教育法》第二条规定："义务教育是国家统一实施的所有适龄儿童、少年必须接受的教育，是国家必须予以保障的公益性事业。实施义务教育，不收学费、杂费。"

（3）国家性

义务教育属于一种政府行为，是在国务院领导下，实行地方负责，分级管理。《义务教育法》第二条规定："国家实行九年义务教育制度。""国家建立义务教育经费保障机制，保证义务教育制度实施。"这些措施表明，义务教育是与国家利益相关的大事，代表了广大人民的根本利益。

2．小学教育国家的权利

教育法赋予国家及其行政机关的权利，这些权利是国家及其行政机关享有的，不可放弃的。主要包括以下几个方面：确立国家教育发展的指导思想及原则、制定教育方针和任务、制定教育行政法规和规章、确立教育管理体制、确立教育基本制度、举办学校及其他教育机构、依法审核和批准其他教育机构、主管教师工作、建立教育经费投入体制、依法追究行政责任。为了更加详细了解小学教育法规的国家权利，主要论述依法追究行政责任这一权利。

《义务教育法》关于追究行政责任的规定：

国务院有关部门和地方各级人民政府违反《义务教育法》第六章的规定，未履行对义务教育经费保障职责的,由国务院或者上级地方人民政府责令限期改正;情节严重的,对直接负责的主管人员和其他直接责任人员依法给予行政处分。

县级以上地方人民政府有下列情形之一的,由上级人民政府责令限期改正;情节严重的,对直接负责的主管人员和其他直接责任人员依法给予行政处分。

第一,未按照国家有关规定制定、调整学校的设置规划的;

第二,学校建设不符合国家规定的办学标准、选址要求和建设标准的;

第三,未定期对学校校舍安全进行检查,并及时维修、改造的;

第四,未依照本法规定均衡安排义务教育经费的。

县级以上人民政府或者其教育行政部门有下列情形之一的,由上级人民政府或者其教育行政部门责令限期改正、通报批评;情节严重的,对直接负责的主管人员和其他直接责任人员依法给予行政处分:

第一,将学校分为重点学校和非重点学校的;

第二,改变或者变相改变公办学校性质的。

学校或者教师在义务教育工作中违反教育法、教师法规定的,依照教育法、教师法的有关规定处罚。

学校违反国家规定收取费用的,由县级人民政府教育行政部门责令退还所收费用;对直接负责的主管人员和其他直接责任人员依法给予处分。

学校以向学生推销或者变相推销商品、服务等方式谋取利益的,由县级人民政府教育行政部门给予通报批评;有违法所得的,没收违反所得;对直接负责的主管人员和其他直接责任人员依法给予行政处分。

学校有下列情形之一的,由县级人民政府教育行政部门责令限期改正;情节严重的,对直接负责的主管人员和其他直接责任人员依法给予行政处分:

第一,拒绝接收具有接受普通教育能力的残疾适龄儿童、少年随班就读的;

第二,分设重点班和非重点班的;

第三,违反法律规定开除学生的;

第四,选用未经审定的教科书的。

适龄儿童、少年的父母或者其他法定监护人无正当理由未按照《义务教育法》规定送适龄儿童、少年入学接受义务教育的,由当地乡镇人民政府或者县级人民政府教育行政部门给予批评教育,责令限期改正。

 案例

为了孩子的权益贵州一乡政府状告失学儿童家长

2001年9月3日,贵州省安龙县法院民事庭受理了平乐乡人民政府诉农民王茂坤、韦其明、王世英拒不履行法定义务,侵害子女义务教育权利一案正式开庭。

平乐乡政府副乡长吴清萍、教育辅导站站长庹国兴作为原告代理人走上原告席;王茂坤、韦其明、王世英3位学生家长坐上了被告席。被告人王茂坤有未成年子女4人,原分别就读于平乐乡龙蛇小学三年级和二年级;被告人韦其明的女儿原就读于平乐戴中学龙蛇代办点初中一年级;被告人王世英的女儿原就读于平乐小学六年级。这6名学生自入学以来,成绩均名列全班中上水平,是品学兼优的好学生。今年春季入学报名开始后,他们的班主任迟迟不见这6名学生到学校报到。学校分别派出任课老师赶到这6位学生家了解情况。韦其明、王世英称其子女已外出打工,并说女孩子读书没多大用,只要识几个数就行了。尽管老师一再做工作,但事隔一周,3位学生家长仍没有将6名辍学的学生送到学校。平乐乡政府得知情况后,召开党政主要领导和相关部门负责人会议,先后抽调综治办、教辅站、学校、司法所的同志分别由乡党委书记、乡长亲自带队徒步赶到这些学生家中,苦口婆心地向学生家长做工作,同时向他们宣讲《中华人民共和国义务教育法》、《中华人民共和国未成年人保护法》,阐明让孩子接受九年义务教育是父母和学校的共同责任。3月9日和3月26日,乡政府分别向学生家长送达了复学通知书。3位家长接到复学通知书后,仍不予理会。4月3日,乡政府正式向3位家长下达行政处罚决定书,要求4月13日前必须将其子女送回学校接受义务教育。4个月过去了,3被告未履行处罚决定。为此,根据《义务教育法》、《未成年人保护法》的有关规定,平乐乡人民政府于8月26日向人民法院提起诉讼,要求判令3被告送其子女复学,并支付本案诉讼费各50元。

在庭审中,原告平乐乡政府当庭陈述3被告长期拒不履行有关法律规定的事实和要求保护未成年人合法权益的理由,法庭当庭进行了调查、取证、辩论。庭审中,3被告均以种种理由申辩,但未能提供证据,于是便申请调解。原告平乐乡政府不同意,调解无效。经合议庭对本案进行认真讨论后,法院依法判决:被告王茂坤、韦其明、王世英停止对其子女接受九年制义务教育权利的侵害,责令3被告立即履行送子女复学的法定义务;案件诉讼费150元分别由3被告承担。

3. 小学教育国家的义务

有权利必有义务,小学教育国家的义务主要如下:保障学校权益,促进学校发展;保障教师权益,做好教师教育工作;保障学生权益,为学生的健康成长创造条件;保障教育经费投入,监督管理教育投资效益;对防止义务教育实施,造成重大社会影响的,负有领导责任的人民政府或者人民政府教育行政部门负责人应当引咎辞职;法律法规规定的其他义务。

(三) 教育行政机关的法律责任

国家及其行政机关作为教育法律主体,一方面有权根据教育法律规定对违法主体追究法律责任,另一方面如果不履行义务,导致不利后果,也应当根据教育法规承担相应的法律责任。

1. 教育行政机关应承担的法律责任

教育行政机关不依法作出行政行为,不依法实施行政管理,都要承担一定的法律责任。承担行政法律责任的具体方式主要是行政处分和行政处罚,如果行为人在行政法律关系中侵害了他人的人身权和财产权,还要承担赔偿责任和其他一些民事性质的责任。承担行政责任的具体方式有:① 通报批评;② 赔礼道歉、承认错误;③ 恢复名誉、消除影响;④ 返还权益;⑤ 恢复原状;⑥ 停止侵害;⑦ 履行义务;⑧ 撤销违法的行政行为;⑨ 纠正不当的行政行为;⑩ 行政赔偿。由此可以看出,行政主体承担行政责任的方式主要是补偿性的。

2. 教育行政机关的侵权

教育行政机关的行政侵权行为在我国教育中时有发生,主要的行政侵权行为有下面几种。

(1) 教育行政机关对学校的侵权行为

教育行政机关侵害学校的合法权益,比较常见的是侵害学校的办学自主权、财产所有权和土地使用权。

(2) 教育行政机关对教师的侵权行为

作为教育行政管理相对人,教师的合法权益极易受到教育行政机关的侵害。在具体的教育行政工作中,教师经常受到的权益侵害有:剥夺教育教学权、殴打报复老师、拖欠教师工资。

(3) 教育行政机关对学生的侵权行为

在教育行政管理中,教育行政机关对学生的侵权行为屡见不鲜。如:考试工作组织不当侵害学生获得公正评价的权利、招生工作中的不当行为侵害学生受教育权。

二、依法治校

（一）学校法律地位

所谓学校的法律地位，是指法律根据学校这种社会组织的目的、任务、性质和特点而赋予其一种同自然人相似的"人格"。学校的法律地位具有多重性特点，当学校参与教育行政法律关系，取得行政上的权利和承担行政上的义务时，它就是教育行政法律关系主体。而当学校参与教育民事法律关系，取得民事权利和承担民事义务时，学校就是教育民事法律关系主体。教育行政法律关系，是指学校在实施教育活动中，与国家行政机关或是当学校享有法律法规授权行使某些行政管理职权，取得行政主体资格时，与教师、学生发生的关系。教育民事法律关系，是学校与不具有行政隶属关系的行政机关、企事业组织、集体经济组织、社会团体、个人之间发生的社会关系。这类关系涉及面比较大，比如涉及学校财产、人身、土地、学校环境乃至创收中所涉及的权利，都会产生民事上的法律关系。总的来说，这两种法律关系是两类不同的法律关系。学校在这两类法律关系中的法律地位是不一样的。在教育行政法律关系中，学校是作为行政管理相对人出现的。当然，这并不排除学校作为办学实体享有自己的权利和义务。在民事法律关系中，学校与其他主体的地位则是平等的。

其实，除了这两种法律关系之外，学校还会与国家发生涉及国家对学校的财政拨款、国家对学校兴办产业给予税收优惠等经济法律关系，成为经济法律关系主体，具有经济法上的权利和义务。

（二）学校的权利和义务

1. 学校的权利

学校作为依法实施教育教学活动的专门机构，为完成其基本职能，必须享有不同于其他社会组织的特定的权利并承担相应的义务。学校的权利是指其为了实现办学宗旨而独立自主地进行教育教学管理、实施教育教学活动的资格和能力，即通常所说的办学自主权。

根据《教育法》的规定，学校享有九种权利，分别简称为："办学自主权"、"组织教学权"、"招收学生权"、"管理学生权"、"颁发证书权"、"聘任教师权"、"管理设施权"、"拒绝干涉权"和"法定其他权"。

（1）办学自主权

章程是指为保证学校的正常运行，主要就办学宗旨、主要任务、内部管理体制及财务活动等重大的基本问题，做出全面而规范的自律性文件。它是学校自主管

理的基本依据。学校按照章程自主管理的权利,也是落实学校法律地位的重要保证。学校章程是举办学校的必备条件,但据调查,现在有很多学校还没有章程,这是不符合法律规定的。

(2) 组织教学权

教育教学活动是学校的基本活动。组织实施教育教学活动是学校的最基本权利。依据这项权利,学校有权根据国家有关教学计划、教学大纲和课程标准等方面的规定,因校制宜,自主组织学校教育教学活动的实施。例如,目前我们正在进行课程改革,提倡校本课程,就是根据本校的实际情况,由学校来编写自己的教材。有些学校的校本课程非常有特色,符合当地的实际,也符合学生身心发展的特点,为学校教学创造了丰富多彩的内容,这是学校教育教学权的体现。

(3) 招收学生权

招收学生权是学校的一项重要权利。学校有权根据自己的办学宗旨、培养目标、任务以及办学条件和能力,依据国家有关规定进行。任何组织和个人都不得非法干预。

(4) 管理学生权

学校有权根据主管部门的学籍管理规定,针对受教育者的不同层次、类别,制定有关入学与报名注册、纪律与考勤、休学与复学、转学、退学等方面的管理办法,实施学籍管理活动。学校有权根据国家有关学生奖励、处分的规定,结合本校的实际,制定具体的奖励与处分办法。

管理学生权的范围很广,但学校在管理学生的过程中却不能随意扩大自己的权利,否则就要引起不必要的法律纠纷。2006年修订的《义务教育法》第二十七条规定:对违反学校管理制度的学生,学校应当予以批评教育,不得开除。

(5) 颁发证书权

向受教育者颁发相应的学业证书,这是学校自主实施教育教学活动所必然享有的权利。从保护受教育者合法权益角度讲,这也是学校应尽的义务。学校有权根据国家有关学业证书的管理规定,对经考核成绩合格的受教育者,按其类别,颁发毕业证书、结业证书等学业证书。目前,学校拒绝颁发学业证书的原因很多,从而引起法律纠纷的也很频繁。那么,学校是否有这样的权利要视具体情况而定。

(6) 聘任教师权

学校有权根据国家及主管部门的有关规定,从本校的办学条件、办学能力和编制实际情况出发,制定本校的教师及其他职工聘任办法,自主决定聘任、解聘有关教师和其他职工,自主对教师及其他员工实施包括奖励、处分在内的具体管理活动,即学校对教师依法享有管理权。但是,学校聘任、解聘教师也必须依照法律规定。《教育法》、《教师法》等法律法规对学校聘任教师的权限都有相应的规定,如新《义务教育法》第二十四条第三款规定:"学校不得聘用曾经因故意犯罪被依法剥夺政治权利或者其他不适合从事义务教育工作的人担任工作人员。"

(7) 管理设施权

学校对其占有的场地、教室、宿舍、教学仪器等设施设备、办学经费以及其他有关财产,享有财产管理权和使用权,必要时可对其占有的财产进行管理。学校行使这项权利时,应遵守国家有关国有资产管理、教育经费投入及学校财务活动的管理规定,符合国家和社会公共利益,有益于学校正常发展,有利于提高办学效益。

(8) 拒绝干涉权

这是为维护学校正常的教育教学秩序,抵制非法干涉而确立的一项重要权利。学校有权对来自国家机关、企事业单位、社会团体及个人的非法干涉,予以拒绝和抵制。新《义务教育法》第二十三条规定:"各级人民政府及其有关部门依法维护学校周边秩序,保护学生、教师、学校的合法权益,为学校提供安全保障。"

这里所谓的"非法干涉",是指行为人违背法律、法规和有关规定,做出的不利于教育教学活动的行为,如乱收费、乱罚款、乱摊派、随意要求学校停课等。

(9) 法定其他权

除上述权利外,学校还享有现行法律、行政法规以及地方性法规赋予的其他权利,同时,还包括将来制定的法律、法规确立的有关权利。我国《教育法》在列举了学校的上述权利后,同时规定"国家保护学校及其他教育机构的合法权益不受侵犯"。如果学校的上述合法权益受到非法侵害,国家将对违法行为实施制裁措施。

以上学校的九种权利,它们都是学校办学自主权的实际体现。由此我们可以看出,学校办学自主权是学校不同于其他社会组织而特有的、基本的权利,不享有这种权利就意味着在法律上不享有实施教育教学活动的资格和能力,也就不能成为教育法律关系主体。并且,学校的办学自主权本质上是一种公共权利,即学校在行使时必须贯彻国家的教育方针、遵守法律规定,不能违反和滥用,也不能放弃和转让这一权利,否则将会承担相应的法律责任。例如,有的学校组织学生参加商业活动,学校行使的是"管理学生权",但此活动若与学校本身的教育教学活动无关,则属于学校滥用了自身的权利;若此活动是以营利为目的,则违反了教育法;而若此活动占用了学生的正常上课时间,则属于学校侵犯了学生的受教育权;而当此活动由于发生意外造成对部分学生的人身伤害时,则侵犯了学生的人身权(具体来说是生命健康权),为此,学校必须对自身的行为及其造成的后果承担相应的行政和民事法律责任。

2. 学校的义务

权利和义务是相对应的,在享有权利的同时,也要承担一定的义务。学校的义务是指学校依法应当承担的责任。《教育法》在规定学校权利的同时也规定了学校应履行的义务。具体包括以下六个方面。

(1) 遵守法律、法规

学校不仅要履行一般社会组织所应承担的法律义务,还应特别履行教育法律、法规、规章中为学校设立的特定义务。比如,个别小学以"普通学校不收残疾儿童"为名,拒收残疾儿童接受义务教育,就属于违法行为,要追究学校的责任。

(2) 贯彻国家的教育方针,执行国家教育教学标准,保证教育教学质量

学校在实施教育教学活动过程中,要贯彻国家教育方针和教学标准,走教育与社会相结合的道路,全面推行素质教育,培养综合性人才。例如,学校不能向学生宣传法轮功,不能组织学生去政府门前静坐,等等。这些都是学校贯彻教育方针的体现,这点比较好理解。同时,学校还要执行国家教育教学标准,努力改善办学条件,加强育人环节,以保证教育教学活动和培养学生的质量达到国家的教育教学质量要求。例如,2006年修订的《义务教育法》第二十四条第一款规定:"学校应当建立、健全安全制度和应急机制,对学生进行安全教育,加强管理,及时消除隐患,预防发生事故。"

(3) 维护受教育者、教师及其他职工的合法权益

这项义务包括两方面的含义:一方面,要求学校不得侵犯受教育者、教师及其他职工的合法权益,如不得克扣教师工资、不得拒绝符合入学条件的受教育者入学等。另一方面,当学校以外的其他社会组织和个人侵犯受教育者、教师及其他职工的合法权益时,学校有义务以合法的方式,积极协助有关单位查处违法行为人,维护受教育者、教师及其他职工的合法权益。

(4) 以适当的方式为受教育者及其监护人了解受教育者的学业成绩及其他有关情况提供便利

学校不得拒绝受教育者及其监护人行使这项权利,同时还应为这项权利的实现提供便利条件,如通过"家长接待日"、"家长会议"、教师家访或找个别学生谈心等适当的方式来进行。在此需要指出的是,学校在提供受教育者的学业成绩及其他有关情况时,不得侵犯受教育者的隐私权、名誉权等合法权益,不得伤害受教育者的身心健康。

(5) 遵照国家有关规定收取费用并公开收费项目

学校应根据中央和地方各级政府及其有关部门的收费规定,确定具体收费标

准,不得巧立名目,乱收费用,甚至把办学当做牟利的工具。同时,要向家长和社会公开收费项目,接受家长和广大人民群众的监督。《义务教育法》第五十六条规定:学校违反国家规定收取费用的,由县级人民政府教育行政部门责令退还所收费用;对直接负责的主管人员和其他直接责任人员依法给予处分。学校以向学生推销或者变相推销商品、服务等方式谋取利益的,由县级人民政府教育行政部门给予通报批评;有违法所得的,没收违法所得;对直接负责的主管人员和其他直接责任人员依法给予处分。

(6) 依法接受监督

学校对权力机关、行政机关和司法机关的监督,以及来自社会、本校师生员工的监督,应当积极予以配合,不得拒绝,更不得妨碍检查、监督工作的正常进行。《义务教育法》第二十四条第二款规定:"县级以上地方人民政府定期对学校校舍安全进行检查;对需要维修、改造的,及时予以维修、改造。"因此,学校要积极配合国家和人民政府对学校各种办学设备的检查,接受监督。

总之,规定以上六个方面的义务对于规范学校的办学行为,促进学校教育教学活动的实施,提高教育质量,具有十分重要的意义。如学校不履行法律、法规规定的义务时,则要承担相应的法律责任。

三、依法执教

中国是一个依法治国的大国,法制化已经成为我国社会主义现代化建设发展的目标之一。作为基础性、先导性、全局性的教育事业,依法执教是依法治国的重要组成部分。

(一) 依法执教的含义

所谓依法执教,就是要求教师在所从事的教育教学活动中,严格按照《宪法》和教育方面的法律、法规以及其他相关的法律、法规,使自己的教育教学活动符合法制化。教师理解了教师和学生的权利义务,才能够根据教育相关法规做到依法执教。

(二) 小学教师的权利和义务

1. 小学教师的法律地位

《中华人民共和国教师法》赋予"教师"特定的法律含义,该法第三条明确规定:"教师是履行教育教学职责的专业人员,承担教书育人,培养社会主义事业建设者和接班人、提高民族素质的使命。"这就是教师的法律概念。这一概念包含以下几层含义:第一,就教师的身份特征而言,教师是专业人员。如同医生、律师一样,教

师是一种从事专门职业活动的专业人员,必须具备专门的资格,符合特定的要求。即要达到符合规定的学历;要具备相关的专业知识;要符合与其职业相称的其他有关规定,如语言表达能力、身体状况等。教师必须专门从事教育教学工作。第二,就教师的职业特征而言,教师的职责是教育教学。只有直接承担教育教学职责的人,才具备教师的最基本条件,否则,就不能认为是教师。比如,学校中不直接从事教育教学工作,未履行教育教学职责的行政管理人员、后勤服务人员、校办产业工作人员、教学辅导人员等,就不能认为是教师。需要指出的是,在学校及其他教育机构中承担其他工作的同时,也承担教育教学职责,并达到教师职责基本要求的人员,也可以认为是教师。第三,就教师工作目的而言,教师的使命是教书育人,培养社会主义事业建设者和接班人,提高民族素质。教师所有的教育活动都必须遵循这个原则。

2. 小学教师的权利

教师的权利分为以下几个方面:一是教师作为一般公民所享有的权利;二是教师作为教育者的权利。作为普通公民,教师享有《宪法》所规定的公民的基本权利,如公民的政治权利、宗教信仰和自由、社会经济权利、文化教育权利等。作为专业人员,教师在从事教育教学活动中有其特殊的权利,这是一种职业特定的法律权利。而我们这里所谈的教师权利是针对教师的职业权利而言的。教师的权利,是指教师在教育教学活动中依法享有的权利和利益,是国家对教师能够做出或不做出一定行为,以及要求他人相应做出或不做出一定行为的许可与保障。

教师的权利受到侵害时,要诉诸法律,要求确认和保护其权利。我国《教师法》和《教育法》对教师所享有的权利做了规定。

(1) 教育教学权

进行教育教学活动,开展教育教学改革和实验,这是教师的最基本权利。作为教师,有权依据其所在学校教学计划、教学工作等的具体要求,结合自身教学特点自主地组织课堂教学;有权依照教学大纲的要求确定其教学内容、进度,不断完善教学内容;有权针对不同的教育教学对象,在教育教学的形式、方法、具体内容等方面进行改革和实验。任何人不得非法剥夺在聘教师行使这一基本权利。而不具备教师资格的人不得享有这项权利。虽取得教师资格,但尚未受聘或已被解聘的人员,此项权利的行使处在停顿状态,待任用时方能行使这一权利。

(2) 科学研究权

从事科学研究、学术交流,参加专业的学术团体,在学术活动中发表意见,这是教师作为专业技术人员享有的一项基本权利。作为教师,在完成规定的教育教学任务的前提下,有权进行科学研究、技术开发、撰写学术论文、著书立说;有权参加有关的学术交流活动,参加依法成立的学术团体并在其中兼任工作;有权在学术研究中发表自己的学术观点,开展学术争鸣。教师在行使此项权利时,要注意处理好教学与科研的关系,使之相辅相成,更好地提高教育教学质量。值得注意的是,目前一些教师尤其是中小学教师普遍存在着科研意识和能力不强的状况,必须引起所在学校和教师本人的重视。

(3) 管理学生权

指导学生的学习和发展,评定学生的品行和学业成绩,这是与教师在教育教学过程中的主导地位相适应的一项基本权利。作为教师,有权根据教育规律和学生的身心发展特点因材施教,有针对性地指导学生的学习。教师权利包括教师实施某种行为的权利以及要求学生履行义务的权利。在教育、就业等方面给予指导;有权对学生的思想品德、学习、文体活动、劳动等方面给予客观公正的评价;有权运用正确的指导思想和科学的方式方法,使学生的个性和能力得到充分发展。教师在行使管理学生权利时,要注意加强对学生各方面的管理,将关心爱护学生与严格要求相结合,促进学生德、智、体等方面全面发展。

(4) 报酬待遇权

按时获取工资报酬,享受国家规定的福利待遇以及寒暑假期的带薪休假,这是教师的基本物质保障权利。教师的工资报酬包括基本工资、职务工资、课时报酬、奖金、教龄津贴、班主任津贴及其他各种津贴在内的工资收入。福利待遇主要包括教师的医疗、住房、退休等方面的各项待遇和优惠以及寒暑假期的带薪休假。作为教师,有权要求所在学校及其主管部门根据国家教育法律、教师聘任合同的规定按要求支付相应工资报酬;有权享受国家规定的福利待遇。要动员全社会采取有效措施,依据法律的规定,切实保障教师这项基本权利的行使。

(5) 民主管理权

对学校教育教学、管理工作和教育行政部门的工作提出意见和建议,通过教职工代表大会或者其他形式,参与学校的民工管理,这是教师参与教育管理的民主权利,是宪法中所规定的"公民对任何国家机关和国家的公务人员,有提出批评和建议的权利"的具体体现,有利于调动教师参政议政的自觉性和积极性,发挥教师的主人翁作用,以加强对学校和教育行政部门工作的监督。作为教师,有权通过教职工代表大会、工会等组织形式以及其他适当方式,参与学校民主管理,讨论学校改革、发展等方面的重大事项,保障自身的民主权利和切身利益,推进学校的民主建设。以教职工代表大会形式为例,教师的参与管理权体现在以下方面:听取校长的

工作报告;讨论学校年度工作计划、发展规划、改革方案、教职工队伍建设等重大问题;讨论职工奖惩办法以及其他与教职工有关的一些福利事项;监督管理工作。教师在行使民主管理权时,应注意遵循民主集中制的原则,并充分发挥自己对学校、教育行政部门工作的监督作用。

(6) 进修培训权

参加进修或者其他方式的培训,这是教师享有的继续教育的权利,也是提高教师自身素质以更好地适应教育教学工作的需要。现代社会和科学的飞速发展,要求教师及时更新知识,不断提高自身素质。作为教师,有权参加进修或其他多种形式的培训,以提高思想政治觉悟和业务水平。教育行政部门、学校及其他教育机构,应采取多种形式,开辟多种渠道,努力为教师的进修培训创造有利条件,切实保障教师权利的实现。当然,教师培训权的行使,要在完成本职工作的前提下有组织、有计划地进行,不得影响正常的教育教学工作。

3. 小学教师的义务

教师的义务和教师的权利一样,教师的义务也分为两部分,即教师作为公民应履行的义务和教师作为教育者应履行的义务。这两部分义务既有联系又有区别。一方面,教师作为公民应履行的一部分义务体现在教师的特定义务之中,另一方面,教师特定义务中的一部分又是公民义务的具体化和职业化。所谓教师的义务,是指教师依照法律规定从事教育教学工作必须履行的责任或约束。

(1) 遵守宪法、法律和职业道德

教师在教育教学工作中,自觉培养学生的法制观念和民主精神。教师职业是一种专门化的职业,有着自身的职业道德准则,教师应当自觉遵守职业道德,敬业爱岗,热爱学生,诲人不倦,博学多才,关心集体,团结奋进。

(2) 完成教育教学工作任务

教师在教育教学活动中要全面贯彻国家关于教育必须为社会主义现代化建设服务,与生产劳动相结合,培养德、智、体等方面全面发展的社会主义事业的建设者和接班人的方针;自觉遵守教育行政部门和学校及其他教育机构制定的教育教学管理的各项规章制度;认真执行学校依据国家规定的教学大纲、教学计划或教学基本要求制订的具体教学计划;严格履行教师聘任合同中约定的教育教学职责,完成规定的教育教学任务,保证教育教学质量。

(3) 对学生进行思想教育

对学生进行宪法所确定的基本原则的教育和爱国主义、民族团结的教育,法制教育以及思想品德、文化、科学技术教育,组织、带领学生开展有益的社会活动,这是对教师教育教学工作内容方面的全面规范。作为教师,应结合自身教育教学业务特点,将政治思想品德教育贯穿于教育教学过程之中。对学生进行政治思想品德教育是政治思想品德课教师的职责,也是每一位教师的基本义务。教师应当有意识地对学生进行爱国主义教育、民族团结教育、法制教育、文化科学技术教育,弘扬中华民族优良传统,引导学生逐步树立正确的人生观和世界观,教育学生热爱祖国、热爱人民、爱劳动、爱科学、爱社会主义,把学生培养成为有理想、有道德、有文化、有纪律的社会主义新人。在道德教育的形式和方法上,应注意根据学生身心发展的特点,采用灵活生动的形式,注重实效,反对形式主义。

(4) 尊重、爱护学生,促进学生全面发展

"关心爱护全体学生,尊重学生人格,促进学生在品德、智力、体质等方面全面发展。"我国《宪法》规定:"中华人民共和国公民的人格尊严不受侵犯。"人格尊严是宪法赋予公民的一项基本权利。由于学生在教育教学活动中居于受教育者的地位,其人格尊严往往容易受到侵犯,作为教师要关心爱护全体学生,对学生应一视同仁,不因民族、性别、健康状况、成绩等因素歧视学生,尤其是对那些有缺点的学生,教师应给予特别关怀,要满腔热情地教育指导,绝不能采取简单粗暴的办法,不能侮辱、歧视学生,不能体罚或变相体罚学生,不能泄露学生隐私。因侮辱学生影响恶劣或体罚学生经教育不改的,应依法承担相应的法律责任。

(5) 保护学生健康成长

"制止有害于学生的行为或者其他侵犯学生合法权益的行为,批评和抵制有害于学生健康成长的现象。保护学生的合法权益和身心健康成长。"教师履行这一义务具有特定的范围,主要是制止与教育教学工作相关的活动中那些侵犯教师本人所负责教育管理的学生合法权益的违法行为,同时对社会上所出现的有害于学生身心健康成长的不良现象,负有批评的责任。

(6) 提高思想政治觉悟和教育教学业务水平

教育教学工作是一项专业性较强的工作,担负着提高民族素质的使命,这就要求教师具有较高的思想觉悟和业务水平。同时这也是社会进步和科学技术发展对教师提出的要求。为此,教师应加强学习,调整知识结构,不断提高思想政治觉悟和教育教学业务水平,以适应教育教学的实际需要。

可见,教师的基本权利和义务基于教育活动而产生,由教育法律规范所设定,是一种特定职业的法律权利和义务,它们之间是对立统一、相互依存的关系。没有无义务的权利,也没有无权利的义务。作为教师,既是权利的享有者,又是义务的承担者,因此,应正确行使自己的权利,严格履行自己的义务。

4．小学教师资格、职务和聘任

（1）小学教师资格的认定

在《教师法》第十条中对教师资格条件有明确的规定："中国公民凡遵守宪法和法律，热爱教育事业，具有良好的思想品德，具备本法规定的学历或者经国家教师资格考试合格，有教育教学能力，经认定合格的，可以取得教师资格。"对取得小学教师资格应当具备的相应学历，《教师法》第十一条作了规定："取得小学教师资格，应当具备中等师范学校毕业及其以上学历。"随着社会的发展，对小学教师学历的要求不断提高。

《〈教师资格条例〉实施办法》规定教师资格的认定条件包括：履行教师义务、遵守教师职业道德、具备相应学历、符合规定教育教学能力。其中教育教学能力又分为：承担教育教学工作所必需的基本素质和能力；普通话水平；身体素质和心理素质等。

《〈教师资格条例〉实施办法》规定：教师资格的认定程序包括申请和认定。教师资格的申请规定是：每年两次，向认定机关提出申请，并提供有关材料。教师教育专业的毕业生可持毕业证直接申请；认定过程是由相关认定机关进行初审，由教师资格专家委员会进行面试、试讲和能力考查，最后由教师资格认定机构作出是否认定结论。

（2）小学教师职务评审

小学教师职务设：小学高级教师、小学一级教师、小学二级教师、小学三级教师。

① 小学教师聘任的基本条件是：拥护中国共产党的领导，热爱社会主义祖国，努力学习马克思主义和党的路线、方针、政策，有良好的师德、遵守法纪，品德言行堪为学生的表率，关心爱护学生，教书育人，使学生在德育、智育、体育等方面得到全面发展，努力做好本职工作，并在做好本职工作的前提下，结合工作需要，努力进修，提高教育和学术水平。

② 不同职务的具体条件

小学三级教师任职条件是，符合教师聘任基本条件要求的任教一年以上的小学教师，经考核，表明能掌握所教学科的教材、教法，完成所承担的教育教学工作，并能履行三级教师职责。

小学二级教师任职条件是，符合教师聘任的基本要求的中等师范学校毕业生，见习一年期满，或者小学三级教师任教三年以上，经考核，表明能履行二级教师职责并具备下列条件：第一，基本掌握教育学、心理学和教学法的基础知识。第二，具有从事小学教学工作所必须具备的文化专业知识，胜任小学教学工作。第三，基本掌握教育小学生的原则和方法,胜任班主任和少先队辅导员工作。

　　小学一级教师任职条件是,符合教师聘任基本要求的小学二级教师任教三年以上,或者高等师范学校及其他高等学校专科毕业生见习一年期满,经考核,表明能履行一级教师职责并具备下列条件:第一,能够独立掌握所教学科的教学大纲、教材、教学原则和教学方法,正确传授知识和技能,教学效果好。第二,具有正确教育小学生的能力和班主任、少先队辅导员工作经验,教育效果好。

　　小学高级教师任职条件是,符合教师聘任要求的小学一级教师任教五年以上,或者高等师范学校及其他高等学校本科毕业生见习一年期满,经考核,表明能履行高级教师职责并具备下列条件:第一,对所教学科具有比较扎实的文化专业知识,教学经验比较丰富,并能结合教学开展课外活动,教学效果显著。第二,掌握小学教育的比较扎实的理论,并能根据小学生的年龄特征和思想实际,对学生进行思想品德教育,教育效果显著。第三,具有指导教学研究的能力,并承担一定的教学研究任务,或者指导小学一、二、三级教师的教育教学工作,并在培养提高教师文化业务水平和教育教学能力方面做出成绩。

　　(3) 小学教师的聘任

　　《教师法》规定,实行教师聘任制必须"遵循双方地位平等的原则",由聘任方学校和受聘教师"签订聘任合同",在合同中"明确双方的权利、义务和责任"。学校与教师以教育教学过程中双方的权利和义务为基本内容订立的协议,就是聘任合同。实行教师聘任制,学校和教师都要强化合同意识,教师按照合同履行教育教学职责,学校按照合同对教师进行管理,为教师提供教育教学、科学研究、进修提高等条件,并支付报酬。在聘任期间,无特殊理由不能辞聘或解聘,确需变动时,应提前与双方协商,双方达成一致后,方可变更或者解除合同。双方一旦发生纠纷,也要依据合同条款承担责任。

　　5. 小学教师的法律责任

　　教师的法律责任是指教师作出违反教育法规定的行为时,必须承担的法律后果。依据《教师法》第三十七条的规定:对教师故意不完成教育教学任务给教育教学工作造成损失的;体罚学生,经教育不改的;品行不良、侮辱学生,影响恶劣的,由所在学校、其他教育机构或者教育行政部门给予行政处分或者解聘;情节严重,构成犯罪的,依法追究刑事责任。

　　【实践活动】

　　1. 调查你所在地区的学校是否做到依法治校与治教,并根据所学相关知识做出合理的分析和解释。

2. 采访一名小学教师,谈谈在对学生的教育过程中遇到的问题和困惑,并撰写简短的调查报告。

【读书指导】

[1] 阮成武.小学教育政策与法规[M].北京:高等教育出版社,2006.

[2] 杨颖秀.教育法学[M].北京:中国人民大学出版社,2008.

[3] 张乐天.教育政策法规的理论与实践[M].上海:华东师范大学出版社,2002.

[4] 李晓燕.教育法学[M].北京:高等教育出版社,2001.

[5] 胡东芳,姚云.与学校对簿公堂——校园官司启示录[M].桂林:广西师范大学出版社,2001.

[6] 褚宏启.中小学法律问题分析(理论篇)[M].北京:红旗出版社,2003.

[7] 黄崴.教育法学[M].广州:广东高等教育出版社,2002.

北京大学出版社
教育出版中心 精品图书

21世纪学前教育专业规划教材

书名	作者
学前教育概论	李生兰
学前教育管理学（第二版）	王雯
幼儿园课程新论	李生兰
幼儿园歌曲钢琴伴奏教程	果旭伟
幼儿园舞蹈教学活动设计与指导	董丽
实用乐理与视唱	代苗
学前儿童美术教育	冯婉桢
学前儿童科学教育	洪秀敏
学前儿童游戏	范明丽
学前教育研究方法	郑福明
学前教育史	郭法奇
学前教育政策与法规	魏真
学前心理学	涂艳国 蔡艳
学前教育理论与实践教程	王维 王维娅 孙岩
学前儿童数学教育	赵振国
学前融合教育	雷江华 刘慧丽

大学之道丛书精装版

书名	作者
美国高等教育通史	[美]亚瑟·科恩
知识社会中的大学	[英]杰勒德·德兰迪
大学之用（第五版）	[美]克拉克·克尔
营利性大学的崛起	[美]理查德·鲁克
学术部落与学术领地：知识探索与学科文化	[英]托尼·比彻 保罗·特罗勒尔
美国现代大学的崛起	[劳伦斯·维赛]
教育的终结——大学何以放弃了对人生意义的追求	[美]安东尼·T.克龙曼
世界一流大学的管理之道——大学管理研究导论程 星	
后现代大学来临？	[英]安东尼·史密斯 弗兰克·韦伯斯特

大学之道丛书

书名	作者
市场化的底限	[美]大卫·科伯
大学的理念	[英]亨利·纽曼
哈佛：谁说了算	[美]理查德·布瑞德利
麻省理工学院如何追求卓越	[美]查尔斯·维斯特
大学与市场的悖论	[美]罗杰·盖格
高等教育公司：营利性大学的崛起	[美]理查德·鲁克
公司文化中的大学：大学如何应对市场化压力	[美]埃里克·古尔德
美国高等教育质量认证与评估	[美]美国中部州高等教育委员会
现代大学及其图新	[美]谢尔顿·罗斯布莱特
美国文理学院的兴衰——凯尼恩学院纪实	[美]P.F.克鲁格
教育的终结：大学何以放弃了对人生意义的追求	[美]安东尼·T.克龙曼
大学的逻辑（第三版）	张维迎
我的科大十年（续集）	孔宪铎
高等教育理念	[英]罗纳德·巴尼特
美国现代大学的崛起	[美]劳伦斯·维赛
美国大学时代的学术自由	[美]沃特·梅兹格
美国高等教育通史	[美]亚瑟·科恩
美国高等教育史	[美]约翰·塞林
哈佛通识教育红皮书	哈佛委员会
高等教育何以为"高"——牛津导师制教学反思	[英]大卫·帕尔菲曼
印度理工学院的精英们	[印度]桑迪潘·德布
知识社会中的大学	[英]杰勒德·德兰迪
高等教育的未来：浮言、现实与市场风险	[美]弗兰克·纽曼等
后现代大学来临？	[英]安东尼·史密斯等

书名	作者
美国大学之魂	[美]乔治·M.马斯登
大学理念重审：与纽曼对话	[美]雅罗斯拉夫·帕利坎
学术部落及其领地——当代学术界生态揭秘（第二版）	[英]托尼·比彻 保罗·特罗勒尔
德国古典大学观及其对中国大学的影响（第二版）	陈洪捷
转变中的大学：传统、议题与前景	郭为藩
学术资本主义：政治、政策和创业型大学	[美]希拉·斯劳特 拉里·莱斯利
21世纪的大学	[美]詹姆斯·杜德斯达
美国公立大学的未来	[美]詹姆斯·杜德斯达 弗瑞斯·沃马克
东西象牙塔	孔宪铎
理性捍卫大学	眭依凡

学术规范与研究方法系列

书名	作者
社会科学研究方法100问	[美]萨尔金德
如何利用互联网做研究	[爱尔兰]杜恰泰
如何撰写与发表社会科学论文：国际刊物指南	蔡今忠
如何为学术刊物撰稿（第三版）	[英]罗薇娜·莫瑞
如何查找文献（第二版）	[英]萨莉·拉姆齐
给研究生的学术建议（第二版）	[英]玛丽安·彼得 等
社会科学研究的基本规则（第四版）	[英]朱迪斯·贝尔
做好社会研究的10个关键	[英]马丁·丹斯考姆
如何写好科研项目申请书	[美]安德鲁·弗里德兰德等
教育研究方法（第六版）	[美]梅瑞迪斯·高尔等
高等教育研究：进展与方法	[英]马尔科姆·泰特
如何成为学术论文写作高手	[美]华乐丝
参加国际学术会议必须要做的那些事	[美]华乐丝
如何成为优秀的研究生	[美]布卢姆
结构方程模型及其应用	易丹辉 李静萍
学位论文写作与学术规范（第二版）	李武 毛远逸 肖东发

21世纪高校教师职业发展读本

书名	作者
如何成为卓越的大学教师	[美]肯·贝恩
给大学新教员的建议	[美]罗伯特·博伊斯
如何提高学生学习质量	[英]迈克尔·普洛瑟等
学术界的生存智慧	[美]约翰·达利 等
给研究生导师的建议（第2版）	[英]萨拉·德拉蒙特 等

21世纪教师教育系列教材·物理教育系列

书名	作者
中学物理教学设计	王霞
中学物理微格教学教程（第三版）	张军朋 詹伟琴 王恬
中学物理科学探究学习评价与案例	张军朋 许桂清
物理教学论	邢红军
中学物理教学法	邢红军
中学物理教学评价与案例分析	王建中 孟红娟
中学物理课程与教学论	张军朋 许桂清

21世纪教育科学系列教材·学科学习心理学系列

书名	作者
数学学习心理学（第三版）	孔凡哲
语文学习心理学	董蓓菲

21世纪教师教育系列教材

书名	作者
教育心理学（第二版）	李晓东
教育学基础	庞守兴
教育学	余文森 王晞
教育研究方法	刘淑杰
教育心理学	王晓明
心理学导论	杨凤云
教育心理学概论	连榕 罗丽芳
课程与教学论	李允
教师专业发展导论	于胜刚
学校教育概论	李清雁
现代教育评价教程（第二版）	吴钢
教师礼仪实务	刘霄
家庭教育新论	闫旭蕾 杨萍
中学班级管理	张宝书
教育职业道德	刘亭亭
教师心理健康	张怀春
现代教育技术	冯玲玉
青少年发展与教育心理学	张清
课程与教学论	李允
课堂与教学艺术（第二版）	孙菊如 陈春荣
教育学原理	靳淑梅 许红花